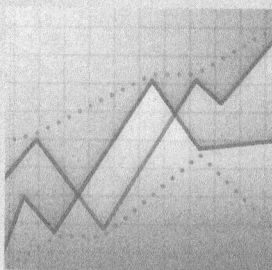

丛书主编：赵焕光

U0728065

文化数学欣赏丛书 -4

真理相遇统计

赵焕光　章勤琼　王 迪 著

科学出版社

北 京

内 容 简 介

本书从统计学科的特色、人文欣赏的视野着手，运用通俗生动的语言、精彩有趣的故事、丰富典型的案例，介绍统计文化的常识及统计在现实世界中的广泛应用. 主要内容包括为何学统计、统计应用概说、统计陷阱概说、统计学与相关学科的关系、统计历史人物故事精选、统计数据概说、统计数据的收集、统计数据的组织、统计数据的概括、统计指数概说、时间序列概说、随机抽样与抽样分布、参数估计、假设检验、χ^2 检验与方差分析及其相关分析与回归分析.

本书可作为高等院校所有专业的本(专)科生、硕士生、中学智优生、中学数学教师，具有一定数学与统计基础的高校教师以及各行各业的行政管理人员的数学与统计文化修养提高读本，也可作为高等院校本(专)科各个专业的选修课教材或教学参考书.

图书在版编目 (CIP) 数据

真理相遇统计/赵焕光等著. —北京：科学出版社，2015.3
(文化数学欣赏丛书)
ISBN 978-7-03-043506-4

Ⅰ. ①真… Ⅱ. ①赵… Ⅲ. ①统计学-普及读物 Ⅳ. ①C8-49

中国版本图书馆 CIP 数据核字(2015)第 039300 号

责任编辑：王丽平/责任校对：张怡君
责任印制：徐晓晨/封面设计：王 浩

科 学 出 版 社 出版
北京东黄城根北街 16 号
邮政编码：100717
http://www.sciencep.com

北京九州迅驰传媒文化有限公司 印刷
科学出版社发行 各地新华书店经销

*

2015 年 3 月第 一 版 开本：720×1000 1/16
2018 年 1 月第五次印刷 印张：17 1/4
字数：350 000
定价：69.00 元
(如有印装质量问题，我社负责调换)

统计支配世界

统计是什么？简言之，统计是一门关于数据、特别是大数据的科学，统计也是如何从数据中获取信息的艺术.

不论你是否知道，也不论你喜欢与否，统计或者说统计现象，已然从出生到死亡支配着你的一生. 众所周知，创造一个新生命只需要一个精子与卵子，但却需要数以百万计的精子去博取一次成功的机会. 世界卫生组织研究表明，每毫升中最少含 2000 万的精子数是成功受孕必须具备的条件. 自然地，这里还有其他的统计因素. 因此，生命的创造是一个统计现象，确切地说，归功于统计或大数据的威力. 同时，你也必须清楚地认识到形成生命的过程中，任何人几乎有同等的机会成为男性或女性.

在你接下来的人生旅途中，当你准备进入高校学习时，当然你能就读怎样的大学也受统计结果以及你生活在何处的影响，因为入大学不同批次的分数线并不仅仅是由你的努力程度与天资所决定的. 此外，在你的生命里，你会遇到谁、会与谁结婚也充满了随机性. 到了你的退休时间，保险的支出费用和所获福利也都是由统计确定的.

没错，统计的确相当重要，许多现象都可以由它来解释. 不过，统计只有非常短暂的历史，尽管它与数学密切相关，但它更像艺术. 统计需要跟数据打交道，但关于数据却包含多个不同内容. 譬如，其中一个重要内容是如何有效地收集数据；而一旦数据收集完毕，如何整理数据并清楚地展示出来也非常关键；此外，统计最重要的作用还体现在如何由数据推断结论.

在信息时代，获取数据也许并不十分困难，重要的是如何获取好的数据. 整理和解释数据也颇具难度. 人们需要深刻的洞察力在众多的变数和选择之中作出正确的决定并完成正确的事情. 当然，人们需要数学 (或概率) 理论来实施这些步骤，但概率论与统计学不同. 下面一个例子可以解释两者的差异：假设一个容器里装有一些红球与黑球，如果已经知道容器里面两种球的组成情况，然后问随机取出一个球是红球或黑球的可能性是多少, 这是概率. 相反地, 如果你已经取出了一些球, 而且已经知道取出球的颜色, 现在想要知道容器里面红球跟黑球的组成, 这是统计, 或者更确切地说是推断统计 —— 利用样本数据中的模式得到对该样本代表的总体的推断.

获得隐藏在大数据背后的关键模式是统计的重要内容, 但这不是统计的全部. 如何从大总体中取得真正随机的样本, 如何从小总体中取得可靠的有用的数据, 这些都需要原创性的新想法. 例如, 假设一所大学发现有学生在一次重要的考试中作弊, 并试图找出到底有多少学生作弊. 这所大学可以怎么做? 如果他们随便问一个学生他是否作弊, 有很大可能他们并不能得到直接的答案. 事实上, 即使他们去问再多的学生也得不到更多真实有用的信息. 但是, 他们可以利用统计的思想和方法设计一些恰当的问题去得到想要的结果. 诸如此类的许多问题都能在由赵焕光教授等著的有趣且非同寻常的有关统计的著作《真理相遇统计》中得到答案.

西方许多人都听说过盖洛普民意测验. 而在美国, 每当总统选举临近时, 人们对这个名词更是耳熟能详. 但是它是如何进行的? 一个女政治家和她的女婿对这个测验曾经产生了怎样的影响? 该书给出了详细解释.

该书中出现的另一个重要人物是著名数学家哈代 (Godfrey Hardy, 1877~1947). 哈代在数学上有着非凡的成就和荣耀, 但他却度过了一个并不幸福的晚年. 在他的名著《一个数学家的自白》中提到: 不论他在数学中做了什么, 对于日常生活都是无用且无害的[1]. 但事实并非如此, 该书就陈述了哈代聪明地将概率应用于色盲疾病的研究.

这里我想提及一位当代伟大的纯数学家对统计的认识的转变. David Mumford (1937~) 的工作领域是代数几何, 获得了菲尔兹奖、沃尔夫奖以及众多其他荣誉. 在由美国数学学会出版的著作《数学: 前沿与观点》中, 他有一篇题为《统计时代的黎明》的文章, 其中提到: "作为一名随机方法的再生信徒, 我在这里必须坦承说明这种转向的实情. 上周, Dave Wright 提醒我, 70 年代在我热衷于代数几何的日子里, 曾给过一个研究生这样的忠告: '天哪, 不要把你的时间浪费在统计上 —— 那不过像烹饪手册一样毫无意义!' 现在我收回这句话!"[2] 他进而解释道: "两千多年以来, 亚里士多德 (Aristotle, 公元前 384~ 前 322) 的逻辑一直统治着西方的知识分子的思维方式. 一切精确的理论、科学的方法, 甚至连思考本身的过程的模型, 都必须在原理上遵循逻辑的规范. 然而, 从其并不光明的发端 —— 设计赌博策略

① Hardy G H. A Mathematician's Apology. With a foreword by C. P. Snow. Reprint of the 1967 edition. Cambridge: Cambridge University Press, 1992: 153.

② Arnold V, Atiyah M, Lax P, Mazur B. Mathematics: frontiers and perspectives. American Mathematical Society, Providence, RI, 2000: xii+459. (在庆祝 2000 年为数学年时, 此书作为国际数学联合会的代表出版).

以及中世纪伦敦清点尸体 —— 开始, 概率理论以及统计推断已经成为科学模型的更好的基础了. 尤其是其思维的过程, 以及可以将其作为理论数学的核心成分甚至数学本身的基础. 从我们的观点来看, 可以预计这种突变将在接下来的这个世纪最终影响整个数学." 他的新建议对每一位数学学生应该都有价值, 而且统计的影响将不仅仅局限于科学领域.①

随着计算机的普及及其强大的计算能力, 获取和储存数据变得越发简单, 而统计也随之走进许多学科的前沿领域. 如今市场上已有众多关于统计的书籍, 每年的新书更是层出不穷. 该书作者花费了大量的时间和精力去系统搜集相关而有趣的例子. 你将会为统计结论和理论背后隐藏着如此众多的精彩故事感到意外, 而又惊奇于生活中众多令你困惑却又十分重要的事情都能够通过统计来解决或解释. 人们一直认为统计是干枯冰冷的, 但该书给你展示了它真实且有趣的另一面. 同时, 该书又不像一些统计的通俗读本, 它还以一种可以接受且扎实的方式帮助你理解一些基本概念与理论.

我们都知道基本的统计概念, 如平均与平均数. 但还有哪些其他的基本概念与方法呢? 我们经常讨论两样看起来类似的事情是如何联系的, 但两者之间具体的相关关系如何? 该如何量化并测量它们? 如何理解两者之间的关系? 所有这些疑惑都在本书中有所提及并给出了解释.

该书不是一本标准的统计教科书, 也不是一本有关统计的通俗读本, 它更像是两者的结合. 该书通过故事与生活中的实际事例解释了许多有趣的统计理论与结果. 它让你感受并目睹到统计并不仅仅是处理枯燥的数据, 而是向你展示了这些数字是如何产生, 该如何理解.

毛泽东曾说过: "枪杆子里面出政权." 也有许多人说笔杆子比枪杆子更厉害, 因为文字与书籍能持续更长时间且更具影响力. 的确, 许多国王和王朝已经消失在历史的尘埃之中, 也早已从人们的记忆中淡去, 但是圣经中的文字却已流传了数千年并将永存下去. 当然如此, 圣经是宗教真理, 而真理永存. 正如该书作者在前言中所解释的, 统计就是一种在各种复杂情形下接近真理的有效工具. 在当下这个信息时代以及接下来的新时代中, 如何理解大数据并正确而有效地运用它们将是成功之匙. 不论谁如果做到了这一点, 就可以支配世界!

统计也可能是危险的并有可能被滥用. 许多谎言和虚假信息在统计的伪装下迅猛地传播, 而识破它们的最有效途径正是正确地理解和运用统计知识. 获取对统计的正确理解并加以应用是世界上每个公民的权利与责任. 该书可以看成一个良

---

① 事实上在中国的经典著作《易经》中, 就已经可能运用概率来设计 "筮占", 这一点并不为很多人所知. 详见 Diaconis P, Graham R. Magical Mathematics: The Mathematical Ideas That Animate Great Magic Tricks. Princeton: Princeton University Press, 2011. 如果书中这一描述属实, 那么这可能是人类历史上对概率理论的最早应用.

好的起点.

    该书作者在前言中表达了一个美好愿望, 希望有读者能从书中获得对统计的美好感觉并爱上统计. 我确信这一愿望能够成真.

季理真

密歇根大学, 美国密歇根, 48109

印度著名统计学家 C.R. 劳 (C.R.Rao, 1920∼) 在其名著《统计与真理》中说: "人类一切努力的最终目的是寻求真理, 而在严格意义下的真理是不可能得到的, 替代的是要寻求可接受的知识. 严格地讲, 知识不是真理, 但它应最好地运用真理." 他还说: "统计学是探求真理必不可少的工具." 拙著取名 "真理相遇统计" 就是从这里获得启迪的.

如何探求真理? 从古至今全世界都没有找到明确的答案. 古希腊哲学家赞诺芬 (Xenophanes, 约公元前 434∼前 355) 有诗云:

> 真理未知亦难知,
>
> 上帝人间布迷离,
>
> 恰好诸事我所提,
>
> 偶尔逢机出奇迹,
>
> 永恒真理非彼知,
>
> 茫茫谜网尽猜疑.

什么是真理? 学术界一直争论不休. 法国著名哲学家、数学家笛卡儿 (Rene Descartes, 1596∼1650) 曾经这样表述: "当我们不具备决定什么是真理的力量时, 我们应遵从什么是最可能的, 这是千真万确的真理." 很清楚, 真理隶属于哲学的范畴, 通常百姓很少去思考关涉真理的大问题. 显然, 真理奠基在真相的基础之上, 从本质上说, 它们之间没有根本的区别. 然而与真理相比, 真相却与我们的日常生活接近许多. 例如, 对于揭露发生在 2014 年的 MH370 失联真相以及 MH17 坠毁真相, 许多人都会很有兴趣去关注. 当然, 真相有时候会被各种各样错综复杂的信息所掩盖, 欲在混乱不堪的无序现实世界中把真相揭示出来, 光凭相互争雄的哲学思辨方式是难以实现的. 我国著名概率统计学家严加安院士说: "无序隐有序, 统计解迷离." 现代统计通过对客观事物 (现象) 的观察、收集并筛选相关的信息 (数据), 去除那些扭曲事实的并澄清混淆关系, 使得让事物的真相原形毕露成为可能. C.R. 劳说, "在终极的分析中, 一切知识都是历史; 在抽象的意义下, 一切科学都是数学; 在理性的基础上, 所有的判断都是统计学". 由此可见, 统计无疑成为帮助人们披露真相不可缺的重要工具.

20 世纪初, 被称之 "科幻小说之父" 的作家、思想家威尔斯 (Herbert George

Wells, 1866~1946) 曾经预言 "在未来社会统计学思维将像阅读能力一样成为社会人必不可少的能力". 的确, 统计思维作为一种认知世界的思维方式, 它与哲学、数学一样具有同等重要的基础性地位. 其实, 统计更重要的意义应该体现在统计文化与统计观念层面. 美国哈佛大学教授哈克英 (William E.Hocking) 说: "那些默默无闻的统计学家已经改变了我们的世界, 不是发明了新的事实或技术, 而是改变了我们推理和试验的方法, 以及我们对这个世界的观念的形成方式." 从他的话中我们可以看出, 统计观念对现代文明的贡献是非常巨大的. 特别地, 现代文明从追寻绝对真理到探求相对真理的华丽转身, 正是从现代统计观念那里获得灵感源泉的.

目前, 国际统计教育界关于统计教育目标比较流行的提法是: 尊重统计文化, 形成统计观念, 提升统计素养. 我们认为, 所谓统计素养可理解为养成尊重事实、用数据说话的习惯, 养成能够自觉地从统计角度思考现实问题的习惯. 关于统计观念, 有不少统计学者作过深入探讨. 英国的 Peter Holmes 先生在 1980 年提出统计观念具体表现为下述五个方面, 值得我们借鉴:

(1) 数据的收集;

(2) 数据的记录与表示;

(3) 数据的提炼;

(4) 数据与概率的关系;

(5) 对数据进行解释并作出推断.

20 世纪末有一首流行歌曲中唱到: "……借我一双慧眼, 让我把这纷扰看得清清楚楚, 明明白白, 真真切切……" 实际上, 形成统计观念、提升统计文化素养, 就是让统计借给我们一双慧眼, 让统计帮助我们打开瞭望世界的窗口、带领我们走进生活更加广阔的天地、指引我们走向人生更加美好的未来.

全书分三章. 第 1 章标题为 "统计启蒙", 主要内容包括为何学统计、统计应用概说、统计陷阱概说、统计学与相关学科的关系及统计历史人物故事精选. 这一章的主要亮点是通过讲故事的方式阐明所探讨的主题, 运用通俗易懂的生活语言行文, 尽可能吸引读者的阅读兴趣. 第 2 章标题为 "统计描述", 主要内容包括统计数据概说、统计数据的收集、统计数据的组织、统计数据的概括、统计指数概说及时间序列概说. 这一章的主要亮点是把老百姓普遍关心的经济热点问题与描述统计的基本常识有机地融合在一起, 让读者感受到统计描述并不是那么枯燥无味的. 第 3 章的标题是 "统计推断", 主要内容包括随机抽样与抽样分布、参数估计、假设检验、χ^2 检验与方差分析, 以及相关分析与回归分析. 这一章的主要亮点是充分运用实际生活中有趣的典型案例, 以深入浅出的表述方式介绍统计推断的常识及其内容丰富的实际应用, 揭开统计推断的神秘面纱, 让读者感受到统计推断并不那么深奥而且魅力无限.

本书第一作者长期从事大学数学分析类课程的教学与研究工作, 并非统计学专业教育人士. 可以说, 仅凭个人对统计文化的兴趣与爱好, 认真学习与欣赏了统计文化最基础的内容. 然后, 再将自己平时陆续积累的少许学习体会整理成小册子, 权作文化数学欣赏系列丛书之一正式出版. 我们写作本书的目的很明确, 就是借此机会努力做一点力所能及的统计文化传播工作, 同时为从事数学教育工作的朋友提供一些拓宽数学视野的阅读材料 (跳出数学看数学). 如果有哪一位读者朋友, 通过阅读本书, 不再觉得统计理论离我们的日常生活很遥远, 那么我们就会感到很欣慰; 如果有哪一位读者朋友能从本书中找到爱上统计的感觉, 那么我们就会更加心满意足了!

本书写作的思路与框架是由我与章勤琼博士、王迪博士共同讨论形成的, 初稿由我提供, 章勤琼与王迪参与修改及定稿工作. 本书在写作过程中参阅了大量文献, 为此向被本书引用的参考文献的作者表示特别的感谢. 吾妻钱亦青在书稿打印及文献查阅方面付出巨大的努力; 本书在修改与出版的过程中得到温州大学数学学院高利新教授、洪振杰教授、王玮明教授、方均斌教授、应裕林副教授、黄忠裕副教授、程国正副教授、张笑钦副教授、黎祥君副教授、蔡风景副教授等诸多同仁的大力帮助; 本书出版得到浙江省重点学科 "应用数学"、温州大学重点学科 "数学"、温州大学优势专业 "数学与应用数学"、温州大学教务处、温州大学科学技术处、温州大学人文社会科学处相关建设项目资助, 在此一并表示感谢! 美籍华人数学家季理真教授为本书写了精彩的序, 使本书增色不少, 特此表示诚挚的感谢!

限于作者水平, 不足之处在所难免, 恳请读者批评指正.

赵焕光

2013 年 10 月

目　录

第 1 章

统 计 启 蒙

本章作为全书的开篇语, 伴随统计启蒙的梦想, 试图回答下述问题.

(1) 为什么学习统计?

(2) 统计有哪些具体应用?

(3) 统计应用有哪些常见陷阱?

(4) 统计与数学有什么关系?

(5) 统计与相关学科有什么关系?

(6) 有哪些伟大统计学家贡献出重要的统计思想方法?

1.1 为何学统计

学习统计的理由有千百条, 每个人都有各自的独特答案. 学生学习统计的首要理由是要取得好的课程成绩, 教师学习统计的理由是不断提高自己的教学水平, 统计研究人员学习统计的理由是为了努力提高自己的研究水平, 管理人员学习统计的理由是更好地提高管理服务水平, 我们作为统计文化普及的一员, 学习统计的理由是力求写出通俗易懂的统计科普文化著作, 为启蒙普通百姓的统计意识更好地尽自己的微薄之力 ······.

1.1.1 从两个典型案例看统计

例 1.1.1(敏感问题调查) 大家知道, 统计调查中调查者往往要通过问卷或口头问答的方式从被调查者处获取某些数据, 这里有些问题的数据是易于得到的. 例如, 人们的年龄、性别、职业、出生地等, 一般情况下可以期望回答是如实准确的. 但对某些敏感的社会问题则不然, 例如:

问一个成年人: 您吸毒吗? 您是同性恋者吗?

问一个商人: 您曾偷税漏税吗?

问一个学生: 您考试时作过弊吗?

问一个职员: 您觉得您的直接上司称职吗?

显而易见, 很难指望被调整查者会坦率如实地回答这些问题, 这时直接调查得到的资料将是极其不可靠的, 通过这种资料作出的判断将导致错误的结论. 然而鉴于此类问题的重要性, 我们必须获得如实回答的数据. 很幸运, 利用简单概率论的知识, 统计学家已经帮助人们找到了此类问题的处理方式. 下面通过一个具体问题的调查说明其原理.

校方想了解该校学生在某次考试中作弊的情况, 通常做法是选定一个或几个有代表性的班级进行问卷调查. 问卷设计包含两个问题:

第一个问题是希望得到真实回答的敏感问题, 此处就是 "您在考试中作过弊吗?";

第二个问题是一个普通问题, 任何人都不会回避给出真实答案, 例如, "您的学号是偶数吗?" 或者 "您喜欢读武侠小说吗?".

明确告诉被调查者, 每人只需回答其中一个问题, 至于具体为哪一个, 则由他们自己抛掷一枚硬币来决定, 当硬币上的国徽向上时回答第一个问题, 否则回答第二个问题; 不论回答哪一个问题, 都只选择一个字的答案, 即 "是" 或 "否", 而且不用注明回答的是第一个问题还是第二个问题. 这样的问卷设计使被调查者完全打消了顾虑, 因为即使对一份回答 "是" 的问卷也无法证实回答者承认在考试中作弊, 这一答案完全可以是针对第二个问题的. 但是这样的问卷对调查目的而言已经足够了, 从得到的数据中我们已经可以推断作弊学生的比例, 其方法如下.

假设被调查对象总数为 N, 回答 "是" 的人数为 N_1. 又假设考试中作弊学生的比例为 λ, 也就是当一个被调查者选定回答第一个问题时, 回答 "是" 的概率是 λ. 将被调查者选定回答第二个问题时回答 "是" 的概率记为 β. 请注意可以认为 β 是已知的, 对此仍以上面的例子来说明. 如果问卷中的第二个问题是 "您的学号是偶数吗?", 显然, 当被调查的学生人数足够多时, 回答 "是" 的概率, 即 β, 应该很接近 $1/2$; 如果第二个问题是 "您喜欢读武侠小说吗?", 事情会复杂一些, 但这是一个普通非敏感问题, 可以通过另一次独立调查来解决.

实际上, 统计学家已经设计出了很有效的问卷方式, 将所需要的独立调查合并在上述敏感问题调查之中, 对此不再详述, 但无论如何, 都可以认为 β 是一个已知数. 由上面所规定的回答第一个问题还是第二个问题的选择方式, 可以知道每个问题各有一半学生作答, 由此上述各个量之间有以下关系:

$$\lambda \frac{N}{2} + \beta \frac{N}{2} = N_1.$$

从中不难得到

$$\lambda = \frac{2N_1}{N} - \beta.$$

上述方法可用于各种各样的敏感问题调查, 这里作为引例, 仅提供一个简单介绍, 针对更一般的情况, 统计学家已经设计了多种更为完善的方案. 关于这一方面, 想了解更多的读者可到更深入的统计学著作中寻找答案.

例 1.1.2(色盲遗传问题)　色盲虽然不是什么严重疾病, 但却也是一种生理缺陷. 大约在 20 世纪初, 有人发现色盲是可以遗传的. 于是人们提出了一个令人担忧的问题:

色盲既然能遗传给下一代, 那么将来会不会有一天使全世界的人都成为色盲呢?

如果真是这样, 那么这个世界真是太可怕了! 要解决这个问题, 首先要弄清楚色盲是怎么回事. 为此, 先得弄明白人们为什么能看到颜色, 这就要研究视网膜的复杂构造及其性质, 还得了解不同的光波所能引起的光化学反应等. 因为眼睛是人体很复杂的器官, 只从解剖学的角度来考虑, 就已经十分困难了, 何况还与遗传因素有关. 当时, 人们还不了解遗传基因的结构, 根本没法了解色盲与遗传基因方面的关系. 因此, 从生理学上来讲, 当时这是一个无法解决的难题. 生理学家请英国大数学家哈代 (G. H. Hardy, 1877~1947) 帮助解决这个难题. 哈代出手不凡, 他以概率统计的观点, 仅用初等代数知识, 便非常巧妙且彻底地解决了这个难题.

哈代首先从大量临床统计资料中了解到以下三种情况:

(1) 色盲中男性远多于女性;

(2) 色盲父亲与正常母亲不会有色盲孩子;

(3) 正常父亲和色盲母亲的儿子是色盲, 女儿则不是.

据此, 哈代判断色盲的遗传与性别有关. 当时的生理学已经搞清楚男女性别的差异, 与遗传基因中的性染色体有关. 每个人的体内有 23 对染色体, 一半来自父亲, 一半来自母亲; 女性性染色体是 XX. 在遗传给下一代时, 母亲赋予 XX, 给予子女的总是 X, 父亲赋予 XY, 随机地选择一 X 或者 Y 给子女, 其比例是 21:22. 若为前者, 则是女性; 若为后者, 则是男性. 所以男、女出生的比例是 22:21(注: 这里实际上已经回答了统计资料中为什么说男性比例略高于女性的问题).

既然色盲与性别有关, 所以色盲者一定是性染色体出了问题. 那么究竟是 X 出了问题, 还是 Y 出了问题呢? 一定是 X, 而且这个异常染色体会世代遗传下去. 为什么能肯定病态染色体是 X 呢? 这可用反证法证明.

假如病态染色体是 Y, 女性就不会有色盲, 因为女性性染色体中没有 Y. 但是, 女性有色盲存在, 只是比男性色盲少而已.

很自然, 人们必须弄明白为什么男性色盲比女性多. 这是因为女性有两个 X, 如果其中有一个异常、一个正常, 仍然可以维持正常视力. 这种女性, 不妨称其为"次正常". 这样, 男性分为两类: 正常和色盲; 女性分为三类: 正常、次正常和色盲.

在基本生理常识分析的基础上, 哈代运用非常简单的概率统计方法估计出下一代人中的色盲比例. 他首先根据概率统计中的随机原则作了如下假设:

(1) 在两类男子和三类女子之间, 夫妇配对的机会是随机的;

(2) 异常染色体 (记作 $\overline{X}$), 在所有染色体 X 中所占比例为 p, 在男、女染色体中保持不变;

(3) 父、母和子女中男女出生比例假设为 1:1.

在上述假设的基础上, 不难推知, 若男性中正常和色盲两类分别以 F 和 S 表示; 女性中正常、次正常和色盲三类分别以 Z, C 和 K 表示, 则 F, S 在男性中所占比例分别为 q, $p(q = 1 - p)$; Z, C, K 在女性中的比例分别为 q^2, $2qp$, p^2. 易见男、女配对有 6 种夫妇类型. 各种配对类型的夫妇所生子女为色盲的比例可通过下述列表的方式计算:

第一类 (F, Z) 配对, 即丈夫、妻子均为正常. 发生这种类型的概率为 q^3, 子女中不会有色盲, 如表 1.1.1 所示.

表 1.1.1　正常丈夫与正常妻子

女＼男	X	Y
X	(X, X) 正常女儿	(X, Y) 正常儿子
X	(X, X) 正常女儿	(X, Y) 正常儿子

第二类 (F, C) 配对, 即丈夫正常, 妻子次正常. 发生这种类型的概率为 $2pq^2$, 其子女的四种情况中有一种是色盲 (表 1.1.2), 即这类夫妇的子女中有 1/4 是色盲, 在下一代人口中所占的比例是 $2pq^2 \times \dfrac{1}{4} = \dfrac{1}{2}pq^2$.

表 1.1.2　正常丈夫与次正常妻子

女＼男	X	Y
$\overline{X}$	$(\overline{X}, X)$ 次色盲女儿	$(\overline{X}, Y)$ 色盲儿子
X	(X, X) 正常女儿	(X, Y) 正常儿子

第三类 (F, K) 配对, 即丈夫正常, 妻子色盲. 发生这种类型的概率为 p^2q, 其子女的四种情况中有两种是色盲 (表 1.1.3), 即这类夫妇的子女中有 1/2 是色盲, 在下一代人口中所占比例是 $p^2q/2$.

表 1.1.3　正常丈夫与色盲妻子

女＼男	X	Y
$\overline{X}$	$(\overline{X}, X)$ 次色盲女儿	$(\overline{X}, Y)$ 色盲儿子
$\overline{X}$	$(\overline{X}, X)$ 次色盲女儿	$(\overline{X}, Y)$ 色盲儿子

第四类 (S, Z) 配对, 即丈夫色盲, 妻子正常. 发生这种类型的概率为 pq^2, 其子女不会有色盲 (表 1.1.4).

表 1.1.4　色盲丈夫与正常妻子

女＼男	X	Y
X	$(X, \overline{X})$ 色盲女儿	$(\overline{X}, Y)$ 正常儿子
X	$(X, \overline{X})$ 色盲女儿	$(\overline{X}, Y)$ 正常儿子

第五类 (S, C) 配对, 即丈夫色盲, 妻子次正常. 发生这种类型的概率为 $2p^2q$, 这类夫妇的子女中有一半是色盲 (表 1.1.5), 在下一代人口中所占比例是 $2p^2q \times \dfrac{1}{2} = p^2q$.

表 1.1.5　色盲丈夫与次正常妻子

女＼男	X	Y
X	$(X, \overline{X})$ 次色盲女儿	(X, Y) 正常儿子
$\overline{X}$	$(\overline{X}, \overline{X})$ 色盲女儿	$(\overline{X}, Y)$ 色盲儿子

第六类 (S, K) 配对, 即丈夫、妻子均色盲. 发生这种类型的概率为 p^3, 其子女全部为色盲 (表 1.1.6).

表 1.1.6　色盲丈夫与色盲妻子

女＼男	X	Y
$\overline{X}$	$(\overline{X}, \overline{X})$ 色盲女儿	$(\overline{X}, Y)$ 色盲儿子
$\overline{X}$	$(\overline{X}, \overline{X})$ 色盲女儿	$(\overline{X}, Y)$ 色盲儿子

将以上 6 类 (实际只有 4 类) 夫妇的子女为色盲的比例相加并把 $q = 1 - p$ 代入得

$$\frac{1}{2}pq^2 + \frac{1}{2}p^2q + p^2q + p^3$$
$$= \frac{1}{2}pq(p+q) + p^2(q+p) = \frac{1}{2}(p+p^2)(< p).$$

于是, 由此即可推知子女代的色盲比例要小于父母代的色盲比例. 这就是说从遗传的角度上看, 色盲呈下降趋势.

典型案例启迪　从上述两个典型案例中可以看到, 运用简单的统计思维能够有效地帮助人们解决表面看起来很困难的实际问题. 由此可见, 统计的作用有多大!

实际上, 我们今天生活在大数据统领天下的信息时代, 树立基本的数据意识、具备基本的数据解读能力无疑成为现代公民不可或缺的必备素养. 统计学作为一门关于数据的方法论学科, 已广泛应用到所有领域. 统计的 "灵魂" 一直出现在世界各地的每一个角落以及人生的每一个瞬间.

　　亲爱的读者朋友, 或许您从未在意过统计学是什么样的学科, 也从未意识到这门专业性看似很强的学问跟您的日常生活有着这样密不可分的联系. 但在如今的大数据时代, 您已经无法否认数据 (信息) 已经全面掌控了您的日常生活. 如果想要一眼看穿您所见到的数据背后的真相, 那么您必须了解一些统计学的常识. 如果您要相信科学反对迷信, 那么在您的智慧行囊里, 必须装备统计这门强有力的学问.

　　迷信基本上是基于对小概率事件的错误理解或对无任何根据的错误相关性假设的过分依赖, 而催生出来的一种不健康认识或行为. 一种迷信认识或行为, 一旦被很多人仿效或坚持, 就会形成一种愚昧无知的迷信文化. 改革开放几十年来, 在古老的中华大地上, 在科教兴国的雄壮号角声中, 一直混杂着一些不和谐的声音. 愚昧无知的迷信活动在沉寂多年之后又泛滥开来, 并渗透到社会的各个层面.

　　尤其在文化水平相对不高的农村边远地区, 迷信活动的猖獗实在令人惊讶! 结婚前要测八字, 生孩子要算男女, 盖房、选坟地要看风水, 婚丧嫁娶要择吉日, 遇病逢灾、升学求官、祈福招财要进香拜佛. 更有甚者, 把什么供奉活佛的香灰甚至大仙的污物, 视为治病的良药或祛灾避邪的法宝. 社会上有一些人特别是有些贪污腐败官员在这方面所表现出来的愚昧程度, 简直到了无以复加的地步. 甚至有些地方政府建造行政大楼也大肆宣扬迷信之风, 不能不说更令人心痛!

　　在种种汹涌的迷信暗流活动中, 显而易见的是, 除了一少部分属于封建迷信沉渣泛起和为了达到某种目的 (如敛财) 而恶意行骗的活动易于识别外, 有许多活动是打着科学的甚至是最新科学的幌子进行的. 它们不断变换着花样, 具有很大的欺骗性. 一时间科学算命、信息水、意念移物、水变油之类荒诞不经的事情风靡市井. 如果有人不相信, 骗子还会与不相信者争得面红耳赤, 并信誓旦旦地表示是亲眼所见, 甚至搬出著名人物作为见证人等.

　　总之, 科学与愚昧迷信现象在我国同时共存的僵局短期内难以打破. 这种局面有点令人无奈, 也令人深思. 如果说一些人因为无知而表现出一定的迷信思想和行为还情有可原, 那么通过几十年的努力, 谁也不能否认我国的受教育人数和比例都在增加, 科学普及的程度也在提高, 特别是当许多有相当知识水平和知名度的专家也相信那些东西并在其中推波助澜的时候, 这种现象就不能不引起大家的高度重视了. 试问: 除去一少部分愚昧的因素外, 迷信和伪科学泛滥的社会根源到底在哪里? 究其根源, 可以认为就是我国国民的统计意识太薄弱, 统计文化修养水平太低的缘故. 如果我们的社会形成一种尊重科学、尊重事实、懂得用数据说话的风气, 那么目前这种愚昧无知的迷信现象就有可能逐渐被消除.

　　在工业化时代, "科学技术是第一生产力", 国家的经济发展无疑依靠高度发达的高科技的大力进步. 在大数据时代, 国家的繁荣富强在很大程度上却依赖于谁能掌控最好的信息资源. 有人说 "国家越繁荣, 统计越完备". 其实, 这句话倒过来说似乎更确切, 即 "统计越完备, 国家越繁荣". 西方学术界还有一种传言, "未来唯有掌握统计的人才能掌管天下". 也许这句话有点言过其实, 然而历史的确已经告诉我们, 优秀的统计文化, 能够帮助人们更好地认识大千世界、洞察是非曲直、警示暗流坎坷、预测未来发展趋势, 而且有助于提高人们的物质生活与精神生活水平. 这就是说, 掌握统计这门强大的学问, 很有可能让我们变得越来越聪明、越来越健康、越来越富裕的梦想成为现实.

2009 年 8 月 6 日美国《纽约时报》有一篇文章曾预测, 未来最有可能吃香的行业不是律师、医生, 也不是网络工程师, 而是统计分析师. 网络巨擘谷歌的首席经济师哈里·罗纳德范里安 (Hal Ronald Varian, 1947~) 博士曾经在 2009 年 1 月麦肯锡公司 (McKinsey & Company) 发行的杂志上这样说道, "我一直相信, 未来 10 年最受欢迎的职业是统计". 一家之言, 并非所有人都会认同. 然而, 对于统计学学习者, 难道这不是一条令人振奋的好消息吗?

很遗憾, 到目前, 统计在我国的公信力还不够高, 普通公民的统计 (责任) 意识不够强, 统计学教育没有得到格外的重视, 这是不争的事实. 借此机会, 在这里强烈呼吁, 我们国家的各个层次的教育都要把公民统计意识的培养纳入相应的教育模块中!

1.1.2 "统计" 的含义解释

学习统计, 首先必须理解什么是统计? "统计" 一词是由英语 Statistics 翻译过来的. Statistics 的词源自中世纪拉丁语 Status 和 Statista, Status 译为各种现象状况和情况, Statista 译为通晓政治和熟知各国国情者. 由词根 Stat- 构成的意大利语 Stato, 表示 "国家" 的概念, 也含有国家结构和国情知识的意思. 因此, 早期的 "统计" 一词, 通常就是指记述国家和社会状况的数量关系的总称. 随着时代的变迁, "统计" 的内涵越来越丰富. 现在, "统计" 一词在各种实践活动和科学研究领域中时常出现. 然而, 不同的人或在不同的场合, 对其理解是有差异的. 有人认为 "统计" 是由政府有关部门承担的一项管理工作, 也有人认为 "统计" 就是各种枯燥无味的数据, 还有人认为 "统计" 就是有着大量概念和计算公式的一门课程等. 这些说法都有一定的道理, 只不过仅从某个侧面去理解统计而已. 其实, 综合起来, "统计" 一词通常包括三个方面的含义: 统计工作、统计资料和统计学.

1. 统计工作

统计工作 (或称统计活动) 是指各国政府或其他机构为满足政治、经济、社会等方面的需要以及科学研究的需要而进行的收集、整理、分析、汇编有关数据的一系列活动. 这些活动一般包括统计调查、统计整理、统计描述、统计分析和数据显

示等过程.《中华人民共和国统计法》对统计工作的任务作了明确界定:

统计的基本任务是对经济和社会发展情况进行统计调查、统计分析,提供统计资料和统计咨询意见,实行统计监督.

2. 统计资料

统计资料(或称统计数据)是指统计活动过程所获得的各种数字资料和其他资料的总称. 统计资料表现为各种反映社会经济现象数量特征的原始记录、统计手册、统计表、统计图、统计分析报告、统计公报、统计年鉴等各种数字和文字资料.

3. 统计学

统计学是指阐述统计工作基本理论和基本方法的科学,是对统计工作实践的理论概括和经验总结. 它以现象总体的数量方面(数据)为研究对象,阐明统计设计、统计调查、统计整理和统计分析的理论与方法,是一门方法论科学. 对统计学的界定,在统计学界还有着多种不同的表述. 这里仅介绍两种权威性的解释.

《大英百科全书》上解释:"统计是一门收集数据、分析数据,并根据数据进行推断的艺术和科学. 最初与政府收集的数据有关,现在则包括了范围广泛的方法和理论."

《中国百科全书·数学卷》解释:"统计学是一门科学,它研究怎样以有效的方式收集、整理、分析带有随机性的数据,并在此基础上对所研究的问题作出统计性推断,直至对可作出的决策提供依据或建议."

作为一门关于数据的方法论学科,如今统计学已经发展成为由若干分支学科组成的学科体系. 从学科发展史的角度看,统计学可以分为社会经济统计学、数理统计学和自然技术统计学. 从统计方法的构成来看,统计学可以分为描述统计学和推断统计学;从统计方法研究和应用角度来看,统计学可以分为理论统计学和应用统计学. 它们所涉及的具体内容,这里暂不详细展开讨论.

点评 统计工作、统计资料和统计学之间有着密切联系. 统计工作与统计资料之间是过程与结果之间的关系,统计资料是统计工作的直接成果. 就统计工作与统计学的关系来说,统计工作属于实践的范畴,统计学属于理论的范畴,统计学是统计工作实践的理论概括和科学总结,它来源于统计实践,又高于统计实践,反过来又指导统计实践,统计工作的现代化与统计科学研究的支持是分不开的. 统计工作、统计资料和统计学相互依存、相互联系,共同构成了一个完整的整体. 在不会引起歧义的情况下,人们习惯上用"统计"分别代替"统计工作""统计资料"和"统计学"三种含义.

专题介绍 国家治理离不开统计.

统计活动的渊源,可以追溯到远古时代,在人类历史上,自从有了国家,便有了统计活动, 国家统治者为了征兵、徭役、赋税的需要, 就有人口、土地、粮食等项目的调查和计算. 中国古代, 早在原始公社时期, 就有结绳记事、结绳计量的方法, 即所谓 "事大, 大结其绳; 事小, 小结其绳; 结之多少, 随物众寡", 这可以说是统计的萌芽. 据晋·皇甫谧 (公元 215~282)《帝王世纪丛书》记载, 早在 4000 多年前的夏朝, 为了治国治水的需要, 就进行过初步的国情统计, 查明当时全国人口为 3553923 人, 土地为 24308024 公顷, 并依山川土质、人口物产及贡赋多寡, 将全国分为九州. 在西方, 埃及早在建造金字塔和兴修大型灌溉系统时, 为了征集所需的财物和劳力, 对全国人口、财产进行过调查. 古希腊公元前 600 年就进行过人口普查. 古罗马公元前 400 年就建立了出生、死亡登记制度. 这些都是人类早期的统计活动. 随着社会经济的发展, 统计实践活动便逐步向各个领域拓展. 现在, 统计实践的内容已经包括经济、社会和科学技术的各个方面, 而且从国内发展到国际, 所涉范围广泛, 几乎无所不包.

统计在治国和管理中的重要作用, 引起了各国政府对统计的高度重视, 许多国家都建立了统计调查和统计报告制度, 成立了国家统计机关. 自第二次世界大战结束以来, 各国为了促进全社会对官方统计的理解, 并动员全社会对官方统计予以配合和支持, 一些国家开始设立统计日、统计周或统计月, 对官方统计开展集中宣传. 到目前, 全世界共有约 80 个国家设立了统计日, 每年均开展庆祝活动; 另有一些国家举办统计周或统计月, 每过若干年集中开展一次庆祝活动, 或举办一次性的庆祝活动.

联合国统计委员会积极倡导并支持各国开展统计日活动. 在联合国统计委员会的支持下, 联合国统计司自 2008 年起开始推动庆祝世界统计日的工作, 并于 2010 年 6 月 3 日, 第 64 届联合国大会第 90 次会议上通过第 A/64/267 号决议, 将 2010 年 10 月 20 日定为第一个 "世界统计日". 根据联合国大会决议, "世界统计日" 的主题是 "庆祝官方统计的众多成就", 要在庆祝活动中体现官方统计的核心价值: "服务、诚信和专业."

我国积极支持世界统计日的庆祝活动. 我国是联合国大会第 A/64/267 号决议案的共同提案国, 在 2010 年 10 月 20 日世界统计日当天, 在上海世博园联合国馆举办了世界统计日庆祝活动. 为庆祝世界统计日, 我国国家统计局开展了一系列配套活动, 其中一个重要的方面就是在 2010 年 9 月 20 日组织了首个 "中国统计开放日" 活动, 邀请社会各界代表赴统计机构参观座谈, 以了解统计、走近统计、感受统计.

1.2 统计应用概说

我们所处的时代是被信息 (数据) 淹没的时代. 数据就像空气一样无时无刻不

在我们身边, 我们无论从事什么活动, 始终都无法摆脱数据. 统计作为一门研究数据的通用方法论学科, 只要有数据的地方都会用到统计方法. 统计作为一种探求真理必不可少的工具之一, 无论是在解开自然奥秘的科学调查, 还是在日常生活中作出决策, 或者是解决法庭争端, 都扮演着重要的角色. 有学者感叹, 举出一个统计没有应用的领域名称比举出一个统计作为其组成部分的领域名称要困难许多! "横看成岭侧成峰, 远近高低各不同, 不识庐山真面目, 只缘身在此山中." 站在统计圈内谈论统计的应用, 也许是挂一漏百. 这里, 仅仅选择我们自己很感兴趣的几个侧面简介统计的应用.

1.2.1 统计在日常生活中的应用

统计与人们的日常生活息息相关, 统计的影子在我们的日常生活中无处不在, 无时不有. 实际上, 我们都在自觉或不自觉地利用统计. 例如, 当人们煮饺子时, 为了检查饺子是否已经熟了, 通常会捞起一个尝尝, 这就是无形地应用了统计学中的 "随机抽样" 的原理.

特别地, 统计学中的平均观点对每个人的日常生活都有很大的影响. 例如, 我们打算到某地自驾旅行或自行车旅行, 就需要查阅某地相关的气候, 以便知道需要带什么东西. 所谓气候, 就是 "平均" 天气的长期特征. 我们使用大陆的、内地的、海洋的等术语来描述一个地区的气候. 每一个术语都隐含地描述了年平均温度、季节性温度变化范围、年均降水量、地面有积雪覆盖的平均天数等.

西方有个著名的 "二手车市场" 理论. 如果去买二手车, 由于信息不对称, 仅凭外观无法判断车的质量, 即使知道这些车的价格在 2000~10000 美元不等, 于是我们愿意出中间价 6000 美元, 如果买主都这么想并讨价还价, 相对较好的二手车就要退出市场交易; 而买主又会进一步压低价钱, 如此逆向选择循环往复几次, 整个二手市场就瓦解了, 只有最坏的车的车主可能会笑逐颜开. 当然, 实际的二手车市场并没那么无趣、残酷. 但这至少表明, 信息不对称是多么的普遍而使人 "无奈". 其实, 中国特色的相亲市场又何尝不是如此呢!

再如, 当我们与一个素不相识的人接触, 除了外表, 由于信息不对称, "平均地" 想象对方, 如不太好但也不太坏、不太聪明也不太笨、性格脾气不太好也不太坏、知识不太多也不太少 …… 两个大龄青年相亲, 彼此都觉得对方 "有问题"(性格、经历、习惯、健康状况之类), 但其实两人偏偏都没什么 "问题". 由于社会上流行的观点是有 "问题", 而且确实也有不少人有 "问题", 于是, 这两个人彼此都心想: "你干吗怀疑我, 我也要怀疑你."

进一步, 从平均的观点看世界, 对我们开阔评价人与事的视野大有裨益. 以下四点可供大家参考:

(1) 人人都认为各自觉得厌恶的人必有 "问题", 如果我们去同情、帮助他, 那么我们就有可能成为傻瓜. 民间不是有"可怜之人必有可恨之处"一说吗?

(2) "好汉不提当年勇." 我们在学校里是佼佼者, 但到了社会上按新的游戏规则"重新洗牌", 或许我们就再也没有任何优势, 当然也未必会处于非常劣势的地步. 一般而言, 我们都会被"平均化". 我们唯有认清形势, 踏踏实实从基层做起, 慢慢磨炼自己, 才有可能做点名堂出来.

(3) IQ(智商)追求的是出类拔萃、天马行空、我行我素, 越偏越好; 而 EQ(情商)追求的是了解大多数人的"平均"心态, 越偏越糟. 做任何事情要想出彩, 有较高的 IQ 是必需的, 但 EQ 也许会更重要.

(4) 主流和非主流是相对的, 今天的非主流可能变为明天的主流, 当然绝大多数就像一朵浪花一样"湮没"了, 非主流的东西只能存在于天才和有眼光的人的头脑里. 非主流的价值恰恰在于引领主流, 那些不能转化为主流或得不到主流一丝认同的非主流, 永远是没有价值的, 只能存在于精神病、犯罪分子、异想天开或性格有缺陷的人心中. 虽然"存在的未必是合理的", 但是主流的存在必定有其合理之处, 那是历史上无数人博弈的结果, 挑战主流唯一能获得成功可能的人, 就是天才或能力超强的人. 或许可以认为, 天才能人与主流对着干, 是创立下一种主流的人. 一般的人要是这么去做, 唯一的结果就是头破血流, 或者被边缘化, 所以老是抱怨这抱怨那的人永远不会有出息.

在日常生活中, 我们时常会听到一些相互矛盾的观点, 诸如, "真理往往掌握在少数人手中""识时务者为俊杰""要融入社会、适应社会""入乡随俗"等, 从平均的观点看其实并不矛盾, 改变并非不可能, 就看时机和我们自己的本领有多高超.

1.2.2 统计在法律中的应用

大家明白, "法律"是"执仗正义"的代名词. 然而, 如何让执仗正义可视却是法学界所面对的最大难题. 西方有一位老律师这样说过: "如果法律站在你这边, 你就卖力地向大家灌输法律; 如果真相站在你这边, 就你卖力地向大家灌输这些真相; 要是两者都不站在你这边, 你就卖力地大拍桌子." 还有一位法学家甚至说: "一般地, 不了解法律的是下面三种人: 制定法律的人、执行法律的人和那些破坏法律而遇到麻烦的人. " 由此可见, 亲近法律并不简单, 公正执法谈何容易. 实际上, 执法是否公正, 很大程度上依赖于证据的可信性.

我们明白, 在任何法庭裁决中, 当给出所有的证据时, 都需要对一个事件为真的证据或可能性的程度进行评价. 而且在作出决策的同时, 必须考虑把有罪的人误判为无罪、无罪的人误判为有罪所造成的恶劣影响. 法学界通常认同涉及证据的各种程度的标准有以下四条:

(1) 占优势的证据;

(2) 清楚和使人信服的证据;

(3) 清楚, 无任何暧昧和使人信服的证据;

(4) 无任何怀疑的证据.

为了验证法官一般如何解释这些证据的标准, 美国的法官维因斯坦法对他所在的纽约东部地方法院里工作的同行们进行了调查, 各种证据标准的概率表示在表 1.2.1 中给出.

表 1.2.1　各种证据标准的概率表示

法官	优势/%	清楚、使人信服/%	清楚、无暧昧使人信服/%	无任何怀疑/%
1	50+	60~70	65~75	80
2	50+	67	70	76
3	50+	60	70	85
4	51	65	67	90
5	50+	标准不易理解	不起作用	90
6	50+	70+	70+	85
7	50+	70+	80+	95
8	50.1	75	75	85
9	50+	60	90	85
10	51	—	不能用数值估计	—

从表 1.2.1 中我们可以看到, 法官对 4 个标准给出的概率是一致单调增加的. 然而, 对较高的证据标准程度的概率分配, 法官之间显然存在一些差异. 标准的认同都这么不容易, 实际操作的难度可想而知. 幸好现代统计学的思想与技术, 对帮助法官公正判案将起着如虎添翼的作用. 接下来, 我们考察有关美国是否存在种族歧视的典型案例.

表 1.2.2 是 1976 年至 1977 年美国佛罗里达州 29 个地区杀人案件中被告肤色和是否被判死刑的 326 个犯人的调查情况.

表 1.2.2　是否被判死刑的 326 个犯人的调查情况

被告	死刑		死刑判决的比例
	是	否	
白人	19	141	0.119
黑人	17	149	0.102

从表 1.2.2 中, 我们可以看到白人被判死刑的比例较高. 据此, 有人认为美国司法界并不存在种族歧视. 后来, 有的统计学者除了考虑被告人的肤色, 还考虑被害人的肤色, 所得到的结论却大相径庭. 表 1.2.3 是表 1.2.2 的细分.

表 1.2.3　表 1.2.2 的细分

被害人	被告	死刑		死刑判决的比例
		是	否	
白人	白人	19	132	0.126
	黑人	11	52	0.175
黑人	白人	0	9	0.000
	黑人	6	97	0.058

如果被害人是白人, 白人被判死刑的比例为 12.6%, 而黑人被判死刑的比例为 17.5%. 如果被害人是黑人, 白人被判死刑的比例为 0, 而黑人被判死刑的比例为 5.8%. 这说明, 无论被害人是白人还是黑人, 被告是白人被判死刑的比例都比被告是黑人被判死刑的比例低. 尤其是在被害人是黑人时, 白人被告没有被判死刑的. 这说明在美国有种族歧视, 死刑判决与被害人的肤色有关.

表 1.2.2 仅考虑被告的肤色和是否被判死刑的关系, 被害人的肤色就是隐蔽的混杂因素, 它误导了统计分析. 这个问题就是著名的美国统计学家辛普森 (Simpson) 在 1951 年提出的著名悖论 (1.3 节详细介绍) 的一个特例. 这就是说, 在同一件事情中用不同的视角看可得出两种相互矛盾的结论.

结论 1　白人被判死刑的比例大于黑人被判死刑的比例.

结论 2　在被害人是白人时, 白人被判死刑的比例小于黑人被判死刑的比例; 在被害人是黑人时, 白人被判死刑的比例小于黑人被判死刑的比例.

显然, 结论 2 与事实相符, 而结论 1 是误导出来的结论. 为避免发生这种现象, 找到隐蔽着的混杂因素至关重要. 这除了依靠统计学的方法, 还要依靠相关的专门知识. 找到隐蔽的混杂因素后, 一般的处理方法是对混杂因素的每一个值 (如被害人的肤色), 都构造一张表 (如被害人是白人时的表和被害人是黑人时的表). 然后对这些表进行分析比较. 这种方法称为控制混杂因素. 当然我们也可以把被告的肤色视为被控制的因素, 得到表 1.2.4.

表 1.2.4　表 1.2.2 的另一种细分

被告	被害人	死刑		死刑判决的比例
		是	否	
白人	白人	19	132	0.126
	黑人	0	9	0.000
黑人	白人	11	52	0.175
	黑人	6	97	0.058

从表 1.2.4 中, 我们可以看到无论被告是白人还是黑人, 被害人是白人时凶手被判死刑的比例都比被害人是黑人时明显高. 如果不考虑凶手的肤色这个属性, 则得到表 1.2.5.

表 1.2.5　不考虑凶手肤色的调查情况

被害人	死刑		死刑判决的比例
	是	否	
白人	30	184	0.140
黑人	6	106	0.053

从表 1.2.5 中, 我们看到被害人是白人时, 凶手被判死刑的比例比被害人是黑人时也明显高. 此时, 辛普森悖论就不再成立.

此例给我们很大的启示, 同一组数据用不同的统计方法去分析, 可能使结果大相径庭. 因此, 应用统计观点看问题, 能不能把统计数据背后隐藏的真实东西挖出, 这一点才是最重要的.

1.2.3　统计在军事上的应用

统计在军事研究上的作用也很大, 这里仅举两个实例.

第一个例子是第二次世界大战期间, 美国在日本领土上投原子弹的重大事件. 大家知道日本是唯一的原子弹受害国, 但大家未必知道 "统计" 与它的关系. 当时美国想登陆日本, 但日本在海岸线布置了很多地雷, 美国不敢轻易登陆, 于是就想找一种方法破雷. 欧洲有一种用飞机投炸弹的方法, 但效果不好. 一位叫菲利普·沃伦·安德森 (Philip Warren Anderson, 1923~) 的统计学者设计了另外一种方法, 但不知道这种方法破雷效果如何, 不能直接派兵去试. 于是他做了一个计算机模拟, 发现效果不好. 最后美国决定用原子弹. 如果没有安德森, 也许美国会直接派兵, 那将会有很多伤亡.

第二个例子是关于如何用统计学观点解决给美国空军飞机安装防弹钢板问题. 在第二次世界大战后期, 美军对德国和日本实行了大规模的战略性轰炸, 他们在给德国和日本以致命打击的同时, 也付出了极大的代价. 为了减少损失, 美军请来了著名统计学家乔治·瓦尔德 (George Wald, 1906~), 希望他能从统计研究的角度提出好的建议.

待解决的问题就是应该给歼击机或者轰炸机的哪些部位安装防弹钢板? 有人提出, 为了确保安全, 从头到尾全部要装. 这显然是不可行的, 因为这样做将会大大增加飞机的自身重量从而影响它们的灵活性. 因此, 理想的解决方案应该是: 飞机哪个部位容易中弹, 就在哪个部位加防弹钢板.

接到任务后, 瓦尔德不敢怠慢, 立即投入到紧张的研究之中, 他让技师把飞机的中弹部位标出来, 自己则对全部中弹飞机的中弹部位进行综合分析和研究, 希望从中找出规律. 但是, 飞机的中弹部位根本没有呈现出所谓的统计规律. 是统计学家派不上用场吗? 不是! 遵循 "大量观察法" 这个统计的原则, 瓦尔德发现, 中弹飞机的弹痕虽然没有规律, 但是, 在飞行员的座舱和飞机尾翼上均没有被击中的痕迹.

哦, 原来如此, 在大量观察法基础下的统计综合分析居然一下子就使人们明白了问题的关键所在, 中弹飞机之所以能飞回来, 一是要有飞行员, 如果飞行员座舱被击中, 飞机就飞不回来. 二是飞机尾翼不能被击中, 击中了飞机就会失去控制也飞不回来了. 这好像变魔术一样, 秘密一下子就被揭开, 大家都觉得太简单了. 而这正是统计分析揭开这层面纱的. 因此, 瓦尔德建议只在这两个部位加厚钢板. 至此, 大家不得不佩服统计学的神奇和统计学家的睿智.

1.2.4 统计在考古学中的应用

第一个例子为费希尔在 1952 年所引证, 用其说明地质学中一个最伟大的发现里面所隐含的统计思想.

有不少人已经熟悉地质年代的尺度和地质层的名字, 如鲜新世 (Pliocene)、中新世 (Miocene)、渐新世 (Oligocene), 但也许很少有人知道这些是如何得到的. 这些名词是由名著《地质学原理》一书的作者、地质学鼻祖, 19 世纪英国著名的地质学家莱尔 (C. Lyell, 1797~1875) 发明的. 在 1833 年出版的这本书的第三卷中, 他给出了这些时间尺度的详细计算. 这些时间尺度的详细计算基于一个完全新颖的思想并利用了很复杂的统计过程.

在杰出的贝类学家德夏斯 (M. Deshayes) 的协助下, 莱尔把在一个或多个地质层中鉴定了的化石列成表, 并查明目前还生存的占多大比例. 就像一个统计学家拥有一个没有记录年龄的近期的人口统计记录, 以及一系列未标明时间的过去人口调查的记录, 从中可以辨认某些个人与现在的记载是同一个人. 在这种情况下, 由生命表的知识分析可以估计未标明的数据. 即使没有生命表, 仅仅由比较每个记录中现在仍生存的人的比率, 也可以按年代顺序排序列. 也就是说, 现存在生物在化石中所占的比率越小, 可以推断其在地层中形成的年代越长. 莱尔的思想和他漂亮的统计论证给地质学带来了一场革命, 他所命名的地质层和其他研究结果见表 1.2.6.

表 1.2.6 莱尔的地质学分类

地质层命名	比率 = 生存数量/不同化石的数量	实例
更新世 (Pleistocene)	96%	西西里岛群
鲜新世 (Pliocene)	40%	意大利岩石、英国峭壁
中新世 (Miocene)	18%	—
始新世 (Eocene)	3%或4%	—
...	...	...

由上述的分类, 地质学家可根据化石中少量的清晰的形态学上的特征来确认化石的分层.

第二个例子介绍考古学家称其为顺序排列的方法, 这是基于最简单的统计学观

点 (比较) 确定文物的相对年代, 即确定文化在年代上的先后顺序的考古分析方法.

大家知道, 任何一种款式的流行都是暂时的, 顺次排列法正是基于这样的假定. 款式的变化通常按照同一种模式进行, 新款式的出现是缓慢的, 开始使用它的人占很小的比例; 当人们普遍接受了这种新款式, 它便流行起来; 慢慢地人们又对它失去了兴趣, 于是更新的款式又出现了; 最后曾经流行的款式慢慢不流行了.

假定在某个地区发掘出 9 处历史遗址, 找到的文物有相似性, 但它们之间的差异又足以证明这些遗址属于不同时代人类的居住地. 人们还发现其中的陶器呈现三种不同的款式: 白底无花纹的、白底带红色波浪纹的、白底带红色直纹的. 在各处遗址找到的各种款式陶器所占的比例不一样, 制成表 1.2.7.

表 1.2.7　各种款式陶器所占的比例

遗址	无花纹/%	波浪纹/%	直纹/%
1	100	0	0
2	0	70	30
3	50	50	0
4	0	20	80
5	0	0	100
6	70	30	0
7	0	100	0
8	30	70	0
9	0	60	40

现在的问题是怎样排列这 9 组数据, 使得它们正好构成一个表明各种陶器数据增加和减少的序列.

实际上, 先对数据进行仔细分析可以大大减少工作量. 注意到 1 号遗址的陶器 100% 是无花纹的, 5 号遗址的陶器 100% 是直纹的, 7 号遗址的陶器 100% 是波浪纹的. 由此推断, 若按年代先后排序, 这三处遗址必定有一处排在最早, 另有一处排在中间, 还有一处排在最后.

暂时假设 1 号遗址年代最早, 即无花纹陶器比其他款式的陶器久远, 那么随着其他陶器流行程度的增加, 它的流行程度应该从 100% 降到 0%. 从中可估计按年代顺序排在前面的遗址应是 1, 6, 3, 8 号 (表 1.2.8).

表 1.2.8　遗址按年代顺序排列

遗址	无花纹/%	波浪纹/%	直纹/%
1	100	0	0
6	70	30	0
3	50	50	0
8	30	70	0

注意到表 1.2.8 中波浪纹的百分比是增加的. 现在再观察余下的 5 处遗址, 不难看出, 下一处遗址的陶器应该 100% 都是波浪纹的, 表 1.2.8 扩展为表 1.2.9.

表 1.2.9 表 1.2.8 的扩展

遗址	无花纹/%	波浪纹/%	直纹/%
1	100	0	0
6	70	30	0
3	50	50	0
8	30	70	0
7	0	100	0

当然, 随着直纹陶器款式的增加, 波浪纹陶器的频率必然降低, 所以其他遗址的排列必须是 2, 9, 4, 5.

由此, 陶器款式按年代先后的序列可能是: 无花纹、波浪纹、直纹. 当然, 也可能是: 直纹、波浪纹、无花纹. 如果遗址中还有其他文物, 它们能帮助确定到底是无花纹陶器早, 还是直纹陶器早, 仅有的数据还无法作出这一判断. 但有一点可以明白无疑地推导出: 波浪纹不会是最早出现的.

1.2.5 统计在遗传学中的应用

奥地利修道士孟德尔 (Mendel, 1822~1884), 利用植物杂交方法做实验, 创立以他的名字命名的分离定律 (law of segregation) 和独立分配定律 (law of independent assortment) 奠定了遗传学的坚实基础, 同时也宣告了统计学成为研究生命现象的重要数学工具. 1863 年, 孟德尔宣读了他的《植物杂交实验》论文并于 1864 年正式发表. 但发表后论文被长期埋没, 直至 1900 年另外三位不同国籍的科学家不约而同地发现了埋没达 35 年之久的这些规律. 从此孟德尔作为在生物领域具有里程碑性质的科学家被载入史册. 1909 年丹麦遗传学家约翰逊 (Wilhelm Ludwig Johannsen, 1857~1927) 正式命名孟德尔所称的 "遗传因子" 为基因 (gene), 一直沿用至今. 另一个对遗传学作出重大贡献的是美国的摩尔根 (Thomas Hunt Morgan, 1866~1945), 他通过对果蝇的研究, 发现连锁遗传, 建立了遗传学的第三条定律 —— 连锁与互换定律, 创立了 "基因论", 并把抽象的基因概念落实到染色体上, 大大地发展了遗传学. 1953 年美国科学家沃森 (J. D. Watson, 1928~) 和英国科学家克里克 (F. Crick, 1916~) 发现了 DNA 的双螺旋结构, 对遗传学的发展作出了重大贡献, 标志着分子遗传学时期的到来.

当代一大盛事是人类基因组计划 (HGP) 的启动, 该计划已于 2003 年完成了人类基因组全部序列的测定, 正进入彻底阐明基因组编码的蛋白质的功能与 DNA 序列中所包含的遗传信息的生物功能的新阶段. 2006 年, 被誉为 "DNA 之父" 的美籍诺贝尔奖得主詹姆斯·沃森就曾预言: 在今后十年内, 对个人进行基因检测将成为诊断疾病的常规手段之一.

目前, 用 DNA 链的匹配检验鉴定是否有亲子关系, 这已经是相当成熟的技术. 按照这项新技术鉴定的结论, 如果说是没有亲子关系, 结论的正确率是 100%; 如果有亲子关系, 它不是严格准确的, 有可能失误, 但其准确率是很高的, 这与鉴定水平有关, 一般都能达到 99.99% 的水平.

接下来, 我们介绍费希尔在 1947 年讲述的血液类型中 Rh(Rhesus 的缩写) 因子如何被一群英国研究者发现的故事. 这是一个遗传学研究的光辉例子. 它显示统计学家如何将一个仔细查明的事实与已有事实拟合, 如何构造新知识的一个清晰的结构, 以及如何发现每一个有利点可用于将来的研究.

Rh 因子是美国生化学家列文 (Levin, 1869~1940) 于 1939 年在一例死胎的情形中发现的, 其母亲的血清中发现了一种抗体 Δ(或称为反 D), 这是由美国白人献血者血液的 85% 胶着而生成的. 这个结果提示了, 双方中有一方存在一种能产生抗原 D 的对立遗传因子的孟德尔因子. 长话短说, 此后一个接一个地发现了抗体 γ(反 c), 抗体 Γ(反 C), H(反 E), 这些是由 + 或 − 的不同的反应组合产生的. 由这些抗体, 至少可以识别 7 个不同的对立的遗传因子 (或者是遗传复合体). 具体这 7 个遗传因子复合体对抗体 γ, Γ, Δ 和 H 的反应见表 1.2.10 中的第一栏, 分别为: R_1, R_2, r, R_0, R'', R', R_z.

表 1.2.10 7 个遗传因子复合体对已知的 4 个抗体的反应和预测

遗传因子 复合体	已知的抗体 γ Γ Δ H		预测的抗体 δ	η	预测的遗传 因子复合体
R_1	− + + −		−	+	CDe
R_2	+ − + +		−	−	cDE
r	+ − − −		+	+	cde
R_0	+ − + −		−	+	cDe
R''	+ − − +		+	−	cdE
R'	− + − −		+	+	Cde
R_z	− + + +		−	−	CDE
*R_y	− + − +		+	−	CdE

注: * 表示预测的, 即带有预测反应的遗传因子复合体.

由 7 个遗传因子对 γ, Γ, Δ 和 H 反应, 雷斯 (Race, 1944) 作了如下评价和预期. 7 个遗传因子的复合体中, 没有一个对 γ 和 Γ 有同样的反应. 因此, γ 和 Γ 是对立的抗体. 极有可能的是这样的对立的抗体对 Δ 和 H 也存在, 作为预期分别记为 δ 和 η. 可能还有一个遗传因子复合体, 我们记为 R_y, 它对 4 个抗体的反应列在表 1.2.10 的最后一行. 这样就形成了一个完整的系统, 每一种试剂 (抗体) 对 4 种遗传因子复合体反应为正, 对其余 4 种的反应为负.

这些猜测出现后不到一年, 英国人类学家莫兰特 (G.M.Mourant, 1945~) 就发现了抗体 η, 同一年美国生物学家戴蒙德 (Jared Diamond, 1937~) 发现了抗体 δ.

对这些结果, 费希尔 (1947 年) 本人解释了由 3 个因子 (C, c), (D, d) 和 (E, e) 表示的对立的遗传因子与密切相联系的 3 个孟德尔因子所产生的遗传因子复合体的性质. 由于遗传因子 C, D 和 E 的存在, 产生对抗体 Γ, Δ 和 H 的反应分别为正, 而遗传因子 c, d 和 e 的存在产生对抗体 γ, δ 和 η 的反应分别为正.

今天我们所知道的遗传结构更复杂了, 3 个位置的每一个上面分别有两个以上的对立的遗传因子. 然而, 比起 Rh 因子发现初期的混乱和含糊, 经仔细组织的调查研究对系统收集数据提供了迅速而有效的分析.

1.2.6 统计在流行病学中的应用

为了遏止原因不明的流行病而诞生的学问称为 "流行病学". 流行病学是医学的一个重要分支, 与疾病的发生、传播和控制有关, 它主要依靠应用统计学来了解疾病如何在人群和地区之间传播. 它的第一个重大突破发生在对抗霍乱的一次斗争中. 统计学的这个应用很出名, 但也存在争议, 人们可从中了解统计方法的优势和不足.

霍乱是一种古老的疾病, 由一种叫弧菌的细菌引起. 在相当长的人类历史里, 它主要在印度边界暴发. 霍乱是严重的疾病, 它的发作突然而剧烈, 甚至是致命的. 霍乱的死亡率因地区和暴发规模而有很大的不同, 可以远远超出或低于 50%.

霍乱使人的身体极度脱水, 人们通常把这一过程分为三步. 疾病发作的标志是剧烈呕吐和严重腹泻. 在短时期内, 受感染的患者的体重会减轻 10%. 第一阶段后期伴随有 19 世纪早期医生所说的 "米泔水样腹泻", 我们现在知道其中含有患者受损的肠黏膜碎片. 在第二阶段, 医生称为 "虚脱阶段", 呕吐和腹泻停止, 体温下降, 脉搏变得十分微弱, 嘴唇和指甲发青, 血液变稠发黑 —— 几乎是黑色的. 多数死亡就发生在第二阶段. 第三阶段 ——"恢复期" 的标志是发烧.

霍乱的暴发是毁灭性的, 从 1781 年印度暴发霍乱以来, 继之发生了两次世界性的霍乱大暴发, 而且成为世界性的传染病, 引起全世界极度恐惧. 直到第三次世界性的霍乱暴发 (1846~1864), 人们才开始注意到应用统计学方法研究它. 从医学角度说, 第二次暴发值得注意, 因为那时第一次发明了治疗霍乱的成功方法. 不幸的是, 医生们没有进行仔细地统计和比较各种治疗方法. 一些人用水蛭治疗霍乱, 一些人用止泻药, 而一位英国医生拉塔 (Thomas Latta) 用的是盐水, 他给处于死亡边缘的患者注射盐水, 使他们补充了水分. 由于一些人的状况变得好起来, 甚至一些用水蛭的也是如此, 而且由于当时没有客观的统计学准则来比较不同的治疗方法, 所以当时的医学机构忽略了拉塔的创新. 虽然治疗霍乱十分重要, 但是事实表明, 预防霍乱是保护公众健康的一种更容易、更经济的方法. 人们在第三次世界性霍乱暴发中意识到了这一点, 那时还未发现细菌理论, 在那场霍乱中, 统计学方法充分地显示了它的优势和不足. 作出重要发现的科学家是英国医生斯诺 (John Snow, 1813~1858).

斯诺是农民的儿子, 直到 14 岁才上学, 后来给一名外科医生当学徒. 在第二次世界性霍乱暴发中他作为医生的助手服务. 许多年来, 他兢兢业业地工作, 最后进入了医学机构. 1844 年, 他从伦敦大学毕业, 1850 年被接纳到皇家医学院. 长期以来, 斯诺苦苦思索霍乱问题, 尤其对霍乱的传播过程感兴趣. 他尽可能多地了解了第二次世界性霍乱暴发的情况, 并且研究了以前的传播方式. 一个人单独工作就不大可能了解到所有信息, 但是他尽可能做到全面了解情况.

霍乱传播的地理模式错综复杂. 有时它只侵袭一个区域, 而完全忽略邻近的人口中心. 它的传播与时间的关系也很复杂. 例如, 1848 年, 在第三次世界性暴发中, 霍乱导致英格兰和威尔士 (英国西南部) 地区的 1908 人死亡, 1849 年, 该地区又有 53293 人死于霍乱. 但是在接下来的两年里, 英格兰和威尔士都没有人死于霍乱. 1853 年和 1854 年, 霍乱重返这两个地方, 分别有 4419 人和 20097 人死亡. 虽然第三次世界性霍乱持续到 1863 年, 但是在这期间, 英格兰和威尔士两地都没有人再死于霍乱.

斯诺开始研究霍乱的传播机制时, 受到了很多阻碍. 虽然当时没人知道霍乱是如何传播的, 却有许多有名望的人支持不正确的思想. 当斯诺提出霍乱通过饮用水传播时, 许多人认为他是错误的. 为了证明自己是正确的, 斯诺尽可能多地收集并分析过去霍乱暴发的信息. 1849 年, 他甚至出版了小册子阐述自己的理论, 但是, 没有改变多少人的看法. 相反, 他的思想遭到许多批评. 虽然, 斯诺没有心灰意冷, 但是他认识到, 要想说服别人, 要想挽救生命, 就需要更有说服力的数据. 1853 年 8 月 31 日开始, 伦敦的百老街区 (BroadStreet) 暴发了一场霍乱, 此时斯诺的研究出现了转机. 那是一次尤为恶劣的瘟疫. 前三天里, 居住在这个密集区的人有 127 人死亡. 霍乱暴发的一周内, 大多数幸存者锁好家门, 停止工作, 开始逃离, 到 9 月 10 日, 已有 500 人死亡.

与此同时, 斯诺已经开始了他的研究. 霍乱暴发的密集性给斯诺一些希望: 也许可以把死亡与唯一污染的水源联系起来. 他开始不知疲倦地访问有霍乱患者的家庭. 他发现, 大多数患者家庭是从百老街区的抽水机中取水, 但是有几例死亡较难解释. 有一位中年妇女住在离百老街区较远的地方, 但她也死于霍乱. 她是与百老街区的霍乱没有明显关系的奇特案例. 但是斯诺发现, 她曾住在百老街区, 喜欢喝百老街区的水, 即使搬到别的地方居住, 她每天都会从那里打一罐水. 然而, 斯诺的调查工作, 推理出的统计关系及理论都没能说服当时的权威人物. 后来, 这些权威人物勉强同意拿走抽水机的手柄, 这样人们就不能打水了. 可是那时霍乱实质上已经结束了.

百老街区的怀特黑德神父 (Reverend Henry Whitead, 1825~1896) 不认同斯诺的理论, 决定自己研究霍乱的暴发, 他的目标是要证明斯诺的理论不正确, 然而, 他的工作却使斯诺获得了意外的帮助. 怀特黑德尽可能多地访问了许多人 —— 有时访问他们好几次, 直到发现每位患者的名字和年龄, 确定他们是否喝过百老街区的水、疾病发作的时间及卫生条件. 这是非常大量的信息, 要知道有六百多人在这场瘟疫中死亡. 斯诺和怀特黑德对信息分门别类, 做成表格. 斯诺对表格作了完整的分析, 并绘制了表明病发地点与井的位置关系的地图. 他们甚至发现了最早的病例: 在霍乱暴发前不久, 一个五个月大的女婴感染了霍乱, 她家的污水离百老街区的抽水机 3 英尺 (1 英尺 =0.305m) 远.

斯诺在疾病的细菌理论被承认以前就去世了, 当时他的理论也没有得到广泛承认. 他的统计结论是霍乱通过饮用水传播的, 然而, 统计学并不能解释霍乱是什么. 斯诺的理论不是科学意义上的解释, 它研究的是水和疾病之间的关系. 然而, 统计学研究擅长揭示的就是事物之间的关系, 而不是解释事物本身.

1866 年, 在第四次世界性霍乱暴发中, 伦敦也受到瘟疫的袭击. 当时, 有一位名叫法尔 (William Farr) 的政府官员和统计学家, 他熟悉斯诺关于霍乱传播机制的理论, 因此检查了当地的水源. 他追查霍乱患者饮用过的水, 找到了当地供水公司使用的几个池塘. 法尔发现这些池塘已经被污染, 于是利用他在政府的影响, 阻止这家公司从池塘取水. 疫情迅速结束. 这是第一次利用统计学使政府制止了一场传染病.

霍乱的故事告诉我们, 一群优秀的聪明人聚集在一起, 不一定能够提出简单而强力的解决方法, 甚至还有可能互相制约. 甚至他们得出的方法, 虽然表面看上去很有道理, 但实际上却经常是无益甚至有害的.

1.2.7 统计在经济管理中的应用

在统计学的实际应用中, 经济管理是统计方法得到较多应用而且也是较早应用的一个领域. 经济管理统计通常包括宏观经济管理与微观企业管理等方面, 以下分别予以介绍.

1. 统计在宏观经济管理中的应用

从宏观来看, 统计是国家宏观调控和管理的重要工具. 统计反映了国民经济和社会发展的水平、规模、速度、结构、比例、效益等有关情况, 以及经济、社会发展规律, 为国家制定政策、计划、指导国民经济和社会发展、检查、监督政策、计划、目标的执行情况提供了重要依据.

通常, 促进经济增长、增加就业、稳定物价、保持国际收支平衡是宏观调控的四大目标, 因此, 经济增长、就业、物价和国际收支就成为分析宏观经济管理中最重要的四大指标. 特别是在当前, 我国正处于经济转轨和对外开放不断深入的过程中, 而且前几年暴发的国际金融危机仍在蔓延, 国家宏观调控面临的经济背景更加复杂. 因此, 在分析经济形势时, 更加需要全面考察国内生产总值、就业率、居民消费价格、国际收支等相关的经济指标.

宏观调控的首要指标是 GDP (Gross Domestic Product, 国内生产总值的简称). 一个国家或地区的 GDP, 通常是指该国家或地区在一定时期内所生产的全部最终产品和劳务的价值总和 (关于 GDP 的更多内容将在第 2 章中介绍). GDP 是世界上公认的衡量一个国家或地区经济状况, 综合反映一个国家的国力和财富的最有代表性的指标. GDP 是政府实施宏观管理的重要依据, 同时还是对外交往的重要指标, 一个国家承担的国际义务、享受的优惠待遇, 以及在国际社会发挥作用的分量往往都和 GDP 的大小有着密切联系. 诺贝尔经济学奖获得者萨缪尔森把 GDP 称为 "20 世纪最伟大的发明之一". 他还将 GDP 比成描述天气的卫星云图, 能够提供经济状况的完整图像, 能够帮助领导者判断经济是在萎缩还是在膨胀, 是需要刺激还是需要控制, 是处于严重衰退还是处于通胀威胁之中. 如果没有像 GDP 这个总量指标, 政策制定者就会陷入杂乱无章的数字海洋中而不知所措.

大家明白, 经济增长是衡量经济发展的主要指标之一, 是经济实力增强的重要体现. 观察经济增长的最常用指标, 是 GDP 及其增长速度. GDP 是反映经济变化的一面 "镜子", 是制定和检验经济政策的一把 "尺子". 但是, 和其他任何经济指标一样, GDP 不是全能的, 也存在一些缺陷和局限. 这里列举几条:

(1) GDP 衡量经济活动的尺度是市场价格, 家务劳动、自给自足性生产等是不能计入的. 例如, 一个保姆在雇主家挣的钱要计算, 而雇主的夫人干同样的活则不计算;

(2) GDP 不能反映国民净福利, 如挖个坑花 50 元, 再填平又花 50 元, 表现为 GDP 增加 100 元, 而国民实际福利增加为零;

(3) GDP 不能反映资源环境和变化, 如只要采伐树木 GDP 就会增加, 但过量采伐会使森林资源减少, 生态环境恶化, 但 GDP 不会考虑相应的代价;

(4) GDP 不能反映幸福程度, GDP 核算的最终产品, 有些往往与幸福无关. 假如一个国家要更多地生产大炮、更少地生产黄油, 显然不能提高人民幸福感. 又如人们一年到头忙于生产经营活动, 没有时间与家人团聚, 享受天伦之乐, 那么幸福感也不会增加.

尽管社会上对 GDP 褒贬不一, 但目前还没有哪个经济指标能够取而代之, 关键是要正确使用.

然后是看就业率(失业率). 就业是民生之本, 实现充分就业是宏观经济追求的主要目标之一. 我国就业人员定义是: 16 周岁及以上从事社会劳动并取得劳动报酬或经营收入的人员. 就业率就是就业人数与同口径经济活动人口的比例, 而经济活动人口是指 16 周岁以上, 有劳动能力并要求参加社会经济活动的人口. 关于就业率 (失业率) 的具体计算方法, 留待后面介绍.

就业指标主要看就业是否充分, 失业率是否较低. 分析就业情况一定要看到我国的就业压力有多大, 可以说, 当前中国排在第一位的问题就是就业问题. 2012 年我国劳动年龄人口 9.37 亿人, 这是什么概念呢? 我们做一个国际比较, 现在全世界最发达的国家是美国、日本、英国、德国、法国、意大利和加拿大, 这 7 个发达国家的人口总数加在一起为 7.3 亿人, 我国劳动年龄人口比这 7 国的总人口还要多出 2.07 亿人; 这 7 国的土地面积达到 2144.9 万平方公里, 是我国的 2.2 倍. 我国是以占世界 9.6% 的自然资源、9.4% 的资本资源, 来为占世界 29% 的劳动年龄人口创造就业机会, 可以说是天下最大、最难的一件事.

接下来, 需要看物价稳定的状况. 物价是否稳定, 通常看物价指数. 物价指数是反映各类商品 (包括产品或服务项目) 价格变动情况的宏观经济指标, 在判断经济形势方面具有重要作用. 我国与多数市场经济国家一样, 价格统计分别进行生产和消费价格统计. 生产价格统计主要从生产者角度进行的统计, 如工业生产者出厂价格指数 (PPI). 消费价格主要从消费者角度进行统计, 如居民消费价格指数 (CPI). 关于这两个指数的更多内容将在第 2 章介绍. CPI 反映城乡居民购买消费品和服务项目价格水平的变动情况, 衡量通货膨胀状况主要看居民消费价格指数. 通常 CPI 全面持续上涨, 就被认为发生了通货膨胀. 通货膨胀大体上有 5 种形态.

(1) 低度通货膨胀, 居民消费价格涨幅在 4% 以下, 这在市场经济条件下在所难免, 对经济生活不会造成重大影响, 相反, 还有某些积极作用;

(2) 中度通货膨胀, 居民消费价格涨幅在 4%~6%, 中度通货膨胀尽管在一定程度上有调节供需、分配的作用, 但对经济生活会产生一定的消极影响;

(3) 高度通货膨胀, 居民消费价格涨幅在 6.1%~10%, 高度通货膨胀会使经济生活出现混乱, 产生较大的消极作用;

(4) 过度通货膨胀, 居民消费价格涨幅在 10% 以上, 过度通货膨胀不仅使经济生活混乱, 还会引起社会生活的混乱;

(5) 恶性通货膨胀, 这不仅表现在通货膨胀率高, 而且还有几个重要特征, 经济低增长, 人民群众的生活水平普遍下降, 出现挤兑风和抢购风, 人们对本国货币失去信心.

最后, 要看国际收支平衡状况. 国际收支是在一定时期由一个国家与其他国家商品、服务贸易和资本流动的结果. 实现国际收支基本平衡是保持宏观经济稳定的重要条件之一. 由于国际收支表比较滞后, 发布日期要晚约 4 个月的时间, 在经济形势分析中最常用的就是外贸进出口指标. 进口额、出口额和贸易顺 (逆) 差是用来观察一个国家或地区对外贸易规模的 3 个主要指标. 这些指标的变化状况, 都能反映出国内经济与国外经济的供需状况与内外发展的均衡状况.

2. 统计在微观企业管理中的作用

从微观来看, 统计是企业进行管理和决策的重要依据. 现代企业管理的特点就是广泛应用数据, 企业经营的各个环节, 无论是制订生产计划、分析市场情况, 还是控制成本、人员分配、质量监控, 都需要统计支持, 都要通过收集和分析统计数据来实现. 例如, 通过统计报表, 企业管理者可以掌握企业经营实际成果; 在新产品市场调查与预测中, 开辟一个新的市场, 或在原有市场继续采取密集战略之前, 企业首先要做的是通过科学的市场调查来了解和预测这个新产品, 看看是否值得投资, 以及如何确定投资的规模; 在进行市场竞争力分析时, 很多企业开展了企业竞争力、消费者购买力等统计调查. 企业的统计部门, 已经成为企业的情报部、参谋部.

特别值得称道的是, 20 世纪统计方法对产品质量改进作出卓越贡献. 在没有提出统计质量管理时, 质量管理是通过事后检验把关进行的. 这种方式的质量管理无法在生产过程中起到预防、控制的作用, 可能造成不合格产品大量形成, 无法补救, 而且每件产品都需要检验, 大大增加了检验费用. 由于现代工业生产是按照同一统计、同样的原料在相同的设备和操作条件下进行的. 产品的质量特征服从一定的概率分布, 这使得统计学方法有可能应用到质量管理中去, 从而产生了统计质量管理的理论和方法.

第一次工业改进起始于 1908 年英国戈塞特 (Gosset, 1876~1937) 提出的小样本 t 统计量理论, 使产品质量检验由全部检验为样本检验所替代, 节约成本的同时, 极大地提高了产品质量, 竖立了质量改进的第一座里程碑. 20 世纪 20 年代中期, 美国贝尔实验室的休哈特 (Shewhart, 1891~1967) 在产品生产过程控制方面作出了最重要贡献, 他研制出控制图, 用以确定生产过程是否出现异常, 从而可以及时发现隐患, 减少不合格品, 进而降低成本. 他的生产过程质量控制方法其实就是管理学中著名的 "6σ 统计质量管理" 法, 该方法的基本思想就是在生产流程当中, 不断监测产品的质量, 如果质量波动是容许范围内, 就不需要调整; 如果超出范围, 那么就要调整. 什么是可允许的范围呢? 这就是典型的正态分布的 "3σ 原则"(将在第 3 章详细介绍). 第二次世界大战期间, 美国通过这种统计质量管理, 提高了美国军工产品的质量, 给厂家带来了巨额的利润. 之后一些工业发达国家也纷纷仿效.

作为第二次世界大战的战败国, 日本所有行业几乎都遭受了毁灭性的打击. 战后的日本在 20 世纪 50 年代, 试图从第二次世界大战所遭受的毁坏中恢复过来. 国家领导人认识到只有重建各行各业国家才能生存. 但是如何重建呢? 切入点就是提高日本工业产品的质量, 推销到国际市场. 日本著名管理学家田口玄一教授在美国

质量管理专家朱兰 (Joseph M. Juran, 1904~2008) 和戴明 (W. Edwards. Deming, 1900~1993) 的指导下, 在原费希尔实验的基础上, 提出了系统设计、参数设计和容差设计的三次设计思想并用于产品生产实践, 进而发展逐渐完善为全面质量管理 (TQC). 其后日本产品质量得到成倍的提高, 对推动日本的国民经济发展起到了重要的作用. 目前, 日本的全面质量管理已引起世界上越来越多国家的重视, 在许多国家中得到了应用, 我国也在试行全面质量管理.

点评 人们常说"学以致用", 这就是说学习的根本目的就在于实际应用. 正如金钱只有通过使用才体现其价值一样, 唯有把学习的知识运用到实践中才会体现其重要价值. 然而, 太强调知识的应用价值, 或更确切地说, 只讲急功近利的眼前利益, 只讲狭隘的"学以致用", 无论是对个人还是对国家来说, 都不会是一件好事. 学习的本质不应该仅仅是为了谋生, 更重要的方面是唤起兴趣、唤起责任感、鼓舞精神, 依靠学习来谋生和发展当然无可非议, 但被我们过度强调, 势必得不偿失. 上面介绍了统计在许多方面的应用, 但我们绝不能忘了学习统计的出发点在何处? 从最根本上说, 学习统计的宗旨是为了提高自身的统计文化修养, 为做一个堂堂正正的人奠定基础.

1.3 统计陷阱概说

印度著名统计学家 C.R. 劳曾经说,"对统计学的一知半解常常造成不必要的上当受骗, 对统计学的一概排斥往往造成不必要的愚昧无知". 在信息不断膨胀的现代社会中, 人们必须了解统计的基本知识应对生存环境的不断变化, 尤其需要了解一些如何防止上当受骗的统计常识, 以免自己掉进各种各样的统计陷阱之中. 可以说, 随着社会环境的日益恶化, 统计陷阱比比皆是, 而且还不断推陈出新. 因此, 我们解读现实中的各种各样的统计结果时, 务必要多一些警惕的心理与多一点批判的眼光, 以免铸成不必要的大错.

先考察一个简单的例子.

例 1.3.1(药效悖论) 某研究单位研究出一种新药, 为了检验药是否有效, 人们对一组患者进行试验. 试验中, 给予一些患者真正的新药, 而其余患者则给以"安慰剂"(不含药物的药片). 结果见表 1.3.1.

表 1.3.1 药效试验表

	试验次数	成功次数	平均
药物	100	66	66%
安慰剂	40	24	60%

这一试验似乎成功地确认了新药比安慰剂更有效 —— 试验中, 66%服用新药

的患者有改进的表现, 而服用安慰剂的患者有改进表现的只是 60%.

因为结果相近, 另一位研究者决定对这一更大的患者组重复这实验. 得到如下结果 (表 1.3.2).

表 1.3.2　药效重复试验表

	试验次数	成功次数	平均
药物	200	180	90%
安慰剂	500	430	86%

服用新药的患者的表现又一次胜过服用安慰剂的患者. 两位研究者对这一发现感到兴奋, 决定把他们的数据合并起来公布结果. 但是, 他们困惑地看到了最意想不到的结果 (表 1.3.3).

表 1.3.3　药效试验合并表

	试验次数	成功次数	平均
药物	300	246	82%
安慰剂	540	454	84%

尽管在两次试验中新药都曾比安慰剂成功, 但是将两项试验合并起来时, 服用安慰剂的患者竟然比新药更成功. 这个结果是否太让人感到惊奇了? 这里的疑惑, 其实就是接下来将要介绍的辛普森悖论的翻版.

1.3.1　辛普森悖论式陷阱

"辛普森悖论", 英国统计学家辛普森在 1951 年发表的一篇论文中首次提出, 它阐明: "在某些情况下, 在分组比较中占优势的一方, 可能在合并后的总评中成为失势的一方."

除了上述典型的例 1.3.1 之外, "辛普森悖论" 还有许许多多的现实版. 下面再介绍两个有趣的例子.

例 1.3.2(录取率悖论)　20 世纪 70 年代, 加利福尼亚大学伯克利分校就曾讨论过录取时出现的所谓 "女性歧视".《科学》杂志甚至发表过一篇文章, 阐明这其实是一个辛普森悖论的经典案例. 申请与录取人数的确切数据见表 1.3.4.

表 1.3.4　申请与录取人数数据

系别	男性申请者	录取	比例/%	女性申请者	录取	比例/%
英语	825	512	62	108	89	82
俄语	560	353	63	25	17	68
西班牙语	417	138	33	375	131	35
意大利语	373	22	6	341	24	7
总计	2 175	1 024	47	849	261	31

我们再次清楚地看到: 每个系的女性录取率都高于男性, 但总体上女性录取率还是要低一些 —— 只有 31% 被录取. 这能说明女性受到了歧视吗?

从表 1.3.4 可以发现: 申请英语系的人多数被录取 (共约 64%), 意大利语只有 6.5%. 由于男性大多选择容易被录取的系别, 迫使大部分女性只能选择录取条件更高的两个系. 所以总和上女性录取率低就不足为奇了.

例 1.3.3(准点率悖论) 美国航空协会每年要会出版一部《准点率汇总》. 此书调查 30 个入选机场中航班到港的误点百分率. 每个航空公司都有其 "中心区" 或 "空中十字路口" —— 航空网络的枢纽, 航线由此出发呈放射状向四面八方分布. 西美航空的枢纽是亚利桑那州的菲尼克斯, 那里的天空整年都很蓝. 过去, 30 个大型机场中, 较小的阿拉斯加航空公司只能飞往其中的 5 个. 其位于美国中心地区的航空枢纽是西雅图, 位于最西北端, 是一个真正的多雾之地. 1991 年, 两家公司飞经的 5 个机场误点数据见表 1.3.5.

表 1.3.5　5 个机场误点数据

	阿拉斯加航空		西美航空	
	航班数	误点率/%	航班数	误点率/%
洛杉矶	559	11.1	811	14.4
菲尼克斯	233	5.2	5 255	7.9
圣迭戈	232	8.6	448	14.5
旧金山	605	16.9	449	28.7
西雅图	2146	14.2	262	23.3
总计	3775	13.3	7225	10.9

阿拉斯加航空公司在所有 5 个机场都更为准点, 但总体上却是西美航空公司更为准点! 可是何种考察方式才是正确的呢? 是总体观察还是注重细节? 完全可以说: 详细的图表为我们提供了表面现象之外的信息, 并可以将此现象完全导向其反面. 从表 1.3.5 中可见, 小航空公司不论天气好坏都比其竞争对手更为准时.

点评 从以上几个典型的辛普森悖论真实翻版中, 我们可以得到有益的生活启示:

拿一个团体和另一个团体比较的统计方法很容易犯错, 其原因是一个团体中个别成员的差异远大于团体与团体间的差异.

辛普森悖论被人们称为是 "投向统计学的重磅炸弹". "不合情理", 却无可挑剔; 精致无比, 却让人难以接受. 然而, 如果稍微探究其数学实质, 那么不难发现, 在它诡异的外表掩藏下, 内部却十分简单:

分数 $\frac{b}{a}, \frac{d}{c}$ 分别大于分数 $\frac{f}{e}, \frac{h}{g}$, 但分数 $\frac{b+d}{a+c}$ 却不一定大于分数 $\frac{f+h}{e+g}$!

1.3.2 平均数陷阱

我们知道, 平均数在生活中的应用无处不在. 然而, 平均数使用不当, 将会让人陷入平均数陷阱. 平均数反映的是事物整体的状况, 而掩盖了个体之间的差异, 有时候很难反映问题真实的一面. 在西方统计学界有一个广为流传的故事:

有一位统计学家想要穿过一条河, 在过河之前, 他仔细地查阅了这条河的相关资料, 发现它的平均深度只有 1.5 米. 于是, 这位身高 1.75 米但不会游泳的统计学家就开始放心地涉水过河了. 结果, 他被淹死在了这条河里.

很显然, 问题就出在这位统计学家忽视了河流深度的异常情况. 在日常生活中, 陷入平均数应用陷阱的例子也很多, 这里仅举三个最简单的例子.

例 1.3.4 小陈大学毕业了, 他需要自己找一份合适的工作. 一天, 他看到一个小工厂的招工启事. 其中工资一项工厂承诺: 所有人员平均工资一个月 1200 元. 小陈觉得这个报酬还可以, 于是去应聘并成为这个小工厂的一员. 工作一个月后, 小陈领到了工资, 只有 800 元. 气愤的小陈去找厂长问原因.

厂长解释说: 我们厂里共 20 个人, 我是厂长自然拿得多些, 我每个月 4000 元, 4 个管理人员呢, 每人每个月 2000 元, 剩下 15 个像你一样的工人每人每个月 800 元. 你算算看, $4000 + 4 \times 200 + 15 \times 800 = 24000$ 元, 这是 20 个人每个月的工资总额, 每人的平均工资是 1200 元. 我们的招工启事上就是这样承诺的, 一点错也没有呀.

厂长的计算没有差错, 招工启事上的说法也是对的, 问题出在糊涂的小陈掉进了 "平均数" 陷阱.

例 1.3.5 某上市公司曾这样公告大众, 该公司有 3003 名股东, 公司总共有 200 万股股票, 平均每人持股 660 股. 如果人危言耸听为该上市公司股东的持股数都在 660 股左右就大错特错了. 事实上, 该公司有 3 名大股东持股 75%, 平均每人持有 50 万股, 而剩下的 3000 人只持有 25%, 平均每人持股约 167 股. 很显然, 这里平均每人持股 660 股具有极大的欺骗性. 作为投资者, 如果不能识别平均数后面隐藏的玄机, 草率入市, 就可能掉进庄家设计的陷阱, 令投资大受损失.

例 1.3.6 假如你是一家企业的负责人, 有两家厂商可向你提供配件, 价格与质量相同, 甲厂商平均交货天数为 5 天, 乙厂商为 6 天, 请问你会向哪家厂商订货? 如果只从交货的平均天数来看, 你可能会认为, 甲厂商的平均交货天数比乙厂商少, 可较快拿到货品, 故而向甲厂商订货, 这样你就可能陷入平均数的陷阱.

如果我们再来看一下甲、乙两厂商最近发生的 6 次交货记录, 甲厂商 $(2, 2, 7, 1, 9)$、乙厂商 $(7, 5, 6, 7, 5)$, 那么就会发现虽然甲厂商的平均交货天数较少, 但他交货的情况极其不稳定, 有时 1 天就可交货, 但有时却要迟至第 9 天才能交货. 乙厂商的平均交货天数虽稍长, 但他均能在 5~7 天内准时交货. 因此, 如果你只依据平均数来作决策, 那么你的企业就可能面临生产过程不流畅的困境.

1.3.3 百分数陷阱

西方某位学者说过, "在没有百分数的世界里, 必定是一片混乱". 我们的现实生活中, 尤其在经济生活中, 根本不可能摆脱百分数. 百分数正如一个望远镜, 它既可以把小东西变成大东西, 也可以把大东西变成小东西. 如果我们没有正确地使用, 那么就有可能掉进百分数的陷阱.

运用百分数时, 我们务必要搞清楚比较的基础, 而且要明白在实际应用中百分数是不能像简单的数字那样直接相加的逻辑. 举一个简单的例子来说明, 某商场在促销某款商品时, 挂出一份 "50% 折扣再打 20% 折扣" 的宣传海报时, 并不意味着折扣是 50%+20%, 而是只有 60%. 这是因为, 后面 20% 的折扣是用 5 折后的价格计算的. 再如, 由于物价持续上涨, 一个印刷厂老板向甲方申请提高支付费用时逐条列出: 纸张成本上升 10%~12%; 人工成本上升 6%~9%; 运输成本爬升 10% 以上. 如将所有这些加起来, 总成本至少上升 30%. 实际上, 如果印刷的每项成本开支都上升 10% 左右, 总成本也只增加了相同的比例, 即 10%.

接下来, 再介绍几个 "巧妙" 应用或误用百分数的例子.

例 1.3.7 第二次世界大战中一个雷达小组由 7 名技术人员组成, 由于工作繁忙, 压力大, 大家精神非常紧张. 雷达小组的军官一再向上级机关请求加强力量, 可是一直没有结果. 但当其中一名成员的神经崩溃时, 这位军官只是非常言简意赅地报告: "14% 的人员由于过重的负担而变得精神恍惚, 甚至出现神经错乱的现象." 由于这份报告, 这位军官得到了比他原本能得到多得多的人员, 用来充实雷达小组的力量.

例 1.3.8 某公司经理在该公司召开的员工大会上说, "对我们公司来说, 近来日子并不好过, 由于货币购买力的原因, 去年我们公司的出口下跌了 40%, 但是我可以愉快地告诉各位, 感谢我们市场经理部所作出的巨大业绩, 今年可望有多达 50% 的反弹". 40% 的下跌, 继之以 50% 的回升, 该公司经理的讲话让人听上去像是公司净增 10%.

真实情况是这样吗? 我们假设这家公司两年前出口数字是 1000 单位, 去年一年猛跌 40%, 其出口数字降为 600 单位. 今年在去年的基础上增长 50%, 于是今年的出口数字是 900 单位. 因此, 与两年前相比, 今年并不是增长了 10%. 在下跌了 40% 后继之以增长 50%, 结果还是减少了 10%!

自然, 这里面没有任何秘密, 这正是百分比的作用方式. 只是发言人拿 40% 与 50% 来比较, 似乎它们是同样的东西. 但由于它们各自建立在不同的原始数据之上, 实际上无异于拿苹果与梨来比较.

例 1.3.9　有一位女士, 很精明、善于盘算, 可称得上是治家能手. 一天, 银行发行一种以万元为单位、名为 "大面额存款" 的业务. 优惠条件是: 在同期利率 (记得当时的年利率为 9%) 的基础上提高 5% 计息. 这位女士考虑再三, 把只差两个月到期的定期存款 50000 元取出, 转为 "大面额存款". 到期取款时, 银行不是按 14%, 而是按 $9\% \times (1 + 5\%) = 9.45\%$ 计息的, 因此, 这位女士同银行工作人员争吵起来. 后来她才明白是自己把都可用百分数表示的既有联系又有区别的百分率和百分点这两个独立概念混淆了. 银行承诺的优惠条件是按 "百分率" 计算, 而不是她错误理解的 "百分点". 一般地, 为了防止误用, 对于百分点都必须附加文字说明. 如果银行承诺的优惠条件是 "在同期利率的基础上提高 5 个百分点计息". 那么这位女士就应得到 14% 的利息. 该女士把快要到期的定期存款改为这种大面额存款, 是得是失? 热心的读者不妨帮她算一下.

1.3.4　信息不充分陷阱

信息不充分, 也就是统计角度不充分. 统计数据是诱人的, 然而即使统计数据是精确的, 由于隐藏在数据的背后原因没有被披露, 或者由于数据解读理解不到位, 将会导致人们没有根据地曲解数据, 从而不知不觉地陷入统计信息不充分陷阱. 下面举几个有趣的例子.

例 1.3.10　在日常生活中, 常常有人有意无意忽视总体规模的大小, 用不匹配的统计数据达到蒙人的目的. 最为常见的是有关交通意外事故的数据. 如果不懂得它们是极其不匹配的数据, 无论哪种交通手段的事故记录, 都可能让人们得出错误的结论. 公安部发布的 2005 年中国道路交通事故统计分析数据指出: 2005 年, 全国公路上发生交通事故 272840 起, 造成 76689 人死亡, 其中高速公路上交通事故造成 6407 人死亡, 二、三级公路上交通死亡事故最多, 共造成 47448 人死亡. 这给人的感觉好像二、三级公路比高速公路更容易出事故. 其实不然, 虽然我国的高速公路近年发展很快, 到 2005 年底, 高速公路总里程达到 4.1 万公里, 位居世界第二位, 但全国的二级公路有 24.6 万公里、三级公路有 34.5 万公里, 合计达 59.1 万公里. 在营运里程 14 倍余高速公路的二、三级公路上出现的交通事故较多是很自然的事, 因为二、三级公路的营运里程长, 行驶的车辆和行人更多, 出现事故的可能性就会更大.

例 1.3.11　在 1980 年到 1987 年之间, 确诊的美国新乳腺癌患者的比率上升了 32%. 这是个坏消息, 毋庸置疑吧? 其实不然, 它反而很可能是个好消息. 医学家认为, 大多数甚至全部的新增病例, 是乳腺癌监测技术进步的结果, 这可是对人类有益的一项进步呢!

例 1.3.12　有个男性团体想指出女人对男人有多坏. 该团体引用一个支持他们的证据:

在等待处决的女死刑犯中, 一半是因为谋杀了亲夫, 而等候处决的男死刑犯中, 只有 1/3 是因犯了杀妻罪.

如果我们补充上该团体略而不言的另一个事实: "等候被处决的女死刑犯人数只有 7 人, 而等候处决的男死刑犯数目为 2400 人." 那么, 我们还相信这一团体的所谓证据吗?

1.3.5 样本有偏陷阱

样本有偏, 通常包括样本太小、样本以偏概全 (不具代表性) 等情形. 在现实生活中, 人们常常会有意无意地选择偏向于有利于自己利益或观点的有偏样本说事, 而对不利于自己的样本有意地将其遗忘或掩盖, 这种现象非常普遍. 下面举几个典型的例子.

例 1.3.13 某年高考成绩出来后, 发现某边远地区的中学的高考成绩斐然, 本科上线率高达 97%! 这个指标的最大值也就是 100%, 能达到 97% 真是不一般, 给人的震撼力还确实不小! 事实上, 该校当年参加高考的学生仅 30 人, 而且全部是复读生, 大多是上一届高考上了三本线的学生. 这么小的群体 (即小样本), 且还包含了不少学习基础不错的学生, 即使取得 100% 的本科上线率也不足以说明该校是多么好的学校.

例 1.3.14 欧拉、高斯、庞加莱, 他们三人当中一个是 18 世纪的世界头号数学家, 一个是 19 世纪上半叶的世界头号数学家, 还有一个是 19 世纪下半叶的世界头号数学家, 他们都是 4 月出生的. 此外, 20 世纪的克莱因、E. 嘉当、科尔莫戈罗夫、哥德尔、阿蒂亚、香农 (信息论之父)、怀尔斯 (费马大定理解决者) 等一流数学家, 也都是 4 月份出生的, 约占 20 世纪大数学家的四分之一强. 1936 年到 1986 年的 30 位菲尔兹奖得主中, 4 月份出生的竟有 9 个, 占 30%. 我们是不是应该得出结论: 4 月出生的人成为数学家的可能性比较大? 这里的问题还是出在样本太小, 如果人数足够多, 那么才有可能给予肯定的回答.

例 1.3.15 NBA 深锐观察是新浪 NBA 的一个著名专栏, 在 2012 年 2 月 "深锐观察: 无三分不冠军? 湖人痼疾不除只能等死" 这一期中, 作者列举了 "NBA1980~2011 年季后赛三分球数据", 其中包括 "总冠军出手次数" "联盟平均出手次数" "总冠军命中率" "联盟平均命中率" 4 项. 作者在文中声称, 三分球的命中率是最后的总冠军球队一个重要的指标. 为了说明无三分不冠军的观点, 作者选择收集了 1980~2011 年 NBA 三分球数据. 但是作者仅选取了表格中能支持作者观点的前几行与最后几行数据. 后经仔细观察不难发现, 2010 年、2006 年、1998 年、1997 年、1996 年等多个年份的数据都不能支持作者的结论. 这里运用了局部描述的方法, 为了让那些不仔细看表格的读者相信作者的观点是有数据支撑的.

例 1.3.16 2011 年 1 月初, 凤凰网与新生代市场监测机构联合主办的一项关于国人生活信条的大调查 ——"征集中国人的信仰", 凤凰网在网上发布了调查问卷, 活动共收集了 63707 个有效样本, 组织者称调查覆盖了来自社会各界、各阶层的人士.

果真如此吗? 对于第一个问题 "您有自己的信仰吗?" 有 76.9% 的人回答 "有"; 然而对于第二个问题 "您认为这是一个信仰缺失的时代吗?" 有 92.6% 的人回答 "是". 这看似矛盾的结果是由于统计样本覆盖不全造成的, 凤凰网将调查问卷挂在网上本身就屏蔽了平时不能上网、知识水平较低、家中经济条件不佳等人群. 而凤凰网本身面对的群体也主要是受过一定程度教育的人, 这类样本与我国普通民众是有一定距离的, 因而多数人选择 "有" 信仰. 对于第二个问题, 他们是依据对于这个社会的总体印象去回答这个问题, 所以看似矛盾的答案是受到调查方式的局限而造成的.

1.3.6 伪造数据式陷阱

19 世纪的英国著名宰相狄斯雷利 (Disraeli, 1804~1881) 曾说过: "有谎话, 极端恶毒的谎话及统计数字." 法国革命时代的女杰罗兰夫人 (Jeanne Roland, 1754~1793) 被革命党送上断头台之前曾说: "哦, 自由, 多少罪恶假汝之名而行." 据此, 我们不妨也可以这样说: "哦, 伟大的统计数字啊! 能假借你说出多少美妙而令人置信的谎话呀!"

人们常说 "连数字都不可信, 那么还有什么东西可值得相信呢?" 数字本身不会说谎, 问题就在于说谎的人会伪造数字. 换句话说, 数字本身没有错, 错就错在别有用心的人利用伪造的数字 (据) 说谎. 显然, 伪造数据显然是制造谎言的最主要手段, 也是人为恶意设计陷阱的主要方式. 在当今这个浮躁的时代里, 数据造假的现象屡见不鲜! 越来越严重的社会诚信危机已经引起所有有识之士的高度重视. 然而, 要改变这种现象恐怕来日方长.

基于政绩与利益的考虑, 政客与商人伪造数据也许合乎情理, 可是作为真理的代言人, 尤其是一些大名鼎鼎的科学家也伪造科学数据, 似乎有点太让人们不可思议. 以下是布罗德 (W. Broad) 和韦德 (N. Wade) 在其合著的名作《真理的背叛》中所提到的几位著名科学家伪造数据的事件 (详见 C. R. 劳著的《统计与真理》).

(1) 被称为是 "古代最伟大的天文学家" 托勒密 (Claudius Ptolemaeus, 90~168), 他的绝大多数天文观测不是夜间在埃及海岸进行的, 而是白天在亚历山大市的大图书馆中进行的. 他盗用了一位古希腊天文学家的著作, 并不断把这些称为是他自己的研究结果.

(2) 被称为近代科学方法之父伽利略 (Galileo Galilei, 1564~1642), 这是因为他坚持认为不是亚里士多德的著作而是实验, 才是真理的仲裁. 但是这位 17 世纪意大利物理学家的同僚因为非常困难展现他的实验结果, 而怀疑他是否真的做了那些实验.

(3) 19 世纪伟大的化学家道尔顿 (J. Dalton, 公元 1766~1844), 他发明了化学链法则并证明了不同种类原子的存在, 并发表了一系列高深的实验结果. 但是当代的化学家没有一个能再现他所发表的实验结果.

(4) 美国物理学家密立根 (R. Millikan, 1868~1953), 由于他首先测量了电子的电荷而荣获诺贝尔物理学奖. 但是为了让他的实验结果看起来比实际结果更具说服力, 用大量数据伪造了他的工作.

为什么某些著名的科学家要去篡改事实呢? 如果这些科学家更诚实一点儿, 会产生什么样的结果呢? 为了回答这些问题, 人们必须认识科学发明的几个方面 —— 首先找出事实 (数据信息), 然后假定一个理论或是一种法则去解释事实和现象, 以及科学家期望建立优先权去获得同行的承认和由这种承认所得到的利益. 当一个科学家确信他的理论时, 便存在一种诱惑, 使得他去寻找 "事实" 或歪曲事实以便拟合他自己的理论. 在可接受的误差范围内与理论一致的概念, 直到假设检验的统计方法出现之前, 是不存在的. 可以认为: 一个与数据信息更接近的结论意味着更准确的理论和更使人信服的证据来使同行接受. 由于统计思想的出现, 现在我们已经认识到, 若某理论的结果与数据信息太接近, 则可能意味着是一个伪造的理论! 这就是说, 科学上过分漂亮的结论很有可能是以无中生有的方式编造出来的.

1.3.7　统计滥用式陷阱

从更广泛的意义来说, 统计的滥用也是人为恶意设计陷阱的另一种方式. 持怀疑论调的 19 世纪英国史学家托玛斯·卡莱尔 (Thomas Carlyle, 1795~1881) 痛斥统计学家 "能证明他自己所需要的任何事情". 其实, 从古到今对统计滥用的指责与讽刺一直不断, 诸如:

(1) 统计分析经常意味着对有分歧的数字进行篡改, 用意义含糊不清的办法去解决不明确的问题.

(2) 统计学家使用统计就如同一个醉汉使用街灯一样, 是用来支撑而不是用来照明.

(3) 统计学犹如比基尼游泳衣, 它暴露的是明显的地方, 而掩盖住最重要的.

(4) 政府有关部门公布的统计数据是根据其自身需要拼凑出来的.

历史上, 滥用统计的例子可以举出很多, 下面列举两例.

第一个例子, 在 19 世纪, 科学家对罪犯的头颅大小进行了大量研究, 他们想找出头颅大小或形状间的差异, 借此揭示一个人的犯罪倾向. 他们比较了一组罪犯的头颅和一组普通人的头颅大小. 当然, 研究人员发现了差异. 给定两个独立的测量数据组, 比较之后, 通常都会发现它们之间的差异. 问题不在于是否存在差异, 而在于差异是否明显. 虽然得出了最终结论, 但是人们大都放弃了对头颅大小和犯罪行为之间关系的研究.

第二个例子是智力测验. 过去一百多年里, 智力测验成为一项专题研究. 研究人员对许多学生进行测验, 根据测验结果, 判断被测学生是否比一般人聪明. 例如, 在某个智商测验中, 有一人的智商测验分数为 98(误差为 ±3 分), 而另一人的分数是 101(±3 分), 这测试告诉我们的信息等于零. 这些数字的意义是, 这位测试分数为 98 的人, 智商为 95 ~ 101, 而那位得到 101 分的人, 智商为 98 ~ 104. 这就是说, 测出 98 分智商的人, 有可能比那位测出 101 分智商的人, 智力商数还高上 3 分. 更何况这些结论有时还受到如下统计假设的影响: 学生是普通人口的不错的样本. 而这一假设恰恰是错误判断的根源. 例如, 一些学生的母语不是英语, 而测验用的是英语. 如果一个人都不能看懂测验内容, 怎么能指望他取得好成绩? 显然, 测验是为这些不属于学生的群体而设计的. 测验结果会对学生的教育机会有显著影响, 但是不能反映那些不熟悉英语的学生的能力. 有无数这样错误的例子. 从这种错误的统计假设得出的任何统计结论都值得怀疑. 不幸的是, 要想设计一个不伤害总体中部分的标准测验, 是极其困难的.

接下来, 我们再列举若干滥用统计所获得的有趣 "发现":

(1) 北卡罗来纳大学的萨那博士做了个实验, 表明上行电梯的人参与慈善活动时比下行电梯的人更慷慨. 站在自动扶梯上端时比站在下端时更愿意捐钱. 或许在大楼顶层开会, 老板更容易激励员工.

(2) 美国加利福尼亚大学旧金山分校的克劳斯博士发现, 社会地位高或自以为富裕的人, 比起社会经济地位低的人, 更不善于判断他人的情绪. 对陌生人说话时, 富人比穷人更粗鲁, 而穷人比富人更乐善好施.

(3) 美国加利福尼亚大学圣地亚哥分校的克利森菲尔德等发现, 男性比女性幽默, 但只幽默一点点; 可是曾有一项实验表明, 女性的幽默不逊于男性.

(4) 美国韦恩州立大学的斯塔克等发现, 爱听乡村音乐的人自杀率高. 其解释是: 乡村音乐的主题往往关乎有自杀倾向的人的问题, 如婚姻、酗酒、失业等. 对此, 贡德拉赫开玩笑说, 要挽回婚姻、找到工作, 就得把乡村音乐倒过来放.

(5) 美国哥伦比亚大学的亚戈尔和斯坦福大学的莱珀研究发现, 如果让消费者在 6 种果酱中挑 1 种购买的可能性, 是在 24 种果酱中挑 1 种购买的 10 倍. 过多选择会使人无所适从. 为此, 商家都想方设法进行品牌宣传.

(6) 英国伦敦大学的里斯教授发现, "脸书 (facebook) 狂人" 的脑袋比较大, 不仅如此, 脸书好友比较多的人, 大脑的灰质也更多. 但是目前并不清楚, 是否经常上网的人的大脑有了变化, 只是这种人更喜欢上网.

(7) 法国图卢兹国立兽医学校的一群科学家研究发现, 狗身上的跳蚤比猫身上的跳得更高 —— 平均相差 20 厘米.

(8) 日本教育机构研究表明, 经常吃早饭的人学习成绩比较好. 在算术知识回答中, 每天吃早饭的学生回答正确率达到 83.7%, 完全不吃早饭的学生正确率只有 66.3%; 在语言能力上, 每天吃早饭的孩子正确率达 64.0%, 完全不吃早饭的孩子只有 44.0%.

1.4 统计学与相关学科的关系

1.4.1 统计学与数学的关系

统计学与数学都是研究数量规律的, 都要利用各种公式进行计算. 现代统计学中运用了大量的数学理论与数学方法, 它与数学的关系十分密切, 不论统计指标的设计与计算、统计分布的描述、统计估计与检验都离不开数学方法的应用. 特别是概率论的引入, 大大地扩展了统计学的视野 (不确定性). 加固了统计推断技术的科学性, 为建立现代统计学的理论框架了可靠的基础. 当然, 统计学也促进概率论的发展, 概率论直接应用于实际, 基本上都要通过统计学来实现.

大家明白, 试图破译宇宙演变奥秘的科学家通常会尝试着同时从两个方向入手来解决问题. 有些人从最初的宇宙中最微小的宇宙结构变化开始, 有些研究当下这个宇宙状况的所有细节. 前者在研究宇宙演变过程中使用大型计算机来模拟这一进程, 而后者采用了一种侦探式的工作方式, 力图从现在宇宙状态的大量事实中推演出宇宙的过去. 概率论和统计学的关系与这种研究十分类似: 在概率论中初始状态和可变因素是已知的, 其目标是预测最可能出现的结果; 而在统计学中, 结果是已知的, 但是原因都是不确定的. 用更通俗的语言解释, 概率是预先知道桶中信息, 然后从中抽取一部分, 猜测手中的信息. 统计恰恰相反, 先取样, 已知手中的信息, 然后推测桶中的信息. 进一步, 归属于数学学科的概率论与统计学的关系, 在某种意义上说, 恰如物理学与工程学 (一个建立上在更多智力刺激上的应用性学科) 那样的关系, 这里不详细展开讨论.

基于统计学的发展要充分利用数学这个事实, 有不少人把统计学归为应用数学的一个分支. 其实, 我们不能因为统计学要用到大量数学知识, 就说它是依附于数学的一门应用数学, 从统计学发展历史、统计学的原理、思想体系和方法来看, 它并不源于数学, 而是源于对真实世界的观察, 利用观察得到的各种形态的信息来推断世界和认知世界的思考. 因此, 统计学在认知世界方面有其独特的重要地位, 需要独立不断地创新和发展. 目前, 国际上的趋势是把统计学看成与数学独立的学科.

数学与统计学之间还存在以下三个方面的本质区别.

(1) 立论基础不同. 数学研究抽象的数学关系和空间形式, 阐明适合所有领域的运算规则, 数学的研究对象可以撇开现实, 大科学家爱因斯坦说过, "数学定律不能百分之百确切地用在现实生活里, 能百分之百确切地用数学定律描述的, 就不是现实生活". 统计学则是研究现实存在的数量关系, 表明所研究领域客观现象的数量规律的具体表现, 统计学利用近似的数值关系构建联系理论与现实的桥梁.

(2) 推理方法不同. 数学的研究主要是逻辑推理和演绎论证的方法, 从严格的定义、假设的命题和给定的条件出发去推证有关的结论. 而统计学则是应用归纳推断的方法, 根据调查或实验观察到大量现象的个体情况, 来归纳判断出现象总体的情况. 数学的魅力在于利用严格的逻辑推演到达目的地, 统计的魅力在于探索前方的路.

(3) 评价方法不同. 数学在本质上是确定性的, 在数学研究的范畴内, 所有结论要么正确、要么错误, 也就是说只通过严格证明的结论才能算是正确的. 举例而言, 在相同条件下, 不同的数学家都应该推演出相同的结论, 如果结论不同, 则至少有一个数学家的推导是不正确的. 从这个意义上说, 数学是一门严格的科学.

统计是通过数据归纳推断获得结论, 即使面对同样的数据, 推断者根据自己的理解可以提出不同的推断方法, 给出截然不同的推断结果. 人们很难说哪种方法是对的, 哪种方法是错的. 因此, 评价统计学结果的标准是好与坏. 从这个意义上说, 统计学更像一门艺术. 大家明白, 每个人看待 "艺术" 的标准可以有差别, 有人觉得梵高的画很好看, 但有人觉得不好看, 仅仅是觉得与众不同而已. 正因为统计是一门艺术, 统计学家需要将自身的智慧和丰富的经验相结合, 将科学的推理和谨慎的判断相结合, 才有可能得出可靠的结论.

1.4.2 统计学与相关实质性学科的关系

统计学作为一门关于数据的通用方法论学科, 为各学科领域提供科学的数据分析工具, 几乎所有的科学研究领域都与其有十分密切的联系. 例如, 统计学是开展经济研究不可或缺的重要工具. 经济学对经济现象及其发展变化规律进行研究时, 除了要作规范性的理论分析和定性分析, 还要进行实证的数量分析. 由于社会经济现象所具有的特殊性, 对其数量规律的认识只能通过统计观测进行, 因此, 无论是宏观经济研究还是微观经济研究, 都需要运用大量的统计方法. 通过统计的实证研究, 可以帮助人们认识有关的数量规律, 同时检验经济学理论的真实性和完善程度. 统计归纳分析所获得的新知识常常为实质性学科的研究开辟新的领域, 这在经济学的发展历史上是屡见不鲜的.

当然, 统计学的发展也离不开实质性学科的发展, 通常是实质性的学科提出了问题, 统计学才提出相应的方法, 并且才有其用武之地. 统计学研究的是来自各领域的数据, 靠解决其他领域的问题而存在和发展的. 美国坝工专家萨维奇 (L. J. Savage, 1879~1967) 说过: "统计学基本上是寄生的, 靠研究其他领域内的工作而生存的. 这绝不是对统计学的轻视, 这是因为对很多寄主来说, 如果没有寄生虫就会死. 对有的动物来说, 如果没有寄生虫就不能消化他们的食物. 因此, 人类奋斗的很多领域, 如果没有统计学, 虽然不会死亡, 但会变得很弱." 印度著名统计学家 C.R. 劳则说: "今天, 统计学已发展成为一门媒介科学, 研究的对象是其他学科的逻辑和方法论 —— 作出决策的逻辑和实验这些决策逻辑. 统计学的未来依赖于向其他领域内的研究者正确传授统计学的观点, 依赖于如何能在其他知识领域内将其主要问题模式化."

其实, 统计学是无法摆脱实质性学科的, 人们使用统计仅仅只是一个解释的过程, 而解释是一个基于实质性学科知识进行判断的过程. 例如, 谈到通货膨胀, 至少通货膨胀率这个经济学概念的正确理解与其计算方法及计算结果的准确性具有同样的重要. 如果不知道通货膨胀为何物, 那么用准确的计算方法算出一个准确的通货膨胀率就毫无意义.

另外, 我们应当明白, 统计学与相关实质性学科也有着明显的区别. 实质性学科研究该领域现象的本质关系并对有关规律作出合理的解释和论证; 而统计学只是为实质性学科研究和认识数量规律提供专门的方法和工具, 并不直接对规律产生的原因和机理作进一步的分析. 例如, 利用统计方法对人均 GDP 与第三产业在整个经济中的比例数据进行分析, 可以得出两者具有同向变动的规律, 即人均 GDP 越高, 第三产业所占的比例也越高. 这两者之间为什么会呈现这种规律, 两者何为因何为果等问题仅仅依靠统计学是无法说明的, 必须由经济学作出解释. 又如, 用统计方法分析一些资料得出, 吸烟与患肺癌有关, 这纯粹是从吸烟者和不吸烟者的发病率对比上得出的结论, 它不能解释吸烟为何会增加患此疾病的危险性, 后一问题是医学学科的任务.

诚然, 学习统计学需要多了解相应学科的专业知识. 争取与相关学科的专家有更多的共同语言, 从而能够更好地运用自己所掌握的统计方法解决相应领域内的一些数据分析问题.

1.5 统计历史人物故事精选

在本节中, 我们将以讲故事的方式, 简单介绍在统计学历史上作出巨大贡献的若干统计学巨星 (包括格兰特、哈雷、高斯、凯特勒、高尔顿、卡尔·皮尔逊、戈塞特及费希尔) 的生平及其他们所贡献的统计思想方法.

1.5.1 格兰特和哈雷的故事

1. 格兰特及其《观察》

现代意义上对统计学作出重要贡献的第一人是英格兰商人 J. 格兰特 (John Graunt, 1620~1674), 他在 1662 年发表的唯一著作《关于死亡公报的自然和政治的观察》(简称《观察》) 被后人称为描述统计的开山之作, 甚至有统计学学者把此书的出版看成统计史的起点.

事实上, 格兰特并不是一位真正的科学家, 他是伦敦一家服装店主的儿子, 开始在店里帮工做一名助手, 后来子承父业, 作了店主. 他受了良好的英语教育, 并坚持不懈, 在每天早上店铺开门营业前坚持自学法文和拉丁文, 这使他成为一位有教养的绅士, 在一些公共机构中担任职务, 并在伦敦的文化和科学圈子里结交了不少朋友, 他甚至担任过一段时期的大学音乐教授. 格兰特拥有一颗快乐探究的心, 许多人都想过生死的问题, 但是格兰特也许是历史上第一个系统地、定量地寻找死亡信息的人. 他以分析的眼光看待谁活着、谁死了、为什么死, 甚至他是历史上第一个找到答案的人.

格兰特的研究依据是伦敦死亡公告, 上面列有每个教区的办事员每周收集的洗礼、死亡名单. 办事员除了简单地记上有人去世, 还列出了死亡原因. 在格兰特研究死亡公告的前几十年, 英国就已经开始实施这种记录了. 当时是针对瘟疫引起的高死亡率, 才于 1592 年开始这种记录. 起初, 只是偶尔记录, 后来在 1603 年记录就变得标准, 而且从那以后, 每个教区每周都要交一份记录. 这一批庞大的数据, 在格兰特之前没有被整理分析过. 原始数据通常是含有杂质并让人感到混淆的, 要使其具有容易接纳的解释并能用于各种政治决策, 就必须对原始数据进行适当的归纳整理. 《观察》这一伟大著作通过整理分析死亡公报上的数据, 对当时有关伦敦的人口问题作出一些论断. 书中叙述了死亡公报的起源和发展 (与当时黑死病的流行有关), 关于死因特别是黑死病致死人数的统计, 男女的差异, 不同教区的差异, 伦敦城市人口数及其增长状况等. 该著作的开创性研究主要体现在以下三个方面.

(1) 创立统计比率稳定性的思想. 统计比率稳定性是指某一事物的某一性质或状态, 在反复观察或反复试验中保持稳定不变. 格兰特在书《观察》中虽然未用明确的语言把它作为一个一般原则提出来, 但他通过对数据的具体描述, 显示了他的统计分析是基于这样一个基本原则. 格兰特通过仔细的检查, 第一次给出了伦敦和汉普郡乡下教区罗塞姆接受洗礼的男性婴儿和女性婴儿的平均人数, 以及举行的葬礼中男性和女性的平均人数, 他还首次展示了出生婴儿性别比率的稳定性. 具体说, 他发现了在伦敦每 14 位男孩出生就会有 13 位女孩出生, 而在罗塞姆每 16 位男孩出生同时就会有 15 位女孩出生. 在这个简单数据统计的基础上, 他得出了这样的结论: 男性更容易死于战争、公海上或处以死刑等, 但是因为男性有较高的出生率, 所以成年男人和女人的数量大体相等. 因此, 一夫一妻制必定是婚姻的自然形式.

(2) 提出数据是否可信的问题. 数据可信性是指是否有人出于某种目的而对数据作了篡改, 或在获取数据的过程中出现了重大的失误, 如仪器未调准或登录时书写有误. 样本中这样的数值称为异常值. 鉴别数据中是否涉及几种可能异常值, 直到现今仍是一个在应用上很重要, 并在方法研究上受到重视的问题.

格兰特在《观察》中发现了这样一个异常情况: 1603 年和 1625 年都是黑死病

大流行的年份, 统计所得 1603 年后 9 个月死亡总人数为 37294, 其中黑死病死亡人数为 30561, 约占 82%. 1625 年死亡总人数为 51758, 其中黑死病死亡人数为 35417, 比率为 68%, 显著降低了. 另外, 格兰特从这两年的患黑死病人数推知, 该两年的死亡率基本相当且都达到最大. 于是就有问题: 1625 年黑死病死亡率比 1603 年计算的降低, 是真的表示当时黑死病死亡率确实降低了, 还是数据有问题. 进一步的调查发现, 表明 1625 年黑死病死亡统计过低的原因多是由于死者家属行贿, 让执事者把本系因黑死病身亡的人, 改为其他原因. 这也就是说, 伦敦教会死亡公报记载的 1625 年 4~12 月死于黑死病的 35417 人被识别为异常值, 死于黑死病的真实人数多于 35417 人. 这个异常值产生的原因就是由于有人故意篡改数据, 把患黑死病死亡的人故意登记为其他原因死亡. 这就是通常所说的数据有水分. 发现了有水分的异常值之后, 接下来的问题就是如何对它进行校正.

格兰特的校正方法是简单易懂的, 他注意到在 1625 年前后没有黑死病的年份, 死亡总数在 7000~8000, 而 1625 年死亡总数为 54265 人, 非黑死病人数则达到 18848 人 (=54265−35417), 比邻近年份多出约 11000 人. 若把这 11000 加入 1625 年统计的黑死病死亡人数 35417, 得到 46417, 从而该年黑死病死亡率为 83.7%(= $46\,417 \div 54\,265$), 这与 1603 年的 82% 大致相当. 考虑到直到如今 "数据的可信性" 仍是困扰统计工作者的一个首要问题, 格兰特这一提法的创意和启发性是重大的, 虽然他的具体处理方法不一定能平行移植于其他问题.

(3) 提出生命表的概念. 生命表是指现存人口的年龄分布. 这有多方面的用途. 例如, 可计算出在某一年龄间隔内的人数的百分比, 可计算一个活到某一年龄 a 的人中, 至少再活 b 年的百分比, 而这对于保险金、年金等的计算有直接的关系. 格兰特在《观察》中首次提出了生命表的概念, 并且第一次编制了生命表, 对死亡率与人口寿命作了分析, 从而引起普遍关注.

实际上, 死亡公报中未记录死者的年龄, 格兰特在做这件事时缺乏精确的资料数据. 他统计了 20 年内因各种原因死亡的总人数为 229250 人. 他认为有几种病, 如惊风症、佝偻症、寄生虫病之类患者基本上都是 6 岁以下的儿童, 这样的死者有 71124 人. 另外有几种病, 如天花、麻疹之类, 患者中约有 50% 在 6 岁以下. 这两项共计有 77229(= 71124 + 6105) 人. 又在总死亡数 229250 中, 约有 16000 人死于黑死病. 他认为这实属非常, 不应计入死亡数内. 经过这样的推测或想象, 他算出一个人的寿命不超过 6 岁的机会是

$$\frac{77229}{(229250 - 16000)} = 0.36.$$

他经过一些假设性的操作, 采取了一种此处不细加解释的、奇特的内插方式, 作出一张岁数在 $0 \sim 6, 6 \sim 16, 16 \sim 26, \cdots, 66 \sim 76$ 及 $76 \sim 80$ 各段列出其死亡率的生命表 (称其为伦敦生命表, 该表的简化版见表 1.4.1). 从以上的描述看出, 产生

此表的根据甚为勉强, 推理很粗糙甚至有些想当然的成分, 而且的确与之后根据更细的资料算出的表有较大的差距, 但重要的是提出了生命表这个开创性的概念. 仅仅是引进这个概念, 就已对后世有了很大的影响.

格兰特运用统计学方法思考问题的研究工作很快得到认可, 人们认为它具有极高的创造性和实际应用价值, 他的研究清楚地表明了统计学作为国家管理工具的重要作用. 正是他的这项研究, 使得他成为刚成立的伦敦皇家学会会员. 据说学会官员在向查理二世请示时, 国王答复说, "他们当然应该接纳格兰特先生, 而且如果以后发现这样的其他商人, 他们也应该毫不犹豫并毫不拖延地接纳".

很遗憾, 伦敦 1666 年发生了一场莫名的大火, 城市的很大一部分被烧成空白地, 也毁了他的生意. 伤害之上又加羞辱, 他被指控在大火发生前下令停止供水, 从而成了灾难发生的帮凶. 实际上, 直到火灾发生之后, 他才与供水公司有过联系. 不管怎样, 在这段插曲之后, 格兰特的名字从皇家学会名册上消失了. 几年后, 格兰特死于黄疸.

专题介绍 (一)   威廉·配弟与 "政治算术"

格兰特的好友威廉·配弟 (William Petty, 1623~1687) 发展了格兰特的研究, 创造了人口统计学, 并推测出当时全世界的总人口数为 3.3 亿. 配弟的最大贡献是建立其 "政治算术", 即将统计方法应用于广泛的社会、经济问题的分析.

配弟是 17 世纪英国政治经济学家. 有的著作称他是亚当·斯密之前英国影响最大的经济学家. 他的一生经历复杂多样. 1623 年, 他生于英国汉普郡的一个小镇罗蒙塞, 父亲是裁缝. 早年学习过数学、希腊文和拉丁文, 接着去法国学习数学、天文和航天, 后在皇家海军中服役, 又到巴黎和阿姆斯特丹学习医学. 他的后半生大半是在爱尔兰度过的, 在那里主持过土地丈量的工作, 并与爱尔兰的一些政治和经济问题有过关联. 他的关于政治算术的思想大概就是在这个时期建立起来的.

所谓政治算术, 就是依据统计数学来分析政治、经济和社会问题, 而不只是依靠思辨或理论的推演. 配弟的观点是深刻的, 他坚持认为, 社会科学必须像物理科学一样定量化. 谈到他在医学、数学、政治学和经济学诸学科的著作时, 他说: "我利用的方法是很不一般的; 因为我不是仅仅利用漂亮的辞藻、华而不实的结论, 我采取的方法······ 是用数字、重量、测量来表示; 仅仅利用感觉的论据, 只考虑一些自然界可见的基本原因." 他给统计学这门刚起步的科学, 命名为政治算术 (political arithmetic), 而且定义为 "利用数字处理与政府相关问题的推理艺术". 事实上, 他还认为所有的政治经济学的全部内容如同是统计学的一个分支. 配弟的政治算术问世为统计学的形成和发展奠定了方法论基础, 配弟被马克思看成 "政治经济学之父" 以及 "某种程度上的统计学的创始人".

2. 哈雷及其《生命表》

英国科学家、数学家哈雷 (E. Halley,1656~1742) 的名字永远和哈雷彗星联系在一起. 哈雷虽然不是观察到这颗彗星的第一个人, 但他是第一个预言彗星将再次出现在地球上空的人. 他研究彗星的大量记录, 从而形成一个观点: 记录中的彗星是有周期的. 1705 年哈雷公布了他的计算结果, 指出这颗彗星将于 1758 年返回. 虽然他没能亲眼见到自己的预言被证实, 但是事实和他计算的一样, 1758 年彗星再次照亮了天空, 从此这颗彗星就以哈雷的名字命名. 凭着冒险精神, 哈雷做的工作远远超出了预测彗星回归.

哈雷生于一个富裕家庭. 当时, 社会上的人对科学、数学具有浓厚的兴趣, 例如, 很多地方都需要高质量的天文观测和数学模型, 以便能更好地确定船只在海上的位置. 英国船只当时航行全世界, 因此用天文观测定位船只位置, 成为人们最迫切需要具备的能力. 这激起了年轻哈雷的兴趣, 或者说, 这和他的兴趣同时出现. 哈雷很早就对数学和天文学着迷, 家人则为他提供了大批高质量的天文仪器. 他能熟练地使用这些仪器, 当他在牛津的女王学院开始学习时, 他的仪器多得足以成立一个天文台, 他甚至把 24 英寸 (7.3cm) 的望远镜也带到了学校. 在女王学院学习期间, 哈雷访问了皇家格林尼治天文台, 这所天文台在英国科学史上占有十分重要的位置. 他拜访了当时科学界的重要人物、天文台台长弗拉姆斯蒂德 (John Flamsteed). 弗拉姆斯蒂德当时正在从事一项测量工作, 准确测定从英格兰格林尼治能看到的所有恒星的位置. 得知这一消息后, 哈雷很快就着手测量工作. 他没毕业就离开了女王学院, 带着一大批高质量的天文仪器到圣海伦娜 (Saint Helena) 的火山岛, 它位于南大西洋, 距非洲海岸线大约 1000 英里 (1 英里 =1609.34 米) 处, 属于英国领土. 哈雷一到岛上就建立了自己的临时观测台.

哈雷在处理大量数据方面有着特殊的才能. 不论在实践上还是在理论上, 他对风、海洋现象都有浓厚的兴趣 —— 除了圣海伦娜之旅, 哈雷还有过第二次、更危险的南大洋之旅, 他描写了途中碰到的巨大冰山. 哈雷的另一项大工程是尽量地收集气象数据. 他用这些数据描绘了一张世界海洋地图, 标明了主要的风向. 这是历史上第一张标明风向的地图, 它所包含的信息对当时每位船长都有重要价值.

哈雷对统计学的主要工作是对格兰特的生命表作了重大改进, 进一步强化统计学对保险学的巨大应用价值. 哈雷明白格兰特的工作意义, 但是他的兴趣比格兰特的更具体些. 哈雷想了解寿命期望值. 寿命一词让人想起从摇篮到坟墓的时间跨度, 一般的问题是 "今天出生的婴儿能活多久?" 但是哈雷的问题要具体得多. 例如, 他想知道, 40 岁男人再活 7 年的概率是多大. 他研究了这个问题及相关问题. 例如, 随机选择一个 n 岁的人, 其中 n 代表任意岁数, 求这个人能再活 1 年的概率. 又如假设有相同岁数的一组人, 多少年后他们中有一半人还活着? 这种问题就比格兰特考虑的要具体得多. 保险公司必须解决这些问题, 以便使寿险金合理. 现在, 研究这类问题的人称为保险精算师, 他们从事的科学分支称为保险精算学. 哈雷的论文题目是《从布雷斯劳市的出生、葬礼表中估计人类的死亡率; 尝试确定年金价格》, 人们普遍把它看成保险精算学方面的第一次正式研究.

哈雷认为格兰特收集的死亡公告有个严重的缺陷, 这是因为伦敦的人口流动太频繁了. 哈雷没办法知道谁迁入或迁出, 或频繁的迁移如何改变人口数量. 伦敦人口在增长, 而格兰特的死亡公告却表明, 死亡人数比出生人数更多. 只有农村人口涌入城市, 上述情况才可能发生. 但是没有更多信息说明都有谁迁入迁出, 所以难以从这些数据推断出可靠的结论. 哈雷决定研究那些有可靠的记录, 并且人口稳定的大城市. 他发现布雷斯劳市满足这些条件. 哈雷根据对该市保存的历史人口相关资料的记录, 进行了仔细考察研究, 对格兰特的伦敦生命作了重大改进. 以下给出的是经过简化的伦敦生命表的扩展版 (表 1.5.1).

表 1.5.1　伦敦生命表扩展版

年龄	0	6	16	26	36	46	56	66	76	86	96	106
格兰特	1000	640	400	250	160	100	60	30	10	—	—	—
哈雷	1000	710	622	560	481	387	282	182	78	20	—	—
2006(男) 养	1000	997	995	989	982	969	942	873	697	368	62	1
2006(女) 养	1000	998	996	994	990	984	969	924	795	497	119	3

注: 表 1.5.1 中后两行数据根据现行的《中国人寿保险经验生命表》中的 "养老金业务表 (男)" 与 "养老金业务表 (女)" 推算出的我国同等年龄段男性、女性的数据.

通过表 1.5.1 可以看出, 年纪为 6 岁的人数是 710, 但是能活到 56 岁的人数只有 282 位. 我们可以从比例 346/710 估算出, 一个能活到 6 岁的人, 他能活到 56 岁的概率 0.387. 同样地, 表 1.5.1 中展示了 66 岁的人数是 182, 而到 86 岁时, 只有 20 人还健在, 那么从 66 到 86 的比例是 20/182, 也就是说如果一个人已经活到了 66 岁, 他能继续再活 20 年的概率大约是 0.11. 隐藏在这一过程背后的合理性清晰而简单. 也就是说, 我们可以依靠过去的经验来判断各种未来事件发生的概率. 很显然, 这里所用到的数学知识在很大程度上是非常简单的. 其实, 大量基础统计内容的特点就是所用的数学非常简单. 格兰特和哈雷两人工作的共同特点是通过仔细收集的数据揭示出许多新的事实和观点, 因此被公认为是统计学早期历史上最有意义的两个研究.

专题介绍 (二)　保险概说

在历史上, 保险业是统计学应用最主要的一个领域, 而且也是统计方法的创新源泉. 研究保险的科学称为保险精算学, 它是一个高度发展的专业. 保险精算师必须精通概率论与统计学, 而且要熟悉涉及的养老金、年金等概念及一般的保险业务.

保险业最早产生于罗马时期, 目的在于保护商人的航船. 较早的航海保险公司于 14 世纪建立于荷兰和意大利, 到了 16 世纪, 这种做法传到了其他国家. 最早的人身保险公司于 1688 年在伦敦成立.

保险到底是什么呢? 每个人都为将来作打算. 经验表明, 通常那些预先制订的计划并不产生预期的结果. 然而, 并不总是糟糕的事情. 有时候计划改变了, 结果会更好; 当然有时候计划改变了, 结果变糟. 变糟时, 人们遭受的损失有各种形式. 计划的改变有可能意味着损失时间、信心、财产、机会、甚至是生命. 保险是补偿投保人的 "经济损失" 的一种方法. 保险思想的关键是, 为了使一个项目可以被保险, 必须有明确的现金价值. 虽然历史上有一些公司为减少 "灾难" 而尝试投保, 但是他们发现, 投保人和保险公司之间很难对一定程度的痛苦或损失达成一致.

要给一个项目保险, 保险公司必须有足够的信息来估计这个项目损失的概率 (这里, "项目" 可以表示财产, 如房子, 甚至是人的生命). 保险公司希望只偿付偶尔的损失, 他们的原则是, 从保险金中挣的钱要多于赔付损失的钱. 这样, 格兰特和哈雷研究的死亡表及其他的概念上的类似的信息就变得十分重要. 例如, 根据死亡表, 人寿保险公司想要计算出, 某个人活到某个岁数的概率, 然后计算出保险金, 这部分基于表中的信息. 实际上这是在打赌: 如果投保人活到特定的年龄, 人寿保险公司就能获得利润, 而投保人就失去保险费. 然而, 如果投保人不幸在规定岁数之前去世, 那么人寿保险公司就遭受损失, 而投保人, 或者至少是他的受益人就获得赔偿金. 保险公司付出大量努力来计算保险费用, 使自己能有利润可赚. 现实中很少有人寿保险公司赚不到年利润. 通常的说法是, 没有什么比生命更不确定, 没有什么比人寿保险公司的利润更确定.

生命表本身包含的信息并不足以使保险公司得到各种比率, 必须要满足其他准则, 其中最主要的一条是随机准则. 没有一家保险公司愿意赔偿必然的损失. 一般情况下, 人们不可能为了保证房子不着火而把房子烧了. 另一条一般原则是, 投保人群足够分散, 这样就不可能同时遭受某种相同的损失. 此即风险分散原理.

1.5.2 高斯与凯特勒的故事

1. 高斯与正态分布

德国数学家、天文学家、物理学家高斯 (Gauss,1777~1855) 在数学、天文学、物理学方面都作出了杰出贡献. 首先, 他是近代数学的伟大奠基者之一, 他在历史上的影响之大可以和阿基米德、牛顿、欧拉并列. 高斯被誉为 "能从九霄云外的高度按某种观点掌握星空和深奥数学的天才". 在慕尼黑博物馆高斯的画像下有这样一首诗:

"他的思想深入数学、空间、大自然的奥秘. 他测量了星星的路径、地球的形状和自然力. 他推动了数学的进展直到 20 世纪."

　　高斯在他的家乡布伦瑞克的卡罗林学院学习期间 (1792~1795), 认真研读了牛顿、欧拉、拉格朗日的著作. 在这时期他发现了素数定理; 发现了数据拟合中最为有用的最小二乘法; 提出了概率论中的正态分布公式并用高斯曲线形象地予以说明. 在世界著名的哥廷根大学深造期间 (1795~1798) 的第二年, 他发现了正 17 边形的尺规作图法, 这是自欧几里得以来两千年悬而未决的问题, 这一成功促使他毅然决定献身数学. 高斯 22 岁取得黑尔姆斯泰特大学博士学位, 30 岁被聘为格丁根大学数学和天文学教授, 并担任该校天文台的台长.

　　高斯的博士论文可以说是数学史上的一块里程碑. 他在这篇论文中第一次严格地证明了 "每一个实系数或复系数的任意多项式方程存在实根或复根", 即所谓代数学基本定理. 从而开创了 "存在性" 证明的新时代. 高斯在数学世界 "处处留芳": 他对数论、复变函数、椭圆函数、超几何级数、统计数学等各个领域都有卓越的贡献. 在高等数学及工程数学中以他的名字命名的有: 高斯公式、高斯积分、高斯曲率、高斯分布、高斯方程、高斯曲线、高斯平面、高斯记号……

　　在天文学方面, 他研究了月球的运转规律, 创立了一种可以计算星球椭圆轨道的方法, 能准确地预测出行星在运行中所处的位置, 他利用自己创造的最小二乘法算出了谷神星的轨道和发现了智神星的位置. 阐述了星球的摄动理论和处理摄动的方法, 这种方法导致海王星的发现. 他的《天体运动理论》是一本不朽的经典名著.

　　在物理学方面, 他发明了 "日光反射器". 与韦伯一道建立了电磁学中的高斯单位制, 最早设计与制造了电磁电报机, 发表了《地磁概论》, 绘出了世界第一张地球磁场图, 定出了磁南极和磁北极的位置. 高斯对天文学和物理学的研究, 开辟了数学与天文学、物理学相结合的光辉时代.

　　高斯认为: 数学, 要学有灵感, 必须接触现实世界. 他有一句名言: "数学是科学之王, 数论是数学之王, 它常常屈尊去为天文学和其他自然科学效劳, 但在所有的关系中, 它都堪称第一." 高斯厚积薄发, 治学严谨, 一生发表了 150 多篇论文, 但仍有大量发现没有公之于世. 为了使自己的论著无懈可击, 他的著作写得简明扼要、严密, 不讲来龙去脉, 有些地方文字几经琢磨推敲, 以致使人读了十分费解, 他的论著中所深藏不露的内容几乎比他所发表的明确结论还要多得多. 阿贝尔对此曾说: "他像只狐狸, 用尾巴抹平了自己在沙地上走过的脚印." 对于这些批评, 高斯回答说: "凡有自尊心的建筑师, 在瑰丽的大厦建成之后, 绝不会把脚手架留在那里." 不过他的著作过于精炼、难于阅读也妨碍了他的思想更广泛的传播. 由于高斯过于谨慎, 怕引起 "庸人的叫喊", 长期不敢将自己关于非欧几何的观点公之于世.

　　高斯并非出身于名门望族, 他的祖父是农民, 父亲是园丁兼泥瓦匠. 高斯幼年就显露出数学方面的非凡才华: 他 10 岁时, 发现了 $1+2+3+4+\cdots+97+98+99+100$ 的一个巧妙的求和方法; 11 岁时, 发现了二项式定理. 高斯的才华受到了布伦瑞克公爵卡尔·威廉 (Karl Wilhelm) 的赏识, 亲自承担起对他的培养教育.

高斯一生勤奋, 很少外游, 以巨大的精力从事数学及其应用方面的研究. 他精通多种文字和语言, 拥有六千多卷各种文字 (包括希腊、拉丁、英国、法国、俄罗斯、丹麦、德国) 的藏书. 他在从事数学或科学工作之余, 还广泛阅读当代欧洲文学和古代文学作品. 他对世界政治很关心, 每天最少花一小时在博物馆看各种报纸. 对学习外语也很有兴趣, 62 岁时, 他在没有任何人帮助的情况下自学俄文, 两年之后便能顺利地阅读俄文版的散文诗歌及小说. 高斯一生勤于思考, 他曾说: "假如别人和我一样深刻和持续地思考数学真理, 他会作出同样的发现."

大家公认, "没有高斯和正态分布, 统计就没有今天的辉煌". 正态分布在概率论与统计学中处于核心地位. 正态分布有很大普适性, 可以用它来描述自然界与社会科学中的许多现象. 例如, 测量误差、人的身高、工业产品的尺寸、农作物的产量、海洋波浪的高度、某地区的日常用水量等, 都服从或近似服从正态分布 (具体内容将在第 3 章详细介绍).

正态分布 (曲线) 大约在 1720 年作为二项分布计算的渐近公式由法国数学家棣莫弗 (Abraham de Moivre,1667~1754) 引进, 后被法国数学家拉普拉斯 (Laplace, 1749~1827) 发展成系统的理论. 高斯在 1809 年出版的论著《天体运动理论》末尾, 以极其简单的手法推导出了误差分布, 即现在的正态分布, 并用最小二乘法 (被称为 "19 世纪最重要的统计方法") 加以验证. 因此正态分布又被称为高斯分布. 关于这个称呼的合理性, 我国已故著名统计学家陈希孺 (1934~2005) 院士作了很好解释:

正态分布的密度函数在棣莫弗乃至拉普拉斯那里还只是一个数学表达式而已, 是高斯基于测量误差的理论赋予了它 "概率分布" 的含义, 从而揭开了 "潘多拉的魔盒."

大家知道, 一般纸币上的头像是领袖像: 在纸币上印有科学家头像的不多, 有数学家头像的更少; 而纸币上印有一个函数表达式、还画有一个曲线的, 这是绝无仅有的. 这个函数曲线就是正态随机变量的概率密度函数曲线, 10 马克的德国纸币上的这个人就是高斯. 它传达了这样一个信息: 在高斯的科学贡献中, 对人类文明影响最大的, 是正态分布.

2. 凯特勒与数理统计

比利时统计学家凯特勒 (A. Quetlet, 1796~1874) 对统计学的最大贡献是把概率论引入到统计学, 并将统计学应用于现实生活. 凯特勒的统计研究思想和大量统计工作给他的许多同时代人以深刻影响, 也影响了许多后代, 从而当仁不让地被视为数理统计学的创始人.

凯特勒于 1796 年 2 月 22 日出生在比利时一个有着悠久历史的古老小城基恩特. 他的父亲是一位市政官员, 在小凯特勒 7 岁那年, 父亲就不幸去世了. 为了生计, 凯特勒在 17 岁时就开始教授数学. 在他成为专职讲师之前, 他写过诗歌和歌剧剧本, 参与了两个戏剧的写作, 还翻译过一部文学作品. 不过, 他最喜欢的还是数学, 他是基恩特学院有史以来第一位科学博士. 在 1820 年, 凯特勒被推选为布鲁塞尔的皇家科学院正式成员, 并且不久之后他就成为了科学院内最活跃的一分子. 在随后的几年里, 他全身心地投入教学工作中, 还发表了几篇关于数学、物理和天文学研究的论文.

凯特勒在基恩特学院开设了一门科学史的课程, 在上课的同时, 他对科学发展历程进行了深入的思考, 并得出了一些有深刻见解的结论: "科学发展到越高级的形式, 它们就会越趋向于数学领域, 同时数学也会越来越占据该学科所研究范围的中心位置, 我们可以从该学科可能与计算结果的接近程度来大致判断这门学科真正臻于完善的程度."

1823 年 12 月, 凯特勒成功说服了政府资助自己去巴黎学习 3 个月. 在巴黎期间, 他结识了拉普拉斯、泊松等天文学家和数学家, 并学到了许多他十分着迷的概率知识. 凯特勒回到布鲁塞尔后, 开始收集和分析人口统计数据, 把追求目标转向运用天文学中的数学工具来处理社会数据.

1831 年, 凯特勒参与主持新建比利时统计总局的工作. 他开始从事有关人口问题的统计研究. 在这种研究中, 凯特勒发现, 以往被人们认为杂乱无章的、偶然性占统治地位的社会现象, 如同自然现象一样也具有一定的规律性. 凯特勒搜集了大量关于人体生理测量的数据, 如体重、身高与胸围等, 并使用概率统计方法来对数据进行数据分析. 但是当时的统计分析遭到了社会学家的质疑, 社会学家的反对意见主要在于: 社会问题与科学实验不同, 其数据一般由观察得到, 无法控制且经常不了解其异质因素, 这样数据的同质性连带其分析结果往往就有了问题, 于是社会统计工作者就面临一个如何判断数据同质性的问题. 凯特勒大胆地提出: 把一批数据是否能很好地拟合正态分布, 作为判断该批数据是否同质的标准.

凯特勒提出了一个使用正态曲线拟合数据的方法, 并广泛地使用正态分布去拟合各种类型的数据. 由此, 凯特勒为正态分布的应用拓展了广阔的舞台. 正态分布如同一把屠龙刀, 在凯特勒的带领下, 学者们挥舞着这把宝刀在各个领域披荆斩棘, 攻陷了人口、领土、政治、农业、工业、商业、道德等社会领域, 并进一步攻占天文学、数学、物理学、生物学、社会统计学及气象学等自然领域.

凯特勒的另一个贡献就是运用概率论原理提出了 "平均人" 的思想, 他在《论人类》(1835 年) 中塑造了一位生活在特殊时期的人物, 即平均先生. 平均就是出色, "一个能够在某段时期内集中表现出 '平均人' 的所有品性的人, 他此时就代表了人类所有的真、善、美". 这位平均先生不仅在身高、体重、视力、寿命等肉体素质上, 而且在智力、婚姻、犯罪、自杀等道德素质上, 都是 "平均" 的. 如果说在文艺复兴时期, 达·芬奇就已指出了人类的完美形体等具有 "黄金分割" 比例, 那么凯特勒现在则明确指出了测量这种完美的数学工具. 他还认为, 如果社会所有的人同 "平均人" 的差异越小, 那么社会矛盾就越缓和. 没过多久, "平均人" 派上了用场. 1844 年, 凯特勒利用男子身高分布的正态性法则找出了法国躲避征兵的人的身高大小范围, 使那些对统计学抱有怀疑的人大吃一惊. 凯特勒把应征人的身高的分布与一般男子的身高分布相比较, 算出了为达到征兵要求的最低身高, 找出了 2000 位为躲避征兵而假称低于最低身高的人. 凯特勒还展示了如何从研究过去的倾向来预测各种未来的犯罪行为.

在凯特勒之前, 统计学和误差分析是风马牛不相及的两个学科. 统计学的产生最初是与 "编制国情报告" 有关, 主要服务于政府部门. 统计学面对的是统计数据, 是对多个不同对象的测量; 而误差分析研究的是观测数据, 是对同一个对象的多次测量. 观测数据和统计数据在当时被认为是两个不同行为获取得到的数据, 适用于观测数据的规律未必适用于统计数据. 19 世纪的数据统计分析处于相当落后状态, 和概率论没有多少结合. 概率论的产生主要和赌博相关, 发展过程中与误差分析紧密联系, 而与当时的统计学交集非常小. 正是由于凯特勒的卓越工作使从两个不同领域工作的人走到一起, 进而推动概率统计的大发展. 无疑, 统计学巨星凯特勒功不可没. 历史会记住每位有功之人, 第一次统计学会议于 1853 年在布鲁塞尔举行, 有 26 个国家的 153 名代表出席, 在这次会议上, 凯特勒被推举为第一任会长.

1.5.3 高尔顿与卡尔·皮尔逊的故事

1. 高尔顿与生物统计

生物统计学的奠基人弗朗西斯·高尔顿 (Francis Galton, 1822~1911) 是创作《物种起源》的达尔文 (Charles Robert Darwin, 1809~1882) 的表弟. 高尔顿是一个悠闲的人. 他在 1840 年进入了剑桥三一学院, 先是学习医学, 随后就接受了达尔文的建议, 改学数学. 当父亲去世时, 22 岁的他继承了一笔可观的财产. 由于不再需要靠工作来糊口, 他成了一名业余科学家. 他着迷于测量. 他测量人们头颅的尺寸、鼻子的大小、四肢的长短; 测量人们在听课时坐立不安的次数; 测量那些在路上看到的女孩的吸引力 (伦敦女孩得分最高, 而阿伯丁女孩最低); 测量人们指纹的特征, 并最终使苏格兰场于 1901 年采纳了指纹识别; 测量君主和教士的寿命, 它们与其他职业人群的寿命相差不多, 因此他的结论是, 祈祷其实没带来什么好处.

高尔顿在 1869 年的《遗传的天才》一书中写道:任何身高落在给定范围内的人数占总人口的比例, 应保持恒定而不随时间而改变, 而且身高与所有其他的物理特征 —— 头颅周长、大脑大小、大脑灰质重量、大脑纤维数量等 —— 都服从于正态分布. 他还相信人的性格也由遗传所决定, 并如同生理特征一样, 以某种方式服从于正态分布. 因此, 按高尔顿的话说, 人 "作为社会之基本单元", 并不 "具有相同的在投票及其他方面能力上的平等价值". 相反地, 他断言每 100000 名男人中, 约有

250 人继承了某个方面的特殊才能, 并因此在该领域内出类拔萃 (在他那个年代, 妇女一般不参加工作, 因此他没有对妇女进行类似的分析). 高尔顿根据这些想法创建了一门新的研究领域, 并称为优生学, 这个词来自于希腊词 eu(好) 和 genos(出生). 对其后许多年中不同的人而言, 优生学意味着不同的东西. 这个术语和观点被纳粹所采用, 纳粹分子将 "优生学" 推向了可怕的境地, 他们强制地对那些身体和精神上 "不适宜" 推向了绝育, 然而推行所谓的 "安乐死", 到最后就是残酷的种族灭绝. 但没有证据表明, 高尔顿会赞同德国人的杀人方案. 相反地, 他希望找到一种办法, 通过选择性繁殖来改善人类状况.

无论优生学的好坏如何, 高尔顿在遗传方面进行的研究, 导致了现代统计学两个核心数学概念的发现. 其中之一产生于 1875 年, 当时, 他把几包甜豌豆荚分给了 7 位朋友, 每人都收到了大小和重量均匀的种子, 然后将种出的下一代种子还给高尔顿. 高尔顿对这些种子进行测量后注意到, 大个头种子产生出的后代, 其直径的中值比父代种子小, 而小个头种子产生的后代则比父代更大. 后来, 从他在伦敦所建实验室获得的数据中, 他发现人类父母和子女身高上也存在同样的情况. 他将这种现象 —— 在相关联的测量中, 如果一个被测量远离均值, 那么另一个将会更接近于均值 —— 称为回归均值.

高尔顿很快意识到, 没有回归行为的过程, 将不可避免地失控. 举例来说, 假设高个子爸爸的儿子, 平均而言与父亲一样高. 既然身高各有不同, 那么, 某些儿子就会比爸爸更高. 到了下一代, 假定这些更高的儿子, 他们的儿子, 即开始那群人的孙子, 平均而言也跟他们的父亲一样高, 那么其中又有某些人同样会高过他们的父亲. 这样一代又一代后, 人类中最高的人将变得越来越高. 由于回归, 这种情况并没有发生. 同样的论述也可用于天生的智力、艺术才能或是打高尔夫球的技术. 因此, 个头很高的父母不应该指望孩子会长得同样高, 非常聪明的父母不应该指望孩子会同样聪明, 而那些像毕加索和泰格·伍兹之类的也不应该指望孩子能取得跟他们一样的成就. 另外, 非常矮的父母可以期待更高些的后代, 而我们这些并不聪明或不能画画的人, 则有理由指望这种无能将在下一代中得到改善.

高尔顿用广告将被试者吸引到实验室中, 然后对他们进行了一系列身高、体重甚至特定骨骼尺寸的测量. 他希望发现一种根据父母的测量值来预测孩子对应的测量值的方法. 高尔顿所画的图中的一种, 是将父母的身高对孩子的身高来作图. 例如, 如果父母和孩子的身高总是相等, 那么就应该得到一条 45° 倾角的完美直线. 如果这种关系对平均值成立, 但单个数据点可能发生波动, 那么在图中就应表现为某些点落在这条直线上方, 而另一些落在直线下方. 以这种方式, 高尔顿的图不但显示了父母和子女身高之间的普遍关系, 还显示了这个关系得到保持情况. 这就是高尔顿对统计学所做的另一大贡献: 他定义了一种数学指标, 来描述类似关系的一致性. 他称该指标为相关系数 (留待第 3 章详细介绍).

高尔顿的成果十分重要,他成功地将正态分布与生物学联姻,开创回归分析这种统计学方法. 这不仅是因为它所具有的直接重要性,还因为它促成了随后几十年中统计学所取得的成绩. 在这段时期内,统计学领域迅速发展成为一门成熟的学科. 最重要的进展之一,是由接下来将要介绍的高尔顿的信徒卡尔·皮尔森完成的.

2. 卡尔·皮尔逊与描述统计

作为历史上最重要、最具有创造性的统计学家之一,英国数学家、律师、作家、艺术史家和社会活动家卡尔·皮尔逊 (Karl Pearson, 1857~1936),继承和发展了高尔顿的统计研究,他一生致力于生物测量学、优生学和遗传学的统计方法研究,对一般生物现象进行数量描述,极大地丰富了统计学的概念. 可以说,我们今天所学的描述统计学中的大部分内容都是由卡尔·皮尔逊整理出来的,因此被公认为现代统计学奠基人之一.

根据传记作家海伦·沃克 (Helen M. Walker) 的描述,卡尔·皮尔逊能够记忆起的童年时代的第一件事情是:某个成年人告诉他最好不要吮吸自己的大拇指,否则大拇指可能会萎缩. 小卡尔坐在高高的椅子上,把自己的两个大拇指放在一起,经过仔细的观察,发现被吮吸过的大拇指并不比另一个没有被吮吸过的大拇指短. 他认为这个证据并不支持这个成年人的主张. 正是这一童年时代自由思考的思想,引导成年后的皮尔逊创立今天科学家们普遍使用统计方法去判断观察实验结果的显著性统计理论.

皮尔逊于 1857 年 3 月 27 日出生于英国伦敦. 他的父亲威廉是一位律师,家境相对富裕. 皮尔逊的父亲笃信教育的力量,认为教育是确保人生道路上获得成功的最稳妥的道路. 因此,他迫切希望并督促卡尔和他的哥哥亚瑟努力学习. 少年时的皮尔逊是一个聪慧的学生,但是身体却比较孱弱,曾因健康问题退学回家. 后来他被送到一个补习学校,花了一段时间,独自一人准备大学的考试. 尽管皮尔逊没有如愿以偿地进入剑桥大学三一学院,却进入了剑桥大学国王学院学习. 他通过一系列艰难的考试,以第三名的优秀成绩获得了学士学位. 然而事实上,国王学院对文学和人文教育的重视,远胜于数学和科学教育. 当时,皮尔逊对于哲学,尤其是德国哲学的兴趣较高.

皮尔逊的优秀学习表现为他赢得了一笔奖学金,得以在德国继续深造. 在那里,他并不把自己的兴趣局限于数学. 1881 年他获得了从事法律工作的资格后,他还广泛学习了物理、生物、历史、德国古典文学、艺术、社会与政治科学以及哲学. 他还读到了卡尔·马克思 (Karl Marx) 的著作,这位伟大学者的经济理论给皮尔逊留下了深深的印象,以至于他把自己名字的首字母改为和卡尔·马克思一样 (即从原来的 Carl 改为 Karl). 总而言之,皮尔逊拥有广泛的智力兴趣和能力,这些表明他几乎是一位文艺复兴时期百科全书式的人物,对于真理的好奇心促使他去探索一个又一个的学科领域.

获得博士学位后, 皮尔逊回到伦敦. 满怀激情的皮尔逊组织了一个俱乐部, 可供青年男女自由讨论各种问题. 与当时流行的法国巴黎的知识分子沙龙不一样, 这个俱乐部允许青年男女自由地讨论各种政治和哲学问题, 绝对没有维多利亚时代经常出现的 "讨论中被陪护打断或阻挠" 的现象发生. 皮尔逊在俱乐部的讨论中讨论的问题范围很广, 从马丁・路德 (Martin Luther) 到斯宾诺莎 (Spinoza) 的哲学, 再到达卡尔・马克思的社会主义, 无所不包. 皮尔逊在俱乐部中获得了大量社交机会. 1890 年他在俱乐部中遇到了玛丽亚・夏普 (Maria Sharpe) 小姐, 玛丽亚后来成为了他的妻子. 和他在科学上的精深造诣一样, 皮尔逊宽厚的人文素养, 也能从他的各种著作中得以窥见. 他写过一部小说、一部戏剧和大量的散文, 如《自由思想的伦理》(1888 年) 和《死亡的际遇及进化论的其他研究》(1897 年).

1884 年, 皮尔逊任伦敦大学应用数学与力学系教授, 开始了他的学术生涯. "力学" 研究物理系统的运动. 皮尔逊接手了一项工作: 写一本关于弹性理论研究史的著作. 他同时还完成了一本称为《关于精确科学的基本常识》的著作, 主要是向本科学生介绍数学在科学研究中的重要作用. 这本书得到了各界好评, 以至于 1946 年再版时, 皮尔逊的忠实崇拜者、伟大的哲学家和数学家伯特兰・罗素 (Bertrand Russell) 亲自为该书撰写了序言. 与此同时, 皮尔逊的学术生涯也稳步提升. 1907 年, 他荣升为伦敦大学应用数学系主任.

皮尔逊终其一生都对自然科学和科学方法抱有极大的兴趣,《关于精确科学的基本常识》只是其中的一个例证. 这种兴趣在皮尔逊自己的著作《科学的规范》中达到了顶点. 这本书出版于 1892 年. 皮尔逊在书中将科学方法定义为 "通过认识各种事实之间的关系和它们发生的序列, 来对事实进行有条理的分类". 20 世纪上半叶, 皮尔逊所著的《科学的规范》一书, 在科研方法方面激发了许许多多的年轻科学家和青年学生的灵感. 然而, 当时许多科学家都对过去的学术权威极为尊敬, 对权威的著作大加引用, 皮尔逊的书却不随大流, 其特立独行的风格与内容一度震惊了读者.

尽管皮尔逊的兴趣广博而多变, 但后来他却逐渐致力于将数学方法运用于生物学, 尤其集中在进化方面和新兴的遗传科学上. 随着科学实验变得越来越精细, 生物学和社会科学界的视野也变得日益宽广. 怎样确定实验和测量得到结果的可信程度呢? 这一要求变得越来越迫切了.

与数学测绘上的理想世界不一样, 现实世界所获得的测量数据通常是真值的近似值, 其中可能得到的不正常的极端数据必须舍弃. 皮尔逊开发了一种曲线绘制方法, 可以确定一个给定的值是否符合某种测量的可能性. 哪怕极为仔细的测量, 也会产生随机的结果, 但是皮尔逊勾勒出了这种随机性背后蕴涵的模式. 也就是说, 他的这种方法架起了现实世界和理想世界的桥梁.

皮尔逊能够对测量本身进行估量. 他是通过测定 4 个关键参数平均数、标准差、对称性、峰度来做到这一点. 尽管后来的研究者发现, 皮尔逊的分析系统具有一些局限, 在许多情况下它并不适用, 但皮尔逊对于分布形态的分析方法依然是现代统计学得以发展的基础.

在对测量数据分布的研究中, 皮尔逊还作出了一个十分重要的贡献, 即怎样确定实验观测的结果与理论预期结果之间的一致性程度 (可以确定一个既定的实验得到的数据是否符合一个特定的理论或假设). 皮尔逊的拟合度检验被称为 χ^2(读作卡方) 检验方法. 这个检验和其他更复杂的检验已经成为现代统计学家的基本工具, 用以确定所得的结果是否具有统计的显著性, 而不是随机因素的影响结果.

今天, χ^2 检验方法已被统计学家广泛应用于科学技术的各个邻域, 被誉为是自 1900 年以来在科学技术所有分支中 20 个尖端发明 (塑料、人工智能检验、爱因斯坦相对性理论、血型、电视、植物的品种改良、通信系统、抗生素、头盖骨、原子核裂变、避孕药、治疗精神病的药、真空管、计算机、晶体管、统计学 (论述什么是真实、什么是来自偶然的学问)、DNA 和激光) 之一. 皮尔逊把自己的一生献给了生物测量、遗传研究与统计世界. 然而, 皮尔逊和他的大多数同辈人一样, 在研究遗传问题时并不真正理解遗传. 这就告诉人们统计学有优势也有局限性, 这是因为统计学方法虽然可以使人们发现不同量之间有趣、有时很重要的相互关系, 但是它们不是理论思想的替代品.

1.5.4 戈塞特与费希尔的故事

1. 戈塞特与小样本统计

在 20 世纪以前, 统计学所处理的数据一般都是大量的、自然采集的, 所用的方法以拉普拉斯中心极限定理为依据, 总是归结到正态分布的情形. 到了 19 世纪末期, 数据与正态拟合不好的情况也日渐为人们所注意; 进入 20 世纪之后, 人工试验条件下所得数据的统计分析问题, 逐渐被人们所重视. 由于试验数据量有限, 那种依赖于近似正态分布的传统方法开始遭受质疑, 这促使人们研究这种情况下如何能找到更加准确有统计方法. 时势造英雄, 以戈塞特为先驱、费希尔为主将的小样本统计革命的大幕, 徐徐地拉开, 由此推动现代统计学飞速发展.

戈塞特, 笔名就是统计学界很熟悉的那位学生氏 (Student). 他出身于英国的坎特伯雷, 曾在温彻斯特大学和牛津大学就读, 取得化学、数学双学位. 他依靠自己的化学知识, 1899 年作为一名酿酒师进入爱尔兰的都柏林一家啤酒厂工作, 在那里他主要对有关酿造过程的数据问题进行处理. 1906 年到 1907 年他有 1 年的时间去皮尔逊那里学习和研究统计学. 他着重关心的是由人为试验下所得的少量数据的统计分析问题, 在当时这是一个全新的课题.

戈塞特最终依靠自己的数学知识, 于 1908 年提出了正态样本中样本均值和标

准差的比值的分布 (现在称其为 t 分布), 并给出了应用上极其重要的第一个分布表. 由于公司害怕商业机密泄漏, 禁止员工对外发表论文, 使他名垂史册的论文《均值的或然误差》, 以 "Student" 的笔名发表在统计学杂志上. 尽管这篇有些小漏洞, 后经费希尔从数学上进行严格证明, 但在思想上可以说是开创了小样本统计学的先河. 这标志着正态分布一统天下的局面的终结, 同时也标志着统计学正式进入统计推断阶段.

特别值得提出, 戈塞特在人际交往方面所具备的优良品质, 对当时英国统计学的发展起了有益的影响. 他是一个性格温和, 易于与人合作的谦谦君子. 众所周知, 当时英国统计界几位领头的大人物之间多有分歧甚至个人成见. 在相当大的程度上固然与学术观点上的分歧有关, 但也不无个人性格的因素. 唯有戈塞特一直与各方都保持良好的关系. 这极大地影响了后一辈中推断统计学的领军人物, 其中最著名的就是接下来要介绍的费希尔.

2. 费希尔与推断统计

20 世纪成就最大的统计学家费希尔 (R. A. Fisher, 1890~1962) 的伟大功绩, 在于要从统计的意义上明确了推断、检验的含义及其与数学的关系, 创立了估计理论和检验理论等统计理论体系, 开拓了统计学的新领域, 也就是创立了与传统描述统计所不同的推断统计学, 被公认为推断统计的鼻祖.

费希尔生于伦敦, 少年时对天文学和数学感兴趣. 1909 年入剑桥大学攻读数学和物理, 在这期间他研读了卡尔·皮尔逊的《数学用于进化论》, 这将他引向生物学和统计学. 他认为, 将孟德尔的学说与生物计量相结合, 是研究人类遗传学的正确方法, 这使他对优生学感兴趣. 后来他的一些统计学论文就发表在优生学杂志上. 他在大学二年级时就对筹建剑桥大学优生学会起到了积极作用. 可以说, 费希尔研究统计学的动力是为服务于生物学的研究.

20 世纪新统计学区别于 19 世纪旧统计学, 重视小样本是其中一个标志. 另一个重要标志应当是基础理论建设, 即从学科全局的观点建立严整的数学框架, 而不是停留在解决一个一个的具体问题的层面上. 在这两方面费希尔都起了领头的作用.

1912 年费希尔发表了题为《关于拟合频率曲线的一个绝对准则》, 这是他的第一篇统计学论文, 其中提出了估计参数的极大似然法. 这件事一个意想不到的后果是使他与 Student 发生了联系. Student 那时已发表了他那划时代的著作《均值的或然误差》, 文中的证明有严重的不足之处. 费希尔与 Student 通信就是讨论这个问题. 他发展了一种用 n 维几何来处理抽样分布的技巧, 取得了很大的成功, 特别是解决了样本相关系数的确切分布问题.

1914 年爆发了世界大战, 费希尔也打算投笔从戎, 但因视力不好未果, 让他感到很大的失望. 此后 5 年, 他的职业是中学教师. 这期间他萌生了一种思想: 农业是一件对生活有意义并可对国家作出贡献的工作, 为此他曾在一个短时期内经营过一个小型农场. 很可能是这种思想基础使他在 1919 年乐于接受达尔文一位亲戚的介绍, 进入罗瑟姆斯特德 (Rothamsted) 农业试验站工作. 这是费希尔一生的一个重大转折点, 也是统计学发展的一个重大转折点. 在那里, 他因为农业试验上的需要发展了一整套试验设计的思想, 包括随机化、区组、重复、混杂和多因素试验等.

关于实验设计, 有许多人认为, 构思实验是主要困难, 一旦设计了实验, 剩下的只是实施它. 事实上, 构思实验只是第一步. 一个实验就像一个问题: 人们叙述问题的方式和得到答案有极大关系. 而且, 实验可能是既费时又费钱, 因此要尽可能地在时间、金钱的限制下作出最好、最有效的实验. 费希尔曾写下一篇著名的、非学术性的文章: "女士品茶的数学", 描述了自己关于实验设计的一些思想. 这篇文章具有很强的可读性, 它告诉人们在设计最有效果的实验时会碰到的问题 (详细内容这里不展开). 20 世纪 20~30 年代, 由费希尔所开创的通过实验设计来收集数据的方法有了系统的发展, 这一系统发展使人们能够通过方差分析这样特定的方法来分析数据, 并能对数据作出有实际意义的解释: 实验设计指导如何分析数据, 而数据分析显示实验设计的结构. 此外, 在费希尔 1922 年的一篇通过特定的随机模型来分析数据的奠基性的论文中, 费希尔奠定了 "理论统计学" 的基础. 费希尔发展了基于正态假定下对各种假设的精确的小样本检验, 提出了利用标准检验值统计表来帮助检验, 通常这些统计表给出了 5% 和 1% 的检验临界值. 这个时期内, 在费希尔的影响下, 非常重视显著性检验.

费希尔在罗瑟姆斯特德农业试验站工作了十余年, 直到 1933 年因卡尔·皮尔逊退休而去伦敦大学学院接替皮尔逊担任高尔登优生学讲座教授. 这十余年是费希尔统计学生涯的全盛时期, 他的大部分重要的研究成果都产生于这个时期. 1943 年他转任剑桥大学巴尔福讲座教授 (遗传学), 直至 1957 年退休. 退休后的几年他曾去印度、美国、新西兰和澳大利亚等国做学术访问和工作. 1962 年病逝于澳大利亚南方沿海城市职德莱德 (在墨尔本西北方), 终年 72 岁.

最后, 我们引用腾讯科技 (北京) 有限公司的研究员靳志辉博士在《数学文化》(香港) 上发表的一篇概率统计文化传播的文章中, 关于统计三剑客卡尔·皮尔逊、戈塞特与费希尔之间恩怨的精彩论述, 作为统计历史人物故事的结尾:

费希尔还未出道, 卡尔·皮尔逊已经是统计学的武林盟主了, 两人岁数相差了 33 岁, 而戈塞特介于他们中间. 三人在统计学擂台上难免会切磋 "剑术". 费希尔天赋极高, 年少气盛; 而卡尔·皮尔逊为人强势, 占着自己武林盟主的地位, 难免固执己见, 以大欺小, 费希尔确实受了皮尔逊不少气. 而戈塞特性格温和, 经常在两位大侠之间调和. 毕竟是长江后浪推前浪, 一代新人换旧人, 在众多擂台比试中, 费希尔都技高一筹, 而最终取代了卡尔·皮尔逊成为数理统计学的 "武林盟主".

第 2 章

统 计 描 述

用通俗的话说, 统计描述可以看成对数据的阅读, 但这种阅读不是斟词酌句的, 而往往具有概括性与综合性. 统计描述的根本任务就是通过统计图表反映集中趋势及分散程度之类的统计指标体系、统计指数及时间序列等统计工具, 对客观事物或现象总体从宏观予以把握与描述. 阐述统计描述的理论及方法的学问, 称其为描述统计. 学习描述统计的主要目的就是培养对数据的感觉进而形成统计观念. 统计描述是统计推断的基础, 它与统计推断共同筑成统计学大厦的根基. 作为统计最基础的部分, 也作为最需要普及的统计常识部分, 本章试图回答下列问题:

(1) 统计数据有何重要?

(2) 统计数据如何收集?

(3) 统计数据如何组织?

(4) 统计数据如何概括?

(5) 统计指数有何意义?

(6) 时间序列有何意义?

2.1 统计数据概说

2.1.1 统计数据简述

我们生活在被数据淹没的世界里, 翻开报纸、打开电视或网页, 就可能看到各种各样的数据. 例如, 就业率、高速公路通车里程、物价指数、股票行情、外汇牌价、犯罪率、房价、流行病等有关数据, 还又包括统计系统及各个政府机构定期发布的各种国家经济数据、进出口贸易数据及税务状况等. 从这些数据中, 大家都可以提取对自己有用的信息. 广义地说, 任何信息都可称为数据. 因此, 统计数据不限于数字, 它也有可能是图像或文字. 狭义地说, 所谓统计数据, 就是指变量的具体表现, 即变量值. 更通俗地说, 统计数据就是对客观现象进行计量、记录的结果.

数据(data), 在英文中是一个复数名词, 这就说明统计数据不是指单个的数字, 而是由多个数据构成的数据集. 单个数据显然不能用统计方法进行分析, 仅凭一个数据点也不可能得出事物的规律, 只有经过对同一事物进行多次观察或计量得到大量数据, 才能利用统计方法探索出内在的统计规律性. 例如, 某位同学的统计学考试得了 80 分, 我们无法正确地评价这一成绩, 因为这一成绩可能是班级最高的, 也可能是最低的, 或者是平均水平, 只有知道全班的平均分, 才能对其进行正确评价, 而平均成绩是由全班同学的多个数据构成的数据集的一种结果.

统计是一门关于数据的学问, 数据是统计的基本语言. 俗话说: "巧妇难为无米之炊," 如果做一个形象的比喻, 这里的 "巧妇" 就是掌握统计方法的统计工作者、统计学家, "米" 指的是统计数据, 而 "炊" 指的就是统计研究和工作的目的, 即探索统计数据内在的统计规律. 显然, 如果没有统计数据, 那么即使很高明的统计学家掌握很科学的统计方法也会束手无策.

2.1.2 统计规律简述

统计的目的在于探索统计数据的内在统计规律. 为说明什么是统计规律, 让我们从考察最简单的例子开始. 多次投掷一颗质地均匀的骰子, 我们不能预知每次出现的点数. 但只要这颗骰子没被做过手脚, 大量投掷表明从 1 到 6 每个点数出现的次数都将接近总次数的 1/6. 一般而言, 投掷次数越多, 上述说法越准确. 又如我们虽然不能预知新生儿的性别, 但如果统计某所产科医院一段足够长时间内的出生记录, 可以发现男婴将占总数的 22/43 左右. 更多的类似观察表明, 对很多带有不确定性的事件来说, 虽然一次观察或实验的结果是随机的, 即不可预测的, 但同样条件下的大量观察或实验结果则会显现某种稳定性质. 这种大量观察或实验所蕴涵的某种稳定性是 "必然" 发生的, 这就是所谓的 "统计规律". 统计规律已成为认识世界固有的基本规律之一, 统计物理学、量子力学的进展都证实了这一点.

由因果关系支配的确定性规律和统计规律之间有着密切的联系. 事实上, 许多确定性规律背后隐藏的正是统计规律, 这一方面的一个典型例子是热力学与统计物理学的关系. 热力学表述确定的宏观规律, 如一定质量的理想气体压力、体积和绝对温度间有关系

$$PV = RT,$$

其中 R 表示气体常数, P, V, T 依次表示气体压力、体积和温度. 统计物理学则把理想气体视为大量分子的集合, 除分子彼此间及分子与器壁可能发生随机碰撞外, 每个分子独立地运动着, 气体的宏观量, 无论是压力、体积和温度都可从单个分子有关物理量的统计平均加以定义, 如上所述的理想气体状态方程也可自然地从这些定义导出. 这说明确定性的宏观规律实际是大量微观粒子无规则运动性质的统计平均.

另外, 近年来混沌现象的研究揭示了二者更有趣的联系. 如下是一个简单而重要的实例: 利用简单的迭代公式

$$x_{n+1} = ax_n(1 - x_n) \quad (n = 0, 1, 2, \cdots),$$

从某个介于 $0, 1$ 之间的 x_0 出发, 计算序列 $\{x_n\}$. 理论和实践均可说明, 适当选择参数 $a(3.569945472\cdots < a \leqslant 4)$ 时, 所得到的序列看起来像是随机的, 相继的数无规则地跳来跳去, 虽然它们是由一个固定的简单公式, 即按照完全确定的规律产生的.

反过来, 任何真正的随机序列只要不停地持续下去, 也会包含任何可能的 "规则" 的片段模式. 例如, 按照印度著名统计学家 C. R. 劳的说法, 一只猴子在打字机上乱敲, 只要持续不断一直到地老天荒, 那么完全可能发现其字母序列的某个片段竟是莎士比亚的一篇作品. 这就是说, 随机序列可以包含 "规则" 的片段模式, 这应看成蕴涵在随机概念本身固有的含义之内.

2.1.3 大数据简述

今天, 我们生活在 "大数据" 一统天下的时代. 在新闻媒体与学术研究领域中, 时常可听到 "大数据" 这个名词. 所谓大数据, 通常是指一般的文件工具难以捕捉、管理和分析的大容量数据. 大数据, 一般以大字节为单位, 大数据的起始单位至少是 P(1000 个 T), E(100 万个 T), Z(10 亿个 T). "大数据" 之 "大", 并不仅仅在于 "容量之大", "大" 的意义在于: 通过对海量数据的交换、整合和分析, 发现新的知识, 创造新的价值, 带来大知识、大科技、大利润、大发展.

早在 1980 年, 美国未来学家阿尔文·托夫勒 (Alvin Toffler, 1928~) 在《第三次浪潮》中, 将大数据赞为 "第三次浪潮的华彩乐章". 受技术所限, 大数据时代并未随之到来. 直到 2009 年前后, 大数据才开始被逐步受到信息技术行业的关注. 在历经批判、质疑、讨论、炒作等种种状况之后, 大数据终于迎来了 2013 年 —— 媒体所称的大数据元年. 大数据到底有多大? 有资料预计, 2013 年世界上存储的数据能达到约 1.2 泽 (12 亿 TB) 字节, 印刷成书可以覆盖整个美国 52 次, 存于标准光盘则可以堆成五堆, 每一堆都可以高达月球. 有专家预测到 2020 年, 全球每年新创的数据容量将会达到 40 泽 (400 亿 TB) 字节, 如果要用标准光盘储存互联网在一天里传送的数据, 大约需要 2.5 亿张光盘.

从大数据存在的形态看, 大数据可分为两类: 一类是结构化数据, 即可以通过二维表形式反映的数据; 另一类是非结构化数据, 即不能以二维表的形式来反映的数据, 如文本、音频、视频、图片等, 需要进行加工整理. 非结构化数据占大数据的比例为 75% ~ 90%.

大数据的特点可以归纳为 "6V": 即数据体量巨大 (volume); 应用价值巨大

(value), 大数据对民众消费、企业经营、政府决策、医疗卫生和教育等都具有应用价值和支撑作用; 数据类型繁多 (variety), 当今的数据类型早已不是单一的文本形式, 网络日志、音频、视频、图片、地理位置信息等多类型的数据对数据的处理能力提出了更高的要求; 处理速度快 (velocity), 这是大数据区分于传统数据挖掘最显著的特征, 对大数据的处理需要采用非传统的技术手段, 即对大数据的信息化支持需要引入新的基础架构, 消除传统计算和存储的局限; 数据获取与发送方式自由灵活 (vender); 真实准确性 (veracity). 大数据是一种客观存在, 其反映出的结果是相对准确的, 对大数据分析处理后的结果可信度也应该比较高.

大数据技术将会触及任何一个领域. 大数据技术的目标, 就是从这些数据中挖掘信息、判断趋势、提高效益. 对大数据技术的成功应用, 将会改变日常生活、企业决策和国家治理的面貌, 带来惊人的经济和社会效益. 美国著名摄影师兼作家里克·斯莫兰 (Rick Smolan) 认为: 大数据将成为人类的仪表盘, 一个帮助人们对付贫困、犯罪和污染的智能工具.

大数据具有催生社会变革的巨大能量. 但释放这种能量, 需要严谨的数据治理、富有洞见的数据分析以及一个激发管理创新的环境. 我们期待大数据技术更多地造福于人类.

2.1.4 数据挖掘简述

在信息时代, 数据就像一座金山, 需要我们去挖掘它、利用它. 所谓数据挖掘, 就是指从大量的、不完全的、有噪声的、模糊的、随机的数据中, 提取隐含在其中事先未知、但又潜在有用的信息和知识的过程.

数据挖掘, 是当今用于处理海量数据的显学. 它是一门交叉学科, 它汇聚了数据库、人工智能、最优化、信息论、计算数学、统计学、可视化等不同学科和领域.

自从 1995 年在加拿大特利尔召开的第一届知识发现和数据挖掘国际学术会议以来, "数据挖掘" 一词开始受到广泛的认可, 随着研究工作的不断深入和扩展, 其内涵也在不断丰富. 例如, 将数据挖掘技术应用于入侵检测领域, 利用数据挖掘中的关联分析、序列挖掘等算法提取与安全相关的系统特征属性, 根据系统特征属性生成安全事件的分类模型或进行安全事件聚类分析, 从而实现针对安全事件的自动鉴别.

谈到数据挖掘, 有点让人感到意外, 数据挖掘方法并不是由某位学术泰斗提出来的, 而是在市场调查和数据处理的 "现场" 诞生出来的, 最早从事数据挖掘的人甚至对统计学一无所知. 仔细想想挺有趣, "数据挖掘" 的出身竟然跟 "尿布与啤酒" 的故事有关. 尿布的功能众人皆知, 它和啤酒有什么关系? 国际知名企业沃尔玛公司的一个经理通过收集数据发现, 每逢周末, 一次性尿布的销售量就大幅度攀升. 于是他就设法挖掘数据后面的信息, 结果发现这些购买尿布同时又购买啤酒的人, 80% 是年轻的父亲. 实际上, 周末晚上大家要看球, 同时喝啤酒, 但有孩子拉屎撒尿必须要照顾, 太麻烦了, 用一次性的尿布很省事儿, 自然看球的时候要多买几个. 于是超市决定把啤酒和尿布放在一起卖, 经过这样的摆放调整, 居然尿布和啤酒的销量同时大增.

数据挖掘在纯文科的语言学中也大有用武之地. 现在, 对文字进行数据分析的方法, 称为文本挖掘. 文本挖掘, 简单地说就是对用自然语言书写的文章进行统计学分析. 所谓自然语言, 就是像汉语、英语、日语那样自然地随文化演化出来的语言. 长期以来, 对文章的分析从来用不到数学, 而完全依靠对历史资料的研究、哲学的思辨以及文学的想象力来支撑的.

现在, 通过文本挖掘为媒介, 统计学的应用已经深入到语言学领域. 文本挖掘的王道是 "语素分析". 语素分析指的是将文章分解为单词, 然后统计各个单词分别出现过多少次的计算过程. 在语言学中, "语素" 指的是比单词更加短小, "在语言中拥有意义的最小单位". 例如, "不稳定的" 这个形容动词, 其中 "不" 是否定助词, "稳定" 和 "的" 属于形容动词, 但是如果真的将这个单词如此细致地分为 3 个语素, 那么反倒会让人完全无法理解其中的意思, 所以绝大多数的语素分析工具都只是将文章分解为单词. 为了进行语素分析, 收集了单词信息的词典数据是必不可少的. 基本的计算逻辑就是从文章内找出与词典数据内的单词相一致的内容, 找到后进行标记.

在文本挖掘方面作出最重要贡献的人物是美国哈佛大学的语言学家基辅 (Zipf, 1902~1950). 1932 年, 他在研究英文单词出现的频率时, 发现如果把单词出现的频率按由大到小的顺序排列, 则每个单词出现的频率与它的名次的常数次幂存在简单的反比关系. 现在, 描述这种关系的定律为 Zipf 定律, 内容如下:

若把一种语言所有的词按出现概率的大小, 排成次序, 第 r 个出现的概率称为 P_r, 则

$$P_r = \alpha r^{-\beta},$$

其中 α 和 r 大于 0, β 略大于 1.

非常奇怪, 任何语言都是如此, 基辅发现了这个现象. 现在已经知道, 汉语中出现频率最高的字是 "的", 出现频率是 74‰, "了" 出现频率是 21‰, "我们" 出现是 5.1‰, 诸如此类. 英文中 "the" 出现的频率是 73‰, "of" 出现的频率是 39.9‰ 等, 都可以排出次序来. 已有研究表明, 汉语、英语、德语和挪威语都呈 $\alpha r^{-\beta}$ 这种下降指数的分布. 通常认为, 这几种语言相差很远, 但是从语言现象来看, 它们是一样的, 这是非常有趣的. Zipf 定律更奇特的作用在于, 它在解释人类、自然现象上具有某种普适性. 例如, 商场顾客停留时间、旅行距离分布、个人财富分布等都满足 Zipf 定律.

2.2 统计数据的收集

收集第一手统计数据是统计活动的重要任务. 第一手数据的来源主要有两条渠道: 其一是统计调查, 其二是对照实验. 本节将围绕这两个话题展开讨论.

2.2.1 统计调查概说

统计调查是指按照预定的统计任务, 运用科学的统计调查方法, 有计划、有组织地对客观存在的事实进行记录, 以取得实际统计资料 (原始统计数据) 的一种工作过程. 各行各业、各种专题的统计调查非常多, 这里粗略介绍大家所熟悉的四种常见调查.

(1) **政府调查**: 提供整个国家或各地区的总数据.

(2) **企业调查**: 无论销售商品或提供业务, 企业都需要掌握供求市场的一切信息, 它们会广泛地开展各类调查.

(3) **市场调研**: 主要用来研究特定客户, 调查结果通常撰写成内部报告供商业决策.

(4) **研究调查**: 教育部门或各种科研部门开展的调查, 结果通常都发表在专业杂志上.

1. 统计调查的组织方式

统计调查的组织方式可以从不同的角度分类. 按照组织方式不同, 可以分为统计报表和专门调查; 按照调查对象包括范围的不同, 可以分为全面调查和非全面调查. 非全面调查又细分为重点调查、典型调查与抽样调查. 下面仅对抽样调查作一些说明.

抽样调查是一种非全面调查. 它是按照随机原则从全部调查研究对象中, 抽选一部分单位进行调查, 并据以对全部调查研究对象作出估计和推断的一种调查方法. 《淮南子·说山训》中曰: "*见一叶落而知岁之将暮.*" 从一片树叶的凋落, 知道秋天即将到来. 宋代诗人唐庚《文录》引唐人诗: "*山僧不解数甲子, 一叶落知天下秋.*" 其意思是, 山里的僧侣不计算年月, 但从一片落叶便可知道当下已是秋天了. "一叶知秋", 用统计学的视角来看, 这就是一个抽样调查问题, 即从样本 "落叶" 得出整体 "岁之将暮" 和 "天下秋" 这个结论. "窥一斑而知全貌" 在日常工作、生活中, 随处可见抽样调查的影子. 例如, 新产品的市场满意度调查、某电视节目的收视率调查、消费者价格指数的编制等.

为什么要进行抽样调查? 有的统计信息的收集也不适合使用全面调查, 只能通过抽样调查的方法来进行. 例如, 医院化验血型, 医生不可能把患者全身的血液都抽出检查, 而是抽取一滴血检验. 再例如, 环保部门检测某城市空气质量, 不可能收集到整座城市上空的空气, 也只能用抽样调查的方法进行. 采用抽样调查, 相比全面调查, 耗费的人力、物力、财力少, 大量节约调查时间. 特别是在总体包括的调查单位较多的情况下, 抽样调查工作误差比全面调查要小, 应用更加广泛. 总结起来, 抽样调相具有下述特点.

(1) **经济性.** 当总体较大时, 由于抽样调查的调查单位少, 大大减轻工作量, 因而, 可以节约大量人力、物力和费用支出.

(2) **时效性.** 与普查相比, 抽样调查工作量小, 且直接取样, 现场观测, 可以较快地提供调查结果. 对于时效性要求较高的调查项目, 通常采用抽样调查.

(3) **准确性.** 由于抽样调查的取样是根据随机原则, 排除了主观因素的影响, 使样本具有比较高的代表性, 有助于提高调查数据质量. 对抽样调查过程仔细监督、检查、指导, 使得抽样调查数据比普查数据质量更高, 总体总误差更小.

(4) **灵活适应性.** 抽样调查组织方便灵活, 调查项目可多可少, 调查范围可大可小, 只要需要随时可以组织实施. 它可以承担普查无法胜任的项目, 例如, 有些食物或客观现象, 无法采用普查, 只能选择抽样调查; 又如, 测试一种炸弹的杀伤半径, 普查是不可能的, 只能采用抽样调查, 抽几枚试炸一下即可.

自从抽样调查被挪威统计学家凯尔 (Kiaet, 1838~) 在 1895 年作为一种调查方法提出后, 100 多年来, 抽样调查理论不断发展和完善, 形成了一套严密的抽样统计理论体系. 第二次世界大战后, 抽样调查在世界各国被广泛应用于政府统计、科学研究、市场研究和产品质量管理中. 改革开放以来, 随着我国社会主义市场经济体制的确立和发展, 抽样调查在国内也被广泛应用. 关于抽样调查更多的内容, 在第 3 章中我们还将详细介绍.

2. 统计调查常用方法

不论采取什么样的调查方式, 在获取统计数据时, 都必须有一些具体的统计数据收集方法 (技术). 最常用的统计调查方法有观察调查、面谈调查、座谈调查、个别深谈、电话调查、邮寄调查、电脑辅助调查等. 以下仅对观察调查作简要说明.

观察调查是指调查者通过直接观察、跟踪和记录被调查者的情况来收集资料的一种调查方法. 观察调查不同于日常生活中的观察, 它具有目的性、计划性和系统性, 而且要求观察者对所观察到的事实作出实质性的结论. 例如, 在试销售某种新产品时, 观察消费者对该产品的反映, 通过受过专门训练的观察人员和隐蔽的录像机, 记录有多少人走过售货架, 多少人停下来, 细心地观看、选择、购买或者又重新放回, 他们的性别、年龄情况, 都有些什么表情和动作等. 又如, 在城市集贸市场调查时, 可对集贸市场上农副产品的上市量、成交量和成交价格等情况进行观察和记录.

观察调查是科学研究的一种古老的方法: 生物学家、物理学家、天文学家和其他各学科的自然科学家通过成千上万年的观察来积累学科知识, 充实专业理论. 在社会科学中, 观察被用来研究人类, 如同我们对各种动物的观察, 不带任何感情色彩客观地进行研究. 其他收集第一手数据的方法的客观性都比不上观察调查.

观察调查的最大优点是它的直观性和可靠性. 它简便、易行、灵活性强, 可随时随地进行调查. 但若观察不够深入、具体, 就只能说明事实的发生, 而不能说明发生的原因和动机. 此外, 也有些调查无法采用观察法, 如对历史资料的收集和对居民手持现金数量的调查等. 采用观察调查, 调查时间较长, 耗费人力、物力较多, 因而受时间、空间和经费限制较大.

历史聚焦 凯尔与鲍莱对抽样调查方法的贡献

19 世纪 80~90 年代, 凯尔担任挪威统计局长. 在这个位置上, 他领导了关于全国人口和农业的普查工作. 在这段期间中他发展了他的 "代表性抽样" 的思想.

所谓代表性抽样, 是指从总体中抽出的一组可代表该总体 (在选定的指标上) 的样本, 是一个 "小型化" 了的总体. 例如, 一社区中的居民按经济状况可分为 3 类: 富裕的 100 人, 一般的 1000 人, 较差的 500 人. 现从其中分别抽出 5, 50 和 25 人, 则这由 80 人组成的样本是一个代表性样本, 通过对他们的调查资料的分析, 可以对全社区居民的经济状况作出一些推断, 其准确度视样本的代表性而定.

问题在于怎样去获得这种样本. 凯尔的做法是: 把人群按地理、社会和经济等条件分成一些 "层", 按各层的大小依比例抽取若干样本. 例如, 在 1894 年, 他在挪威进行了一次关于退休金和疾病保险金的调查. 当时挪威城、乡人口之比约为 1:3, 故在这一抽样中, 从城市抽 2 万人而从乡村抽 6 万人. 城市这 2 万人按某种复杂的方式分配下去. 首先, 有 13 个城镇被挑出, 包括当时全部 5 个人口在 2 万以上的城市, 所挑出的城镇数约占挪威当时全部城镇数的 1/5, 在挑出的每个城镇中按经济状况分层. 例如, 在某一城市中当时有 400 条街道, 其中居民在 100 以下的 100 条, 在 101~500 的那 187 条街只取 1/10, 但每条街上抽出一半的住户等, 使各层被抽取人数大致保持在 1/20 的比例. 在乡村, 则主要是按居民所从事的职业来分层.

凯尔在 1895 年以前做了一些与此类似的代表性抽样调查工作. 在这个基础上, 他于 1895 年召开的国际统计学会的大会上正式推出了他的这个主张, 引起了很大的争议. 但到 1903 年国际统计学会开会时, 他的主张已得到了多数人的认同, 为研究这个问题的委员会也在一定的保留之下接受了这个主张.

凯尔的理论包含两个要点: 第一, 是样本必须是有代表性的. 第二, 是在这一前提下, 并不需要特别大的样本量, 就可以得到总体指标的满意的估计. 这后一点在当时有很大的意义, 因为直观上觉得, 基于为数不多的样本的结论是可疑的, 而样本量如很大, 加上代表性的要求, 其工作量不见得比普查节省多少. 但是, 凯尔未能提出令人信服的理论, 他的上述看法是根据经验而非理论的证明. 统计学家波凯维奇就曾提出对代表性样本的分析结果的可能误差及可信程度的问题. 因此, 虽有国际统计学会 1903 年的决定, 凯尔的主张 —— 用代表性调查代替普查 —— 仍不能说已在实践中站稳脚跟.

另一位对抽样调查方法作出重大贡献的是英国统计学家鲍莱 (A. L. Bowley, 1869~1957), 他的想法是把概率方法引进到抽样调查中来, 而这意味着采用随机抽样方法. 他是在 1906 年英国科学促进协会经济科学和统计学组会议上的主席致辞中发表他的主张的. 他指出, 近 1/4 世纪以来卡尔·皮尔逊和埃其渥斯 (F. Edge Worth, 1845~1926) 的统计理论有了很大的发展, 但将其用于实际统计资料 (指抽样调查数据) 则不多, 现在到了将这些方法用于现有的工业统计资料的分析和评判的时候. 他作出这种论断是基于他对随机样本的研究, 证明了中心极限定理对这种样本适用, 且估计误差与抽取的样本个数无关. 他的理论验证了抽样方法的合法性, 且使我们对通过样本去估计总体特征的精度可以了解. 鲍莱指出, 这一切的前提是样本的随机性: "群体中每个个体有同等的机会被抽出, 且这个概率与个体指标值的大小绝对无关."

鲍莱以其 "新的有力的研究工具", 宣告 "普查并非必要", 且 "一个其量很小的样本已足够实现调查的目的". 在此前的几年中, 凯尔曾以其雄辩大力推销这种主张而效果不如鲍莱, 原因是凯尔的主张主要基于经验和勇气, 而鲍莱则是基于可信的理论. 在以后的 20 年中, 鲍莱在自己身边集合了一批人对英国许多城镇的社会和经济条件进行了抽样调查, 特别对 "伦敦生活和劳工的新调查" 这个项目作出了重大的贡献. 与此同时, 他撰写专著《抽样调查精度的度量》并于 1926 年出版.

在中断了 20 年以后, 国际统计学会在 1924 年指定了一个包括鲍莱在内的 6 位学者组成的委员会来研究 "统计学中代表性方法的应用". 该委员会的报告于 1926 年提交给在罗马举行的国际统计学会大会. 大会对抽样方法作了明确的肯定, 但指出代表性抽样方法有随机抽样和目的性抽样两种. 目的性抽样的意思基本上与凯尔的代表性抽样相同, 但含有在保证样本代表性的前提下, 根据抽样调查的目的选择样本的意思. 决议中也指出会议主张抽样应如此安排以使能对收集的数据进行数学处理, 并对误差大小作出估计. 决议也重申以前的主张, 即每一项抽样研究都应附有对所用抽样的方法的仔细陈述. 在这次大会上, 抽样方法的科学性没有像从前那样引起争议, 说明经过 30 年的努力, 此方法最终被公众接受, 虽然它也没有完全取代全面普查法.

2.2.2 统计调查问卷设计

调查问卷是调查者依据调查目的、要求和被调查者的特征, 按照一定的理论假设设计出来的, 由一系列问题、备选答案及答卷说明组成, 用来向被调查者收集资料的一种工具.

调查问卷广泛用于民意调查和市场调查中, 是收集资料的重要工具. 一份好的调查问卷, 由于设计的问题具体、内容突出、科学合理, 在使用中不仅能得到被调查者的理解、支持和很好的配合, 让调查者获得所需的资料, 同时也能够清晰地反映出调查者的主要意图, 达到开展调查活动的真正目的.

统计调查问卷的设计很有学问, 它涉及如何用词、问题的次序以及问题的选择和组织等. 这涉及包括心理学、社会学领域在内的多方面的知识. 面对面调查还需要对调查者进行专门培训. 这里仅对调查问卷设计的基本要求以及注意事项作扼要说明.

首先, 统计调查问卷中的问题表达要简明、生动, 要注意概念的准确性, 问题的目的性要明确, 重点要突出, 没有可有可无的问题. 避免提一些似是而非、模模糊糊的问题. 问题的排列应有一定的逻辑顺序, 符合应答者的思维程序, 一般是先易后难、先简后繁、先具体后抽象; 问卷应让应答者一目了然, 并愿意配合如实回答. 其次, 在设计调查问卷时, 以下若干事项务必引起注意.

(1) 注意问题的顺序与问题的相关性. 问题的顺序很重要, 简单的在先, 等到 "热身" 以后, 再提敏感的或核心的问题, 这在面对面调查时尤为重要. 此外, 问题的相关性可能会使应答人觉得回答必须前后一致. 例如, 20 世纪 80 年代美国有一项民意调查, 当问及 "日本政府是否应该对美国工业品在日本的销售数量设定限额" 时, 大多数的美国人给予了否定的回答. 然而, 同时在与前一样本相当的样本中, 有三分之二的美国人给予了肯定的回答, 因为他们先回答了这样一个问题: "美国政府是否应该对日本工业品在美国的销售数量设定限额?" 大多数人都认为美国有权利设定进口限额. 为了保持一致, 他们也只好回答日本应当有同样的权利.

(2) 注意问题形式及问题答案选项的编制. 为了提高效率和易于用计算机处理, 问题的一般形式都是选择题, 最好是单选题, 也就是说每题只选一个答案; 如果是多选题, 那么每道题的选项也不宜过多. 问题的形式及问题答案选项的编制可能会有惊人效应. 例如, 美国在 20 世纪 80 年代末, 有两位社会学家在做一项社会问题调查研究时, 询问一些美国人: "你认为现在国家面临的最重要的问题是什么: 能源短缺、公共教育质量、堕胎合法化或污染问题, 或者你也可以自己填写你认为的最重要问题." 在给予上述选择答案的人群中, 32% 的人认为公共教育质量是最大的问题. 而在那些仅仅问及 "你认为现在国家面临的最重要的问题是什么?" 的人群中, 仅有 1% 的人提到了教育问题.

(3) 注意问题措词. 调查问卷中的问题的措词, 既要做到通俗易懂, 又要准确而不至造成误解. "差之毫厘, 失之千里". 关于措词的重要性, 我们可从下述有关苏丹的一个故事中获得启示:

苏丹梦见自己掉光了所有的牙齿. 第一个被叫来解梦的人说, "天啊! 掉牙齿说明您将会目睹家庭成员的死亡". 于是, 怒不可遏的苏丹下令给这个坏消息的使者 50 鞭子.

第二个解梦人听了这个梦以后，他为苏丹解释这是好运气的先兆，"你将比你的整个宗族还要长寿!" 于是，安下心来的苏丹下令让管家奖给这个好消息的使者 50 个金币.

途中，迷惑不解的管家向第二个解梦人请教："你的解释和第一个没有什么区别呀?""啊，没错." 那个睿智的解梦人回答道，"不过，请记住这一点: 重要的不仅仅在于你说话的内容，还在于你说话的方式".

问题的精确措词会对答案造成影响. 例如，"禁止" 可能与 "不允许" 表达的是同样的意思. 然而在 1940 年，54% 的美国人认为美国应该 "禁止" 发表攻击民主的言论，75% 的美国人认为美国应该 "不允许" 发表这样的言论. 而在 2003 年末，一项全国调查发现，55% 的美国人赞成这样的宪法修正案 "只允许婚姻发生在男性和女性之间"，而在一项同步调查中，只有 40% 的人同意 "禁止同性恋婚姻的修正案".

(4) 注意避免提出复合问题. 所谓复合问题，是指在一个问题中包含多个内容，如"你对 ××× 电视机的清晰度和色彩满意吗?"对于这样一个封闭性的问题，被调查者很多时候都无法选择: 如果被调查者只对其中一个方面满意，那么他回答 "是" 或回答 "否" 都会有问题. 又如，1992 年 Roper 民意测验为美国犹太委员会组织了一项关于大屠杀的测验. 问题是这样提出的，"对你来说，纳粹分子对犹太人的大屠杀从没有发生过是可能还是不可能的?"这个问题的双重否定使被调查者在回答这个问题时感到困扰. 当这个问题这样表达时，22% 的被调查者回答大屠杀从没发生过是可能的. 一项关于大屠杀的新的调查结果表明只有 1% 的调查者称大屠杀从没发生过是可能的，而问题是这样问:"你认为纳粹分子对犹太人的大屠杀从来没有发生过可能吗，或者你能确定它确实发生过?"为避免此种情况出现，设计问句时，要分离语句中的提问部分，使得一个问题只问一个要点.

(5) 注意避免提引导性问题. 如果提出的问题不是折中的，而是暗含着调查者的观点和见解，则结果可能会使回答者跟着这种倾向回答，这种提问就是引导性的提问. 例如，"大家都认为 ××× 是一个优秀的企业家，你的看法如何?"引导性的提问会导致两种不良的后果: 一是被调查者不加思考就同意题干中暗示的结论; 二是由于引导性问题的提出容易使被调查者心理上产生某种顺向效应或逆反心理，从而导致最终选择与心理感受不一致的结果. 因此，这种提问在调查中一定要避免.

(6) 注意避免提断定性问题. 例如，"您一天抽多少支烟?" "您认为产品质量不好最主要的原因是什么?"等. 这种问题为断定性问题，如果被调查者根本就不抽烟，或者认为产品质量很好，就会使其无法回答. 正确的处理方法是给此问题加上一个过滤性的问题，即 "您抽烟吗?"，然后再问: "如果抽烟，您一天抽多少支烟?" 当然，也可以对过滤性的问题采用跳问的方式，即如果选择 "抽烟"，可跳问到 "您一天抽多少支烟?" 这个问题上.

2.2.3 盖洛普民意测验

历史上, 第一次科学地使用政治民意测验出现在美国爱荷华州. 米勒 (Viola Babcock Miller) 以前曾在政治选举中负责宣传活动, 1932 年, 她竞选爱荷华州的州政府秘书长 (她成功地成为爱荷华州第一位女秘书长). 竞选的时候, 米勒的女婿和她商量要进行一次民意测验. 当她的女婿还是博士生时, 就发明了一种方法, 调查报纸的读者人数与公司在报纸上做广告的关系, 她的女婿渴望通过预测政治选举来检验自己的思想. 米勒同意进行民意测验, 后来民意测验准确地表明她将获胜. 米勒的女婿叫盖洛普 (Ceorge Callup, 1901~1984), 他在 1935 年, 创立了美国民意调查机构 —— 盖洛普民意测验. 舆论研究的时代从此开始了.

并非每个人都迅速意识到盖洛普思想的重要性, 但是盖洛普相信自己有能力, 通过分析小样本来预测广大人群的行为. 在 1936 年的美国总统选举中, 他尝试进一步揭示科学民意测验的思想. 民主党的富兰克林·德拉诺·罗斯福 (Franklin D. Rooseveli, 1882~1945) 总统竞选连任, 对手是共和党的兰登 (Alfred M. Landin, 1887~1987). 《文摘》(*Literary Digest*) 曾在 1936 年以前的竞选中, 进行民意调查, 准确地预测了选举结果, 因而具有一些声望. 《文摘》工作的指导思想是, 样本越大, 结果越准确, 因此它发出去一千万份调查问卷, 最后收到了二百万份回复. 不论《文摘》使用什么方法获得了地址, 但是回复者不是随机选取的, 而是自我选择的, 也就是只有那些关心民意测验并愿意注册的人才会回复. 《文摘》的民意调查显示, 兰登将以压倒性的优势获胜.

盖洛普刚刚在岳母的竞选预测中获得成功, 于是自己着手对 1936 年的总统选举进行民意调查. 他的样本小得多, 但是选取的方法很科学. 他的分析结果显示, 罗斯福将以 55.7% 的投票率获胜. 尽管《文摘》小有声望, 但是盖洛普尽可能大范围地宣传了自己的预测. 选举结果是罗斯福获得了压倒性的胜利, 他获得了 62.5% 的投票. 虽然盖洛普的预测出现了大约 7% 的误差, 按现在的标准, 说明有许多不足之处, 但是按当时的标准, 这是巨大的成功.

自从罗斯福战胜兰登后, 在连续的几年时间里, 民意测验变得日益重要. 罗斯福总统本人组织了民意测验, 来了解美国公众对第二次世界大战进展的态度. 民意测验还被用来揭示公众的态度和行为:

(1) 人群的某一团体如何投票?

(2) 什么样的市场销售策略将卖出最多的香烟?

(3) 人们买车时的时期望是什么?

人们相信, 如果民意测验可以预测选举结果, 那么它也能用来设计商业市场策略. 从数学的观点看, 它们没有差别, 因而这是一些人关心民意测验的原因.

1936 年及其后的两次总统选举中盖洛普都正确地预测出获胜的一方. 但是 1948

年的选举, 他却预测错了. 罗斯福 1945 年逝世后, 杜鲁门接任. 1948 年他任总统满期后, 共和党人杜威 (John Dewey, 1859~1952) 与他竞争. 盖洛普基于 50000 人次的调查, 预测杜威获胜, 领先 6 个百分点. 美国其余两家主要的民意调查机构 (Crossley 与 Roper) 也预测杜威获胜, 领先 5 个百分点. 实际结果是, 杜鲁门以 50% 对 45% 的优势获胜. 民意测验出了什么问题?

当时, 这三家民意测验机构全部采用定额抽样法. 定额抽样法一般包括调查数据 (资料). 有意义的总体 —— 本例中就是未来的投票人, 被分成各种群体, 例如, 男人、女人、65 岁以上的人, 每个群体都被分别取样. 难点是确认可能的投票人的总体. 总体被分成部分以后, 允许采访员从每个部分中选择个体, 即被调查者. 把个体的选择权留给采访员, 意味着民意测验的设计者失去了对调查过程的控制. 因为调查员有个人的偏好, 所以他选择调查对象时可能不是随机的. 个体的选择可能导致总体的偏见, 这就是杜鲁门 —— 杜威竞选的情况. 真实情况是, 1948 年的民意调查访问人员选择了过多的共和党人. 这是因为共和党人较为富裕, 受过较好的教育, 住在较好的街区, 他们较易访问, 所以访问人员喜欢采访共和党人. 这造成了民意测验中有利于共和党的偏见. 下面的表 2.2.1 说明了这种偏见.

表 2.2.1　得票率调查

年份	共和党实际得票率/%	盖洛普预测共和党得票率/%	有利于共和党的误差/%
1936	38	44	6
1940	45	48	3
1944	46	48	2
1948	45	50	5

由于这次失败, Crossley 和 Roper 从此将力量转向市场调查. 但盖洛普却对失败进行了认真的反省, 运用概率论的原理全面改进了抽样的方法. 终于在 1950 年的中期选举中, 获得了十五年间全国选举预测的最佳结果. 此后, 盖洛普的名字成了民意测验的同义词.

相关链接　盖洛普民意测验的广泛应用

现在, 盖洛普民意测验仍然享誉全球. 在盖洛普民意测验中出现非常频繁的问题有: 谁是最受人们赞美的人; 如果今天是选举人们会选择谁; 男人是否会选择健康又美丽的女人; 人们是否认为是政治团体引发了第三次世界大战; 人们对社会的公共机构有何看法和建议; 而盖洛普民意测验中最热门的十大问题是: 为什么人生在世会有患难? 是否将有一种方法可以医治所有的疾病? 世界上为什么有罪恶的存在? 人类会迎来永久的和平吗? 人与人之间会彼此相爱吗? 世界的末日何时来临? 我和自己的家庭能有什么样的未来? 人死后还有生命吗? 天国会是什么样子? 我怎样才能成为一个更加淳朴高尚的人?

"盖洛普世界民意调查"在 2005~2009 年, 访问了来自 155 个国家及地区数千名受访者, 让他们将自己的生活满意程度, 以 1～10 评分, 得出"人生评估"幸福指数. 指数高的人属"生活如意者", 其他则为"身处逆境者"及"饱受折磨者". 研究人员根据各国"生活如意者"所占比例, 得出排名. 此外, 受访者又被问及之前一日的幸福程度, 如果能休息足够、受尊重、远离病痛及是否有益智消遣等, 得出"每日体验"幸福指数. 此项调查显示, 在"全球最幸福的国家和地区"中, 北欧国家丹麦排名第 1 位, 美国排名第 12 位, 中国内地位列第 125 位, 中国香港位列第 81 位.

2.2.4 随机对照实验

收集数据的另一种有效方法是通过随机对照实验. 通常对照实验中控制一个或多个变量, 在有控制的条件下得到观测结果. 随机对照实验不仅是收集数据的一种方式, 而且是一种科学研究方法. 随机对照实验的基本逻辑是, 有意识地改变某个变量的情况 (假设为 A 项), 然后看另一个变量变化的情况 (假设为 B 项). 如果 B 项随 A 项的变化而变化, 就说明 A 项对 B 项有影响. 随机对照实验法将研究对象分为实验组和对照组. 实验组是随机抽选的, 实验组中每个单位要接受某种特别的处理, 而对照组的每个单位不接受实验组成员所接受的特别处理. 这就是实验的统计设计. 所谓实验的统计设计就是指设计实验的合理程序, 使收集得到的数据符合统计分析方法的要求, 以便得出有效的客观的结论.

1. 随机对照实验设计基本原则

随机对照实验设计要遵循三个基本原则.

(1) 重复性原则. 重复性原则指允许在相同条件下重复多次实验. 如果只用一次实验所得到的数据作为总体的估计量精度, 就很差, 这时实验的误差等于观察的误差, 观察误差可能是实验误差的结果, 很难用观察的数据来代表总体情况. 多次重复实验的好处是既可以获得更加精确的相应估计量, 又可以获得实验误差的估计量. 这些都是提高估计精度或缩小误差范围所需要的.

(2) 随机性原则. 随机性是指在实验设计中, 对实验对象的分配和实验次序都是随机安排的. 随机性原则是实验设计的重要原则, 使可控的影响因素作用均匀化, 突出不可控影响因素的作用. 例如, 在种子品种的实验中, 如果不是将 A 品种固定在甲地段, B 品种固定在乙地段, 而在两地段随机地选择不同品种多次重复实验, 可以断定这种安排在不同品种收获的差异中, 由于土地因素的影响大大减少了, 而品种因素的影响更为突出.

(3) 双盲原则. 实验设计是在双盲情况下进行的, 即实验对象本身不知道自己是被分配在处理组或对照组中, 测定反应的人也不知道谁在处理组, 谁在对照组. 进行双盲实验, 是为了防止对反应的测定或评估带有偏见.

2. 随机对照实验的优缺点

随机对照实验的主要优点有以下两点.

(1) 可以探明不明确的因果关系. 通过实验设计, 控制一个或几个因子 (自变量), 尽可能排除外来因素的干扰, 可以有效地研究各个因子及因子间交互作用对所感兴趣的因变量的效应, 并有可能通过适当的统计分析方法找到效应最佳的组合.

(2) 试验的结论有较强的说服力. 在试验单位、变量、设计、环境、条件基本相同的情况下, 不管在何时何地由谁进行试验, 结果都大致相同, 因此其结论具有较强的说服力.

其缺点是随机对照实验的成本较高, 主要适用于自然科学研究和工程技术领域的统计数据收集.

3. 随机对照实验典型案例

脊髓灰质炎俗称小儿麻痹症. 20 世纪 60 年代前, 脊髓灰质炎是令人惧怕的疾病之一, 严重危害着人类, 尤其是儿童的健康. 美国总统富兰克林·德拉诺·罗斯福年轻时就不幸染上脊髓灰质炎. 在他任职期间美国开展了规模空前的根治脊髓灰质炎的研究. 研究的一项重要工作就是寻找脊髓灰质炎的病因. 经研究发现, 它是由一种病毒引起的. 研究的另一项重要工作就是脊髓灰质炎的预防措施. 我们知道天花也是由病毒引起的, 当然, 引起天花与引起脊髓灰质炎的是两种不同的病毒. 既然天花可由疫苗、种牛痘来预防, 因而人们很自然地想到, 研制疫苗是预防脊髓灰质炎的主要工作.

20 世纪 50 年代初, 美国国家小儿麻痹症防治基金全 (NFIP) 召开的顾问委员会会议认为, 由匹茨堡大学乔纳斯·索尔克 (Jonas Salk, 1914~1995) 研制的疫苗有抗体, 在实验室试验中被证实不仅安全可靠, 而且能在人体中产生大量抗体. 但疫苗能否推广使用, 还需要进行一次大规模的现场试验. 1954 年美国公共卫生总署决定组织脊髓灰质炎疫苗实验. 实验对象是那些最容易感染小儿麻痹症的人群, 小学一～三年级的学生. 这是一个对照比较的实验, 比较接种疫苗与没有接种疫苗的儿童有没有差别, 看看疫苗究竟有没有作用.

提出的实验方案有以下三个:

第一个实验方案是, 给大量儿童接种疫苗. 如果 1954 年脊髓灰质炎发病率比 1953 年明显下降, 就是说疫苗有效. 但是经过论证认为这个实验方案不可行. 脊髓灰质炎是一种年发病率变化很大的流行病. 1952 年有 60000 个病例, 而 1953 年只有其一半. 1954 年的低发病率可能说明疫苗有效, 也可能说明当年发病率本来就低.

第二个方案是, 取得父母同意的儿童接种疫苗, 组成处理组, 其他儿童组成对照组. 这个方案可能引起疫苗的偏性, 因为高收入家庭的父母比低收入家庭的父母更赞成接种疫苗, 而高收入家庭的儿童更易受到脊髓灰质炎的伤害.

第三个方案是, 小儿麻痹症全国基金会得出的. 该方案给所有二年级并取得父母同意的儿童接种疫苗, 而将一、三年级的儿童留作对照. 这个方案有以下两个不足之处:

(1) 脊髓灰质炎是通过接触传染, 所以二年级的发病率有可能比一年级或三年级的发病率高, 这将使研究结果不利于方案. 也有可能二年级的发病率比一年级或三年级的发病率低, 这将使研究结果有利于方案.

(2) 是将取得父母同意的儿童放在处理组, 这将造成一个不利于方案的偏倚.

最后一个方案是随机化对照比较双盲实验. 该实验的处理组和对照组都来自父母同意接种疫苗的儿童. 实验对象很多时, 从事判断费时、费力且经济上不合算, 常会出现偏差.

第二个方案也是较恰当的方法即随机分配方法. 抛一枚均匀的硬币, 以 50% 对 50% 的机会将儿童分配到处理组或对照组. 随机法则保证了处理组和对照组中所有重要变量的情况非常相近.

实验为什么要双盲? 为什么不让儿童 (包括他的父母) 以及医生知道谁在处理组谁在对照组呢? 这是因为如果实验对象不知道他们是在处理组还是在对照组, 他们的反应是对疫苗的, 而不可能是对处理或对照的意见. 由于医生在实验期间必须检查孩子是否感染了脊髓灰质炎, 而脊髓灰质炎的症状是难以诊断的, 在不易确定时, 医生的诊断可能会受到事先知道孩子是否接种过疫苗的影响.

随机化对照比较双盲实验和脊髓灰质炎全国基金会方案都得到了实施, 实验结果见表 2.2.2 与表 2.2.3.

表 2.2.2　随机化对照比较双盲实验

	人数	病例数	每十万人中的病例数
处理	200745	57	28
对照	201229	142	71

表 2.2.3　脊髓灰质炎全国基金会方案

	人数	病例数	每十万人中的病例数
二年级 (接种疫苗)	221998	56	25
一、三年级 (对照)	725173	391	54
二年级 (不同意)	123605	54	44

脊髓灰质炎全国基金会方案中的处理组仅包含那些父母同意接种疫苗的儿童, 而对照组还包含那些父母不同意接种疫苗的儿童. 处理组和对照组的差异可能来自于疫苗, 也可能来自于其他因素. 疫苗的效应和其他因素的效应混淆在一起. 因此

混淆是产生偏差的主要根源.

在脊髓灰质炎全国基金会方案的实验结果中, 疫苗使脊髓灰质炎的发病比例从十万分之五十降到十万分之二十五, 如果将二年级中父母不同意的儿童组成对照组, 则疫苗使脊髓灰质炎的发病比例仅从十万分之四十降到十万分之二十五.

而随机化对照比较双盲实验的实验结果中, 疫苗使脊髓灰质炎的发病比例从十万分之七十一降到十万分之二十八. 脊髓灰质炎全国基金会方案对疫苗的研究有偏向于不利于疫苗的方面. 随机化对照比较双盲实验比脊髓灰质炎全国基金会的方案好.

如果假设疫苗没有效果, 那么处理组和对照组中脊髓灰质炎的发病比例应大致相等. 在疫苗没有效果时, 造成十万分之七十一和十万分之二十八这样一个大的差异的可能性是十亿分之一. 这说明疫苗是有效的. 这是一个假设检验问题 (第 3 章详细介绍), 原假设是疫苗没有效果, 备择假设是疫苗有效果. 由于在疫苗没有效果时, 十万分之七十一和十万分之二十八的差异非常显著, 造成这样一个大的差异的可能性仅是十亿分之一. 我们拒绝原假设, 认为疫苗有效.

4. 随机对照实验局限性及困惑

有时随机对照实验的安排尽管从理论是可能的, 但实际上根本行不通. 例如, 我们要想了解大学教育对人一生的影响, 如果能够找到一个由高中毕业生的自愿参加实验组成的样本, 那么随机地将其中的一半送上大学, 另一半当作对照组, 若干年后这个问题将得到回答. 但是谁会自愿地去冒这个险呢?

有时随机对照实验是可行的, 但人们是否会接受并采用呢? 例如, 有一个针对学龄前儿童智力开发的电视教育系列节目, 想要对它作出正确评价. 我们可以在一些幼儿园中进行实验. 随机地决定哪些儿童可以收看这个节目、哪些儿童到对照组是比较公正的办法, 而且这也符合平衡有效地进行科学实验的需要. 但遗憾的是, 即使随机对照实验是行得通的而且花费不大, 在实际上也几乎不被采用. 是研究者不欣赏它的重要性吗? 还是因为某些行政管理人员无法承认就那么一个小小的钱币会把分派工作做得比他们还好? 认真考虑一下这个问题是很有意思的.

历史趣闻　女士与奶茶的故事

费希尔完成于 1935 年的著作《试验设计》首次创立了随机对照试验的体系, 在这本书中提到一个女士和奶茶的故事.

故事发生在 20 世纪 20 年代末的英国, 一个阳光明媚的午后, 许多英国绅士与女士们在室外的餐桌旁享用美味的红茶. 这时, 有一位女士说道: "奶茶是先放红茶还是先放牛奶, 味道完全不一样, 我一下子就能品尝出来." 就连这个看上去只是随口说说的事情, 随机对照试验也能够对其进行科学证实.

在场的大部分绅士都对女士的说法一笑了之, 根据他们学过的科学知识, 红茶和牛奶只要混在一起, 就没有任何化学性质上的区别. 但是, 只有一位身材矮小, 戴着厚厚的眼镜, 留着小胡子的男子对女士的说法很感兴趣, 并且提出 "那么我们来做个试验". 这名男子正是现代统计学之父 —— 罗纳德·艾尔默·费希尔.

费希尔迅速地将茶杯摆成一排, 在女士看不到的地方准备了两种冲泡方法不同的奶茶. 然后, 他让女士按照随机的顺序品尝奶茶, 并且将女士的回答记录下来, 用概率进行了计算. 据说, 这就是世界上第一次进行的随机对照试验.

为什么要用这种方法验证女士的话呢? 在回答这个问题之前, 让我们先考虑一下如果不用这种方法, 究竟应该如何判断女士的话是否正确?

例如, 给女士一杯 "先放红茶的奶茶", 就算她的判断是对的, 也不能证明她真的有准确的分辨能力. 因为女士完全靠猜也有 50% 的概率可以猜中, 所以不能将其作为判断依据.

接着, 交替给女士 "先放红茶的奶茶" 和 "先放牛奶的奶茶", 如果女士每次都说中, 那么结果又如何呢?

虽然这种方法比只有一次的试验稍微强一点, 但其准确性仍然很低. 因为如果有 "交替重复" 这种规律存在 (而且女士也知道这种规律, 或者偶然间发现了规律), 那么只要偶然猜中第一杯奶茶的结果, 那么后面的答案也就全都随之揭晓了.

当然, 先连续给她 5 杯 "先放红茶的奶茶", 再连续给她 5 杯 "先放牛奶的奶茶" 的方法也不推荐. 因为这样只要第一次偶然猜对, 接下来只要猜出 "第几杯开始更换" 就可以了. 而且, 之前品尝的 "先放红茶的奶茶" 肯定比后来 "先放牛奶的奶茶" 的温度更高, 单凭温度进行判断也可以被她偶然猜中.

那么究竟应该怎样做才好呢? 只要将两种奶茶随机交给女士, 然后看她能够猜中几个就好了. 这就是随机对照试验的基本思考方法. 因为奶茶是随机选择的, 而且是在她看不见的地方倒好的, 所以根本无法预测顺序.

费希尔还在《试验设计》中详细地分析了应该如何对女士进行试验说明、应该准备多少杯奶茶, 还有预测女士的回答结果, 以及对 "女士完全凭借猜测进行回答得出正确答案的概率" 进行计算.

虽然在费希尔之前也有科学家进行过类似试验, 但是他们却只记录了 10 次试验中 10 次全部准确的现象, 或者 10 次试验中只有 1 次准确的现象, 结果却有人将这仅有的 1 次作为试验成功的证据.

究竟按照什么样的顺序进行试验, 并且在 10 次中成功多少次才算是被科学证明呢, 在费希尔之前没有人考虑过这个问题. 而费希尔所考虑的 "为了进行科学证明而选择的顺序" 中, 最重要的一点就是 "随机".

在《试验设计》中, 并没有记录女士回答的结果和试验的结论. 但是, 据当时也在场的另一位统计学家 H. 费尔菲尔德·史密斯回忆, 那位女士的回答全部正确. 也就是说, 如果那位女士随机品尝了 5 杯奶茶, 那么偶然猜对的概率就是 $1/2^5$, 即

1/32(约 3.1%), 而如果那位女士随机品尝了 10 杯奶茶, 那么偶然猜对的概率就是 1/1024(约 0.1%).

如此之低的概率显示, 这位女士确实有某种方法可以分辨奶茶的冲泡方法. 女士究竟是如何做到这一点的, 英国皇家化学协会在 2003 年发表的一篇十分具有娱乐精神的官方报告《一杯完美红茶的冲泡方法》, 或许给出了答案.

冲奶茶时应该先倒牛奶, 因为牛奶蛋白会在 75 ℃ 时发生变化. 如果后倒牛奶, 那么牛奶就会被高温的红茶包围起来, 必然导致牛奶蛋白发生变化. 而将红茶倒入凉牛奶之中, 则不会出现这种情况.

连冲奶茶都如此讲究, 确实很有英国人的风格. 由此可见, 除了费希尔之外的绅士们, 认为 "不管顺序怎样, 化学性质都不会改变" 的想法似乎是错误的.

如今, 随机对照试验不仅是科学研究的重要工作, 而且也是商业竞争与揭穿社会中大多数骗术的有力武器.

2.3　统计数据的组织

法国大科学家庞加莱 (Jules Henri Poincaé, 1854~1912) 曾说过: "就像房屋是由石头堆砌的一样, 科学是由事实构成的. 但如同一堆石头并不是一栋房子, 仅仅是事实的收集, 也并不成为一门科学." 对统计来说也是一样, 在统计活动中收集的原始数据, 如果不经精心组织, 那么将是一堆杂乱无章的数据. 唯有经过精心组织的统计数据, 才能反映出数据中所包含的有用信息. 本节简介统计数据组织的相关知识.

2.3.1　统计数据分组

描述统计研究的主要目的, 在于反映所研究总体的状况和特征. 描述统计为了认识总体, 不仅要研究总体的一般特征, 还需要对总体内所有单位在质量与数量上存在的差异进行分析. 统计分组就是基于这种需要而产生的.

统计分组就是根据统计研究的需要, 按照一定的标志, 将统计总体划分为若干个组成部分的一种统计方法. 统计分组的实质的是对统计总体内部结构进行分类. 有一条宣传垃圾分类重要性的标语是这样说的: 分之为资源, 混之为垃圾. 其实, 分类也是统计工作的基本前提, 没有分类就没有统计. 试想一头牛与一台电冰箱相加是没有任何意义的, 其汇总数无异于垃圾. 开展统计工作, 首先就必须把经济社会现象的最基本单元, 如企业、自然人等进行分类, 才可以按类计数并累计汇总. 这样不仅可以反映统计对象的总量, 使汇总的数据具有一定的意义, 而且还可以反映总量内部各分组的情况, 便于对其构成因素进行深入的分析. 这样的统计资料才能成为可用的信息资源.

统计分组必须遵守两大原则,即穷尽原则和互斥原则.

(1) **穷尽原则.** 穷尽原则是指要使总体中的每一个单位都应有组可归,或者说每个分组的空间能够容纳所有的总体单位. 例如, 如果将从业人员按文化程度分组时, 分为研究生教育、高等教育和中等教育三组, 那么那些文盲或小学初中毕业的人就无组可归, 所以在按这上标志分组时必须加入 "初等教育" 这一组.

(2) **互斥原则.** 互斥原则是指在一定的分组标志下, 总体中的一个单位只能归属于某一组, 不能同时或可能归属于几个组. 例如, 商场把服装分为男装、女装和童装三类, 这不符合互斥原则, 因为童装也有男装、女装之分, 如先把服装分为成人和儿童两类, 然后每类再分为男装、女装两组, 这就符合互斥原则了.

1. 统计分组的作用

统计分组的作用主要有以下三个方面.

(1) **认识现象之间差异.** 社会经济现象是极其复杂多样的, 客观上存在着各种不同类型, 各种不同类型的现象在规模、水平、速度、结构、比例关系等方面的数量表现有所不同. 利用统计分组就能根据统计研究的目的, 将总体区分为各种性质不同的类型, 来研究各类现象的数量差异和特征以及相互关系. 例如, 产业可以划分为第一产业、第二产业、第三产业; 经济类型可以划分为国有、集体、民营、合营、个体、外资、中外合资等多种类型; 农业又可以划分为农、林、牧、渔业四大类型. 表 2.3.1 列出了 2010 年某省居民消费价格上涨的基本情况.

表 2.3.1　2010 年某省居民消费价格上涨的基本情况(单位: %)

指标	全省	城市	农村
居民消费价格总水平	3.1	3.2	2.9
食品	4.2	4.8	3.8
烟酒	0.5	0.3	0.8
衣着	−0.8	−0.9	−0.6
家庭设备用品及服务	0.8	1.0	0.5
医疗保健及个人用品	1.1	0.9	1.5
交通和通信	−0.3	−0.8	0.9
娱乐教育文化用品及服务	−0.7	−0.1	−1.2
居住	5.1	5.6	4.9

(2) **反映总体内部结构的变化.** 利用统计分组, 将社会经济现象总体按照某个标志分成若干个组成部分, 计算出各组数值在总体中所占的比例, 对社会经济现象的内部结构进行研究, 揭示总体内部的构成, 可以说明现象总体的基本性质和特征. 同时, 对现象内部结构的变化进行动态研究, 还可以反映现象总体发展变化的过程、趋势和规律. 例如, 表 2.3.2 列出了某企业 2007~2010 年各类职工的人数和比例.

表 2.3.2　某企业各类职工的人数和比例

年度	技术工人		普通工人	
	人数/人	比例/%	人数/人	比例/%
2007	212	21.2	788	78.8
2008	268	26.8	732	73.2
2009	350	35.0	650	65.0
2010	372	37.2	628	62.8

从表 2.3.2 中可以看出，该企业近几年技术工人的比例逐年提高，反映了企业劳动力资源总体水平正在不断提高．

(3) 揭示现象之间的依存关系．一切社会经济现象都不是孤立的，而是互相联系、互相依存、互相制约的．例如，在工业企业中，劳动生产率与利润的依存关系；在商业企业中，商品销售额与流通费用的关系；在人口统计中，吸烟者与肺癌患者的关系等，都可以通过分组来解释．又如，观察企业的生产成本与利润的关系，是将企业按成本水平的高低分组，计算每组企业相应的利润．再如，观察商品销售额与商品流通费用的依存关系，可以将商店按商品销售额分组，计算每组相应的商品流通费用．

接下来，我们根据表 2.3.3 的分组资料，分析月销售额与每百元商品销售额中支付的流通费用之间的关系．

表 2.3.3　某地区 100 个百货商店的月销售额与流通费用情况

按销售额分组	商店数/个	商品流通费用率/%
100 万元以下	12	13
100 万～200 万元	21	10
200 万～300 万元	32	9
300 万～400 万元	20	8
400 万元以上	15	7

从表 2.3.3 的分组资料可以看出，销售额越大，每百元商品销售额中支付的流通费用越小．这种依存关系，只有通过分组才可以观察得到．

2. 统计分组方法

欲做到科学地统计分组，首先必须选择正确的分组标志．分组标志就是作为分组依据的标准．分组标志通常有品质标志与数量标志两种．统计分组的关键在于选择分组标志和划分各组界限，选择分组标志是统计分组的核心问题，因为分组标志与分组的目的有直接关系．任何一个统计总体都可以采用许多分组标志分组．分组时采用的分组标志不同，其分组的结果及由此得出的结论也会不同．这是因为分组标志一经选定必然表现出总体在这个标志上的差异情况，但同时又掩盖了其他标志的差异. 如果分组标志选择不恰当, 不但无法表现出总体的基本特征, 甚至会把不同质的事物混在一起, 从而掩盖和歪曲现象的本质特征. 划分各组界限, 就是要在分组标志的变异范围内划定各相邻组间的性质界限和数量界限. 如何做到正确选择分组标志呢? 以下三条准则可供借鉴.

(i) 要根据统计研究的目的选择分组标志;

(ii) 必须根据事物内部矛盾的分析选择反映事物本质的分组标志;

(iii) 结合被研究事物所处的具体历史条件选择分组标志.

(1) 按品质标志分组. 按品质标志分组就是根据统计研究的目的, 选择反映事物性质、属性差异的品质标志作为分组标志, 在品质标志变异的范围内划定各组的界限, 将总体区分为若干个性质不同的部分或组, 如人口总体按性别、民族、文化程度分组, 企业按所有制形式分组等.

有的品质标志分组比较简单, 通常分组标志一经选定, 组数的多少与各组之间的界限就是明确而稳定的. 例如, 人口按性别分为男性和女性两组. 有的品质分组还取决于统计分析, 对分组有粗细的要求. 又如, 学生成绩可分为及格、不及格两组, 也可细分为优、良、中、及格、不及格五组. 无论组数多少, 各组的界限基本上明确而且稳定.

有的品质标志分组比较复杂, 组间的界限往往不易划清. 例如, 美国就曾为西红柿究竟是水果还是蔬菜进行过争议, 因为这关系到是按水果还是按蔬菜征税的问题. 又如, 随着第三次工业革命浪潮的到来, 产业边界越来越模糊, 一个企业可能既有制造业、文化产业成分, 还有贸易业成分, 该如何归类, 也是需要甄别的. 实际上, 甄别边界不清晰的事物的特征有时候是很困难的. 有一则古老笑话表述了这种情况:

说蝙蝠既会飞也会爬, 百鸟之王的凤凰过生日, 蝙蝠居然不去朝拜, 凤凰责怪它, 它说它是走兽; 当麒麟过生日, 它仍然不去朝拜, 麒麟责怪它, 它说它是飞禽.

为了保证统计在调查和汇总上的统一, 国家有关统计部门常常需要制定统一的标准分组 (或分类) 目录, 如我国的《国民经济行业分类》《统计用产品分类目录》《文化及相关产业分类》等. 分类目录也是一种整理方案, 它使较复杂的分组简单化. 完善统计分类目录, 做到分类标准化, 是统计工作现代化的必然要求.

(2) 按照数量标志分组. 按数量标志分组即按事物的数量特征分组. 例如, 工业企业按职工人数分组. 按数量标志分组时, 根据每组数量标志值的具体表现, 又分为单项式分组和组距式分组两种. 按数量标志分组应注意如下两个问题: 第一, 分组时各组数量界限的确定必须能反映事物质的差别. 第二, 应根据被研究的现象总体的数量特征, 采用适当的分组形式, 确定相宜的组距、组限. 相对而言, 数量标志分组比较复杂, 后面将继续讨论.

相关链接 中国被列入中上等收入国家

世界银行按人均国民总收入(人均国民生产总值与人均国内生产总值大致相当), 对世界各国经济发展水平进行分组. 通常把世界各国分成四组: 低收入国家、中等偏下收入国家、中等偏上收入国家和高收入国家. 按世界银行公布的数据, 2008 年的最新收入分组标准为: 人均国民总收入低于 975 美元为低收入国家; 在 976~3855 美元为中等偏下收入国家; 在 3856~11905 美元为中等偏上收入国家; 高于 11906 美元为高收入国家.

每年 7 月世界银行都会对国家的分类进行调整, 而 2011 年 7 月的最新调整是: 低收入的标准为年人均国民总收入 1005 美元及以下, 下中等收入为 1006~3975 美元, 上中等收入为 3976~12275 美元, 高收入为 12276 美元及以上.

所以, 根据世界银行 2011 年的标准, 中国已被列入"中上等收入国家".

20 世纪 80 年代中期前, 中国一直属于低收入国家行列; 其后开始步入中等收入国家之列; 经过 10 多年的努力, 又从低中等收入国家变成了中上等收入国家.《中国统计年鉴 (2011)》有关数据显示, 2010 年我国国民总收入 403260 亿元, 年末总人口 134091 万人; 若按 1:7 的汇率计算, 2010 年我国人均国民总收入约为 4300 美元.

2.3.2 分布数列概说

在统计分组的基础上, 将总体中所有单位按组归类整理, 形成总体中各单位数在各组间的分布, 称为次数分布. 分布在各组的个体单位数称为次数或频数. 将各组借以划分的标志表现依一定顺序, 同时将各组频数相应列出, 即构成次数分布数列, 简称分布数列或分配数列. 分布数列主要用来表明总体的分布特征、结构情况, 并据以研究总体某一标志的平均水平, 是统计数据组织的一种重要形式, 也是统计分析的一种重要方法.

1. 频数与频率

分配数列有两个要素: 其一是借以对原始数据分组的标志表现, 其二是各组的频数. 前者表示总体的成分, 后者表示总体的结构. 有时为了研究需要, 还需在频数的基础上加列其他表示总体结构的内容, 如各组频数除以频数总和得到相对频数, 又称频率或比重.

频率构成的数列表示相应标志值的作用程度. 频率越大则相应组的标志值对全体标志水平所起的作用也越大; 反之, 则相应组的标志值所起的作用越小. 因此, 在组织和分析数据的时候, 我们不但要注意各组标志值的变动范围, 而且也要注意各组标志值的作用大小, 即频率的大小. 将各组单位数和总体单位数相比, 既可以表明各组标志值出现的频率的大小, 也可以表明各组标志值对总体的相对作用程度.

显然, 任何一个分布数列都必然满足: 各组的频率 $\geqslant 0$; 各组的频率总和 $= 1$(或 100%).

2. 累计频数与累计频率

在研究频数分布的时候, 我们常常还需要计算累计频数和累计频率. 计算累计频数 (累计频率) 的方法有两种: 一种称为向上累计, 一种称为向下累计. 所谓的上或下是以变量值小的组为下, 变量值大的组为上. 向上累计是从变量值最小一组的频数或频率起逐项累计, 包括累计频数及频率, 各累计数的意义是各组上限以下的累计频数或累计频率. 当我们所关心的是标志值比较低的现象的次数分布情况时, 通常采用向上累计, 以表明在这些数值以下的单位数所占的比例. 向下累计是从变量值最大一组的频数或频率起逐项累计, 各累计数的意义是各组下限以上的累计频数或累计频率. 当我们所关心的是标志值比较高的现象的次数分布情况时, 通常采用向下累计, 以表明在这些数值以上的单位数所占的比例.

3. 分布数列编制

(1) 品质分布数列. 按照品质标志分组所形成的分布数列, 称其为品质分布数列, 也可称其为属性分布数列. 例如, 某商业银行欲研究信用卡使用顾客的职业概况, 以便根据职业概况提供更方便的服务. 在收集原始数据的基础上, 将职业分为六个类别进行统计整理, 形成了表 2.3.4 的品质分布数列.

表 2.3.4　某商业银行使用信用卡顾客的职业分类表

职业	顾客人数 (频数)	百分比 (频率)/%
管理人员	19182	35.94
技术人员	15395	28.84
服务人员	6770	12.68
销售人员	6163	11.55
生产工人	5309	9.95
其他人员	553	1.04
合计	53372	100.00

对品质数列来说, 如果分组标志选择得好, 分组标准定得恰当, 则现象性质的差异就表现得比较明确, 总体中各组如何划分就较易解决. 因此, 品质数列的编制程序, 一般比较简单, 其步骤是: 原始数列 ⟶ 归类 ⟶ 组合 ⟶ 列表.

按照数量标志分组所形成的分布数列, 称为数量分布数列, 简称变量数列. 按变量值的表现形式不同, 变量数列分为单项变量数列和组距变量数列.

(2) 单项变量数列. 单项变量数列, 就是指数列中的每个组只用一个变量值表示的数列. 例如, 表 2.3.5 就是一个单项变量数列, 其中数列的组数就是数量标志所包含的相异变量值个数.

表 2.3.5　某车间工人工资情况

工资级别	人数/人	比例/%
2	25	35.7
3	20	28.6
4	10	14.3
5	10	14.3
6	5	7.1
合计	70	100.0

单项变量数列主要适用于变量值变动范围不大的离散型变量, 其编制程序也相对简单, 其步骤为:

(i) 将原始资料按变量值大小的顺序排列;

(ii) 把变量值分为若干组;

(iii) 设计整理表, 登记变量值出现的次数.

完成上述三步, 即可形成单项变量分布数列.

(3) 组距式分布数列. 组距式分布数列是指数列中每一组由两个变量值所确定的一个数值来表示的变量分布数列. 在实际应用时, 如按离散型变量分组, 且变量值变动幅度很大、个数很多时通常编制组距式数列; 而按连续型变量分组时, 由于不能一一列举它的变量值, 所以只能采用组距式数列, 组距式分布数列见表 2.3.6.

表 2.3.6　某班级学生按统计学考试成绩分组情况

按成绩分组/分	学生人数/人	比例/%
60 以下	3	6
60~70	15	30
70~80	20	40
80~90	8	16
90 以上	4	8
合计	50	100

组距数列的编制比较复杂. 下面结合实例具体说明组距数列的编制过程. 某智力测验机构对 62 人进行智力测验, 按皮尔逊智商打分, 得到如下分数, 要求编制组距分布数列.

107, 115, 98, 95, 129, 125, 106, 101, 102, 117, 132, 94, 84,

109, 111, 105, 124, 112, 107, 90, 82, 99, 110, 102, 86, 87,

108, 86, 123, 122, 99, 104, 107, 105, 102, 110, 129, 135, 114,

104, 103, 115, 78, 120, 131, 100, 113, 90, 118, 96, 91, 80,

111, 124, 117, 119, 88, 93, 110, 128, 79, 125.

编制组距分布数列的具体步骤如下所述.

第一步: 将原始资料按变量值大小的顺序排列 (略), 计算全距. 全距为最大变量值 (标志值) 与最小变量值 (标志值) 之差, 本例的全距 = 135 − 78 = 57 分.

第二步: 确定数距与组数. 全距确定后, 就可进而决定分组数目和组距大小. 全距一定的情况下, 组数和组距成反比关系. 组距越大, 组数越小; 组距越小, 组数越多. 实践中, 究竟是先确定组距还是先确定组数, 没有一定规则可循, 必须根据统计研究的要求和对资料性质的了解而能灵活掌握. 一般说来, 由于分组的目的之一是为了观察数据分布的特征, 因此组数的多少应适中. 如组数太少, 数据的分布就会过于集中, 组数太多, 数据的分布就会过于分散, 这都不便于观察数据分布的特征和规律. 组数的确定应以能够显示数据的分布特征和规律为目的. 一般情况下, 一组数据所分的组数 K 不应少于 5 组且不多于 15 组, 即 $5 < K < 15$. 在实际分组时, 也可以借助美国学者斯特吉斯 (H. A. Sturgs) 他用的经验公式来确定组数 K:

$$K = 1 + \frac{\lg n}{\ln 2} = 1 + 3.322 \ln n,$$

其中 n 为数据的个数, 对结果四舍五入取整数即为组数.

在本例中, $K = 1 + 3.322 \lg 62 \approx 6$, 即应分 6 组. 当然, 这只是一个经验公式, 实际应用时, 可根据数据的多少和特点及分析的要求, 参考这一标准灵活确定组数. 当组数确定之后, 组距可由公式

$$组距 = 全距/组数$$

来确定. 当然, 组距也得根据实际需要灵活确定. 为方便计算, 组距通常取 5 或 10 的倍数.

第三步: 确定组限. 组距、组数确定后, 需进一步确定组限. 组限应根据变量的性质来确定, 要有利于反映出总体各单位的实际分布特征, 具体应该考虑以下的三个方面:

(i) 组限最好用整数表示, 如果组距是 5, 10, ⋯, 100, 则每组的下限最好是它的倍数;

(ii) 应使第一组下限略小于资料中的最小变量值, 最末组上限略大于资料中的最大变量值;

(iii) 对于连续型变量, 应该采用重叠组限, 而对于离散型变量, 两种方法都可以采用.

采用组距分组时, 需要遵循 "不重不漏" 的原则. "不重" 是指一项数据只能分在其中的某一组, 不能在其他组中重复出现; "不漏" 是指组别能够穷尽, 即在所分的全部组别中每项数据都能分在其中的某一组, 不能遗漏. 为解决 "不重" 的问题, 统计分组时习惯上规定 "上组限不在内", 即当相邻两组的上、下限重叠时, 恰好等

于某一组上限的变量值不算在本组内, 而计算在下一组内. "不重不漏" 用数学语言表示就是分组后的变量值 x 满足 $a \leqslant x < b$.

注意到本例数据的特点及取整的便利, 本例将分为 7 组, 第一组的下限定为 70, 确定组距为 10.

第四步: 计算各组距数, 编制分布数列. 经过统计分组, 确定了全距、组距、组数和组限以后, 就可把变量值按组归类得出各组频数, 最后把各组频数填入相应的各组次数相应栏中, 便可得出所要编制的组距分布数列, 见表 2.3.7. 在表 2.3.7 中, 我们还相应地增添了累计频数与累计频率 (包括向上与向下) 分布数列.

表 2.3.7   智力测验分数分布表

分数	频数/人	频率/%	向上累计		向下累计	
			频数/人	频率/%	频数/人	频率/%
70~80	2	3.22	2	3.22	62	100
80~90	7	11.29	9	14.51	60	96.18
90~100	10	16.13	19	30.64	53	85.49
100~110	16	25.81	35	56.45	43	69.36
110~120	14	22.58	49	79.03	27	43.55
120~130	10	16.13	59	95.16	13	20.97
130~140	3	4.84	62	100	3	4.84
合计	62	100.00	—	—	—	—

2.3.3   统计图简介

1. 统计图概念及意义

统计数据不仅可以用统计表展示 (略), 而且还可以用统计图展示. 直观地说, 统计图就是一组统计数据的图形展示形式. 根据统计资料所绘的图形, 亦即用点、线、面、体或形象等来表现统计资料, 以反映社会现象数量特征的图形, 统称为统计图. 利用图形表现统计资料的方法, 称为统计图示法. 有谚语曰 "图片胜千言万语". 这里所说的是指一张好的统计图形能够在最短的时间内, 用最小的笔墨, 在最小的空间里, 给阅读者最多的想象.

用图形表现统计资料的显著优点为:

形象具体, 简明生动, 通俗易懂, 一目了然.

因此, 统计图是统计资料的一种重要的展示形式. 它在经济管理和统计分析中, 在宣传教育、推动各项工作中都有重要的作用. 主要体现在以下五个方面:

(i) 用统计图便于表示现象间的数量对比关系, 揭示总体内部结构, 显示现象间的相互依存关系, 表明现象在时间上的发展和在地区上的分布状况, 以及检查计划的执行情况.

(ii) 用统计图可对统计资料进行分析, 借以反映社会经济现象变化过程的规律性.

(iii) 用统计图示插补法, 可求统计资料缺项的近似值.

(iv) 看统计图可以节省阅读数字的时间.

(v) 统计图有艺术作品的意味, 能把统计数字资料表现得生动有趣.

2. 几种常用的统计图

(1) 条形图. 条形图是利用相同宽度的条形的高低或长短来表示统计指标数值大小的一种图形. 条形图的宽和面积没有意义, 条形图主要用来反映数据的频数分布.

条形图的图形既可以是纵的, 也可以是横的. 纵条形图也称为柱形图, 一般以横轴表示所分各组, 以纵轴表示各组统计指标数值. 横条形图也称为带形图, 一般以纵轴表示所分各组, 以横轴表示各组统计指标数值. 这两种图的选择, 可根据统计资料情况决定. 例如, 为了表示产量或劳动生产率的高低, 可用柱形图; 为了表示修建水渠长度、新建公路长度等, 可用带形图. 为了使图形中的文字容易阅读, 可绘柱形图, 为了使图形中的数字清晰醒目, 可用带形图. 无论是柱形图或带形图, 都可分为简单条形图、复合条形图和分段条形图. 这里仅介绍简单条形图.

简单条形图, 简称单条图, 是以条形的长短来表示某一统计指标在不同时间、不同地点等条件下的数值大小. 现以某年中国、美国、日本和英国四国的商品贸易进出口总额 (表 2.3.8) 为例来简介单条图的绘制方法.

表 2.3.8　某年中美日英四国商品贸易进出口总额(单位: 10 亿美元)

国别	进出口	进口	出口
中国	136	72	64
美国	931	422	509
日本	551	315	236
英国	395	185	210

将表 2.3.8 的统计资料绘制成柱形图, 方法如图 2.3.1 所示, 在横轴上均匀地排出有关国别, 在纵轴上标出统计数字的尺度, 其直立的条形高度与纵轴标度对应.

(2) 直方图. 直方图是用矩形的宽度和高度来表示频数分布的图形, 实际上是用矩形的面积来表示各组的频数分布, 在直角坐标中, 用横轴表示数据分组, 纵轴表示频数或频率, 各组与相应的频数就形成了一个矩形, 即直方图. 直方图的矩形的宽度与数据分组区间的长度成比例, 面积与频数成比例. 现以某班级某次英语考

试成绩 (总分 120 分) 分布情况 (表 2.3.9) 为例简介直方图的绘制.

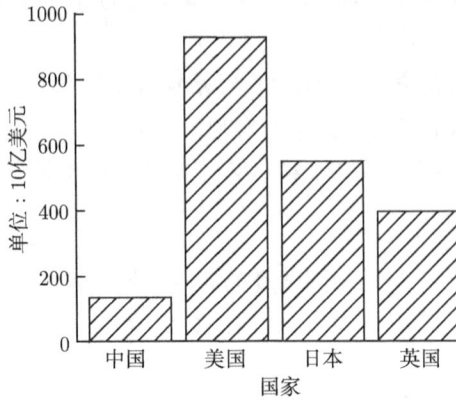

图 2.3.1

表 2.3.9　某班级英语考试成绩分布状况

组别	频数	频率/%
50~60	6	10.91
60~70	7	12.73
70~80	11	20.00
80~90	13	23.64
90~100	13	23.64
100~110	3	5.45
110~120	2	3.63
合计	55	100.01

根据表 2.3.9 的数据, 可以绘制直方图如图 2.3.2 所示.

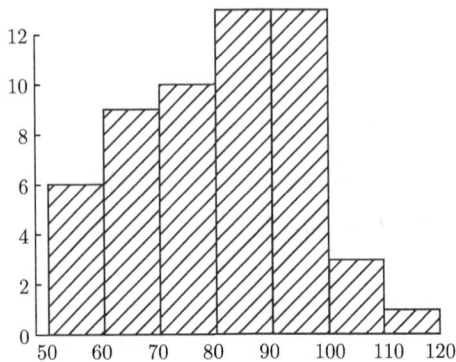

图 2.3.2

如果绘制直方图使用的是频数资料, 这种直方图就是频数直方图; 而若使用的是频率资料, 该直方图则称为频率直方图. 频率直方图中各个长方形的面积与全部面积之和的比等于各组的频率, 频率直方图与频数直方图的形状完全一致. 但是, 如果频率直方图中长方形的高度小于 1 或 100%, 对确定长方形高度的刻度比较有利. 同时, 频率相对比较稳定, 进行直接比较时, 不受样本容量大小的影响.

绘制直方图时需要注意的是, 直方图是用于展示定量数据分布特征的工具, 直方图中邻近的长方形是相互连接的; 不像条形图, 直方图在邻近组的长方形之间没有自然的间隔, 这是直方图的一般规定. 同时, 与条形图不一样, 条形图中的长方形的宽度没有意义, 而直方图中长方形的宽则表示各组的组距. 一般的直方图中的长方形的宽相等, 即各组的组距相同.

(3) 圆形图. 又称扇形图, 它用来表明总体内部的结构关系. 这种图形以全圆面积表示总体, 把整个圆分成若干扇形部分, 以扇形面积的大小表示总体各组成部分所占百分比的大小. 以全圆面积为 100%, 因为圆的角度共 360°, 所以 3.6° 的圆的角代表 1% 的圆面积, 以各部分占合计的百分数乘 3.6°, 即得各圆弧角的度数, 然后用量角器测定度数, 即得各部分的扇形面积. 例如, 根据表 2.3.10, 可绘出如图 2.3.3 所示的圆形图.

表 2.3.10　某企业广告费支出情况

支出类型	百分比/%
电视广告	55
报纸广告	7.5
户外广告	12.5
广播广告	2.5
其他	22.5
合计	100

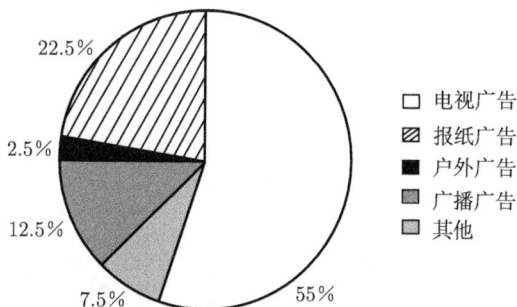

图 2.3.3

点评　圆形图的目的是让阅读者把注意力集中在百分比, 即分块的相对大小上, 而没有告诉总量! 这一秘密功能既有可能是优点, 又有可能成为骗术让人掉进陷阱, 就看阅读者如何运用了.

(4) **折线图**. 折线图又称为多边形图, 它是把直方图中各长方形顶端的中点顺次用线段连接起来, 得到的表示频数 (或频率) 分布情况的一种统计图. 绘制直方图的准备工作是编制频数分布表, 而绘制折线图的基础是直方图. 有了直方图之后, 只要把直方图各长方形顶端的中点标出来, 然后用线段连接起来即可. 利用图 2.3.2 可绘制如图 2.3.4 所示的折线图.

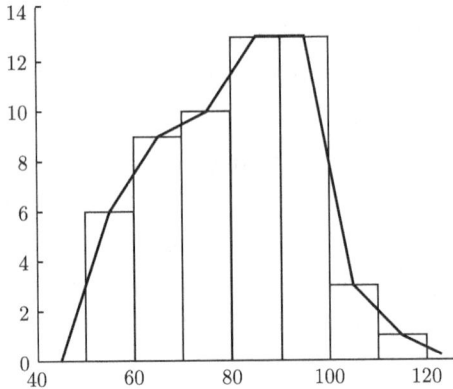

图 2.3.4

(5) **曲线图**. 在统计实践中, 有许多事物不但其自身是逐渐变化的, 而且连其变化的速度也是逐渐变化的. 折线图虽然展示了变化间变化的趋势, 但不难发现, 在各实心点处, 数据的变化会发生突变. 曲线图弥补了折线图的这一不足, 它用一条光滑的曲线近似地描绘频数分布折线图, 可以得到反映频数分布的曲线图. 根据图 2.3.4 绘制的曲线图如图 2.3.5 所示.

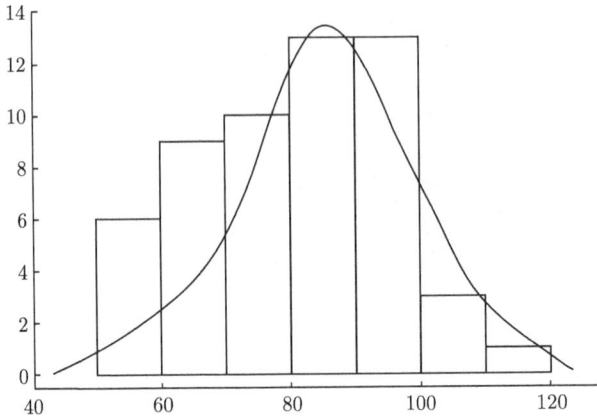

图 2.3.5

(6) 茎叶图. 所谓茎叶图, 是指把每个观察数据划分为两个部分, 并分别用茎或叶表示, 然后把数据的茎按从小到大的顺序排列, 再在每个茎的后面列出数据的叶的部分, 由此所得到的图形称为茎叶图.

在统计数据的整理过程中, 进行统计分组和编制频数分布表, 绘制直方图、折线图和曲线图, 是使用较普遍的传统方法. 它在整理统计数据、提炼统计信息方面发挥着重要的作用. 但是, 上面这些图形在反映数据分布特征的同时, 也存在着一定的局限, 如当原始资料被整理成频数分布表、绘制直方图之后, 就再也看不到原始数据资料的信息了, 也就是说, 它在反映分布特征的同时, 缺乏数据资料的还原能力.

若根据分组之后的数据资料反映数据的分布特征, 可以采用直方图、折线图和曲线图. 但是, 如果采用未经分组且数据较少的原始数据反映数据的分布特征, 则可以考虑采用茎叶图.

某班级 50 位同学某次英语考试成绩 (120 分制) 如下, 要求绘制茎叶图. 将这些数据绘制成茎叶图, 如图 2.3.6 所示.

茎	叶									
5	9	6	0	1	4					
6	5	9	8	3	5	7	2			
7	3	7	9	4	4	4	9	0	6	
8	7	9	5	0	8	9	3	7	6	7	6	6
9	4	7	5	6	1	0	6	2	3	4	2
10	0	2	8							
11	0	2								

图 2.3.6 茎叶图

茎叶图的绘制比较简单, 它的主要技巧是设计合适的茎, 一旦茎确定下来, 数据就固定在相应的各个组中, 剩下的工作就是在每个观察值的茎的后面填补上数字剩余的部分. 一般茎放在左边, 叶放在右边, 茎与叶之间隔开.

茎叶图的主要作用是可以反映未经分组数据的分布特征. 例如, 图 2.3.5 显示出 80~89 的数据最多, 而 110 以上的数据最少, 表现出两头少、中间多的总体特征; 若在图中用线将每个茎后的叶框上, 就近似为横着的直方图了 (图 2.3.7). 当然, 茎叶图除了可以反映数据的分布特征, 还保留了原始的数据资料, 这是直方图无法做到的.

统计图的种类还有很多, 如圆环图、雷达图、象形图、统计地图等, 由于篇幅关系, 这里不再展开讨论. 另外, 统计图的绘制是一门技术活, 还有许多问题有待深入探究, 我们这里仅仅涉及一点皮毛而已.

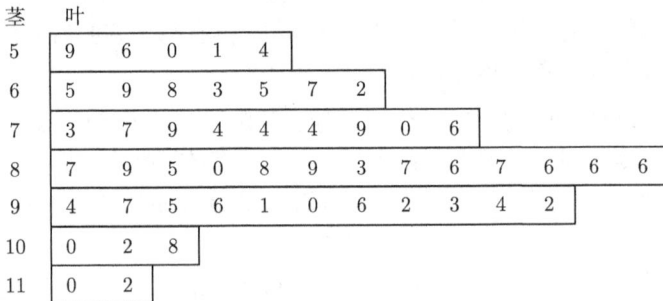

茎	叶
5	9　6　0　1　4
6	5　9　8　3　5　7　2
7	3　7　9　4　4　4　9　0　6
8	7　9　5　0　8　9　3　7　6　7　6　6　6
9	4　7　5　6　1　0　6　2　3　4　2
10	0　2　8
11	0　2

图 2.3.7　茎叶图

历史聚集　南丁格尔与统计图

在讨论统计图时怎么会涉及传奇护士弗罗伦斯·南丁格尔 (F. Nightingale, 1820~1910), 也许很多人都会感到惊奇! 大家很熟悉, 因为她对患者充满同情心和提高医院公共设施卫生所作的努力而深受世人的尊敬. 但她同样接受过数学方面的训练就鲜为人知了. 早在学生时代, 她的父母就对她进行了扎实的人文科学的教育. 开始时, 弗罗伦斯·南丁格尔的父母并不情愿她学习数学, 认为是浪费时间. 因为他们认为南丁格尔结婚后, 数学对她是没有用的. 不过, 由于南丁格尔的坚持, 最终她的父母允许她学习数学. 南丁格尔师从 James Sylverster, 是非常幸运的, 因为 James Sylverster 是 19 世纪英国非常杰出的数学家之一. 在成为护士之前, 南丁格尔曾经是一名数学教师, 教授过算数、代数和几何学.

1854 年, 克里米亚战争时期, 英国战争秘书处招募南丁格尔为一名战地医院的护士. 该战地医院位于乌斯库达, 现在是土耳其伊斯坦布尔的一部分. 她对如此高的死亡率非常忧虑, 因此, 她开发了系统地收集患者数据的方法. 经过对数据进行分析后, 她向她的上级用她发明的图表提出了她的发现, 这种图表称为饼图, 即现在的圆形图.

通过运用她的统计方法, 她成功地说服了军队和政治领导人, 从而得到允许在医院实行改革. 医院公共卫生设施提高的结果是死亡率大大地下降了. 人们这样评价南丁格尔, 她在克里米亚战争中挽救了英国军队.

1858 年, 南丁格尔被选举成为英国统计协会的一员, 她在医学领域发展统计方法的革命性工作得到了人们的认可. 在美国内战期间, 南丁格尔作为军事健康顾问曾帮助过美国政府. 1974 年, 她成为美国统计协会的荣誉会员. 著名的统计学家卡尔·皮尔森称南丁格尔是应用统计学发展的预言家.

时至今日, 统计学从南丁格尔的时代到现在已经飞速发展了 100 多年. 南丁格尔的统计结果, 虽然大致上能够证明死亡原因, 可是对于配备干净整洁的医院是否能够减少战死者的数量, 以及配备医院花费的成本能够拯救多少生命等问题, 无法作出回答. 要想回答这些问题, 就必须使用 20 世纪先进的现代统计学方法. 这是另外一个话题, 这里不展开讨论.

2.4 统计数据的概括

本节的着眼点是运用统计综合指标概括统计数据的综合特征, 主要内容包括总量概括、常用经济总量指标、相对比较、常用相对经济指标、数据集中趋势的概括与离散程度的概括.

2.4.1 总量概括与常用经济总量指标

总量概括的统计工具是总量指标. 总量指标是指反映社会经济现象总体规模大小和水平高低的综合指标, 通常用绝对数表示, 又称统计绝对数. 总量指标是社会经济统计中最基础的指标. 例如, 某国家或地区的粮食总产量、钢材总产量、零售商品总额、人口总数、国民生产总值 (GDP) 等, 某企业的产品产量、工业总产值、职工人数、资产总额等.

按其说明的总体内容不同, 总量指标可分总体单位总量和总体标志总量; 按其反映的时间状况不同, 总量指标可分时期总量指标与时点总量指标, 这里不再详细展开讨论. 总量指标是计算有限总体的指标, 其指标值与有限总体的范围成正比. 总量指标的作用主要有以下三个方面.

(1) 总量指标是对社会经济现象总体认识的起点. 人们要全面了解国情国力、经济发展、社会进步状况, 科学制定经济发展战略, 首要的问题就是要能度量或计量一定时间、地点、条件下的经济活动及其结果的绝对数量. 例如, 粮食、钢铁产量、人口总数、固定资产价值等.

(2) 总量指标是实行宏观调控和企业管理的依据. 主要产品产量、工资总额、生产费用等总量指标, 都是从事宏观和微观管理不可缺少的基本数据.

(3) 总量指标是计算相对指标和平均指标的基础. 相对指标和平均指标一般都是由两个有联系的总量指标对比计算出来的. 它们是总量指标的派生指标, 其计算的质量必然决定于总量指标的计算质量.

总量指标的计算可直接通过加总的方法获得. 应用总量指标时需要注意如下三点.

(1) 必须注意现象的同类性. 同类性意味着同名产品, 它直接反映产品同样的使用价值和经济内容, 无疑是可以综合汇总的. 而对于不同类现象则不能简单相加汇总计算其实物指标. 但是, 对于一些具体形式不同但使用价值相同的产品, 可以折算为标准品产量. 例如, 原煤、柴油、天然气、电等产品, 可以折算成标准煤产量.

(2) 对总量指标的实质包括其含义、范围和计算方法作严格的确定. 任何一个总量指标, 都是一定经济范畴的具体数量表现, 有一定质的规定性. 它的计算不是单纯的汇总问题, 必须对总量指标的含义、范围和计算方法作出严谨、科学的界定后才能计算. 例如, 在计算工业总产值指标时, 首先要明确什么是工业和工业产品, 否则, 就不可能准确地对工业总产值指标进行统计. 又如, 国内生产总值可以采用支出法、生产法和收入法三种计算方法, 计算方法不同, 结果就不一样. 因此, 一定要根据研究目的, 统一规定指标的含义, 确定科学的统计方法.

(3) 要使用统一的计量单位. 在实际生活中不同实物单位代表不同类现象, 同类现象又可能因历史或习惯的原因采用不同的计量单位, 实物的使用价值相同而计量单位可能不同等. 因此, 在实际工作中计算实物指标总量时, 如不统一计量单位, 可能造成使用混乱和计算差错. 不同时期、不同地区、不同国家同一现象的总量指标要注意其计算口径是否一致, 如计算口径不一致, 在加总、分析时, 应根据要求进行适当调整或将不同计量单位换算成统一的计量单位进行汇总, 如棉布有的以 "米" 为单位, 有的以 "匹" 为单位, 就应先折算为统一单位后再汇总.

接下来, 着重介绍几种常用的经济总量指标.

1. 国内生产总值

国内生产总值 (GDP) 是按市场价格计算的国内生产总值的简称, 是一个国家 (地区) 所有常住单位在一定时期内生产活动的最终产品的市场价值. GDP 综合反映国民经济活动的总量, 可用于衡量国民经济发展规模、速度, 分析经济结构和宏观经济效益, 广泛用于国际间的对比研究.

从不同角度观察生产活动的成果, GDP 核算方法可以分为生产法、收入法和支出法. 理论上, 三种方法得到的 GDP 总量应该一致, 但是由于资料来源和计算方法不同, 实际结果并不完全相同.

(1) 生产法核算公式:

$$增加值 = 总产出 - 中间投入.$$

生产法是从生产的角度衡量常住单位在核算其内的最终成果. 生产法消除了生产各环节之间的重复计算, 从全社会来看, 国民经济各行业生产法增加值之和就是生产法 GDP 总量.

(2) 收入法核算公式:

$$增加值 = 劳动者报酬 + 生产税净额 + 固定资产折旧 + 营业盈余.$$

收入法 (也称分配法) 是从生产过程形成收入的角度, 根据生产要素应得收入份额反映生产过程中最终成果的计算方法, 其中, 个人所得为劳动者报酬, 企业所得为固定资产折旧和营业盈余, 国家所得为生产税净额 (扣除支付给企业的各类补贴). 各行业收入法增加值之和就是收入法 GDP 总量.

(3) 支出法核算公式:

$$GDP= 最终消费支出 + 资本形成总额 + 货物与服务净出口.$$

支出法是从最终支出的角度衡量核算期内新生产的货物和服务最终去向的计算方法. 其中, 最终消费支出和资本形成总额反映国内的消费需求和投资需求, 货物与服务净出口是出口扣减进口后的差额.

有人曾形象化地把支出法 GDP 核算公式写成

$$GDP= 肉 + 房 +Made\ in\ China,$$

其中, 肉代表消费支出, 包括居民个人消费和政府消费; 房代表投资支出, 投资在中国 GDP 中的比例接近一半, 这其中建筑工程又占有 60% 左右; Made in China 代表净出口值.

评注　GDP 有名义 GDP 和实际 GDP 之分, 这二者通常是不相等的, 这是因为在一个宏观经济中, 产品与劳务的市场总是处于变动之中. 名义 GDP 与实际 GDP 之间的差别则反映了价格变动的影响, 名义 GDP 是指运用当期市场价格计算的最终产品的市场价值, 而实际 GDP 是指运用某一基期的市场价格计算出的最终产品的市场价值, 它在名义 GDP 的基础上消除了物价因素的影响.

相关链接　拉动经济增长的 "三驾马车"

消费需求、投资需求和外部需求被并称为 "三大需求", 也就是我们所说的拉动经济增长的 "三驾马车". 在 "三驾马车" 中, 消费需求是生产的目的, 可以创造出生产动力, 并刺激投资需求. 因此, 消费是经济增长的最终需求, 而且消费推动生产力的发展. 如何促进消费? 或者说如何调动老百姓的消费积极性? 如何通过内部消费拉动经济增长、促进国家经济繁荣? 它们是摆在国家经济管理者面前的大难题.

投资需求是增加社会总供给的重要途径, 投资规模要和经济发展状况相协调, 投资不足可能减缓经济发展, 投资增长过快则可能引发经济过热和产能过剩. 尤其在国家经济发展不是很顺畅的时期, 如何保证投资水平的合理性, 促进国家经济稳定发展, 需要国家经济管理者智慧地应对.

外部需求对经济的作用和消费需求类似. 但国家的发展与繁荣当然无法摆脱外部需求拉动的作用, 然而, 受到国际经济、外贸环境和汇率变动多种因素影响, 外部需求容易出现波动. 过度依赖外部需求的国家经济肯定不健康, 如何把外需与内需有机地融合在一起, 也是摆在国家经济管理者面前的巨大难题.

2. 国民生产总值

国民生产总值 (GNP) 是按市场价格计算的国民生产总值的简称, 它是一个国家所有常住单位在一定时期内收入初次分配的最终成果. 一国常住单位从事生产活动所创造的增加值在初次分配过程中主要分配给该国的常住单位, 但也有一部分以劳动者报酬和财产收入等形式分配给该国的非常住单位, 同时, 国外生产所创造的增加值也有一部分以劳动者报酬和财产收入等形式分配给该国的常住单位. 从而产生了国民生产总值的概念.

GNP 是一个收入概念, 凡是本国国民 (包括本国公民以及常驻外国但未加入外国国籍的居民) 所创造的收入都计入本国的 GNP. GNP 也有三种计算方法: 生产法、支出法、收入法.

(1) 生产法——从各部门的总产值 (收入) 中减去中间产品和劳务消耗, 得出增加值. 各部门增加值的总和就是国民生产总值.

(2) 支出法——用支出法计算时, 其计算公式为

GNP = 个人消费支出 + 政府消费支出
　　　+国内资产形成总额 (包括固定资本形成和库存净增或净减)
　　　+出口与进口的差额.

(3) 收入法——将国民生产总值看成各种生产要素 (资本、土地、劳动) 所创造的增加价值总额, 以劳动报酬、利息、租金、利润、资本消耗、间接税净额 (即间接税减政府补贴) 等形式分配给各种生产要素. 将全国各部门 (物质生产部门和非物质生产部门) 的上述各个项目加以汇总, 即可计算出国民生产总值.

GDP 与 GNP 都是反映宏观经济的总量指标, 并无优劣之分, 只是应用不同. 一般而言, 在分析常住者的生产成果时使用 GDP, 在分析常住者的总收入时使用 GNP; 在分析各国的经济增长时采用 GDP, 在分析各国贫富差异程度时更关注 GNP. 例如, 国际货币基金组织通常根据黄金与外汇储备、进口额、出口额占 GDP 的比例等因素来决定一个国家在基金中的份额, 进而决定该国在基金组织中的投票权、特别提款权及向基金借款的份额. 而联合国则根据一个国家连续六年的 GNP 和人均 GNP 来决定该国的联合国会费, 从而决定该国承担的国际义务和享受的优惠待遇等.

GDP 和 GNP 的差异表现在: 首先, GDP 核算遵循 "在地原则", 不论常住单位的国籍属性, GNP 遵循 "国民" 范畴, 不论是否居住在国内. 其次, GDP 是 "生产" 概念, 从生产角度衡量一个国家或地区的经济总量, GNP 则是 "收入" 概念, 从收入分配的角度衡量一个国家或地区的经济总量.

3. 社会消费品零售总额

社会消费品零售总额是指国民经济各行业直接售给城乡居民和社会集团的消费品总额. 它是反映各行业通过多种商品流通渠道向居民和社会集团供应的生活消费品总量, 是研究国内零售市场变动情况、反映经济景气程度的重要指标. 据国家统计局限 2012 年 2 月统计公报, 2011 年我国社会消费品零售总额 183919 亿元, 比上一年年增长 17.1%, 扣除价格因素, 实际增长 11.6%.

社会消费品零售总额包括

(1) 售给城乡居民作为生活用的商品和修建房屋用的建筑材料;

(2) 售给社会集团的各种办公用品和公用消费品;

(3) 售给机关、团体、学校、部队、企业、事业单位的员工食堂和旅店 (招待所) 附设专门供本店旅客食用, 不对外营业的食堂的各种食品、燃料; 企业、单位和国有农场直接售给本单位员工和员工日常的自己生产的产品;

(4) 售给部队干部、战士生活用的粮食、副食品、衣着品、日用品、燃料;

(5) 售给来华的外国人、华侨、港澳台同胞的消费品;

(6) 居民自费购买的中、西药品, 中药材及医疗用品;

(7) 报社、出版社直接售给居民和社会集团的报纸、图书、杂志, 集邮公司出售的新、旧纪念邮票、特种邮票、首日封、集邮册、集邮工具等;

(8) 旧货寄售商店自购、自销部分的商品;

(9) 煤气公司、液化石油气站售给居民以及社会集团的煤气灶具和罐装液化石油气;

(10) 农民售给非农业居民和社会集团的商品.

社会消费品零售总额不包括售给国民经济各部门企业、事业单位 (包括国有经济的农场) 生产经营用的各种原材料、燃料、设备、工具等和售给批发零售贸易业、餐饮业作为转卖用的商品, 旧货寄售商店受托寄售卖出的商品, 服务业的营业收入, 邮局出售邮票的收入, 自来水、电力、煤气生产 (供应) 单位的产品供应收入, 也不包括农民之间的商品销售.

4. 总人口

总人口数是指一定时点、一定地区范围内的有生命的个人的总和, 而总人口是指每年 12 月 31 日 24 时的人口数. 据国家统计局 2012 年 2 月统计公报, 2011 年年末我国大陆总人口为 134735 万人, 比上一年年末增加 644 万人, 其中城镇人口为 69079 万人, 占总人口比例首次超过 50%, 达到 51.3%.

相关链接 人口普查

人口普查是指在国家统一规定的时间内, 按照统一的方法、统一的项目、统一的普查表和统一的标准时点, 对于全国人口普遍地、逐户逐人地进行的一次性调查登记.

人类关于人口普查的历史源远流长. 早在公元前 4500 年, 地处西亚的巴比伦王国就举办了全国性人口调查; 在公元前 2200 年, 大禹曾经 "平水土, 分九州, 数万民". 自 1790 年美国开展第一次人口普查后, 全球大多数国家都形成了普查制度, 间隔一般为 10 年.

自新中国成立以来, 我国已经分别于 1953 年、1964 年、1982 年、1990 年、2000

年和 2010 年开展了六次人口普查. 1994 年, 我国正式确立了国家周期性普查制度, 其中人口普查每 10 年进行一次, 尾数逢 0 的年份为普查年度.

2010 年开展的第六次全国人口普查是按照全国统一领导、部门分工协作、地方分级负责、各方共同参与的原则组织实施的. 由国务院统一组织和领导, 地方各级政府按照国务院的统一规定和要求, 负责组织和领导本行政区内的人口普查工作. 在人口普查工作期间, 各级人民政府设立由统计机构和有关部门组成的人口普查机构, 负责人口普查的组织实施工作.

第六次全国人口普查主要分三个阶段, 先后历时三年半左右. 一是准备阶段. 这一阶段的主要工作包括组建各级普查机构、制订普查方案、普查细则和工作计划, 进行普查试点, 落实普查经费和物资, 开展普查宣传, 选调培训普查指导员和普查员, 绘制普查地图, 进行户口整顿等. 二是普查登记阶段. 我国人口普查的标准时点为普查对象. 普查登记阶段虽然只有 1 个月左右的时间, 但这是整个普查工作中最为关键的环节, 也是工作量最大、动员量最多、直接决定普查数据质量的重要阶段, 主要工作包括普查员逐一入户登记, 进行全面复查, 开展数据质量抽查等. 三是数据整理和发布阶段. 这一阶段的主要工作包括普查表编码, 数据录入、审核及汇总, 发布主要数据公报, 普查资料开发利用等.

2.4.2 相对比较与常用相对经济指标

进行统计数据相对比较的统计工具是相对指标. 相对指标又称统计相对数. 它是将两个性质相同或互有关联的指标数值通过对比求得的商数或比率; 用以反映事物内部的结构、比例, 事物发展的程度、强度, 事物之间的联系、区别.

用来对比的两个数据值, 既可以是绝对数, 也可以是平均数和相对数. 例如, 2008 年我国国内生产总值指数为 109%, 人口自然增长率为 5.08%, 居民消费价格指数 101.5%, 城镇单位就业人员平均劳动报酬指数为 116.9%, 以上都是相对指标. 在社会经济统计中, 常用的相对数指标可分为计划完成相对数、结构相对数、比例相对数、比较相对数、动态相对数和强度相对数六种, 这里不详细介绍.

相对指标的作用主要有下面两个方面应用.

(1) 通过相对指标可以说明客观事物的发展程度、强度、速度、差别程度和总体结构等. 为人们深入认识事物、把握事物的本质提供依据. 这是因为客观事物都是相互联系的, 只有把两个相互联系的数值进行比较, 才能鉴别其好坏、优劣、快慢等, 认识事物的本质和规律.

(2) 通过相对指标可以更好地进行对比分析. 这是因为有些绝对指标由于规模不同、条件不同, 无法直接对比, 而相对数则将现象总体数量上的绝对差异抽象化, 使无法直接对比的现象找到了共同比较的基础.

相对指标的表现形式有以下两种.

(1) 有名数表示的相对指标. 有名数表示的相对指标, 主要用以表现事物的强度、密度和普遍程度. 将分子指标和分母指标的计算单位同时使用, 即采用复合单位计量. 如人口密度用 "人/平方公里"(人/km^2) 表示, 城市人口拥有公共汽车用 "辆/万人" 表示, 人均粮食产量用 "千克/人"(kg/人) 表示等.

(2) 无名数表示的相对指标. 相对指标一般表现为无名数, 无名数是一种抽象化的数值, 常以系数、倍数、成数、百分数、千分数或翻番数等表示.

(i) 系数和倍数. 系数和倍数是将对比基数抽象化为 "1" 而计算的相对数. 当分子数值和分母数值比较接近时, 常用系数表示, 如果分子项特别大而分母项特别小时, 常用倍数.

(ii) 成数. 成数是将对比的基数抽象化为 "10" 而计算的相对数. 如某地区 2007 年粮食产量比 2006 年增长二成, 即增产 2/10.

(iii) 百分数. 百分数是将对比的基数抽象化为 "100" 而计算的相对数, 它是相对指标最常用的一种表现形式. 统计中还把两个以百分数表示出来的指标进行对比, 差距相当于 1%, 称为一个百分点. 例如, 某企业规定劳动生产率比去年同期提高 10%, 而实际提高 12%, 这说明实际劳动生产率比计划任务规定提高了 2 个百分点.

(iv) 千分数. 千分数是将对比的基数抽象化为 "1000" 而计算的相对数, 适用于分子数值特别小而分母特别大的情形, 如人口出生率、死亡率、自然增长率等.

(v) 翻番数. 翻番数是指两个相比较的数值中, 一个数是另一个数的 "2" 倍, 其中, m 是番数. 例如, 我国十七大报告提出全国建设小康社会新的更高要求, "实现人均国内生产总值到 2020 年比 2000 年翻两番". 2000 年我国人均国内生产总值为 7858 元, 则 2020 年的人均国内生产总值应达到 31432(即 7858×2^2) 元.

相对指标种类较多, 各有自己的意义和作用, 在计算和应用上也有一些不同的要求和特点, 但从总体上说, 计算和应用相对指标, 要坚持下述的四条基本原则.

(1) 可比性原则. 遵从可比性是计算相对指标应把握的总原则, 两个对比的指标是否具有可比性, 是计算结果能否正确反映现象之间数量对比关系的重要条件. 可比性是指相互对比的两个统计指标, 在经济内容、计算范围、计算方法和计算单位等方面保持一致, 如果不可比, 就需要进行调整. 对不可比的东西进行比较, 将会闹出下述民间笑话所表现的那种尴尬:

一个寒门出身的县令才华横溢, 其儿子不争气一事无成, 但孙子却是很有建树, 当县令批评其子不争气时, 儿子居然反驳其父: "你的父亲不如我的父亲, 你的儿子不如我的儿子, 你怎么还说我?"

(2) 正确选择对比基数的原则. 基数是相对指标对比的依据或标准, 基数选择不当, 就会失去相对指标的作用, 对同一现象、同一问题, 采用不同的对比基数就会有不同的结果. 因此, 基数的选择必须从统计研究的目的和任务出发, 结合研究对象的性质和特点, 选择能最大限度反映现象内在联系和本质特征的指标作为对比基数.

(3) 多种相对指标结合运用的原则. 因为客观经济现象是复杂的, 而每一种相对指标只是反映经济现象的某一个侧面. 在分析研究复杂的现象时, 应该将多种相对指标结合起来使用, 多角度、多侧面地分析研究经济现象, 有助于深入、全面地分析问题和认识问题.

(4) 相对指标与总量指标结合运用的原则. 总量指标能够反映事物发展的总规模和总水平, 却不易看清事物差别的程度; 相对指标反映了现象之间的数量对比关系和差异程度, 却又将现象的具体规模和水平抽象化了, 而无法说明现象之间的绝对量差异. 因此, 只有将相对指标同总量指标结合起来使用, 才能克服认识上的片面性, 实现对客观事物全面、正确的认识. 例如, 2006 年我国轿车产量为 386.94 万辆, 2005 年为 277.01 万辆, 2006 年增长 39.68%; 1991 年的产量为 6.87 万辆, 1990 年为 3.5 万辆, 1991 年增长 96.29%. 从相对数来看, 1991 年的增长速度远远大于 2006 年的增长速度, 但从绝对数来看, 2006 年的增长量为 109.93 万辆, 而 1991 年的增长量仅为 3.37 万辆.

相对指标有许多重要数学性质, 这里仅罗列四条重要的性质.

(1) 总体中各组结构相对指标之和等于 1. 设总体指标值为

$$A = A_1 + A_2 + A_3 + \cdots + A_n,$$

则有

$$\frac{A_1}{A} + \frac{A_2}{A} + \frac{A_3}{A} + \cdots + \frac{A_n}{A} = 1;$$

(2) 两个结构相对指标之比等于比较相对指标.

$$\frac{A_1}{A} : \frac{A_2}{A} = \frac{A_1}{A_2};$$

(3) 如果各组的比例相对指标都等于常数 k, 则总体的比例相对指标也等于 k. 若设

$$\frac{A_1}{B_1} = \frac{A_2}{B_2} = \frac{A_3}{B_3} = \cdots = \frac{A_n}{B_n} = k,$$

则有

$$\frac{A_1 + A_2 + \cdots + A_n}{B_1 + B_2 + \cdots + B_n} = k;$$

(4) 如果各组的比例相对指标不相等, 则总体的比例相对指标等于各组比例相对指标的加权平均. 若设

$$\frac{A_1}{B_1} = k_1, \frac{A_2}{B_2} = k_2, \cdots, \frac{A_n}{B_n} = k_n,$$

则有

$$\frac{A_1 + A_2 + \cdots + A_n}{B_1 + B_2 + \cdots + B_n} = \frac{k_1 B_1 + k_2 B_2 + \cdots + k_n B_n}{B_1 + B_2 + \cdots + B_n}.$$

接下来, 我们着重介绍几种常用的相对经济指标.

1. 失业率

我国从 1994 年开始使用失业率这个指标. 只计算全国城镇失业率, 没有计算和公布全社会、农村的失业率.

所谓失业, 在我国统计上是这样规定的: 在一定劳动年龄内 (男性 16~50 岁, 女性 16~45 岁) 有劳动能力, 有就业要求, 而未就业的城镇居民. 临时安排了工作, 劳动收入达到最低一级的收入水平, 或虽无职业, 但不要求就业者, 不算作失业人员. 计算失业率的公式为

$$\text{城镇失业率} = \frac{\text{城镇失业人员}}{\text{城镇在业人员} + \text{城镇失业人员}} \times 100\%.$$

统计失业人数和计算失业率, 一般以年末为时点.

一直以来, 失业率数字被视为一个反映整体经济状况的指标, 而它又是每个月最先发表的经济数据, 所以失业率指标在所有经济指标中好比是 "皇冠上的明珠", 它是市场上最为敏感的月度经济指标. 一般情况下, 失业率下降, 代表整体经济健康发展, 失业率上升, 便代表经济发展放缓衰退.

世界上大多数国家都采用两种失业统计方法. 一种是行政登记失业率, 另一种是劳动力抽样调查失业率. 两种失业率都是政府决策的重要依据.

登记失业率统计的是到公共就业服务机构进行失业登记、享受失业保险待遇并求职的失业人员数量. 由于各国公共就业服务和社会保险发展水平不一, 登记失业率在国与国之间难以进行比较. 而抽样调查失业率基本依据的是国际化的失业定义, 因而可以进行国际比较.

城镇登记失业人数及其失业率是迄今我国官方正式公布并予以采信的唯一用来反映我国失业规模和失业水平的统计指标, 也是我国中央政府和各级地方政府在制定短期、中期, 乃至长期社会经济发展计划 (规划) 时所采用的重要调控指标之一. 到目前, 我国还没有开展劳动力抽样调查, 所以没有抽样调查失业率.

由于我国就业服务体系和社会保障体系还不完善, 到劳动保障部门就业服务机构登记求职的失业人员数量不够全面, 再加上就业和失业登记办法还不健全、不规范, 因此, 存在着实际失业率高于登记失业率的现象. 那么, 这一重要指标所反映出的我国城镇失业率水平却受到了一定的质疑. 对于我国的实际失业率水平到底是多少有些众说纷纭, 这使得城镇登记失业率指标的处境比较尴尬. 如何改进该指标, 成为国家管理层必须面对的重要课题.

2. 贫困率

国家的贫困率 (rate of poverty) 是生活在国家贫困线以下的人口数与全国总人口数之比. 贫困线是在一定的时间、空间和社会发展阶段的条件下, 维持人们的基本生存所必需消费的物品和服务的最低费用 (用价值量表示). 贫困线又称为贫困标准, 贫困标准是指国家为救济社会成员因自然、社会、经济、生理和心理等方面原因收入减少或中断难以维持基本生活而制定的社会救济标准. 根据这一标准给予经济或实物方面的救济使其能维持基本生活的制度即贫困线救济制度, 它是衡量城镇居民个人或家庭是否处于贫困状态的数量界线.

贫困线的划定既有客观的基础 —— 最低要求的生活必需的消费, 又包含了主观的成分 —— 对 "必需品" 的认定. 贫困率的计算公式为

贫困率 = 国家贫困线以下的人口数/全国总人口数.

相关链接 中国的贫困线标准

从 1990 年到 2007 年, 中国农村尚未解决温饱的 "绝对贫困人口" 从 8500 万减少至 1479 万, 25 年内对世界减贫成就贡献率高达 67%. 然而, 与骄傲的减贫成就相比, 中国的贫困人口标准却仍然较低. 2008 年年底贫困线调整之前, 中国政府确定的贫困线为人均年收入 785 元 (不到 100 美元), 即日收入 2.15 元 (约合 0.26 美元), 与世界银行确定的人均 1.25 美元标准差距悬殊. 而联合国千年发展目标确定的标准是, 日均消费低于 1 美元就属于 "绝对贫困", 若按此估算, 中国当时应有 2 亿人处于赤贫. 2009 年, 中国新标准贫困线 (1196 元) 启用后, 贫困人口从 2008 年的 1479 万人增至 4300 多万人口; 但如果按联合国标准一算, 这个数字则应是 1.5 亿人. 据中国国际扶贫中心 2010 年公布的报告显示, 在目前仍采用国内自定义贫困线的 86 个国家 (包括 22 个高发展水平国家、45 个中等发展水平国家、17 个低发展水平国家和津巴布韦) 里, 贫困发生率最低的是中国 (2.8%, 2008 年新标准实施后上调至 4.2%), 大大低于 86 国平均水平的 37.4%. 但中国官方制定的贫困线绝对值有所偏低. 而中国确定贫困线的标准仍然是每人每天摄入 2100 大卡热量的 "最低营养标准". 所以, 中国的贫困标准正有待提高.

3. 消费率

消费率是指一个国家或地区在一定时期内 (通常为 1 年) 用于居民个人消费和社会消费的总额占当年国民支出总额或国民收入使用额的比率. 它反映了一个国家生产的产品用于最终消费的比例, 是衡量国民经济中消费比例的重要指标. 一般按现行价格计算. 其公式为

$$消费率 = \frac{消费额}{国内生产总值} \times 100\%,$$

其中, 消费额包括居民消费和政府消费.

相关链接 *消费者信心指数*

消费者信心指数 (consumer confidence index, CCI) 是反映消费者信心强弱的指标, 是综合反映并量化消费者对当前经济形势评价和对经济前景、收入水平、收入预期以及消费心理状态的主观感受, 预测经济走势和消费趋向的一个先行指标, 是监测经济周期变化不可缺少的依据. 在许多国家, 消费者信心的测度被认为是消费总量的必要补充.

消费者信心指数由消费者满意指数和消费者预期指数构成. 消费者满意指数是指消费者对当前经济生活的评价, 消费者预期指数是指消费者对未来经济生活发生变化的预期. 消费者的满意指数和消费者预期数分别由一些二级指标构成: 对收入、生活质量、宏观经济、消费支出、就业状况、购买耐用消费品和储蓄的满意程度与未来一年的预期及未来两年在购买住房及装修、购买汽车和未来 6 个月股市变化的预期.

20 世纪 40 年代, 美国密歇根大学的调查研究中心为了研究消费需求对经济周期的影响, 首先编制了消费者信心指数, 随后欧洲一些国家也先后开始建立和编制消费者信心指数.

对消费者信心 (或情绪) 进行调查国际上通行的做法是采用问卷调查法. 问卷的设计紧密围绕以下几个方面内容: 经济发展形势、家庭收入和就业、物价水平、消费或购买意愿. 每一方面由两类问题构成: 对现状的看法和对未来的预期. 前者指消费者对上述几个基本方面当前整体状况的评价; 后者指消费者对几个基本方面未来一段时期 (如半年或一年) 发展变化趋势的估计或预期.

1997 年 12 月, 中国国家统计局景气监测中心开始编制中国消费者信心指数, 中国消费者信心指数每月更新一次, 是中国由独立的第三方研究机构编制的发布频率最高的消费者信心指数. 该指数由两个分指数所组成, 即现期指数和预期指数, 涵盖了房地产、耐用消费品、汽车和投票投资四个主要行业, 并提供按照年龄、收入水平和地域划分的详细统计数据.

4. 投资率

投资率通常是指一定时期 (年度) 内总投资占 GDP 的比率. 但 GDP 由于受进、出口的影响, 又有生产额和使用额的区分. 因此, 投资率也可以从以下两个不同的角度进行观察. 其计算公式为

$$投资率 = \frac{资本形成总额}{GDP} \times 100\%.$$

投资率提升, 消费率就降低. 一般来说, 投资是扩大再生产、提高生产能力的重要手段, 较高的投资率不仅可以直接带动生产的增长, 还会带动居民消费的增长. 当经济发展到一定水平后, 投资率会逐步趋缓, 消费率逐步提升.

5. 资本收益率

资本收益率又称资本利润率, 是指企业净利润 (即税后利润) 与平均资本的比率, 用以反映企业运用资本获得收益的能力, 也是财政部对企业经济效益的一项评价指标. 资本收益率越高, 说明企业有投资的经济效益越好, 投资者的风险越少, 值得投资和继续投资, 对股份有限公司来说, 就意味着股票升值. 因此, 它是投资者和潜在投资者进行投资决策的重要依据. 对企业经营者来说, 如果资本收益率高于债务资金成本率, 则适度负债经营对投资者来说是有利的; 反之, 如果资本收益率收于债务资金成本率, 则过高的负债经营就将损害投资者的利益. 其公式为

$$资本收益率 = (净利润 \div 平均资本) \times 100\%,$$

其中, 对于单户企业, 净利润就是企业的所得税后利润; 而对于集团型企业, 净利润是指归属母公司的税后净利润.

$$平均资本 = [(实收资本年初数 + 资本公积年初数)$$
$$+ (实收资本年末数 + 资本公积年末数)] \div 2.$$

资本收益率中的资本是指实收资本. 资本金是指企业在工商行政管理部门登记的注册资金, 因此, 资本金就是在注册资本. 但是实收资本与注册资本在金额上有时并不一定完全一致, 在实收资本制下, 公司成立时确定的资本金总额要求投资者一次性缴入其出资额, 实收资本与注册资本保持一致; 而在授权资本制下, 公司成立时确定的资本金总额不要求投资者一次性缴付其全部出资额, 只缴纳第一期出资额, 公司成立后委托董事会筹措资本, 这种情况下, 公司成立时甚至成立后, 也可能实收资本与注册资本不一致, 为了正确反映股东投入资本的盈利能力, 运用实收资本是更好的选择.

6. 不良贷款率

不良贷款率指金融机构不良贷款占总贷款余额的比例. 不良贷款是指在评估银行贷款质量时, 把贷款按风险基础分为正常、关注、次级、可疑和损失五类, 其中后三类合称为不良贷款.

金融机构不良贷款率是评价金融机构信贷资产安全状况的重要指标之一. 不良贷款率高, 说明金融机构收回贷款的风险大; 不良贷款率低, 说明金融机构收回贷款的风险小.

不良贷款率计算公式如下:

$$不良贷款率 = (次级类贷款 + 可疑类贷款 + 损失类贷款)/各项贷款 \times 100\%.$$

随着中国经济增速的放缓、工业企业利润率的整体下滑, 中国不良贷款率可能

将在未来持续暴露, 特别是隐性不良贷款风险更需关注. 中国银监会发布的 2013 年监管年报显示, 截至 2012 年年底, 中国银行业金融机构不良贷款余额达 1.07 万亿元, 比年初增加 234 亿元, 不良贷款率为 1.56%. 其中, 商业银行不良贷款余额为 4929 亿元, 比年初增加 647 亿元; 不良贷款率为 0.95%, 与年初基本持平, 然而次级类贷款由 1725 亿元增至 2176 亿元, 可疑类贷款由 1883 亿元增至 2122 亿元.

目前, 随着宏观经济形势整体下行、工业企业利润大幅下滑、企业应付账款坏账加重导致银行净利润增速放缓, 银行业不良贷款率呈现抬头之势. 银行不良贷款率上升直接折射中国经济转型的困境.

7. 恩格尔系数

恩格尔系数 (Engel's coefficient) 是指居民家庭中食物支出占消费总支出的比例. 德国统计学家和经济学家恩格尔 (Ernst Engel, 1821~1896) 对比利时不同收入的家庭消费情况进行了调查, 研究了收入增加对消费需求支出构成的影响, 提出了带有规律性的原理, 由此被命名为恩格尔定律. 其主要内容是指一个家庭收入越少, 家庭收入中 (或总支出中) 用来购买食物的支出所占的比例就越大, 随着家庭收入的增加, 家庭收入中 (或总支出中) 用来购买食物的支出比例则会下降. 推而广之, 一个国家越穷, 每个国民的平均收入中 (或平均支出中) 用于购买食物的支出所占比例就越大, 随着国家的富裕, 这个比例呈下降趋势. 恩格尔系数则是根据恩格尔定律得出的比例数, 是表示生活水平高低的一个指标, 一般随居民家庭收入和生活水平的提高而下降.

恩格尔系数的计算公式为

$$恩格尔系数 = \frac{食品支出总额}{家庭或个人消费支出总额} \times 100\%.$$

在总支出金额不变的条件下, 恩格尔系数越大, 说明用于食物支出的所占金额越多; 恩格尔系数越小, 说明用于食物支出所占的金额越少, 二者成正比. 反过来, 当食物支出金额不变的条件下, 总支出金额与恩格尔系数成反比. 因此, 恩格尔系数是衡量一个家庭或一个国家富裕程度的主要标准之一.

国际上常常用恩格尔系数来衡量一个国家和地区人民生活水平的状况. 根据联合国粮农组织提出的标准, 恩格尔系数在 59% 以上为贫困, 50%～59% 为温饱, 40%～50% 为小康, 30%～40% 为富裕, 低于 30% 为最富裕.

专题介绍 权衡收入公平分配的基尼系数

基尼系数是在对居民按照收入水平高低进行排序和等分的基础上, 绘制出洛伦兹曲线图 (图 2.4.1). 然后, 根据图中的有关部分面积进行算计的一个反映社会财富分配情况的指标, 如图 2.4.1 所示.

横轴是积累的人口百分比, 纵轴是积累的收入百分比. 对角线是 45° 线, 称为绝对平等线. 下横轴和右纵轴称为绝对不平等线. 图中的曲线就是洛伦兹曲线, 它是人口累计百分比与收入累计百分比的有序实数对所组成的集合, 表示收入分配曲线. 这条曲线越趋近于 45° 线, 收入分配就越公平. 如果这条曲线与 45° 线重合, 表示收入按人口绝对平均分配. 这条曲线越远离与 45° 收入分配就越不公平, 如果这条曲线靠近下横轴和右纵轴, 表示大部分的人获得少部分的收入, 少部分的人获得大部分的收入. 用图中 A 区的面积比上 $(A+B)$ 区的面积表示收入分配不平等程度, 这个比值称为基尼系数 (G).

$$G = \frac{A}{A+B},$$

式中, A 表示实际收入分配曲线与绝对平等线之间的面积; B 表示实际收入分配曲线与绝对不平等线之间的面积.

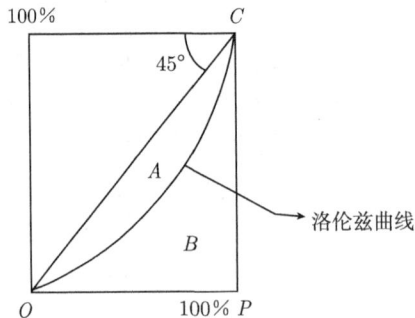

图 2.4.1 洛伦兹曲线

作为一个百分比形式的指标, 基尼系数的数值自然是介于 $0 \sim 1$, 数值越大, 说明用于进行不平均分配的那部分收入占比越大, 即居民之间的收入分配越不平均, 贫富差距越大. 基尼系数为 "0" 表示居民之间的收入分配绝对平均, 每个人的收入都相同, 没有差异; "1" 表示居民之间的收入分配绝对不平均, 即全部的收入都被一个人 "独占" 了. 在实际中, "0" 和 "1" 都是极端现象, 是不可能出现的. 国际上通常把 0.4 作为收入分配差距的 "警戒线". 联合国有关组织规定: 基尼系数若低于 0.2 表示收入绝对平均; 0.2~0.3 表示比较平均; 0.3~0.4 表示相对合理; 0.4~0.5 表示收入差距较大; 0.5 以上表示收入差距悬殊.

有人会问, 按照公平性原则, 基尼系数是不是越低越好呢? 答案是否定的. 因为一个社会要有长足稳定的发展, 在兼顾公平的同时, 还要考虑效率. 基尼系数太低, 每个人的收入不相上下, 个人自身价值的差距得不到体现, 个人的努力和劳动就会缺少有效激励, 工作的积极性削弱, 最后必然有碍社会的创新和进步; 同样地, 如果基尼系数增大, 贫富的两极分化容易引起社会阶层的对立, 人们心中滋生不满情绪, 给社会增添不安定因素, 严重的还会导致社会动荡. 因此, 从理论上来说, 基尼系数不存在"最优值". 有些专家研究发现, 随着经济的发展, 基尼系数会逐步呈现低 —
高 — 低的三阶段特征. 现在各国普遍采用 0.4 作为基尼系数的"警戒线", 这个标
准是对许多国家实践经验的一种提炼, 具有一定的指导和参照意义. 但是, 由于各
国的具体情况千差万别, 所处的发展阶段也不尽相同, 所以 0.4 的"警戒线"标准可
以仅作参考, 不能成为禁锢和教条.

2014 年 7 月 25 日我国新闻网上报道, 北京大学中国社会科学调查中心发布
《中国民生发展报告 2014》中指出, 我国的财产不平等程度迅速升高, 1995 年我国
基尼系数为 0.45, 2002 年为 0.55, 2012 年我国家庭净资产基尼系数达到 0.73. 更详
细地说, 1% 高端家庭占全国 1/3 的财产, 25% 低端家庭拥有的财产仅在 1% 左右.
不管数据是否准确, 贫富差距的逐年扩大在我国已经成为不争的事实, 并且引起中
央政府与社会各界的广泛关注.

2.4.3 数据集中趋势的概括

统计数据集中趋势的概括是描述统计的重要内容. 集中趋势反映的是一组数据
向某一中心值靠拢的倾向, 在中心附近的数据数目较多, 而远离中心的较少. 进行
集中趋势的概括就是寻找数据一般水平的中心或代表值. 集中趋势概括的统计工具
是平均指标 (或称统计平均数).

平均指标有多种形式, 主要包括算术平均数、调和平均数、几何平均数、中位
数和众数等. 其中算术平均数、调和平均数、几何平均数都是根据总体单位的全部
标志值来计算的, 称为数值平均数; 中位数和众数是根据标志值所处的位置来确定
的, 称为位置平均数.

生物统计学创始人高尔顿曾经说过: "统计学家通常醉心于平均数, 而不着迷
于更广泛的考虑. 这一点很像一些英格兰人对瑞士的回忆: 如果可以将它的山脉扔
进它的湖泊, 那么两种讨厌的东西将立即去除." 从这里我们可以看到, 统计平均数
对统计学的重要性, 当然也存在着某种意义上的缺陷. 无疑, 平均指标在社会经济
统计中起有很重要的作用, 主要体现在以下三个方面.

(1) 利用平均指标可以消除因总体范围不同而带来的总体数量差异, 从而使不
同的总体具有可比性. 例如, 比较生产同类产品的几个企业的生产情况, 不能用总
产值、总成本等总量指标, 因为总量指标受企业规模、产品产量多少的影响, 但如
果用平均指标, 如单位产品成本、劳动生产率来进行对比, 就可以较好地评价企业
的生产情况.

(2) 利用平均指标可以分析现象之间的依存关系. 利用统计分组分析现象之间
的依存关系, 首先, 要用分组标志对总体进行分组; 其次, 再计算出结果标志的平均
值, 所以平均指标在研究现象关系中起着重要作用.

(3) 利用平均指标还可以估计和推算其他指标. 例如, 在抽样推断中可利用样

本平均数来估计总体水平数和推算总体总量.

1. 算术平均数

算术平均数是计算平均指标最常用、最基本的方法或形式, 因为这种计算方法是和许多社会经济现象中客观存在的数量关系相符合的. 这种关系可以简称为和的关系, 即总体各单位的标志值之和即为该总体的指标 (标志总量). 例如, 所有员工的工资额之和就是工资总额, 所有工人的产量之和就是总产量. 所谓算术平均数, 就是反映某一标志的总量均匀地分配到总体的各单位上. 其基本算式为

$$算术平均数 = \frac{总体标志总量\,(标志总量)}{总体单位总量\,(总体总量)}.$$

按照统计资料是否分组的条件, 算术平均数可分为简单算术平均数与加权算术平均数.

(1) 简单算术平均数.

简单算术平均数是总体单位的每一个标志值相加得到的标志总量除以总体单位总量求得的平均数. 简单算术平均数的计算公式为

$$\bar{x} = \frac{1}{n} \sum x,$$

式中, $\bar{x}$ 为简单算术平均数; x 为各单位标志值; n 为总体单位数.

简单算术平均数适用于总体单位数少的未分组资料. 由简单算术平均数可以看出, 数值大小是由变量值 x 决定的. 如果某个 x 值极大, 算术平均数就偏大; 反之, 某个 x 值极小, 算术平均数就偏小.

例 2.4.1 某班有 6 名同学参加考试, 成绩分别为 89, 73, 64, 78, 83, 72 分. 可求得简单算术平均数为

$$\bar{x} = \frac{1}{n} \sum x = \frac{89 + 73 + 64 + 78 + 83 + 72}{6} = 76.5(分).$$

(2) 加权算术平均数.

对于已分组资料计算算术平均数, 必须先将各组的标志值 (或组中值) 乘以相应各组单位数来求出各组的标志总量, 然后加总求得总体标志总量, 最后用总体标志总量除以总体单位总量, 由此计算出的平均数称为加权算术平均数. 加权算术平均数的计算公式为

$$\bar{x} = \frac{x_1 f_1 + x_2 f_2 + \cdots + x_n f_n}{f_1 + f_2 + \cdots + f_n} = \frac{\sum xf}{\sum f},$$

式中, $\bar{x}$ 为加权算术平均数; x_i 为各单位标志值 (组距数列为组中值); f_i 为权数, 即各组单位数 (次数).

从加权算术平均数的公式可以看出,影响加权算术平均数的因素有两个:一个是变量值 x, 即当 x 值极大或极小时, 算术平均数会偏大或偏小; 另一个是加固一个是各组的次数 f, 即算术平均数会向 f 较多的位置偏移. 由于 f 在算术平均数计算过程中, 对变量值 x 有调节、影响作用, 通常人们把它称为权数. 但实质上, 起权数作用的并不是次数, 而是次数的比例, 因而也可用次数的比例作权重, 计算加权算术平均数.

例 2.4.2 某班 40 名学生的某次数学考试成绩资料, 见表 2.4.1, 试求该次数学考试成绩的加权平均数.

表 2.4.1 某班 40 名学生的数学成绩

按成绩分组	学生人数 f	组中值 x	xf
60 分以下	2	55	110
60~70 分	8	65	520
70~80 分	16	75	1200
80~90 分	10	85	850
90 分以上	4	95	380
合计	40	—	3060

解 $\bar{x} = \dfrac{\sum xf}{\sum f} = \dfrac{3060}{40} = 76.5$(分).

评注 这里的平均分数 76.5 只是近似值, 用组距数列的组中值计算算术平均数, 是假设标志值在各组内的变动是均匀的. 但实际上组内标志值的分布往往不是均匀的, 所以组中值本身就是近似的代表值, 根据组中值计算的加权算术平均数也只是实际平均数的近似值, 但这种计算方法由于其计算便捷, 在统计学和其他经济学工作中被广泛应用.

2. 算术平均数的数学性质

算术平均数具有下述三个数学性质.

(1) 算术平均数与总体总量的乘积等于标志总量, 即

$$n\bar{x} = \sum x, \quad \sum f \cdot \bar{x} = \sum x.$$

证明可从算术平均数的计算公式推得.

(2) 各单位标志值与算术平均数离差之和等于零, 即

$$\sum (x - \bar{x}) = 0, \quad \sum (x - \bar{x})f = 0.$$

证明可由 (1) 推得.

(3) 各单位标志值与算术平均数离差平方之和为最小值, 即

$$\sum (x - \bar{x})^2 = \text{最小值}, \quad \sum (x - \bar{x})^2 f = \text{最小值}.$$

证明以简单算术平均值为例, 可用初等数学方法证明如下.

设 a 为任意值, 记 $x - a = c$, 则 $a = x - c$, 由

$$\begin{aligned}
\sum (x - a)^2 &= \sum [x - (x - c)]^2 = \sum [(x - \bar{x}) + c]^2 \\
&= \sum (x - \bar{x})^2 + 2c \sum (x - \bar{x}) + nc^2 \\
&= \sum (x - \bar{x})^2 + nc^2
\end{aligned}$$

及 $nc^2 \geqslant 0$ 得

$$\sum (x - a)^2 \geqslant \sum (x - \bar{x})^2,$$

故 $\sum (x - \bar{x})^2 = \text{最小值}.$

评注 算术平均数的计算方法虽然简单, 但当被平均的数据较多、数值较大时, 计算过程显得较为繁杂. 利用算术平均数的数学性质, 可以得出简捷计算公式, 从而简化计算过程, 这里略.

3. 算术平均数趣味应用题精选

例 2.4.3(数学魔术) 魔术家大卫·科波菲尔 (1956~) 提出一个数学魔术: 只要走动一个人, 就可以使整整两个国家增加他们的平均国民收入.

例如, 苏格兰的人均国民收入, 每年大约是 19000 英镑, 而英格兰则为 21000 英镑. 科波菲尔的办法是: 把一个年薪 20000 英镑的英格兰人从伦敦办事处调到爱丁堡办事处, 但年薪照旧. 由于他的薪金低于英格兰地区的平均数, 他在英格兰统计总账上的消失意味着英格兰的人均国民收入将会稍稍提高一些. 另外, 由于他的收入要略高于苏格兰的平均数, 所以在他调动工作后, 苏格兰的人均国民收入将会稍稍提高一些. 由此可见, 这一人调动任职场所, 居然同时提高了两个国家的人均收入.

同样地, 可以设想有两个班级. 一班平均分是 80 分, 二班平均分是 75 分. 于是从一班中调配一个平均 78 分的学生甲到二班, 就会同时提高两个班的平均分.

这简直像是出现了奇迹. 多么有魔力的平均数! 自然, 我们知道英格兰与苏格兰的国民收入总和并没有因这一个人的调动而改变分毫, 而学生甲的调配也没有影响两个班学生分数的总和. 由此, 我们看到的是平均数作为一种测度的局限性.

例 2.4.4(巧称大米) 设有 5 袋大米 (每袋重 60kg 左右) 均分给 $n(n \neq 5)$ 个人, 现有一杆秤的称量是 100~150kg. 欲知每个人平均应分多少, 首先要知道大米的总重量. 请问: 如何称量?

由于称重范围所限, 每次称 1 袋、每次称 3 袋都不行, 每次称 2 袋最后又剩 1 袋. 这就要使用技巧:

让每袋大米均称两次且仅称两次. 称法组合方法很多, 如 5 袋大米分别记为 A, B, C, D, E, 那么, 可以按下面的方式分组称量 (分组方法不唯一):

$$(A, B), \quad (B, C), \quad (C, D), \quad (D, E), \quad (E, A).$$

这样称得的总重量和便是 5 袋大米总重量的 2 倍. 有了它, 每人平均分多少便不难求得.

例 2.4.5(歪过山高) 据说冯·诺依曼 (J. von Neumann, 1903~1957) 一次与九位朋友一起郊游, 面对眼前的山色美景, 每个人都陶醉了. 野餐之后, 有人提议做一个游戏: 估山高. 十个人每人都各自估一下前面的山的高度, 规定与十人所估山高的算术平均值最接近的人将获胜.

冯·诺依曼为了获胜, 竟耍了一个小手腕. 他先与一位平日里最要好的朋友低语一阵, 当大家说完自己的估值, 再算出估值的算术平均值, 胜者果然在冯·诺依曼与他最要好的朋友之间产生.

奥秘在哪里? 原来他们两人做了手脚.

他们先估计了其余 8 个人的估数 $a_i (1 \leqslant i \leqslant 8)$, 且将其中最大的记作 a, 为了使 10 个人估数的算术平均数值

$$\bar{a} = \frac{1}{10} \sum_{i=1}^{10} a_i,$$

满足在他们两人所估数的中间, 即 $a \leqslant a_9 \leqslant \bar{a} \leqslant a_{10}$, 且 $a < \bar{a}$, 只需令 $a_9 \geqslant a$, $a_{10} \geqslant 9a$ 即可 (这原本是荒唐的). 因为这时

$$\bar{a} = \frac{1}{10} \sum_{i=1}^{10} a_i > \frac{1}{10}(a_9 + a_{10}) \geqslant \frac{1}{10}(a + 9a) = a,$$

且 $9a_{10} \geqslant 9a \geqslant \sum_{i=1}^{9} a_i$ 或 $10a_{10} \geqslant \sum_{i=1}^{10} a_i$, 从而 $a_{10} \geqslant \frac{1}{10} \sum_{i=1}^{10} a_i = a$.

这就是说, 他们两个人一个人的估值是 a, 另一个人的估值是 $9a$.

当然, 应该说他们两个人的估计是 "唯心" 的, 换言之, 这样估计只是为了 "取胜", 并非真的估高, 即目标是 "胜" 而不是准.

例 2.4.6(秘求平均) 设有 n 个小伙子 $A_1, A_2, \cdots, A_n$, 每人手中各抓了 a_1, $a_2, \cdots, a_n$ 块糖果. 请问: 能否在每个人都秘而不宣的情况下, 求出这 n 个小伙子手中糖果块数的算术平均值?

乍看起来, 这确实是一个棘手问题, 想不到给出解答方法的, 竟是一位仅有高中数学水平的美国女士 (且她本人声称连九年级代数考试也未通过), 她的方法是这样的:

先让 A_1 将自己手中糖果数 a_1 再加上一个 x(随便给出的) 且将 $a_1 + x$ 的值告诉 A_2, 而 A_2 再将该数加上自己手中糖果数 a_2 后其和告诉 A_3 ⋯⋯ 如此下去, 最后 A_n 将 $x + a_1 + a_2 + \cdots + a_{n-1}$ 加上自己手中糖果数 a_n 后再告诉 A_1. 这样, A_1 可将 $x + a_1 + a_2 + \cdots + a_n$ 减去 x(他设定的 x 值) 后再除以 n, 可求得 n 人手中糖果数的算术平均值:

$$a = \frac{1}{n}\left(x + \sum_{i=1}^{n} a_i - x\right) = \frac{1}{n}\sum_{i=1}^{n} a_i.$$

此方法可在每个人手中糖果数秘而不宣的情况下, 巧妙地求出了他们手中糖果块数的算术平均值.

其实, 此问题还可以推广至即便有人结盟作弊 (如当 A_1 将 $x + a_1$ 告诉 A_3 后, A_3 便可知 A_2 手中糖果数 a_2) 情况下, 在仍然无法得知某人手中糖果块数的前提下, 求得其算术平均值的方法, 其窍门如下.

让每位小伙子都将自己手中的糖果数 $a_i (1 \leqslant i \leqslant n)$ 拆成 n 个数 $a_{ij}(i = 1, 2, \cdots, n)$, 即

$$a_i = \sum_{i=1}^{n} a_{ij}(1 \leqslant i \leqslant n),$$

然后让他们每个人分别将拆成的 n 个数分别记在 n 张纸上, 且把其中写着 a_{ij} 第 j 张纸片全给 $A_j (1 \leqslant j \leqslant n)$, 然后让每个人都将自己手中的纸片上数求和

$$S_j = \sum_{i=1}^{n} a_{ij}(1 \leqslant j \leqslant n).$$

接下去每人将所求之和公开, 再求出它们的总和 $S = \sum_{j=1}^{n} S_j$, 注意到下面式子的变换:

$$S = \sum_{j=1}^{n} S_j = \sum_{j=1}^{n}\left(\sum_{i=1}^{n} a_{ij}\right) = \sum_{i=1}^{n}\left(\sum_{j=1}^{n} a_{ij}\right) = \sum_{i=1}^{n} a_i,$$

即所求的 S 为 n 个人手中全部糖果数的和, 这样

$$\bar{a} = \frac{1}{n}\sum_{i=1}^{n} a_i = \frac{1}{n}S.$$

即可由 S 求得这 n 个人手中糖果数的算术平均值.

这是一个即便有人结盟仍无法获知他人手中糖果块数的绝妙方法.

4. 调和平均数

调和平均数 (harmonic mean) 是集中趋势的另一种测定指标, 它是总体中各单位标志值倒数的算术平均数的倒数, 又称 "倒数平均数". 在统计实践中, 调和平均数常被作为算术平均数的变形来使用: 当因为数据的原因而不能采用算术平均数的方法计算均值时, 可以考虑采用调和平均数的形式. 调和平均数也有简单调和平均数和加权调和平均数两种形式.

(1) 简单调和平均数.

简单调和平均数是各个标志值倒数的算术平均数的倒数. 计算公式如下:

$$H = \left[\frac{1}{n}\left(\frac{1}{x_1} + \frac{1}{x_2} + \cdots + \frac{1}{x_n}\right)\right]^{-1} = \frac{n}{\frac{1}{x_1} + \frac{1}{x_2} + \cdots + \frac{1}{x_n}} = \frac{n}{\sum\limits_{i=1}^{n}\frac{1}{x_i}},$$

其中 H 代表调和平均数.

例 2.4.7 某种蔬菜早市、午市和晚市的价格分别为 0.7, 0.68 和 0.74 元/斤, 各买 1 斤, 试求其平均价格.

解
$$H = \frac{n}{\sum\limits_{i=1}^{n}\frac{1}{x_i}} = \frac{1+1+1}{\frac{1}{0.7} + \frac{1}{0.68} + \frac{1}{0.74}} = \frac{3}{4.25} = 0.71(\text{元}/\text{斤}).$$

评注 简单调和平均数的应用场合是: 各标志值对应的标志总量相等. 当各标志值对应的标志总量不相等时, 就要用加权调和平均数.

(2) 加权调和平均数.

加权调和平均数的计算公式为

$$H = \frac{m_1 + m_2 + \cdots + m_n}{\frac{m_1}{x_1} + \frac{m_2}{x_2} + \cdots + \frac{m_n}{x_n}} = \frac{\sum\limits_{i=1}^{n}m_i}{\sum\limits_{i=1}^{n}\frac{m_i}{x_i}},$$

式中, m 表示各单位或各组的标志值对应的标志总量.

例 2.4.8 某种蔬菜价格和成交量资料见表 2.4.2, 求该种蔬菜一天的平均价格.

解 如果已知资料是批发价和成交量, 采用算术平均数方法:

$$\bar{x} = \frac{\sum\limits_{i=1}^{n}x_i f_i}{\sum\limits_{i=1}^{n}f_i} = \frac{0.7 \times 4000 + 0.68 \times 2000 + 0.74 \times 3000}{4000 + 2000 + 3000} = \frac{6380}{9000} = 0.71(\text{元}/\text{公斤}).$$

表 2.4.2 蔬菜价格和成交量资料

时间	批发价 x_i/元	成交量 f_i/公斤	成交额 $x_i f_i = m_i$/元
早市	0.70	4000	2800
午市	0.68	2000	1360
晚市	0.74	3000	2220
合计	—	9000	6380

如果已知资料是批发价和成交额, 则要采用调和平均数方法:

$$H = \frac{\sum\limits_{i=1}^{n} m_i}{\sum\limits_{i=1}^{n} \dfrac{m_i}{x_i}} = \frac{2800 + 1360 + 2200}{\dfrac{2800}{0.7} + \dfrac{1360}{0.68} + \dfrac{2200}{0.74}} = \frac{6380}{4000 + 2000 + 3000} = 0.71(\text{元/公斤}).$$

评注 不难看出, 加权调和平均数实际上是加权算术平均数的变形.

$$\frac{\sum\limits_{i=1}^{n} m_i}{\sum\limits_{i=1}^{n} \dfrac{m_i}{x_i}} = \frac{\sum\limits_{i=1}^{n} x_i f_i}{\sum\limits_{i=1}^{n} \dfrac{x_i f_i}{x_i}} = \frac{\sum\limits_{i=1}^{n} x_i f_i}{\sum\limits_{i=1}^{n} f_i},$$

当各组标志总量相等, 即 $m_1 = m_2 = m_3 = \cdots = m_n = m$ 时, 加权调和平均数可化简成为简单调和平均数形式.

$$\left(\sum_{i=1}^{n} m_i\right) \bigg/ \left(\sum_{i=1}^{n} \frac{m_i}{x_i}\right) = \frac{nm}{m \sum\limits_{i=1}^{n} \dfrac{1}{x_i}} = \frac{n}{\sum\limits_{i=1}^{n} \dfrac{1}{x_i}}.$$

由此可见, 简单调和平均数是加权调和平均数的特例. 调和平均数易受极端数值的影响, 且当数据中有标志值为 0 时, 调和平均数就无法计算.

5. 几何平均数

几何平均数 (geomatric mean) 也称几何均值或对数平均数, 是一种有特定作用的平均数. 几何平均数是 N 个变量值 (比率) 连乘积的 N 次方根, 通常用于时间上有联系或有先后顺序关系的比率求平均, 凡是度量值的连乘积等于总比率或总速度的现象都必须使用几何平均法计算均值. 几何平均数根据掌握的数据资料不同, 有简单几何平均数和加权几何平均数两种方法.

(1) 简单几何平均数.

简单几何平均数的计算公式为

$$G = \sqrt[n]{x_1 x_2 \cdots x_n} = \left(\prod_{i=1}^{n} x_i\right)^{1/n},$$

其中, G 表示几何平均数, x_i 表示各项标志值.

简单几何平均数适用于计算未分组数列的平均比率或平均速度. 若将变量值取对数, 几何平均数就变成均值形式, 即

$$\log G = \frac{1}{n}\sum_{i=1}^{n}\log x_i.$$

例 2.4.9 某产品需经四道工序加工, 已知第一道工序加工合格率为 97%, 第二道工序加工合格率为 95%, 第三道工序加工合格率为 96%, 第四道工序加工合格率为 94%, 试求四道工序平均加工合格率.

解 $G = \sqrt[4]{x_1 x_2 x_3 x_4} = \sqrt[4]{97\% \times 95\% \times 96\% \times 94\%}$
$= \sqrt[4]{83.156\%} = 95.49\%.$

(2) 加权几何平均数.

当计算几何平均数的各个标志值的次数不相同时, 应采用加权几何平均数. 加权几何平均数是各标志值 f_i 次方的连乘积的 $\sum_{i=1}^{n} f_i$ 次方根, 计算公式为

$$G = \sqrt[\sum\limits_{i=1}^{n} f_i]{x_1^{f_1} x_2^{f_2} \cdots x_n^{f_n}} = \sqrt[\sum\limits_{i=1}^{n} f_i]{\prod x_i^{f_i}}.$$

例 2.4.10 某企业 1990~2001 年增加值发展速度见表 2.4.3, 试计算其 1990~2001 年增加值平均发展速度.

表 2.4.3　某企业增加值平均发展速度

环比发展速度/%	时期	次数 f
102	1990~1993 年	3
104	1993~1998 年	5
98	1998~1999 年	1
103	1999~2001 年	2

$$G = \sqrt[\sum\limits_{i=1}^{n} f_i]{x_1^{f_1} x_2^{f_2} \cdots x_n^{f_n}} = \sqrt[11]{1.02^3 \times 1.04^5 \times 0.98^1 \times 1.03^2} = \sqrt[11]{1.3423} = 102.71\%.$$

评注 几何平均数也是算术平均数的变形, 也受极端变量值的影响, 适合于反映特定现象的平均水平 —— 现象的总标志值是各单位标志值的连乘积. 但是, 如果数列中有一个标志值等于 0, 或者数列中有一个标志值是负值, 又要开偶次方根, 就无法计算几何平均数. 在统计实践中, 几何平均数的应用较算术平均数和调和平均数少.

6. 中位数与四分位数

在给定的一组数据中, 我们还可以找到处于某个特殊位置上的数据, 从中大体看出总体数据在哪个区间内更为集中, 即它们在一定程度上可以反映数据的分布情况. 我们把能够将全部数据按大小等分为 k 个部分的数值称为 "k 分位数", 其中包括中位数、四分位数、百分位数等. 这里仅介绍中位数与四分位数, 至于百分位数的原理是相同 (略).

(1) 中位数.

中位数 (median) 是一组数据排序后, 居于中间位置的数据. 中位数用 M_e 表示. 从中位数的定义可知, 所研究的数据中有一半小于中位数, 一半大于中位数. 中位数主要用于测度顺序数据的集中趋势, 也同样适用于测度数值型数据的集中趋势, 但不适用于分类数据.

如果一组数据包含奇数个数值, 中位数就是中间的数; 如果一组数据包含偶数个数值, 中位数就是中间两个数的平均数. 确定中位数的步骤如下:

(i) 将数据按升序排列, 设排序的结果为 $x_1 \leqslant x_2 \leqslant x_3 \leqslant \cdots \leqslant x_n$.

(ii) 确定中位数的位置, 即排序后处于 $(n+1)/2$ 位置上的值.

(iii) 计算中位数的具体数值, 公式为

$$
M_e = \begin{cases} x_{((n+1)/2)}, & n \text{ 为奇数}, \\ \dfrac{1}{2}\{x_{(n/2)} + x_{(n/2+1)}\}, & n \text{ 为偶数}. \end{cases}
$$

在实践中, 中位数有许多应用场合. 对一些不能用具体数值表示, 只能以等级、顺序、名次表示的经济现象, 可采用中位数代表其一般水平; 年龄中位数可用以判断人口发展类型 (人口学家认为, 年龄中位数在 20 岁以下者为年轻型人口, 其发展前景可观; 年龄中位数在 30 岁以上为老年型人口, 人口趋向老化; 年龄中位数在 20~30 岁为中年型人口, 人口规模相对稳定); 中位数也可用于工业产品质量检查和季节比率计算, 等等.

中位数还有一个很重要的数学性质, 即标志值与中位数离差的绝对值之和为最小值, 即

$$
\sum |X - M_e| = \text{最小值}.
$$

利用这一性质, 可以帮助解决某些实际问题. 例如, 欲在一条长街上设个服务居民的机构 (如液化气供应站), 就应设在各户居民与某一特定居民 (如街头第一户居民) 距离的数据的中位数的位置上, 使服务机构到各用户的距离总和达到最小.

例 2.4.11 在 1980 年的总统竞选辩论中, 罗纳德·里根与詹姆斯·卡特竞选总统时, 被问到他过高的年龄会不会是他的劣势. 与此相反, 1992 年威廉·杰斐逊

克林顿在竞选总统时, 许多政治观察员持有相反的观点, 认为克林顿成为总统还太年轻, 缺少经验. 那么, 同其他前任总统相比, 克林顿的年龄到底怎样呢?

表 2.4.4 列出了在 1901 年到 1993 年间担任总统职位的总统在就职时的年龄. 试找出该年龄分布中的中位数, 并将克林顿在就职时的年龄与其他总统的年龄进行比较.

表 2.4.4 美国总统就职时的年龄

总统	就职时年龄	总统	就职时年龄
T. 罗斯福	42	肯尼迪	43
塔大特	51	林顿·约翰逊	55
威尔逊	56	尼克松	56
哈丁	55	福特	61
柯立芝	51	詹姆斯·卡特	52
胡佛	54	里根	69
富兰克林·罗斯福	51	布什	64
杜鲁门	60	克林顿	46
艾森豪威尔	61		

解 就职年龄按升序排列如下:

42, 43, 46, 51, 51, 51, 52, 54, 55, 55, 56, 56, 60, 61, 61, 64, 69.

因为数列中有 17 个标志值, 所以中间的标志值, 即第 9 个标志值, 即 55. 因为克林顿在就职时的年龄在中位数之下, 所以我们同意政治观察员的观点, 即克林顿在就职时他还年轻.

(2) **四分位数.**

四分位数 (quartiles) 是一组数据排序后, 用三个点将全部数据等分为 4 个部分, 其中每部分包括 25% 的数据, 这三个点即四分位点. 很显然, 中间的四分位数就是中位数, 而通常所说的四分位数就是指第一个四分位数 Q_L(又称下四分位数) 和第三个四分位数 Q_U(又称上四分位数).

四分位数的确定与中位数类似, 先要对数据进行排序, 然后确定四分位数所在的位置, 四分位数位置的确定有几种不同的方法, 每种方法得到的结果会有一定差异, 但差异不大, 不会影响对问题结果的分析.

根据四分位数的定义可确定公式为

$$Q_L \text{的位置} = n/4, \quad Q_U \text{的位置} = 3n/4.$$

如果计算结果是整数, 四分位数就是该位置对应的值; 如果计算结果是小数, 则四分位数等于该位置的下侧值加上按比例分摊位置两侧数值的差值.

一个数据集的两个四分位数与中位数及最大值、最小值构成该数据集的五数概括:

最小值, Q_L, 中位数, Q_U, 最大值.

不难发现, 例 2.4.11 中总统年龄数据集的五数概括为

$$42, \quad 51, \quad 55, \quad 60.5, \quad 69.$$

单项变量数列与组距数列求中位数要复杂许多, 这里不再展开讨论.

7. 众数

众数是总体中出现次数最多的标志值, 即最经常、最普遍出现的标志值. 在总体单位数很多, 且有明显的集中趋势的情况下, 可以采用众数来代表现象的一般水平, 因为众数在总体中出现次数最多, 在总体中占有重要地位.

例如, 某车间 10 个工人的月工资额分别为 190, 210, 210, 255, 255, 255, 255, 300, 340 和 340 元. 其中 255 元出现 4 次, 是出现次数最多的标志值, 这 255 即为众数. 255 元可用以代表这 10 个工人的工资的一般水平.

在某些场合, 使用众数以代表总体的一般水平, 即合适又简便. 例如, 成衣、鞋袜、帽子等产品的生产与销售, 工作或商店的供销人员最关心的不是这些产品号码、尺寸、规格、型号的算术平均数, 而是它们的众数. 这里, 众数表示什么号码、尺寸最为畅销, 最为流行; 而算术平均数几乎是或完全是没有意义的. 又例如, 为了解集市贸易市场上某种商品的价格水平, 大可不必在全面搜集了该商品销售量、销售额资料后, 计算出价格的算术平均数; 只需要通过非全面调查后, 获得价格的众数, 即可把握当时的价格行情.

计算众数的方法, 视所掌握的资料而定. 当资料是未分组或单项数列时, 可以对资料直接观察而确定众数, 如例 2.4.11. 当资料是组距数列时, 首先确定众数组, 等距数列以次数最高数一组作为众数组, 异距数列以次数密度 (标准次数) 最高的一组作为众数组; 然后再用比例插值方法, 求出近似计算众数, 这里略.

8. 众数、中位数和平均数的特点与应用

众数、中位数和平均数由于受极端值影响不同, 形成了上述各种关系, 众数是频数分布最多的变量值, 它不受极端值的影响; 中位数只受极端值位置的影响, 不受其数值的影响; 而平均数是根据所有变量值计算得到的, 因此极端值对平均数的影响是最大的. 三者各有不同的特点, 决定了它们在实际的统计分析中适合于不同的应用场合.

众数是最容易计算的, 但它具有不唯一性, 一组数据可能有一个众数, 也可能有两个, 也可能没有众数. 众数只有在数据量较多时才有意义, 当数据较少时, 不宜使用众数. 众数的应用场合比较少, 主要适合作为分类数据集中趋势的测度值.

中位数作为一种位置代表值, 主要适合测度顺序数据的集中趋势. 中位数很容易理解, 不受极端值的影响, 这既是它有价值的方面, 也是它有数据信息利用不够

充分的地方. 当一组数的分布偏斜程度较大时, 建议使用中位数, 如很多关于金钱的分布. 例如, 收入、房价、财富等, 都有很强的右偏现象, 即常常有少数特别大的观测值, 要描述这类数据的分布特征就可以利用中位数.

平均数的含义通俗易懂、直观清晰, 它是针对数值型数据计算的, 是应用最广泛, 也是最为重要的一个集中趋势测度值. 平均数具有优良的数学性质, 这使得它在推断统计分析中经常得以应用. 平均数的计算充分利用了全部数据信息, 这是平均数的优点, 同时也是缺点, 因为极大值或极小值都会使均值极端化, 所以对于偏态数据, 尤其是偏斜程度较大时, 平均数的代表性则较差. 这种情况下可以考虑中位数或众数, 它们的代表性要比平均数好. 而当数据呈对称分布或接近对称分布时, 则应选择平均数作为集中趋势的代表值.

2.4.4 数据离散程度的概括

集中趋势只是数据分布的一个特征, 它所反映的是一组数据向其中心值靠拢的程度, 但仅有数据的中心位置还不足以较为全面地描述一组数据分布的规律性, 还需要考察数据的离散程度或变动性, 即变量值之间的差异状况.

数据的离散程度是数据分布的另一个重要特征, 它所反映的是一组数据远离其中心值的程度, 因此也称为离中趋势. 概括数据离散程度的统计工具是数据变异指标. 标志变异指标是反映总体各单位标志值差异程度的综合指标, 它表明总体各单位标志值的离散程度和离中趋势. 标志变异指标是衡量总体各单位标志值的差异程度和平均数代表性的尺度, 标志变异指标越大, 总体各单位标志值的差异程度越大, 平均数的代表性就越小; 标志变异指标越小, 总体各单位标志值的差异程度越小, 平均数的代表性就越大.

变异指标在统计分析、统计推断中具有很重要作用. 具体可以概括为以下四点.

(1) 变异指标可以反映总体内各标志值的差异程度. 一般来说, 标志变异指标数值越大, 总体各单位变量值颁布的离散趋势越高. 反之, 变量值分布的离散趋势越低.

(2) 变异指标是衡量平均指标代表性高低的重要尺度. 平均指标作为总体各单位某一数量标志的代表值, 其代表性的高低与总体各单位标志值差异程度有直接关系: 总体的标志变异指标值越大, 平均数的代表性越低; 标志变异指标越小, 平均数代表性越高.

(3) 变异指标可以衡量社会经济活动的稳定性和均衡程度. 例如, 检查生产计划执行情况时, 除了计算计划完成程度, 还要用变异指标分析计算计划执行过程中的均衡程度, 检查生产过程是否存在时紧时松的现象. 又例如, 进行产品质量统计检验, 经常采用变异指标, 如果指标变动度较小, 说明产品质量比较稳定; 反之, 变动程度越大, 则产品质量的稳定性越差.

(4) 变异指标是进行抽样推断的基础指标. 例如, 在抽样调查中, 利用样本数据推断总体指标、确定样本容量, 都要用到标志变异指标.

根据所依据类型的不同, 变异指标有异众比率、四分位差、全距或极差、平均差、方差和标准差、离散系数、变异系数等. 这里仅介绍最主要的几种变异指标.

1. 异众比率

异众比率 (variation ratio) 又称离异比率或变差比, 是指非众数组的频数占总频数的比例, 用 V_r 表示. 其计算公式为

$$V_r = \frac{\sum f_i - f_m}{\sum f_i} = 1 - \frac{f_m}{\sum f_i},$$

其中, $\sum f_i$ 为变量值的总频数; f_m 为众数组的频数.

异众比率主要用于衡量众数对一组数据的代表程度, 适用于分类数据. 异众比率越大, 说明非众数组的频数占总频数的比例越大, 而众数组的频数占总频数的比例越小, 因此众数的代表性就越差; 异众比率越小, 说明非众数组的频数占总频数的比例越小, 而众数组的频数占总频数的比例越大, 因此众数的代表性越好. 异众比率主要适合测度分类数据的离散程度, 当然, 对于顺序的数据和数值型数据也可以计算异众比率.

例 2.4.12 为研究广告市场的状况, 一家广告公司在某城市随机抽取 200 人就城市居民比较关心哪一类广告进行了邮寄问卷调查. 调查数据经分类整理后形成频数分布表 (表 2.4.5), 试计算异众比率.

表 2.4.5　调查数据频数分布表

广告类型	人数/人	频数/%
商品广告	112	56.00
服务广告	51	25.50
金融广告	9	4.50
房地产广告	16	8.00
招生招聘广告	10	5.00
其他广告	2	1.00
合计	200	100.00

解 $V_r = \frac{\sum f_i - f_m}{\sum f_i} = 1 - \frac{f_m}{\sum f_i} = \frac{200 - 112}{200} = 1 - \frac{112}{200} = 44\%.$

该资料表明, 在所调查的 200 人当中, 关注商品广告的人数最多, 异众数为 112, 关注非商品广告的人数占 44%, 异众比率比较大. 因此, 用 "商品广告" 来反映城市居民对广告关注的一般趋势, 其代表性不是很好.

此外, 利用异众比率还可以对不同总体或样本的离散程度进行比较. 假定我们在另一个城市对同一问题抽查了 300 人, 关注商品广告的人数为 186 人, 则异众比率为 38%. 通过比较可知, 本次调查的异众比率小于上一次调查, 因此, 用 "商品广告作为该城市居民关注广告的代表值比上一个城市要好些.

2. 标准差

这里仅介绍总体标准差. 标准差是总体中各单位标志值与其算术平均数的离差平方的算术平均数的平方根, 又称均方差. 标准差是用平方的方法消除离差的正负号, 是计算离差的平方的算术平均数再开方, 因此又称均方差. 标准差是测定标准值离散水平的主要指标, 用 σ 表示.

对于未分组资料, 其计算公式为简单式:

$$\sigma = \sqrt{\frac{1}{n}\sum(x-\bar{x})^2};$$

对于已分组资料, 其计算公式为加权式:

$$\sigma = \sqrt{\frac{\sum(x-\bar{x})^2 f}{\sum f}}.$$

例 2.4.13 设某班 40 名学生的某次数学考试成绩 (表 2.4.6), 试求该次数学考试成绩的标准差.

表 2.4.6 某班 40 名学生某次数学成绩

按成绩分组 (分)	学生人数 f	组中值 x	xf	$x-\bar{x}$	$(x-\bar{x})^2$	$(x-\bar{x})^2 f$
60 分以下	2	55	110	-21.5	462.25	924.5
60~70 分	8	65	520	-11.5	132.25	1058.0
70~80 分	16	75	1200	-1.5	2.25	36.0
80~90 分	10	85	850	8.5	72.25	722.5
90 分以上	4	95	380	18.5	342.25	1369.0
合计	40	—	3000	—	—	4110.0

解
$$\bar{x} = \frac{\sum xf}{\sum f} = \frac{3060}{40} = 76.5(\text{分}),$$

$$\sigma = \sqrt{\frac{\sum(x-\bar{x})^2 f}{\sum f}} = \sqrt{\frac{4110}{40}} = 10.14(\text{分}).$$

3. 变异系数

变异指数中的标准差都是绝对指标, 其数值的大小不仅受各单位标志值差异水平的影响, 而且还受到变量数列平均水平高低的影响. 因此, 在对比分析不同水平的变量数列之间标志值的变异程度时, 还不能直接用各数列的标准差进行比较, 必须要消除各变量数列平均水平高低的影响, 才能直接反映出不同水平数列的离散程度. 这就是变异系数, 计算公式为

$$标准差系数 \ V_\sigma = \frac{\sigma}{\bar{x}} \times 100\%.$$

应当注意, 变异系数可以直接表明不同总体的离散程度. 因此, 变异系数越大, 说明该总体的变量值差异程度越大, 其平均数的代表性也就越小.

例 2.4.14　甲商店职工的平均工资为 900 元, 标准差为 20 元; 乙商店职工的平均工资为 600 元, 标准差为 18 元. 从资料上看, 甲商店标准差大于乙商店, 似乎可以判断乙商店平均工资的代表性好于甲商店. 是否如此? 我们可以通过计算标准差系数来进行说明. 现分别计算为

$$V_{\sigma甲} = \frac{\sigma}{\bar{x}} \times 100\% = \frac{20}{900} \times 100\% = 2.2\%,$$

$$V_{\sigma乙} = \frac{\sigma}{\bar{x}} \times 100\% = \frac{18}{600} \times 100\% = 3\%.$$

计算结果表明, 甲商店的标准差系数小于乙商店的标准差系数, 这说明甲商店平均工资的代表性好于乙商店, 这与我们的直观结果相反.

从以上分析可以看出, 变异系数消除了计算单位不同或平均水平高低的影响, 只反映现象标志值的离散程度, 具有广泛的可比性. 变异系数越大, 说明平均数的代表性越差; 相反地, 变异系数越小, 说明平均数的代表性越好.

2.5　统计指数概说

历史聚焦　统计指数的源头

自文艺复兴运动的兴起, 西方开始了个人的自我追求和自我完善, 在西方的自由思想环境下, 在 "重工主义" 和 "重商主义" 的政策引导下, 以商品经济为特征的市场经济和资本主义经济得以快速发展. 由于美洲新大陆开采的金银源源不断地涌入欧洲引发物价飞涨, 人们对研究物价变动产生了兴趣, 使之成为了物价指数诞生的基础. 清朝末年, 我国也开始正式接受西方统计思想, 但终因当时的闭关锁国, 我国学者在统计领域的研究举步维艰.

统计指数起源于对物价变动的研究. 1675 年, 英国经济学家赖斯·伏亨 (Rice Vaughan) 在其所著的《硬货币及其货币铸造造论》一书中, 将 1650 年的谷物、家

畜、鱼类、布帛与皮革等商品的价格分别与 1352 年的价格相比较, 来考察商品价格的变动情况, 以测定当时劳资双方对于货币交换的比例. 这就是个体价格指数和统计指数的萌芽.

在伏亨首开先河之后, 英国经济学家皮索普·弗里特·伍德 (Bishop Fleet Wood) 著有《宝货历史》, 扩大了物价指数的考察范围和时间范围. 他将 1440~1480 年英国五镑金币所购物、肉类、饮料和布帛的数量, 与 1707 年同样货币购买的数量相比较, 进而研究 39 种物品价格的变动. 他采取了以下公式进行计算:

(i) 质量指标指数: $I_p = p_1/p_0$;

(ii) 数量指标指数: $I_q = q_1/q_0$.

伏亨和伍德在物价指数上的贡献, 无疑具有划时代的意义. 他们开辟了统计指数的先河, 使后来的学者有路可循, 开始探寻优化统计指数理论和更大范围的推广应用. 但这时候的统计指数只是对个体事物的计算, 且局限于对物价的研究.

统计指数, 也称经济统计指数, 简称指数. 它用于研究社会经济 (自然) 现象时间变动和空间对比关系. 统计指数的概念有广义和狭义之分. 从广义上说, 凡说明同类总体数量差异或变动的相对指标都可以称为指数, 如比较相对指标、动态相对指标、计划完成程度相对指标等. 对于综合反映不能直接加总计算的多种事物组成的复杂现象总体数量变动的相对指标, 则称其为狭义的统计指数. 本节讨论狭义指数.

2.5.1 统计指数概述

1. 统计指数分类

从不同的角度出发, 统计指数可以按不同的标准分为以下五种主要类型.

(1) 按所反映的对象范围不同, 指数分为个体指数和总指数. 个体指数是反映单一项目的简单总体现象总体变动状况的指数, 个体指数与发展速度、动态相对数, 实为同一指标. 总指数是反映由多个项目组成的, 不能直接加总的复杂总体综合变动状况的指数. 例如, 若干种产品价格的总指数、若干种产品产量的总指数. 在个体指数与总指数之间还有类 (组) 指数. 类指数实质计算同于总指数, 只是所包含的项目相对少于总指数.

(2) 按所表明现象的数量特征不同, 指数分为数量指标指数和质量指标指数. 数量指标指数是表明总体在规模上数量变动的指数, 如产品产量指数、职工人数指数. 质量指标指数是表明总体在内涵上数量变动的指数, 如产品价格指数、工人劳动生产率指数.

(3) 按比较的对象不同, 指数分为动态指数和静态指数. 动态指数又称时间性指数, 反映现象在时间上的动态变化, 其对比基准是现象在基期的水平. 静态指数主要包括地区性指数和计划完成指数. 地区性指数是同一时期、不同地区 (单位)

之间同一指标的不同数值对比形成的指数, 反映现象在空间上的比例状况, 其对比基准是现象在某地区 (单位) 的水平. 地区性指数即比较相对数, 计划完成指数即计划完成相对数, 它反映所研究现象的计划完成程度, 其对比基准是该现象的计划规定数.

(4) 按计算总指数的方法不同, 指数分为综合指数和平均数指数. 后面将详细介绍.

(5) 按照对比基期不同可分为定基指数、环比指数和同比指数. 定基指数是反映现象报告期数量与某一固定基期数量对比的相对指标. 环比指数是反映现象报告期数量与前一期数量对比的相对指标. 同比指数是反映现象报告期数量与上年同期数量对比的相对指标.

2. 统计指数的性质

欲正确地应用统计指数这一统计工具, 必须对统计指数的性质有深刻的了解, 概括地说, 统计指数有下列四项重要性质.

(1) 相对性. 指数是一个比较值, 表明现象发展变化的程度. 它常以百分数表示, 而且百分号可省略. 例如, 物价指数 125%, 可写作物价指数 125.

(2) 综合性. 指数是一个综合值, 综合反映包含多个项目的复杂总体的变动方向和大小. 综合指数方法是对绝对数的综合, 平均数指数方法是对相对数 (个体指数) 的综合. 所以总指数实为一个综合对比之数.

(3) 平均性. 指数是一个平均值. 总指数所反映的复杂总体的综合变动, 实质上就是总体内各个项目变动的平均数. 人们对物价变动的自我感受与统计部门公布的物价指数之间存在差异的原因之一就在于: 自我感受对应某一种或某一类商品价格的具体上涨或下跌, 而物价指数对应若干种或若干类商品价格的平均涨跌程度.

(4) 代表性. 指数是一个代表值. 实际编制总指数, 不可能将复杂总体所包含的全部项目——列入计算范围, 只能选取其中的若干重要项目作为代表计算之. 例如, 目前我国居民消费价格指数 (CPI), 是根据所选择的 600~700 种商品和服务项目的价格资料作为全部居民消费商品价格资料的代表, 按加权算术平均公式 (2001 年后改为拉斯贝尔 (E.Laspeyres, 1834~1913) 公式) 编制而成的.

3. 统计指数的作用

统计指数的作用可归纳为以下四个方面:

(1) 综合反映社会经济现象总变动方向及变动幅度. 在统计实践中, 经常要研究多种商品或产品的价格综合变动情况、多种商品的销售量或产品产量的总变动、多种产品的成本总变动、多种股票价格综合变动等. 这类问题由于各种商品或产品的使用价值不同、各种股票价格涨跌幅度和成交量不同, 所研究总体中的各个个体不能直接相加. 指数法的首要任务, 就是把不能直接相加总的现象过渡到可以加总对比, 从而反映复杂经济现象的总变动方向及变动幅度.

(2) 分析现象总变动中各因素变动的影响方向及影响程度. 利用指数体系理论可以测定复杂社会经济现象总变动中, 各构成因素的变动对现象总变动的影响情况, 并对经济现象变化作综合评价. 任何一个复杂现象都是由多个因子构成的. 例如, 销售额 = 价格 × 销售量. 运用指数法编制商品零售价格指数和零售量指数, 可分析它们的变动对商品零售总额变动的影响. 又如影响利润总额变化的各种因素有产品产量、产品销售量、产品成本、产品销售价格等. 编制产品产量指数、产品销售量指数、产品成本指数和产品销售价格指数等并分别对它们进行测定, 根据各因素变动影响, 可综合评价利润总额变动的情况.

(3) 反映同类现象变动趋势. 编制一系列反映同类现象变动情况的指数形成指数数列, 可以反映被研究现象的变动趋势. 例如, 根据 1980~2010 年共 31 年的零售商品价格资料, 编制 30 个环比价格指数, 从而构成价格指数数列. 这样, 就可以揭示价格的变动趋势.

(4) 对社会经济现象进行综合评价和测定. 许多经济现象都可以运用统计指数进行综合评定, 以便对该现象的水平作出综合的数量判断, 如运用工业经济效益综合指数评价工业经济运行质量, 用物质生活质量指数测度一个社会满足人们基本物质需要的状况.

2.5.2 综合指数与平均指数

1. 综合指数概述

总指数是对个体指数的综合, 如何将个体指数综合有两种途径可供尝试: 一是对个体指数的简单汇总, 即简单总指数; 二是在编制总指数时考虑权数的作用, 即加权综合指数.

1738 年, 法国调查员杜托首创了简单综合法, 即

$$I_p = \frac{\sum p_1}{\sum p_0}, \quad I_q = \frac{\sum q_1}{\sum q_0}.$$

利用上式, 他研究了路易十四时期与路易十二时期相比较的物价变动, 编制了世界上第一个物价指数, 从而成为物价指数和总指数的创始人.

简单综合指数的优点在于操作简单, 对数据要求少. 然而, 简单综合法只是简单地把不同计量单位的各种产品或商品的价格, 按照报告期和基期各自简单加总后对比, 这种方法脱离交换过程去研究价格变动, 不能如实反映价格变动对社会经济生活的影响. 而且, 它没有考虑到任意加总不同计量单位会对价格的变动产生明显

的影响, 不能反映实际水平. 所以, 简单综合指数所存在的不合理性及不科学性, 使它的应用非常有限.

为解决不同计量单位的各种产品或价格不能直接相加的矛盾, 加权综合法应运而生. 不同商品的销售量和价格都不能直接加总, 因为它们是不同度量的因素, 然而, 每种商品的销售量和价格的乘积即销售额, 是可以加总的. 关键的一点是, 销售额的变化能很好反映销售额增减与价格涨跌的关系. 所以, 在编制销售量总指数时, 通过价格这个同度量因素, 将销售量化为可以加总的销售额; 而价格总指数的编制可以选择销售量为同度量因素, 将价格转化为可以加总的销售额. 我们得到加权综合指数的基本公式:

$$I_p = \frac{\sum q p_1}{\sum q p_0}, \quad I_q = \frac{\sum q_1 p}{\sum q_0 p},$$

那么, 权数应该固定在什么时期呢? 接下来给出答案.

2. 拉氏指数与帕氏指数

1864 年, 德国统计学家拉斯贝尔首创了加权综合法, 提出了以基期商品交易量为权数的加权综合指数. 相应的计算公式为

$$I_p = \frac{\sum q_0 p_1}{\sum q_0 p_0}, \quad I_q = \frac{\sum q_1 p_0}{\sum q_0 p_0}.$$

可以说, 拉氏指数公式使综合指数大大地前进了一步. 但将权数固定在基期, 只能说明在过去时期的销售量规模或价格高低的背景下, 当期产品的销售量增减和价格涨跌所产生的影响, 它所衡量的是过去所发生的经济现象, 对于当期的分析意义不大或欠妥. 不过, 如果研究的目的在于考察报告期在过去时期的条件下产生的变化, 那么把权数固定在基期也是可行的. 但是人们还是比较关注或倾向于对现实的销售量、价格变动的研究.

1874 年, 德国的另一位统计学家派许 (H. Paasche) 提出了以报告期交易量为权数的新加权综合指数. 相应的计算公式为

$$I_p = \frac{\sum q_1 p_1}{\sum q_1 p_0}, \quad I_q = \frac{\sum q_1 p_1}{\sum q_0 p_1}.$$

以价格指数公式为例, 如果把权数固定在报告期, 在其反映了当期价格的变动影响的同时, 也出现了同度量因素, 即销售量指标的变动影响. 所以, 当我们采用报告期作为权数时, 以上两个公式都会产生一个共变影响问题和共变影响额, 具体分析如下:

$$\sum q_1 p_1 = \sum p_1 (q_1 - q_0 + q_0) = \sum p_1 (q_1 - q_0) + \sum q_0 p_1,$$

$$\sum q_1 p_0 = \sum p_0(q_1 - q_0 + q_0) = \sum p_0(q_1 - q_0) + \sum q_0 p_0,$$

$$\sum q_1 p_1 - \sum q_1 p_0 = \sum p_1(q_1 - q_0) + \sum q_0 p_1 - \sum p_0(q_1 - q_0) - \sum q_0 p_0$$

$$= \sum q_0 p_1 - \sum q_0 p_0 + \sum (p_1 - p_0)(q_1 - q_0).$$

从分析中可见, $\sum(p_1 - p_0)(q_1 - q_0)$ 就是价格和销售量共同变化作用所致, 即共变影响额. 以针对共变影响指数问题, 在之后的统计指数研究中, 统计学家都对同度量因素的问题提出了很多不同的处理意见.

例 2.5.1 假定某市场中 3 种商品的销售价格和销售量资料见表 2.5.1, 分别计算拉氏与帕氏价格指数及销售量指数.

表 2.5.1 某市场中 3 种商品的销售情况统计表

商品类别	计算单位	商品价格/元		销售量		销售额/元			
		p_0	p_1	q_0	q_1	$p_0 q_0$	$p_1 q_1$	$p_0 q_1$	$p_1 q_0$
甲	台	50	55	100	110	5000	6050	5500	5500
乙	t	1000	800	8	9	8000	7200	9000	6400
丙	箱	68	75	80	70	5440	5250	4760	6000
合计	—	—	—	—	—	18440	18500	19260	17000

解 (1) 按拉氏指数计算可得

$$I_q = \frac{\sum q_1 p_0}{\sum q_0 p_0} = \frac{19260}{18440} = 104.4\%, \quad I_p = \frac{\sum p_1 q_0}{\sum p_0 q_0} = \frac{17900}{18440} = 97.1\%.$$

综合指数不仅可以反映现象的相对变动程度, 还可以进行绝对数分析, 即用于测定指数化指标变动所引起的相应总值的绝对变动差额.

对于表 2.5.1 中的资料, 有

$$\sum p_1 q_0 - \sum p_0 q_0 = 17900 - 18440 = -540(\text{元});$$

(2) 按帕氏指数计算可得

$$I_p = \frac{\sum p_1 q_1}{\sum p_0 q_1} = \frac{18500}{19260} = 96.1\%, \quad I_q = \frac{\sum q_1 p_1}{\sum q_0 p_1} = \frac{18500}{17900} = 103.4\%.$$

类似地, 对于表 2.5.1 中的资料, 计算得到

$$\sum p_1 q_1 - \sum p_0 q_1 = 18500 - 19260 = -760(\text{元}),$$

$$\sum q_1 p_1 - \sum q_0 p_1 = 18500 - 17900 = 600(\text{元}),$$

即由于价格下降 3.9%, 使销售额减少了 760 元; 又由于销售量增长 3.4%, 使销售额增加了 600 元.

3. 拉氏指数与帕氏指数的比较

拉氏指数公式与帕氏指数公式奠定了综合指数体系的基础, 不难看出两者之间存在明显的差异.

首先, 由于拉氏指数和帕氏指数各自选取的同度量因素不同, 即使利用同样的资料编制指数, 两者给出的计算结果一般也会存在差异.

其次, 拉氏指数与帕氏指数的同度量因素水平和计算结果的不同, 表明它们具有不完全相同的经济分析意义. 以价格指数为例: 拉氏价格指数以基期商品销售量作为同度量因素, 这说明它是在基期的销售量和销售结构的基础上来考察各种商品价格的综合变动程度; 而帕氏价格指数以报告期商品销售量作为同度因素, 则说明它是在报告期的销售数量和销售结构的基础上来考察各种商品价格的综合变动程度. 尽管两者的基本作用都是反映价格水平的综合变动, 但怎样反映、在什么基础上反映, 两者又是存在差别的.

通常人们认为, 帕氏价格指数的分子与分母之差, 即

$$\sum p_1 q_1 - \sum p_0 q_1 = \sum (p_1 - p_0) q_1$$

能够表明报告期实际销售的商品由于价格变化而增减了多少销售额, 因而较之拉氏价格指数具有更强的现实经济意义. 据此, 有人认为帕氏指数公式是编制所有质量指标指数的一般形式或唯一合理的形式. 不过, 从另一个角度看, 拉氏价格指数的分子与分母之差, 即

$$\sum p_1 q_0 - \sum p_0 q_0 = \sum (p_1 - p_0) q_0$$

仍然是有意义的. 它至少能够说明, 消费者为了维持基期的消费水平或购买同基期一样多的商品, 由于价格的变化将会增减多少实际开支. 这种分析意义显然也是很现实的, 甚至通常就是人们编制消费者价格指数的主要目的.

由此可见, 从经济分析意义的角度看, 拉氏指数与帕氏指数孰优孰劣, 其实并无绝对的判别标准. 关键在于能够辨别两者的细微差异, 并明确我们利用它们时想要说明什么具体问题.

4. 综合指数的其他类型

在拉氏指数和派氏指数产生之后的一段时间内, 对于统计指数的研究逐步走向多极化, 人们开始专注于指数的各方面研究, 对存在的问题提出解决的办法, 并对现有的指数理论提出自己的改进意见. 主要成就有以下三方面.

(1) 马埃指数.

马埃指数由英国著名经济学家马歇尔 (A. Marshall, 1842~1924) 和埃奇沃斯 (F. Y. Edgeworth, 1845~1926) 在 1887~1890 年提出. 该指数对拉氏指数和帕氏指

数的同度量因素进行简单平均. 公式具体形式如下:

$$\bar{k}_p = \frac{\sum p_1 \left(\dfrac{q_0 + q_1}{2}\right)}{\sum p_0 \left(\dfrac{q_0 + q_1}{2}\right)} = \frac{\sum p_1(q_0 + q_1)}{\sum p_0(q_0 + q_1)} = \frac{\sum p_1 q_0 + \sum p_1 q_1}{\sum p_0 q_0 + \sum p_0 q_1},$$

$$\bar{k}_q = \frac{\sum q_1 \left(\dfrac{p_0 + p_1}{2}\right)}{\sum q_0 \left(\dfrac{p_0 + p_1}{2}\right)} = \frac{\sum q_1(p_0 + p_1)}{\sum q_0(p_0 + p_1)} = \frac{\sum q_1 p_0 + \sum q_1 p_1}{\sum q_0 p_0 + \sum q_0 p_1}.$$

上式实质上是, 分子分别为拉氏公式分子和帕氏公式分子之和, 分母分别为拉氏公式分母与帕氏公式分母之和.

(2) 固定权数综合指数.

固定权数综合指数, 由英国经济学家杨格 (A. Young, 1876~1929) 提出, 所以也称杨格指数. 在固定权数综合指数中, 同度量因素所属时期既不固定在报告期也不固定在基期, 而是固定在一个特定的水平上. 公式具体形式如下:

$$\bar{k}_p = \frac{\sum p_1 q_n}{\sum p_0 q_n}, \quad \bar{k}_q = \frac{\sum q_1 p_n}{\sum q_0 p_n}.$$

式中, q_n 和 p_n 分别表示特定的数量和价格水平.

由于固定权数综合指数的同度量因素不因比较时期 (报告期或基期) 的改变而改变, 所以采用固定权数综合指数. 它不但方便指数的编制, 而且便于观察现象长期发展变化的趋势.

(3) 理想指数.

该指数公式由美国经济学家沃尔什 (G. M. Walsh) 和庇古 (A. C. Pigou, 1877~1959) 等于 1901~1902 年先后提出, 后经著名经济学家费雪 (Irving Fisher, 1868~1947) 通过大量比较验证其优良性质, 遂将它命名为 "理想公式 (Ideal formula)". 但是, 人们现在往往习惯地将这一由费雪命名的 "理想指数" 称作 "费雪指数". 它是对拉氏指数和帕氏指数直接进行几何平均的结果, 公式具体形式如下:

$$F_p = \sqrt{L_p \cdot P_p} = \sqrt{\frac{\sum p_1 q_0}{\sum p_0 q_0} \cdot \frac{\sum p_1 q_1}{\sum p_0 q_1}},$$

$$F_q = \sqrt{L_q \cdot P_q} = \sqrt{\frac{\sum q_1 p_0}{\sum q_0 p_0} \cdot \frac{\sum q_1 p_1}{\sum q_0 p_1}}.$$

5. 平均指数

平均指数是计算总指数的另一种形式, 是指个体指数的平均数. 它可以分为简单平均指数和加权平均指数, 其中加权平均指数又分为加权算术平均指数和加权调和平均指数. 从某种意义上说, 平均指数是综合指数的变形和发展. 在编制总指数时, 由于资料收集存在一定困难, 而平均指数就可以通过 $q_1 p_1, q_0 p_0$ 对综合指数的公式进行适当变形来作计算. 此外, 平均指数不仅可以反映事物变动的方向和程度, 而且可以用分母与分子的差额直接反映事物变动的实际经济效果.

历史聚焦 美洲新大陆的发现使金银大量流入欧洲, 引发物价骤增. 1764 年, 意大利经济学家卡利 (G. R. Carli, 1738~1794) 在对物价变动进行研究时, 将 1750 年与 1500 年的谷、酒类和油三种价格进行对比, 创立了简单算术平均指数和简单调和平均指数. 到 1863 年, 英国著名经济学家杰文斯 (W. S. Jevons, 1835~1882) 又创造了简单几何平均指数. 简单平均指数的公式编制如下:

$$I_p = \frac{1}{n} \sum k_p, \quad I_q = \frac{1}{n} \sum k_q,$$

其中 $k_p = p_1/q_0, k_q = q_1/q_0$. 同简单综合指数一样, 简单平均指数也存在方法上的缺陷, 在不考虑权数的情况下, 其结果难以反映实际水平.

1812 年, 英国经济学家杨格 (A. Yaung, 1876~1929) 在研究农产品价格变动对英国货币增值的影响时, 采用了加权平均指数.

加权平均指数的计算以个体每时数为基础, 以产值为权数. 基于权数基期的选择不同, 加权平均指数可以采用拉氏指数形式, 也可采用派氏指数形式. 下面介绍两种最常用的加权平均指数公式.

(1) 加权算术平均指数.

加权算术平均指数一般用 $p_0 q_0$ 加权, 基本公式如下:

$$\bar{k}_p = \frac{\sum k_p p_0 q_0}{\sum p_0 q_0} = \frac{\sum p_1 q_0}{\sum p_0 q_0}, \quad \bar{k}_q = \frac{\sum k_q p_0 q_0}{\sum p_0 q_0} = \frac{\sum q_1 q_0}{\sum p_0 q_0}.$$

(2) 加权调和平均指数.

加权调和平均指数一般用 $p_1 q_1$ 加权, 基本公式如下:

$$\bar{k}_p = \frac{\sum p_1 q_1}{\sum k_p^{-1} p_1 q_1} = \frac{\sum p_1 q_1}{\sum p_0 q_1}, \quad \bar{k}_q = \frac{\sum p_1 q_1}{\sum k_q^{-1} p_1 q_1} = \frac{\sum p_1 q_1}{\sum p_1 q_0}.$$

易见这里所给出的加权算术指数计算公式就是拉氏综合指数的变形, 而加权调和平均指数计算公式就是帕氏综合指数的变形. 似乎建立加权平均指数公式有多此一举的嫌疑, 其实不然. 这是因为当复杂总体所包括的变量比较多时, 用综合指数计算是很繁杂的, 其一是资料收集困难; 其二是需要全部商品资料. 而平均指数可以完全克服这些困难, 使计算更简单、方便. 因此, 平均指数是一种相对独立的总指数编制方法, 具有比综合指数更广泛的适用性. 此外, 还有大不相同的平均数指数的计算问题, 由于篇幅关系, 这里不再展开讨论.

2.5.3 居民消费价格指数

居民消费价格指数, 又称消费者价格指数 (consumer price index, CPI). 它是反映一定时期内城乡居民所购买的生活消费品价格和服务项目价格变动趋势和程度的相对数. 通俗地讲, CPI 就是市场上的货物服务价格增长的百分比. 它是度量居民生活消费品和服务价格水平随着时间变动的相对数, 综合反映居民购买的生活消费品和服务价格水平的变动情况.

对普通老百姓来说, CPI 直接反映物价涨跌对百姓生活中的吃、穿、住、用、行、医等各方面的影响程度. CPI 上升意味着物价上涨、货币贬值, 百姓花同样的钱所能买到的货物和服务数量减少. CPI 下降则意味着物价下跌、货币增值, 百姓花同样的钱能买到更多的货物和服务. 也就是说, CPI 可用来缩减按现价计算的支出或货币收入, 以衡量实际消费和实际收入情况. CPI 的高低直接反映了居民生活消费品及服务价格的变动对居民生活的影响情况. 目前, 各级人民政府调整最低工资、社会保障和社会救助标准等也将 CPI 作为重要的参考依据之一.

对股票、债券等金融领域的投资者来说, CPI 数据直接关系着他们口袋里的钱. 由于 CPI 的高低与国民经济的发展 (GDP 和 GCP 增长率)、人民币汇率 (与外币、黄金的比值)、国债、期货和股票市场价格走势、财政收支、职工工资水平的确定有直接联系, CPI 上涨或下降直接导致市场对于后期宏观调控预期的变动, 从而导致金融市场的波动. 正是这个原因, 每逢 CPI 出台之前都有不少投资研究机构对 CPI 进行预测.

对统计和经济研究机构来说, CPI 可用于国民经济核算和指数化调整. 在 GDP 核算中, 为剔除价格因素的影响, 用 CPI 对现价指数进行缩减. CPI 还可以用于对工资、租金、利息或税收之类的货币流量进行调整, 也可用于对某些货币资产及负债的资本价值进行调整.

我国目前主要采用加权算术平均数指数公式:

$$\text{CPI} = \frac{\sum k_p w}{\sum w}.$$

分步逐级计算法编制 CPI, 基本程序如下.

(1) 国家统计局和地方统计部门分级确定用于计算 CPI 的商品和服务项目以及调查网点.

国家统计局根据全国城乡居民家庭消费支出的抽产调查资料统一确定商品和服务项目的类别, 设置食品、烟酒、衣着、家庭设备用品及服务、医疗保健及个人用品、交通和通信、娱乐教育文化用品及服务、居住等八大类 262 个基本分类, 基本涵盖了城乡居民的全部消费内容. 全国抽选约 500 个市县, 确定采集价格的调查网点, 包括食杂店、百货店、超市、便利店等商业业态, 以及农贸市场和医院、电影院等提供服务消费的单位 6.3 万个.

(2) 按照 "定人、定点、定时" 的方式, 统计部门派调查员到调查网点现场采集价格.

目前, 分布在全国 31 个省 (自治区、直辖市)500 个调查市县的价格调查员共 4000 人左右. 价格采集频率因商品而异, 对于 CPI 中的粮食、猪牛、蔬菜等与居民生活密切相关、价格变动相对比较频繁的食品, 每 5 天调查一次价格; 对于服装鞋帽、耐用消费品、交通通信工具等大部分工业产品, 每月调查 2~3 次价格; 对于水、电等政府定价项目, 每月调查核实 1 次价格.

(3) 分步递进式计算各类 CPI 最终形成总 CPI.

具体操作过程如下:

(i) 根据审核后的原始价格资料, 计算单个商品或服务项目与价格指数;

(ii) 利用几何平均数公式计算 262 个基本类的价格指数;

(iii) 利用加权算术求平均公式相继计算中类、大类、总价格指数.

目前, 我国 CPI 中的权数, 主要是根据全国城乡居民家庭各类商品和服务的消费支出详细比例确定的. 根据 2010 年全国城乡居民家庭消费支出调查数据和有关部门调查数据, 自 2011 年 1 月起, 对 CPI 权数构成进行了例行调整, 开始计算以 2010 年为对比基期的价格指数序列.

应当承认我国现行 CPI 统计方法也存在一些缺陷, 主要体现在以下三个方面.

(1) 权重设置不透明且有些不合理. 食品权重被高估, 教育、医疗的权重被低估, 居住类权重被严重低估.

(2) 统计样本规模小而且时效性差. 我国采取的是固定样本采集方法. 固定样本的优点是可以减少因样本变动而带来的误差, 数据的可比性强. 缺点是固定样本容易造成样本的代表性不能跟上经济发展的速度.

(3) 价格管制等因素影响 CPI 的真实性. 目前我国 CPI 构成中的一些价格是受管制的, 从而导致 CPI 并不能真实地反映通胀压力.

CPI 是非常重要的经济指数, 由它可以派生出许多其他经济指数, 下面介绍最主要的四种.

1. 派生通货膨胀率

通货膨胀的本质是国家发行了过多的货币, 因此, 通货膨胀与物价上涨属于不同的经济范畴. 然而, 两者又有一定的联系, 通货膨胀最为直接的影响就是物价上涨. 由于消费者价格是反映商品经济流通各环节形成的最终价格, 它最全面地反映了商品流通对货币的需要量, 所以, 消费者价格指数是最能充分、全面反映通货膨胀率的价格指数. 世界各国基本上均用 CPI 来反映通货膨胀的程度. 计算公式如下:

通货膨胀率 $=$[(本期价格指数 $-$ 上期价格指数)/上期价格指数]$\times 100\%$.

评注 通货膨胀率不是价格指数, 即不是价格的上升率, 而是价格指数的上升率.

2. 派生货币购买力指数

居民消费价格指数除了能够反映通货膨胀状况, 还用于反映货币购买力变动. 货币购买力指数是反映货币购买力变动情况的相对数, 而货币购买力是指单位货币所能买到的商品和服务的数量. 它的大小直接受商品和服务价格的影响. 商品和服务价格上涨, 单位货币购买力就下降, 居民以货币购买的商品和服务的数量就减少, 生活水平就会下降. 显然它与 CPI 呈反比关系. CPI 上涨, 货币购买力下降, 反之则上升. 因此, 货币购买力指数可以由价格指数的倒数表示. 计算公式为

$$货币购买力指数 = \frac{1}{\text{CPI}} \times 100\%.$$

3. 派生痛苦指数

痛苦指数 (misery index) 是由经济学家奥肯 (Arthur Okun, 1928~1980) 在 20 世纪 70 年代提出的一个概念. 奥肯通过对美国历史周期波动中经济增长率和失业率之间关系的经验研究发现, 当失业率每高于自然失业率 1% 时, 实际 GNP 增长相对于潜在 GNP 增长水平下降 3%, 反之亦然. 奥肯将失业率与通货膨胀率进行加总, 即得出了反映美国居民实际生活压力的痛苦指数. 物价上涨削减了社会大众的消费能力, 而失业则是完全剥夺个人的消费能力, 所以, 在现今的经济学上, 特别将通货膨胀及失业率两者合称痛苦指数. 痛苦指数是通过将失业率和通货膨胀水平简单的加和而得的一个经济指标. 数字越高, 表示痛苦程度越高. 一般认为, 失业与通货膨胀给人们带来的痛苦是相同的. 因此痛苦指数的公式为

痛苦指数 = 失业率 + 通货膨胀率.

也有调查表明, 公众对于通货膨胀的忍受力是失业的 1.6 倍, 因此有人提出痛苦指数的计算公式应该为

痛苦指数 =(通货膨胀百分比/1.6)+ 失业率百分比.

很显然, 国际通行的痛苦指数计算方式不太全面, 因此有人形象地作了如下

修改:

痛苦指数 = 失业率 + 通货膨胀率 + 购房痛苦指数 + 出行痛苦指数
　　　　　+ 税负痛苦指数 + 打官司痛苦指数 + 个体户从业痛苦指数
　　　　　+ 环境痛苦指数 + 看病求医痛苦指数
　　　　　+"空巢"痛苦指数 (老年孤单指数)+治安痛苦指数+谋生痛苦指数
　　　　　+职场痛苦指数+职业病痛苦指数+加班痛苦指数+上学痛苦指数.

通常痛苦指数的判定标准为, 当指数超过 20%, 表示该国经济处在悲惨状态.

4. 派生实际工资指数

实际工资指工人用货币工资实际买到的各类生活资料和服务的数量. CPI 提高意味着实际工资的减少, 消费价格指数下降则意味着实际工资的提高. 计算公式为

$$职工实际工资指数 = \frac{职工平均工资指数}{CPI} \times 100\%.$$

点评　CPI 有两点疑惑一直困扰着人们.

第一点疑惑是很多人认为 CPI 应该包括购买商品房的价格. 然而, 目前我国商品房价格并不直接纳入 CPI. 国家统计解释其主要原因是商品购买支出与当期实际住房消费支出不同步和不对等. 购买商品房是一次性的大量货币支出, 但商品房用于居住消费则长达几十年. 换句话说, 居民购买商品房用于居住后, 每月 (年) 的实际住房消费只是整个购物支出的一小部分, 而不是购买商品住房的全部支出. 另外, 商品房既具有消费品属性, 但同时又具有投资品属性, 因此, 根据 1993 年 "国民经济账户体系"(the system of national accounts, SNA 体系), 我国目前 CPI 统计中只考虑商品房的消费属性, 只反映与居民即期消费密切相关的居住消费及服务的价格变动, 不直接反映商品房价格的变动. 有研究者指出, 如果把购房作为当期消费纳入 CPI, 房价的比例将占主导地位, 其权重无疑会大到淹没食品价格变化的影响, 结果必然还是要把食品价格和房价分别列出、单独观察, "上帝的归上帝, 恺撒的归恺撒".

虽然房价不直接纳入 CPI 中, 但购买商品房用于居住后, 其消费属性在 CPI 中还是得到相应体现. 按照国际通行做法, 我国 CPI 编制时对居住中的自有住房采用的是使用成本法, 居住中自有住房消费用该住房的估算租金来体现, 剔除了购买住房的投资因素, 也能够间接反映出房价上涨对居民生活的影响. 目前, 我国 CPI 居住类中包括了建房及装修材料、租房、自有住房、水电燃料等方面, 而这几方面的价格变动与房地产价格有密切的相关性.

第二点疑惑是 CPI 常常与公众的感觉不相符. 原因是多方面的, 大致上可以罗列出以下四个方面.

(1) 少数商品或服务项目价格与"一篮子"商品或服务项目的综合平均价格的差异. 例如, 仅仅看其中的蔬菜、水电燃气价格, 感到价格在上涨; 看其中的工业消费品、猪肉、食用油价格, 感到价格在下降. 但是, 当将这些商品和服务项目综合起来看, CPI 可能上涨或下降.

(2) 地区之间和地区与全国平均水平的差异. 全国价格指数是反映全国各地区价格总水平的综合平均变化情况, 而对一般消费者来说, 对其居住的省、市、县, 特别是居住地附近的商场、农贸市场的商品价格变动情况了解多一些, 感受也深一些, 而对其他地区的商品价格变动情况了解少一些.

(3) 对比基期的差异. 统计局公布的价格指数有环比指数和同比指数, 它们对比的基期是上月和上年同月. 一般来说, 消费者比较的价格往往是近期的价格, 如今天与前几天, 今天与两个星期前等.

(4) 个人承受力的差异. 由于消费者之间在收入和消费水平上存在着差异, 也会导致实际感受与价格指数不一致. 例如, 对低收入者来说, 食品的消费占大头, 如果食品价格大涨, 那么对于低收入者生活的影响要比高收入者大得多.

专题介绍 购买力平价 (PPP)

大家明白, CPI 是一种时间价格指数, 也就是说在不同时间上对物价进行比较. 类似地, 是否也可以在不同的空间对物价进行比较呢? 答案是肯定的, 这就是接下要介绍的购买力平价 (PPP). 简单地讲, PPP 就是同一篮子产品在不同国家间的价格比率. 这里需要注意三点:

(1) "同一篮子产品"中的"同"是指产品的质量和数量在各国是相同的;

(2) PPP 是一种价格相对数, 比较时要选取一个国家 (称为基准国) 的价格作为比较的基点;

(3) 价格是用比较双方的本国货币表示.

例如, 某个品种的橙子在中国是 6 元/斤, 在美国是 2 美元/斤, 如果以美国为基准国, 那么这种橙子的 PPP 就是 6 元人民币与 2 美元的比率, 化简为 3:1. 换言之, 在美国用 1 美元在中国需要 3 块钱才能买到同等数量和质量的橙子.

购买力平价中的"平价"是"等价、相等"的含义, 也就是说, 对于这种橙子, 1 美元和 3 块钱人民币的购买力是相等的. 生活中, PPP 离我们也并不遥远. 假如我们去美国旅游时, 发现那里的 iPhone 手机卖 600 美元, 而同款同型号同配置的手机在中国卖 5000 元人民币, 那么中美两国关于这部手机的 PPP 就约为 8.3:1(即 5000 除以 600). 如果此时的汇率为 6.5:1, 那么我们马上可以明白在哪国买便宜. 很容易算出这部手机在美国仅相当于 3900 元人民币 (即 600 乘以 6.5), 因此在美国买便宜. 其实这里, 我们已经应用到了 PPP—— 比较两国的价格水平.

PPP 是如何产生的呢? PPP 的产生源于 GDP 国际比较的需要. 这种比较最终是要比较各国的实际产出 (即物量水平) 是否一样多, 如果不一样, 相差多少. 但是各国的 GDP 并不能直接作比较. 首先, 各国的 GDP 是用本国货币表示的, 而各国货币单位不同; 其次, 产品的价值 = 价格 × 物量, 也就是 GDP 中包含了价格和物量两个因素, 而我们最终要比较的是各国的相对物量水平, 因此还要消除价格因素的影响. 而 PPP 既可统一货币单位 (通常都转化为美元), 又可将各国 GDP 都转换为是在相同物价水平上. 这样, 各国本币表示的 GDP 除以相应的 PPP 后就可以比较了.

我们也许会问, "各国的 GDP 用汇率转换后不也可以比较吗? 为什么还要用 PPP 呢?" 的确, 通过汇率比较各国 GDP 是一种常用的方法. 在 PPP 问世前, GDP 的国际比较是通过汇率完成的. 但汇率仅仅是把 GDP 转换成用相同的货币表示, 它没有使得 GDP 是在相同物价水平上. 这是因为汇率没有反映出各国货币在本国市场的相对购买力, 充其量它仅能反映进入国际贸易中的商品和服务. 然而很多商品和服务, 如建筑、政府服务及大多数的市场服务, 并不在国际贸易中. 此外, 汇率往往受其他因素的影响, 如各国间的货币投机行为、利率、政府干预及资本流动等. 因此, 通过汇率转换后的 GDP 仍然是在本国的物价水平上. 由此得到的各国 GDP, 它们之间的差异既包含了各国物量上的差异, 也包含了物价水平上的差异.

PPP 是如何具体计算出的呢? 计算 PPP 通常分为三个层次, 单个产品 PPP、基本分类 PPP 和汇总级的 PPP. 相应地, 计算也就分为三步. 总体上讲, 前一步是后一步的计算基础, 后一步在前一步的基础上取平均. 计算方法完全类似于 CPI, 这里略.

PPP 有什么作用呢? 一个基本应用是上面讲到的用于比较各国的 GDP, 另一个基本应用是用于比较各国的价格水平. 价格水平是用 PPP 除以汇率后得到, 它对于喜欢出国旅游购物的朋友很有用, 因为它告诉了你在哪国购物更便宜. 你不妨把旅游国作为基准国, 如果价格水平大于 1(也就是 PPP 比汇率大), 那么该产品在旅游国购买便宜; 如果小于 1(也就是 PPP 比汇率小), 那么在本国购买便宜. 就像上面所举的在美国买 iPhone 例子, 由于用 PPP(8.3) 除以汇率 (6.5) 后是个大于 1 的数, 因此在美国购买便宜.

PPP 经常被一些国际组织应用于国际事务处理中. 联合国开发计划署测算人类发展指数、世界卫生组织评估各国的医疗支出、联合国教科文组织统计各国的教育支出、联合国儿童基金会监测儿童福祉时也都会直接或间接使用 PPP 的结果. 除了国际组织, 各国的政府、大学、研究机构、企业等, 对 PPP 的应用也日益广泛. 可以说, 未来在经济分析、政策制定等方面, PPP 将会发挥越来越重要的作用.

2.5.4 股票价格指数 (SPI)

股票价格指数 (stock price index), 简称股票指数. 它是由证券交易所或金融服务机构编制的表明股票行市变动的一种供参考的指示数字. 这种股票指数, 也就是表明股票行市变动情况的价格平均数. 股票价格指数是根据精心选择的那些具有代表性和敏感性强的样本股票某时点平均市场价格计算的动态相对数, 用以反映某一股市股票价格总的变动趋势. 股票价格指数的单位习惯上用 "点" 表示, 即以基期为 100(或 1000), 每上升或下降 1 个单位称为 1 点. 股票价格指数计算的方法很多, 但一般以发行量为权数进行加权综合. 其公式为

$$I = \sum p_{1i}q_i / \sum p_{0i}q_i,$$

式中, I, p_{1i}, p_{0i}, q_i 表示股票价格指数, 报告期、基期样本股的平均价格, 第 i 种股票的报告期发行量 (也有采用基期的).

股票指数是反映证券市场行情变化的重要指标, 不仅是广大证券投资者进行投资决策分析的依据, 而且也被视为一个地区或国家宏观经济态势的 "晴雨表". 世界各地的股票市场都有自己的股票价格指数. 在一个国家里, 同一股市往往有不同的股票价格. 下面介绍五种常见的股票价格指数.

1. 道·琼斯股票指数

道·琼斯股票指数 (Dow-Jones's average index) 是世界上历史最为悠久的股票指数, 它的全称为股票价格平均数. 它是在 1884 年由道·琼斯公司的创始人查理斯·道开始编制的. 其最初的道·琼斯股票价格平均指数是根据 11 种具有代表性的铁路公司的股票, 采用算术平均法进行计算编制而成, 发表在查理斯·道自己编辑出版的《每日通讯》上. 其计算公式为

股票价格平均数 = 入选股票的价格之和/入选股票的数量.

自 1897 年起, 道·琼斯股票价格平均指数开始分成工业与运输业两大类, 其中工业股票价格平均指数包括 12 种股票, 运输业平均指数则包括 20 种股票, 并且开始在道·琼斯公司出版的《华尔街日报》上公布. 在 1929 年, 道·琼斯股票价格平均指数又增加了公用事业类股票, 使其所包含的股票达到 65 种, 并一直延续至今.

现在的道·琼斯股票价格平均指数是以 1928 年 10 月 1 日为基期, 因为这一天收盘时的道·琼斯股票价格平均数恰好约为 100 美元, 所以就将其定为基准日. 而以后股票价格同基期相比计算出的百分数, 就成为各期的投标价格指数, 所以现在的股票指数普遍用点来作单位, 而股票指数每一点的涨跌就是相对于基准日的涨跌百分数.

2. 美国标准普尔指数 (S&P500)

标准普尔指数由美国标准普尔公司于 1923 年开始编制发表, 当时主要编制两

种指数, 一种是包括 90 种股票每日发表一次的指数, 另一种是包括 480 种股票每月发表一次的指数. 现行的标准普尔指数是以 1941~1943 年为基期, 根据 500 种采样股票通过综合指数法计算得出的, 通常记为 S&P500, 在开市时间每半小时公布一次. 由于该指数根据纽约证券交易所上市股票的绝大多数普通股票的价格计算而得, 能够灵活地对认购新股权、股份分红和股票分割等引起的价格变动作出调节, 指数数值较精确, 并且连续性好, 具有较强的代表性和广泛的影响力.

3. 香港恒生指数

香港恒生指数 (Hang Seng index, HIS) 是我国香港股票市场上历史最久、影响最大的股票价格指数, 由香港恒生银行于 1969 年 11 月 24 日开始发表.

恒生股票价格指数包括从香港 500 多家上市公司中挑选出来的 33 家有代表性且经济实力雄厚的大公司股票作为成分股, 分为四大类 ——4 种金融业股票、6 种公用事业股票、9 种地产业股票和 14 种其他工商业 (包括航空和酒店) 股票. 这些股票占香港股票市值的 63.8%, 因为该股票指数涉及香港的各个行业, 具有较强的代表性.

恒生股票价格指数的编制以 1964 年 7 月 31 日为基期, 因为这一天香港股市运行正常, 成交值均匀, 可反映整个香港股市的基本情况, 基点确定为 100 点. 其计算方法是将 33 种股票按每天的收盘价乘以各自的发行股数为计算日的市值, 再与基期的市值相比较, 乘以 100 就得出当天的股票价格指数. 计算公式为

$$即时指数 = \frac{现时成分股的总市}{上日收市时成分股的总市值} \times 上日收市指数,$$

其中, 成分股的市值是按股价乘以发行股数计算的. 因此, 香港恒生指数也是以股票发行量为权数的加权综合指数.

4. 上证指数

上证指数全称上海证券交易所综合股价指数, 它是我国上海证券交易所编制的, 以 1990 年 12 月 19 日为基期, 以上海证券交易所挂牌上市的包括 A 股和 B 股在内的全部股票为计算范围, 以报告期股票发行量为权数进行编制. 其计算公式为

$$今日股价指数 = \frac{今日市价总值}{基日市价总值} \times 100\%.$$

具体计算方法是以基期和计算日的股票收盘价 (如当日无成交, 则延用上一日收盘价) 分别乘以该股票的发行股数, 从而求得每一只股票的本日市值和基期股票市值, 然后将所有样本股的本日市值和基期市值分别相加, 求得基期和计算日市价总值, 两者相除后再乘以基数 100 即得股价指数. 但如遇上市股票增资扩股或新增 (删除) 时, 则需要采用 "除数修正法" 修正原固定除数, 以维持指数的连续性. 其修

正公式为

$$修正后的除数 = \frac{修正后的市总值值}{修正前的市价总值} \times 原除数.$$

5. 深证综合指数

深证综合指数是以在深圳证券交易所上市的所有股票为对象编制的指数, 1991年 4 月 3 日为指数的基日, 1991 年 4 月 4 日公布. 该股票指数的计算方法基本与上证指数相同, 其样本为所有在深圳证券交易所挂牌上市的股票, 权数为股票的总股本. 指数计算基本公式为

$$指数 = \frac{现时指数股总市值}{基日指数股总市值} \times 100.$$

该指数以所有上市股票为样本股, 当有新股上市时, 在其上市后第二天纳入成分股, 当某一股票停买卖时, 则将其剔除于计算之外. 若采样的股本结构有所变动, 则改用变动之日为新基期, 并以新基数计算. 同时用连锁的方法将计算得到的指数追溯原来基期日, 以维持指数的连续性. 每日连锁方法的计算公式为

$$今日即时指数 = \frac{今日即时指数股总市值}{经调整的上日指数股收市总市值}.$$

2.6 时间序列概说

19 世纪德国有一位名叫斯勒兹的统计学家曾说过: "统计是动态的历史, 历史是静态的统计." 任何客观事物都是处在不断地发展变化之中, 对事物发展变化的规律, 不仅要从内部结构、相互关系中去认识, 而且应从随时间演变的过程去研究. 时间序列就是在这样的背景下产生的统计动态分析工具. 时间序列也称为动态数列, 就是把统计数据按时间先后顺序排列而形成的一种数列. 例如, 按 2001~2010年先后顺序排列的国内生产总值就是时间序列. 时间序列由两个要素构成, 即现象所属的时间和反映客观现象在各个时间上的统计指标值. 时间序列是研究现象发展变化的规律和对未来状态进行科学预测的重要依据. 它的主要作用体现在有助于了解过去的活动规律, 评价当前的经营业绩, 安排未来的计划部署.

2.6.1 时间序列概述

1. 时间序列的种类

根据统计指标的性质将时间序列分为绝对数时间序列、相对数时间序列及其平均数时间序列.

　　绝对数时间序列是由一系列同类总量指标 (绝对数) 按时间先后顺序排列而形成的数列, 反映某种现象在各个不同时期所达到的绝对水平及其发展变化的情况. 按其反映的社会现象性质不同, 又分为时期序列和时点序列.

　　(1) 时期序列. 时期序列是以时期数指标值排列而成的绝对数时间序列, 反映某种现象在一段时期内的累计值. 例如, 按时间先后顺序排列的我国历年的国内生产总值就是一个时期序列, 序列中的每一个指标值都是汇总了一整年国内生产总值, 是一个连续生产过程创造的工作成果总量. 时期数列具有下述特点.

　　(i) 可加性. 序列中各指标值相加, 其结果表示研究现象在更长时期内发展的总量. 例如, 一月、二月、三月的产值加起来, 表示第一季度的总产值.

　　(ii) 与时期相关性. 时期序列中每一个指标所包括的时间长度称为 "时期". 一般而言, 时期的长短与指标数值大小成正比. 例如, 某企业一年的产值要大于该年内某个月的产值.

　　(iii) 累计性. 时期序列中的各指标值是反映现象在一段时间内发展的累计总量, 必须在这段时间内把所发生的数量逐一登记后进行累计.

　　(2) 时点序列. 时点序列是以时点数指标值排列而成的绝对数时间序列, 反映某种现象在一定时点 (瞬间) 上的发展状况. 例如, 我国从 1949 年到 2010 年各年人口状况.

　　时点序列中, 每一个时点只是一个瞬间, 因此无时点长度之说. 相邻两个时点的间隔, 称为时点间隔. 在进行统计调查时, 对于变动频率慢的, 选择间隔宜长些, 反之, 选择的间隔宜短些. 例如, 全国人口数可选择间隔一年以上的时点间隔, 而企业商品的库存量则可每月末统计一次. 时点数列有下述特点.

　　(i) 不可加性. 构成时点序列的数值相加没有实际意义.

　　(ii) 与时点间隔的无关性. 时点序列中的指标值反映某一具体时刻 (瞬间) 上时点现象的, 其大小不受间隔长短影响. 例如, 某企业产品当月末库存数可能比当年末库存数大, 也可能比当年末库存数小.

　　(iii) 间断性. 时点指标反映现象在某一时刻上的数量, 只需在某一时点上统计该时点的资料, 而不必连续进行登记.

　　相对数时间序列是指由一系列同类的相对指标数值所构成的时间序列, 反映客观现象之间相互联系程度的发展过程. 例如, 我国 1949 年到 2010 年各年农业生产总值占国内生产总值的比例所排成的数列就是一个相对数时间序列, 反映我国从 1949 年到 2010 年各年产业结构状况及产业结构变化过程.

　　相对数时间序列是两个总量指标时间序列对比而得到的派生数列, 根据对比的分子、分母的性质, 又可分为两个时期对比序列、两个时点对比序列和一个时期序列与一个时点序列对比序列三种. 在相对数时间序列中, 各个指标值是不能相加的.

　　平均数时间序列是由一系列同种平均指标按时间先后顺序排列而成的时间序

列, 反映客观事物不同时期一般水平的发展变化过程. 例如, 各个时期职工的平均工资所形成的动态数列就是平均数时间数列.

不论哪一种平均时间序列, 都是由绝对数时间序列派生而来的, 其各项指标数值都不能直接相加.

2. 时间数列的编制原则

为保证时间序列中的各指标值的可比性, 编制时间序列时要遵循下述四条基本原则.

(1) 总体范围应一致. 总体范围通常是指现象的空间范围. 例如, 要研究一个省(直辖市、自治区) 的人口数、耕地面积的发展变化情况, 需要分别编制这些统计指标的时间序列. 如果该省的行政区划有过变动, 其变动前后的统计指标数值是不能直接对比的, 否则会歪曲被研究现象本身变化的趋势和规律性. 欲做到正确编制, 应根据研究目的, 将总体区划变动前后的统计资料加以调整, 使其总体范围一致.

(2) 指标内容应相同. 指标内容与指标所反映现象的性质是密切联系着的, 当指标所反映现象的性质发生变化时, 指标的名称虽然依旧, 但它已属于另一种性质的规定性. 在此情况下, 若将该指标数值进行动态对比分析, 结论很可能是错误的.

(3) 时间序列的时期长短应一致, 时期序列和时点序列的间隔力求一致. 时间序列指标值的大小与时期的长短有直接关系, 因此, 时期序列各指标数值的时期长短应一致. 时期序列和时点序列指标数值的大小与其间隔的长短无直接联系, 因此, 这两种数列的间隔长短不等都是可以的. 但为了便于研究现象变化的规律性, 它们的间隔相等更佳.

(4) 指标的计算方法、计算价格和计算单位应一致. 指标的计算方法通常也叫指标的计算口径. 有的指标名称是一个, 但其计算口径因研究目的不同有多个. 例如, 按先进先出法、后进先出法计算的存货的价值, 结果就有很大差别. 可见, 一个动态数列中, 各期指标的计算方法、计算价格和计算单位若不相同, 其指标数值就不具有可比性.

2.6.2 时间序列的水平指标

编制时间序列作动态分析, 包括对现象发展水平的分析和对现象发展速度的分析. 时间序列的发展水平指标包括发展水平、增长量、平均发展水平、平均增长量.

1. 发展水平

发展水平是指时间序列中的各项指标数值, 它反映现象在一定时期内或时点上所达到的规模或水平, 是计算动态分析指标的基础. 发展水平是时期或时点总量指标, 如工资总额、工业总产值、年末职工人数; 也可以表现为相对指标或平均指标, 如人口出生率、工人劳动生产率等.

用符号 a 代表发展水平, 下标 $0,1,2,3,\cdots,n$ 表示时间序号, 按在时间序列中的次序地位不同, 发展水平又分为最初、中间和最末三种水平. 时间序列中的第一个数值 a_0 称为最初水平, 最后一个数值 a_n 称为最末水平, 中间各项数值称为中间水平. 它们是计算其他动态分析指标的基础. 另外, 所要观察计算研究的那个时期的指标水平, 称为报告期水平; 用作对比基础时期的指标水平, 称为基期水平.

2. 增长量

增长量是说明时间序列水平在一定时期内增长的绝对数量的指标. 其计算公式为

$$增长量 = 报告期发展水平 - 基期发展水平.$$

增长量可为正值, 也可为负值. 增加时为正, 减少时为负. 根据研究的目的不同, 选择的基期也有所不同, 因而增长量可分为累计增长量、逐期增长量、同比增长量.

(1) 累计增长量. 累计增长量是报告期发展水平与某一固定时期发展水平 (通常为最初水平) 之差, 说明现象在一定时期内的总的增长量 (或减少量), 通常将固定时期水平选为时间序列的最初水平, 则累计增长量可分别表示为

$$a_1 - a_0, a_2 - a_0, a_3 - a_0, \cdots, a_{n-1} - a_0, a_n - a_0.$$

(2) 逐期增长量. 逐期增长量是报告期水平与其前一期水平的差, 说明报告期比前一期增长或减少的绝对数量. 用符号表示为

$$a_1 - a_0, a_2 - a_1, a_3 - a_2, \cdots, a_n - a_{n-1}.$$

累计增长量和逐期增长量之间的关系:

(i) 累计增长量等于相应时期的逐期增长量之和, 即

$$a_n - a_0 = (a_1 - a_0) + (a_2 - a_1) + \cdots + (a_n - a_{n-1}).$$

(ii) 逐期增长量等于相应时期的累计增长量与前一期累计增长量的差额, 即

$$a_n - a_{n-1} = (a_n - a_0) - (a_{n-1} - a_0).$$

(3) 同比增长量. 同比增长量又称年距增长量. 在实际工作中, 为了消除季节差异的影响, 经常以计算可比口径的同比增长量来反映不同年份相同季节的实际变动状况. 计算公式为

$$同比增长量 = 本期发展水平 - 去年同期发展水平.$$

3. 平均发展水平

将一个时间序列各期发展水平加以平均而得的平均数, 称为平均发展水平, 又称为动态平均数或序时平均数. 序时平均数在动态分析中被广泛运用. 序时平均数与一般平均数 (静态平均数) 区别的有以下三点:

(i) 序时平均数是根据时间序列计算的, 而一般平均数是根据变量数列计算的;

(ii) 序时平均数所平均的是被研究现象本身的数量在不同时间上的差异, 而一般平均数所平均的是总体各单位某一标志值的差异;

(iii) 序时平均数是从动态上表明被研究现象本身在一段时间内的平均发展水平, 而一般平均数是从静态上说明总体各单位某个标志值的平均水平.

(1) 由绝对数时间序列计算序列平均数.

由时期序列计算序时平均数, 可利用算术平均值公式计算比较简单 (略). 由时点数列计算序时平均数, 相对而言要复杂一些. 实际上, 要精确计算时点数列的序时平均数, 就应掌握每一时点的资料, 但这实际上是不可能的. 在社会经济统计中, 一般是把一天看成一个时点, 即以 "天" 作为最小时间单位, 这样便有连续时点数列和间断时点数列的区别. 资料逐日登记的是连续时点数列; 资料间隔较长一段时间登记一次, 然后依次排列的是间断时点数列. 这两种数列的类型不同, 计算序时平均数的方法也不同. 以下分四种情况讨论.

(i) 间隔相等的连续时点数列求序时平均数. 此种情形可利用简单算术平均数计算 (略).

(ii) 间隔不等的连续时点数列求序时平均数. 有些时点现象的量, 不需要经常登记, 只在它发生变动时, 作变动记录即可. 此时就要用每次资料不变的时间长度为权数进行加权平均. 其计算公式为

$$\bar{a} = \frac{\sum af}{\sum f},$$

式中, a 为各时期发展水平; f 为各时间间隔长度.

例 2.6.1　某企业 2014 年 5 月某种材料库存量资料见表 2.6.1, 试计算该企业 5 月该种材料平均产品库存量.

表 2.6.1　某企业 5 月某材料库存量资料

时间	1~3 日	4~10 日	11~15 日	16~25 日	26~30 日
材料库存量/t	505	555	465	580	535

解　$\bar{a} = \dfrac{\sum af}{\sum f} = \dfrac{505 \times 3 + 555 \times 7 + 465 \times 5 + 580 \times 10 + 535 \times 5}{3 + 7 + 5 + 10 + 5} = 540(\text{t}).$

(iii) 间隔相等的间断点数列求序时平均数. 这种数列的特点是每隔一定的时间登记一次, 每次登记的时间间隔相等. 下面以一个具体的例子来说明这种情况下序时平均数的计算.

例 2.6.2 某商场资料见表 2.6.2, 试问该商场 2014 年第一季度平均售货员人数是多少?

表 2.6.2 某商场 2014 年各月初售货员人数

月份	1	2	3	4	5	6	7
月初售货员人数/人	75	81	101	87	93	99	85

分析与解 求该商场 2014 年第一季度平均售货员人数, 不能将 1~3 月的时点数直接用简单算术平均方法计算, 因为各月初人数并不能代表各月的人数, 只有各月的平均人数才能代表各月人数. 月平均人数的计算方法是将本月初 (即上月末) 人数加本月末 (即下月初) 人数除以 2 求得, 如

$$1 \text{ 月份的平均人数} = (75 + 81) \div 2 = 78,$$
$$2 \text{ 月份的平均人数} = (81 + 101) \div 2 = 91,$$
$$3 \text{ 月份的平均人数} = (101 + 87) \div 2 = 94.$$

然后, 将各月平均人数用简单算术平均方法计算, 才能得到正确的答案. 不难求得该商场 2014 年第一季度平均售货员人数为

$$\bar{a} = \frac{1}{3}\left(\frac{75+81}{2} + \frac{81+101}{2} + \frac{101+87}{2}\right) \approx 88(\text{人}).$$

经过以上讨论, 可以得出间隔相等的间断时点数列序时平均数的计算公式为

$$\bar{a} = \frac{1}{n-1}\left(\frac{a_1}{2} + a_2 + \cdots + a_{n-1} + \frac{a_n}{2}\right),$$

式中, n 为时点数列项数. 这种方法也称为首末折半法, 由于它便于应用, 实际计算中主要采用这一形式.

(iv) 间隔不等的间断时点数列求序时平均数. 间隔不等的间断时点数列, 即登记时间间隔不相等, 其序时平均数应以各相邻点之间所间隔的时间为权数, 采用加权平均法进行计算, 公式为

$$\bar{a} = \frac{\dfrac{a_1 + a_2}{2} \cdot f_1 + \dfrac{a_2 + a_3}{2} \cdot f_2 + \cdots + \dfrac{a_{n-1} + a_n}{2} \cdot f_{n-1}}{f_1 + f_2 + \cdots + f_{n-1}} = \frac{\sum \bar{a}_i f_i}{\sum f_i},$$

式中, $\bar{a}_i$ 为各时点间隔期内的平均水平; f_i 为各时点的间隔长度.

例 2.6.3 例如, 某企业某产品库存情况见表 2.6.3, 求 2014 年该企业该种产品全年平均库存量.

表 2.6.3　某企业某产品 2014 年库存情况

时间	1 月 1 日	3 月 1 日	7 月 1 日	8 月 1 日	10 月 2 日	12 月 1 日
库存量/件	36	40	20	12	50	10

解

$$\bar{a}=\frac{\dfrac{a_1+a_2}{2}\cdot f_1+\dfrac{a_2+a_3}{2}\cdot f_2+\cdots+\dfrac{a_{n-1}+a_n}{2}\cdot f_{n-1}}{f_1+f_2+\cdots+f_{n-1}}$$

$$=\frac{\dfrac{36+40}{2}\times 2+\dfrac{40+20}{2}\times 4+\dfrac{20+12}{2}\times 1+\dfrac{12+50}{2}\times 2+\dfrac{50+10}{2}\times 3}{2+4+1+2+3}$$

$$=\frac{364}{12}\approx 30(\text{件}).$$

评注　根据时点数列计算序时平均数,是假定研究现象在相邻两个时点之间的变动是均匀的,实际上各种现象的变动一般是不均匀的. 因此,用上述方法计算得到的序时平均数,只是一个近似值. 时点数列的间隔越长,这种假定性越大,其准确性就越差. 为了使计算结果尽可能反遇实际情况,间断时点数列的间隔不宜过长.

(2) 由相对指标动态数列或平均指标动态数列计算序时平均数.

相对指标动态数列或平均指标动态数列是由具有互相联系的两个总量指标动态数列对比构成的. 因此要先分别计算出这两个总量指标动态数列的序时平均数,然后进行对比,求得相对指标动态数列或平均指标动态数列序时平均数. 其计算公式为

$$\bar{c}=\bar{a}/\bar{b},$$

式中, $\bar{c}$ 为相对数或平均数动态数列序时平均数; $\bar{a}$ 为分子的总量指标动态数列的序时平均数; $\bar{b}$ 为分母的总量指标动态数列的序时平均数.

构成分子、分母的动态数列可以都是时期数列,也可以都是时点数列,还可以是一个时期数列、一个时点数列. 现举其中一种情况说明其计算方法.

例 2.6.4　某商业企业 2014 年第一季度销售额与月初商品库存额资料见表 2.6.4, 试计算该商业企业第一季度月平均商品流转次数.

表 2.6.4　某商业企业 2014 年第一季度销售额与月初商品库存额资料

月份	1 月	2 月	3 月	4 月
商品销售额/万元	560	712	900	—
月初商品库存额/万元	358	282	286	320
商品流转次数/次	1.75	2.51	2.97	—

分析与解　商品流转次数数列是相对数动态数列,由于其对比的基数不同,所以不能直接计算. 我们可以看出它是一个时期数列 (商品销售额) 和一时点数列派生的序时平均数动态数列 (月平均商品库存额数列) 对比构成的动态数列. 因此要

先分别计算出月平均商品销售额和月平均商品库存额, 然后将两者对比求得平均商品流转次数. 其计算过程为

$$\bar{c} = \frac{\bar{a}}{\bar{b}} = \frac{\dfrac{\sum a}{n}}{\dfrac{\dfrac{b_1}{2} + b_2 + \cdots + b_{n-1} + \dfrac{b_n}{2}}{n-1}} = \frac{\dfrac{560 + 712 + 900}{3}}{\dfrac{\dfrac{358}{2} + 282 + 286 + \dfrac{320}{2}}{4-1}} = \frac{724}{302} = 2.40(\text{次}).$$

4. 平均增长量

平均增长量是说明客观现象在一定时期内平均每期增长的数量, 从广义来说, 它也是一种序时平均数, 即逐期增长量动态序列的序时平均数. 下面介绍两种计算方法.

(1) 水平法计算平均增长量.

以基数水平 (a_0) 为基础, 每期按平均增长量 (Δ) 增长, 其计算公式为

$$\Delta = (a_n - a_0)/n.$$

例 2.6.5 我国 2002 年年末移动电话用户有 20600.5 万户, 2007 年年末移动电话用户有 54728.6 万户. 求 2002~2007 年移动电话年平均增长量.

解 移动电话年平均增长量 $= (8622.8 - 6394.8)/5 = 6825.62(万户)$.

评注 水平法平均增长量只与期末水平 (a_n) 和期初水平 (a_0) 有关, 而同中间各期水平无关. 因此, 用它所计算的平均增长量来推算各期水平, 与实际水平可能有很大的差异.

(2) 累计法计算平均增长量.

按平均增长量逐期递增, 经过 n 期以后, 可以达到 n 期实际发展水平, 即

$$(a_0 + \Delta) + (a_0 + 2\Delta) + \cdots + (a_0 + n\Delta) = \sum_{i=1}^{n} a_i,$$

则平均增长量计算公式为

$$\Delta = \frac{\sum_{i=1}^{n} a_i - na_0}{1 + 2 + 3 + \cdots + n} = \frac{2\left(\sum_{i=1}^{n} a_i - na_0\right)}{n(n+1)}.$$

例 2.6.6 从 2002 年到 2007 年的全国移动电话用户分别为 20600.5 万户、26995.3 万户、33482.4 万户、39340.6 万户、46105.8 万户、54728.6 万户, 求平均增长量.

解 将数据代入上式得

$$\text{平均增长量 } \Delta = \frac{2\left(\sum\limits_{i=1}^{n} a_i - a_0\right)}{n(n+1)} = 6510.01(\text{万户}).$$

用水平法与累计法计算的结果可能不一样, 究竟应用哪种方法, 应视具体情况选择.

2.6.3 时间序列的速度指标

速度指标是动态分析指标, 可用来分析和比较某现象在不同发展时期、不同地区、不同部门和不同国家之间的发展变化程度. 时间序列的速度分析主要研究发展速度、增长速度、平均发展速度和平均增长速度.

1. 发展速度

发展速度是将现象的报告期水平除以基期水平求得的表明某种现象发展程度的相对指标.

$$\text{发展速度} = \frac{\text{报告期水平}}{\text{基期水平}}.$$

发展速度通常用百分数表示, 当比值较大时, 也可用倍数和翻番数表示, 它说明现象报告期水平为基期水平的百分之几或若干倍或翻几番. 当它大于 100%(或 1) 时, 表明现象在增长; 若小于 100%(或 1) 时, 表明现象在下降.

根据所采用的基期不同, 发展速度可分为环比发展速度和定基发展速度及同比发展速度.

(1) 环比发展速度.

环比发展速度是报告期水平与前一期水平之比, 它表明报告期水平为前一期水平的百分之几或若干倍, 对一个环比发展速度动态数列来说, 它表明现象逐期的发展程度. 环比发展速度可表示为

$$\frac{a_1}{aa_0}, \frac{a_2}{a_1}, \frac{a_3}{a_2}, \cdots, \frac{a_n}{a_{n-1}}.$$

(2) 定基发展速度.

定基发展速度是报告期水平与某一固定基期水平 (通常是最初水平) 之比, 它表明报告期水平为某固定基期水平的百分之几或若干倍或翻几番, 定基发展速度数列的各期各值, 都分别说明现象在一较长时期内的总发展速度. 定基发展速度可表示为

$$\frac{a_1}{a_0}, \frac{a_2}{a_0}, \frac{a_3}{a_0}, \cdots, \frac{a_n}{a_0}.$$

点评 上述两种发展速度计算基期和它们说明的问题不同, 但这两种发展速度之间却存在一定的关系:

(i) 同一动态数列的各期环比发展速度的连乘积, 等于其相应时期的定基发展速度;

$$\frac{a_1}{a_0} \times \frac{a_2}{a_1} \times \frac{a_3}{a_2} \times \cdots \times \frac{a_n}{a_{n-1}} = \frac{a_n}{a_0};$$

(ii) 两个相邻定基发展速度之比, 等于相应报告期的环比发展速度.

$$\frac{a_n}{a_0} \div \frac{a_{n-1}}{a_0} = \frac{a_n}{a_{n-1}}.$$

通过上述数量关系, 环比发展速度和定基发展速度可以互相推算.

(3) 同比发展速度.

对于具有季节变化的一些社会经济现象, 为了消除季节变动的影响, 可以计算同比发展速度, 用来说明本期发展水平相对于去年同期发展水平化的方向与程度, 这是实际统计分析中经济使用的指标. 其计算公式为

$$\text{同比发展速度} = \frac{\text{本年某月 (季) 发展水平}}{\text{去年同月 (季) 发展水平}}.$$

2. 增长速度

增长速度是某种现象报告期的增长量与基期水平之比, 表明该现象增长程度的相对指标. 其计算公式是

$$\text{增长速度} = \frac{\text{报告期增长量}}{\text{基期水平}} = \frac{\text{报告期水平} - \text{基期水平}}{\text{基期水平}} = \frac{\text{报告期水平}}{\text{基期水平}} - 1.$$

从上式可以看出增长速度与发展速度有着密切的关系, 即

$$\text{增长速度} = \text{发展速度} - 1.$$

增长速度有正负之分, 当发展速度大于 1 时, 增长速度为正值, 表明现象的增长程度; 当发展速度小于 1 时, 增长速度为负值, 表明现象的下降程度.

由于采用的基期不同, 增长速度可分为环比增长速度和定基增长速度及同比增长速度.

(1) 环比增长速度. 环比增长速度是逐期增长量与前一期发展水平对比的结果, 表示现象逐期增长的方向和程度. 其计算公式为

$$\text{环比增长速度} = \frac{\text{逐期增长量}}{\text{前一期水平}} = \frac{\text{报告期水平} - \text{前一期水平}}{\text{前一期水平}} = \text{环比发展速度} - 1.$$

(2) 定基增长速度. 定基增长速度是累计增长量与某一固定基期发展水平对比

的结果, 表示现象在较长时期内总的增长程度. 其计算公式为

$$定基增长速度 = \frac{累计增长量}{某一固定基期水平} = \frac{报告期水平 - 某一固定期水平}{某一固定期水平}$$
$$= 定基发展速度 - 1.$$

由此可见, 只要由环比和定基的发展速度, 将之减 1 或减 100%, 即可得环比和定基的增长速度; 相反, 若知各期的环比和定基增长速度, 分别将它们加 1 或加 100%, 即得环比发展速度和定基发展速度.

点评 环比增长速度与定基增长速度无直接的换算关系. 如果由一个环比增长速度数列求其定基增长速度数列, 需先将各期环比增长速度换算成各期环比发展速度; 再将它们连乘, 得各期的定基发展速度; 最后, 将各期定基发展速度分别减 1 或减 100%, 即得各期的定基增长速度. 相反地, 若知现象各期的定基增长速度, 求各期的环比增长速度, 也要经过一定的变换计算求得.

(3) 同比增长速度. 为消除季节变动的影响, 还需要计算同比增长速度. 同比增长速度是现象报告某年某月 (季) 的同比增长量, 与去年同月 (季) 现象的水平之比, 或用同比发展速度减 1 或减 100% 求得.

$$同比增长速度 = \frac{同比增长量}{去年同月 (季) 现象的水平} = 同比发展速度 - 1.$$

为进一步对比分析现象的增长情况, 需运用 "增长 1% 的绝对值" 指标. 增长 1% 的绝对值计算公式为

$$增长 1\% 的绝对值 = \frac{逐期增长量}{环比增长速度 \times 100} = \frac{a_n - a_{n-1}}{\dfrac{a_n - a_{n-1}}{a_{n-1}} \times 100} = \frac{a_{n-1}}{100}.$$

例 2.6.7 下面以我国某海关 2005~2010 年出口商品总额为例计算各种动态指标, 见表 2.6.5.

表 2.6.5　我国 2005~2010 年某海关出口商品总额

时间/年		2005	2006	2007	2008	2009	2010
发展水平/万吨		718.43	849.40	917.44	1210.06	1487.80	1510.66
增长量/万吨	逐期	—	130.97	68.04	292.62	277.74	22.86
	累计	—	130.97	199.01	491.63	768.37	792.23
发展速度/%	环比	—	118.23	108.01	131.90	122.95	101.54
	定基	100.0	118.23	127.70	168.43	207.09	210.27
增长速度/%	环比	—	18.23	8.01	31.90	22.95	1.54
	定基	—	18.23	27.70	68.43	7.09	10.27
增长 1% 的绝对值		—	7.18	8.49	9.17	12.10	14.88

3. 平均发展速度和平均增长速度

平均发展速度是某种现象各期环比发展速度的平均数, 它表明该现象在一个较长时期内平均单位时间发展变化的程度.

平均增长速度是某种现象各期环比增长速度的平均数, 它表明该现象在一个较长时期内平均单位时间增长的程度. 平均增长速度虽是各期环比增长速度的平均数, 但它不能直接由各期环比增长速度计算, 而需要通过它与平均发展速度的关系求得. 两者关系为

$$平均增长速度 = 平均发展速度 -1(或 100\%).$$

平均增长速度有正负之分, 正值表示平均增长的程度, 负值表示平均下降的程度, 又称为平均递减速度.

平均发展速度与平均增长速度在实际工作中起着重要的作用. 这两个指标是编制国民经济计划, 进行国民经济宏观调控的重要指标; 也经常用它们来比不同阶段、不同时期、不同国家或地区同类现象发展变化的情况; 它们还可作为各种推算和预测的依据.

根据环比发展速度的连乘积等于定基发展速度, 当计算平均发展速度时, 不能采用算术平均法, 而应采用几何平均法. 其计算公式为

$$\bar{x} = \sqrt[n]{x_1 \cdot x_2 \cdot x_3 \cdots \cdot x_n} = \sqrt[n]{\prod x_i},$$

式中, $\bar{x}$ 为平均发展速度; x_i 为第 i 年的环比发展速度; $\prod$ 为连乘符号.

由于环比发展速度的连乘积等于相应的定基发展速度, 所以平均发展速度的计算公式也可写成

$$\bar{x} = \sqrt[n]{a_n/a_0}.$$

又因为 a_n/a_0 是现象的总发展速度, 所以平均发展速度的公式又可写成

$$\bar{x} = \sqrt[n]{R},$$

式中, R 为总发展速度.

由上面的公式计算平均发展速度时, 可根据各时期的环比发展速度来计算, 也可根据最初水平和最末水平来计算, 还可根据总的发展速度来计算.

平均发展速度和平均增长速度一般可用百分数表示, 但像人口出生率、死亡率等指标的分子明显小于分母, 可采用千分数表示.

例 2.6.8 根据第五次、第六次人口普查资料, 我国内地人口 2000 年普查时为 126583 万人, 2010 年普查时为 133972 万人, 试求两次人口普查之间我国人口年平均增长速度.

解 $\bar{x} = \sqrt[n]{\dfrac{a_n}{a_0}} = \sqrt[10]{\dfrac{133972}{126583}} = 1.001774 \times 100\% = 100.1774\%,$

年平均增长速度 $= (1.001774 - 1) \times 1000\text{‰} = 17.74\text{‰}.$

例 2.6.9 如果以 2010 年人口普查数为基数, 其后每年以 17.74‰ 的速度递增, 到 2020 年我国内地人口将达到多少?

解 $a_n = a_0 \cdot \bar{x} = 133\,972 \times 1.001\,774^{10} = 136\,368(\text{万人}),$

即按 17.74‰ 的速度递增, 到 2020 年 11 月 1 日我国内地人口将达到 13.6368 亿人.

平均发展速度还可以运用方程法计算, 这里不展开讨论.

2.6.4 时间序列指标运用

将时间数列指标划分为水平指标和速度指标, 着眼的角度是反映现象发展变化的两类不同特征. 如果从计算方法的不同来划分时间数列指标, 则为初始指标 (发展水平)、比较指标 (增减水平、发展速度和增减速度) 和平均指标 (平均发展水平、平均增减水平、平均发展速度和平均增减速度). 这里, 后两个比较指标和全部平均指标, 又可分别归结为动态相对指标和动态平均指标. 因此, 在利用时间数列指标计算和分析社会经济现象的发展变化数量特征时, 仍需遵守相对指标和平均指标的一般原则, 并加以灵活运用. 尤其应该注意的是以下四个方面.

1. 选择合适的基期

一般应以现象常态发展的时期或时点作为基期, 也可随研究目的作相应的选择. 例如, 分析五年计划执行情况, 这五年计划开始前的一年即为基期; 宣传改革开放的巨大成就, 可以 1978 年为基期; 赶先进、找差距, 可以历史最高或最低时期为基期, 等等.

对于某些带有季节性的现象, 适于选用去年同期 (同月、同季) 作为基期, 以消除季节变动对分析的干扰. 以去年同期计算的增减水平和发展速度, 称为同比增减水平和同比发展速度, 即

$$年距增减水平 = 本期发展水平 - 去年同期发展水平,$$

$$年距发展速度 = \frac{本期发展水平}{去年同期发展水平}.$$

2. 既看速度, 又看水平

通常, 基数大, 发展速度慢 (低); 基数小, 发展速度快 (高). 所以, 高速度可能掩盖了低水平, 而低速度又可能隐含着高水平. 对现象作动态分析, 既要看速度, 又要看水平, 才不致产生片面性.

有学者指出, 原苏联领导人斯大林在分析经济增长相对程度与增长绝对数量的关系时, 最早利用了 "增减 1% 绝对值" 指标. 这是一个将速度分析与水平分析结合

起来的指标, 它是逐期增减水平与环比增减速度之比, 即

$$增减 1\% \ 绝对值 = \frac{逐期增减期增}{环比增减速度 (\%) \times 100} = \frac{a_i - a_{i-1}}{\dfrac{a_i - a_{i-1}}{a_{i-1}} \times 100} = \frac{a_{i-1}}{100}.$$

因此, 增减 1% 绝对值又可表示为基期水平除以 100.

3. 用分段平均速度补充说明总平均速度

计算较长一段时期的平均速度, 若其中某些阶段 (时期) 现象的发展变化具有特殊性, 只计算一个总的平均速度指标, 就不能具体反映该现象的发展过程和变化速度. 因此, 有必要分段计算各个阶段的平均速度来加以补充说明. 例如, 分析研究新中国成立 60 多年来某一产品产量的平均发展变化程度, 除了计算一个总的平均速度, 还有必要再选择国民经济恢复时期、各个五年计划时期或其他特殊时期, 分段计算相应的分段平均速度, 来补充说明总平均速度.

4. 注意区分 "番" 与 "倍"

增加一倍, 就是增加 100%; 翻一番, 也是增加 100%. 除了一倍与一番相当外, 两倍与两番以上的数字含义就不同了; 而且数字越大, 差距越大. 如果加两倍, 就指增加 200%; 翻两番, 就是 400%(一番是二, 二番是四, 三番是八). 所以说翻两番就是增加了 300%, 翻三番就是增长了 700%. "番" 是按几何级数计算的, "倍" 是按算术级数计算的.

计算翻番公式为

$$n = [\lg(报告期数 \div 基数)] \div \lg 2,$$

式中, $n, \lg$ 分别表示翻番数、常用对数.

2.6.5 经济增长率与人口自然增长率

经济增长率与人口自然增长率是事关民生的两个最重要的统计指标, 它们还事关国家的繁荣富强. 很多人都明白这两个统计指标的重要性, 但对其真实含义未必很了解, 这里我们将用通俗易懂的语言解读这两个重要的统计指标.

1. 经济增长率

经济增长率, 就是指 GDP 增长率, 也称经济增长速度, 它是由本期 GDP 与基期 GDP 作比较得出的结果. 经济增长率是反映一定时期经济发展水平变化程度的动态指标, 也是反映一个国家或地区经济是否具有活力的基本指标. 它的高低意味着经济增长的快慢, 人民生活水平提高所需的时间长短, 所以政府和学者都非常关注这个指标. 如果用来比较的值都以现价计算, 则计算出的 GDP 增长率就是名义

增长率; 反之, 以不变价计算的就是 GDP 实际增长率, 也称可比增长率. 统计上发布的 GDP 增长率通常都采用可比增长率.

经济增长率的计算分为两种: 年度经济增长率和年均经济增长率.

(1) **年度经济增长率.** 年度经济增长率衡量的是两年之间经济的变化. 计算比较简单, 就是后一年的经济指标 (如 GDP 或人均 GDP) 减去前一年的经济指标再除以前一年的经济指标, 如果我们用百分数来表示还要再乘上百分百. 例如, 我国 2003 年的 GDP 是 61687.9 亿元 (按 1990 年价格计算, 以下同), 而 2004 年的 GDP 是 67548.2 亿元, 因此 2004 年的经济增长率就是 0.095, 用百分数来表示就是 9.5%.

(2) **年均经济增长率.** 年均经济增长率衡量的是若干年来经济的平均变化情况. 举例来说, 按 1990 年价格计算, 我国 1952 年人均 GDP 为 1250.24 元, 2004 年人均 GDP 为 5196.5 元, 这 52 年人均 GDP 年均增长率则是 6.07%. 1978~2010 年, 我国经济增长达到年均 10% 的速度. 32 年里, 增长率最高的年份是 1984, 高达 15.2%; 增长率最低的年份是 1990, 为 3.8%. 从经验数据观察, 我国经济增长率不能长期低于 7%, 也不能长期高于 12%. 经济增长率若长期低于 7%, 其后果就是企业全面亏损、失业率上升. 长期高于 10%, 则出现经济过热现象, 通胀严、居民生活水平下降、财富缩水等. 描述经济增长与失业现象的经验观察结果被称为著名的奥肯定律 (Okun's law, 1928~1980), 它揭示经济增长率与失业率呈反向运动的关系. 对美国而言, 维持社会经济基本正常的增长临界点是 3%.

实际上, 经济增长并不一定代表发展. 经济学家往往会质疑经济增长的实际意义, 其原因是因为经济增长的衡量尺度是 GDP, 而 GDP 的增长不一定代表了生产力的发展. 举例来讲, A 国每生产 1t 钢材需要 2t 的煤, 而同样生产 1t 钢材 B 国只要 1t 的煤, 那么从 GDP 的角度讲, 假设生产煤和钢材是两国部分的生产活动, 那么 A 国的 GDP= 1t 钢材+2t 煤, 而 B 国的 GDP= 1t 钢材 +1t 煤. 所以 A 国的 GDP 是大过 B 国的, 但是很显然 A 国的生产效率是落后于 B 国. 另外一个著名的例子, 就是经常被提到的, 车祸可能会带来 GDP 的增长, 但这一事件的本质是一个意外, 而不是生产力的发展.

一个国家可以采取扩张性的利息、税收、财政和汇率政策来增加经济增长, 但是每一种政策的作用都有其局限性. 这些政策在 20 世纪上半叶资本主义发展中起到了很大的作用, 提出这一理论的凯恩斯曾经被称为 "资本主义的救星", 但是近年来其作用越来越受到人们的质疑. 到目前为止, 世界各国都还没有找到应对世界性经济危机的良策.

专题介绍 政府财政收入增速应与 GDP 增速同步吗?

税收取之于民用之于民. 政府收税的主要目的是通过税收这一强大的经济管理工具, 调节收入分配促进社会分配公正, 同时积累国家管理经济资源, 促进国家经济繁荣. 因此, 政府财政收入增长与 GDP 增长密切相关. 当前, 我们时常听到 "国富民穷"的议论声, 不论是什么状况, 老百姓至少需要了解一些与此相关的最基本的信息.

2011 年初, 曾有媒体报道, 2010 年我国公共财政收入增幅达到 21.3%, 而 GDP 增幅为 10.3%, 财政收入增速再次跑赢 GDP. 财政收入增长是否一定与 GDP 增长保持一一对应关系, 两者是否应当完全同步? 大多数人对此疑惑不解.

其实, GDP 指一个国家所有常住单位一定时期内生产活动的最终成果, 包括劳动者报酬、生产税净额、固定资产折旧和营业盈余等要素. 财政收入指国家财政参与社会产品分配所取得的收入, 是实现国家职能的财力保证, 主要包括各项税收收入和非税收入.

政府财政收入增速远高于国家 GDP 增速, 从长远的眼光看, 对国家发展肯定是极为不利的. 然而, 由于两者之间不存在直接的、数量上的明确对应关系, 国家财政收入与 GDP 有可能无法保持同步增长, 其主要原因有以下四个方面.

(1) 税赋构成内容不同.

从税收角度分析, 纳入 GDP 核算范围的产业大致可分为三类: 一是直接带来税收的增加值, 如工业增加值、批零餐饮业增加值等; 二是减免税收的增加值, 如农业增加值; 三是基本无税的增加值, 如国家行政机关和事业单位的增加值. 其次, 不同行业的税率是不同的, 一般来说, 资源开发行业的税率高于制造业, 第二产业税率高于第三产业. 因此, 产业结构不同, 行业发展水平不均衡, 都会造成税收与 GDP 对应关系的偏差. 税赋水平比较高的行业的高速增长很自然带动了税收的高速增长, 当然经济衰退自然也导致税收减少.

(2) 部分税种与 GDP 关系不密切.

GDP 强调的是一个生产的概念, 反映了全社会经济总量和规模的扩大; 而财政收入强调的是一个收入的概念. 我国现行的税收制度以流转税和所得税作为主体税种, 其中流转税的税基是应税生产活动, 因此反映生产活动成果的增值税和营业税与相应行业的增加值关系十分密切; 但是主要对经济存量进行征税的财产税、城镇土地使用税、土地增值税、车船使用税等税种, 则与 GDP 没有直接对应关系或关系不大.

(3) 统计周期不同.

GDP 核算当期生产活动成果, 包括半成品以及成品 (不论是否销售). 而财政收入是当期实际入库数, 因为半成品和未售成品并不产生当期税收收入, 并且由于纳税期限和方式的规定, 已售产品纳税和退税环节均存在时滞, 部分可能会推迟到下一个统计周期.

(4) 核算依据不同.

进口货物增值税和消费税、关税、出口货物退税等税种存在跨国家 (或地区) 纳税情况, 造成纳税行为和生产经营活动分离. GDP 核算对象是一国常住单位的生产活动, 而财政收入是按一国实际入库税款统计. 具体来说, 在 GDP 支出法核算中, 净出口额为出口减去进口, 即出口额是增项, 进口额是减项. 而在财政收入统计中, 进口提供的进口税收额 (关税和进口环节税) 对总收入是增项, 与国际大宗商品价格有关; 出口带来的出口退税额对总收入却是减项, 与国家采取的出口退税率成正比. 由此可见, 一国 (或地区) 的开放程度越高, 其 GDP 和财政收入在进口环节核算的差异也就越大.

此外, 财政收入增速不受到宏观税收政策和税收征管水平的影响, 这里不再展开讨论.

2. 人口自然增长率

人口自然增长率是反映人口自然增长情况的相对指标, 即一定时期内 (一般为一年) 一国或一个地区人口自然增加数 (年内出生人数减年内死亡人数) 与年平均总人口数之比. 通常用千分比表示. 其计算公式如下

$$人口自然增长率 = \frac{年内出生人数 - 年内死亡人数}{年平均总人口数} \times 1000\text{‰}$$
$$= 人口出生率 - 人口死亡率.$$

人口自然增长率是反映人口再增长过程的综合性指标, 是研究人口问题的重要内容之一. 人口自然增长率水平取决于人口出生率与死亡率的水平. 人口自然增长的规律和趋势是一定社会、政治、经济、文化教育和医疗卫生状况的反映. 就全世界范围看, 人口增长率等于人口自然增长率. 就一个人口封闭式的国家看, 人口增长率也等于人口自然增长率. 因此, 分析研究人口自然增长率 (正数或负数) 的影响因素, 是制定人口政策, 决定合理的人口增长速度, 加强计划生育管理以及预测今后人口规模的重要依据.

实际上, 人口自然增长率与人口增长率是不同的两个概念. 前者是人口的出生与死亡共同作用的结果, 它反映人口自然增长情况; 后者除反映自然增长因素外, 还反映人口迁移变动的情况.

与人口自然增长率密切相关的指标有出生率与死亡率, 人口出生率指某地在一个时期内 (通常指一年) 出生人数与平均人口之比, 它反映了人口的出生水平, 一般用千分率表示.

出生率 (‰)=(年内出生人数/年内平均人口数)×1000‰.

死亡率是用来衡量一部分人口中一定规模的人口大小、每单位时间的死亡数目 (整体或归因于指定因素). 死亡率通常以每年每一千人为单位来表示; 例如, 在死亡率为 9.5‰ 的 10 万人口中, 表示这一人口中每年死去 950 人. 它通常是指 "粗

死亡率" (crude death rate, CDR), 即一国或一地区在一定时期 (通常为一年) 内死亡人数与同期数的比值.

$$死亡率 (‰) = (年内死亡人数/年内平均人口数) \times 1000‰.$$

广义的死亡率还包括猝死率 (指某地区一定时期内 (通常是一年) 死于某种特定死因的人数与同期内该地区的平均人口总数之比)、分年龄死亡率 (指某地区某时期内某一年龄段 (x 到 $(x+n)$ 岁) 的死亡人数与该年龄段平均人数之比) 和分年龄性别死亡率 (x 即某地区某时期内某一年龄段 (x 到 $(x+n)$ 岁) 的男性 (女性) 死亡人数与该年龄段男性 (女性) 平均人数之比)、婴儿死亡率 (指婴儿出生后不满周岁死亡人数同出生人数的比率) 等. 其中后者与前几个的定义有较大区别, 严格地说, 应称为 "婴儿死亡概率". 从这里, 我们可以看到死亡率的计算非常复杂.

点评 发达国家人口自然增长率低, 发展中国家人口自然增长率高, 主要原因是发达国家出生率下降, 不是经过社会或政府有计划的干预, 而是由于生产力的提高, 引起一系列社会、经济、文化等方面的变化, 从而导致人们生育观念的变化, 并最终导致生育行为变化的结果, 人们越来越注重追求物质文化生活和自身的发展; 发展中国家由于生产力水平比较低下, 商品经济还很不发达, 多子多福仍是人们普遍的生育观念, 导致人口自然增长率高、人口增长较快. 人口增长的快慢, 归根结底取决于生产力的发展水平. 这是因为, 由生产力发展引起的自然、社会和经济的变化, 决定了人口出生率和死亡率的变化.

年龄结构、自然增长率都与人口发展密切相关, 所以少子化 (指生育率下降, 造成幼年人口逐渐减少的现象) 和老龄化应该引起政府的关注. 虽然当前老龄化趋势已不可逆转, 但通过及时调整和完善生育政策, 可延缓老龄化带来的负面影响.

第 3 章

统 计 推 断

所谓统计推断, 就是指根据随机性的观测样本和问题的条件和假定, 对未知事物作出以概率形式表述的推断. 概率论是统计推断的理论基础. 统计推断的内涵可这样理解: 想要研究的问题都有一个确定的总体, 其总体分布未知或部分未知, 通过从总体中抽取的随机观测样本作出与未知分布有关的某种结论. 统计推断的基本问题可以分为两大类: 一类是参数估计问题; 另一类是假设检验问题.

统计推断的魅力在于 "一叶知秋" 或者说 "窥一斑知全貌". 统计推断是由样本推断总体, 因此根据样本对总体所作的推断, 并不能做到完全精确和可靠, 其结论要以概率的形式表达. 统计推断的目的就是尽量利用问题的基本假定及包含在观测数据中的信息, 作出尽量精确和可靠的结论. 就像人总会犯错误一样, 统计推断无法回避误差. 统计推断的艺术或者说智慧就体现在如何修正与减少推断误差, 诚如古言云: "通向智慧的路, 清晰明了, 错误, 还是错误, 又是错误, 但是在减少, 不断减少, 越来越少."

作为全书最富有挑战性的部分, 也作为实际应用最丰富的部分, 本章试图回答下述问题:

(1) 随机抽样有哪些话题?

(2) 抽样推断有哪些基础?

(3) 如何估计总体参数?

(4) 如何进行统计假设检验?

(5) χ^2 检验与方差分析有何意义?

(6) 相关分析与回归分析有何意义?

3.1 随机抽样与抽样分布

本节简单介绍随机抽样与抽样分布的基本常识, 简单介绍抽样推断的数学基础及其抽样分布的常识. 为此, 首先简单介绍推断统计中常用的基本概念.

3.1.1 统计学中的常用概念

统计学和其他学科一样, 在论述其理论与方法时, 需要运用一些专门的概念. 这里仅介绍统计学中常用的基本概念.

1. 总体、总体单位与样本

统计学的研究对象是形形色色的各种数据, 统计学中将数据来源的范围定义为总体. 界定总体的概念, 即可避免对总体以外无关数据的收集, 还可以使调查者清楚地认识统计资料范围的特征, 防止总体数据的遗漏.

所谓自然总体就指客观存在的、具有某种共同性质的许多个别事物构成的整体. 简言之, 总体就是同质个体集团, 组成集团的个体, 称为总体单位.

总体和总体单位的关系如同数学中的集合和元素的关系, 两者相互依存、相互联系, 不存在没有总体的总体单位, 也不存在没有总体单位的统计总体. 总体和总体单位的关系不是一成不变的, 随着研究目的的变动, 两者可以相互转化. 在一定研究目的下, 一个事物可以作为总体而存在, 然而当研究目的发生变化后, 这个事物可能就成为总体单位了. 例如, 如果研究我国电子工业的发展情况, 那么电子工业的所有企业就是一个统计总体, 且每个企业就是一个单位. 如果研究一个企业的生产经营情况, 那么一个企业就构成了统计总体; 如果要研究整个国民经济的发展情况, 那么国民经济所有行业组成统计总体, 而其中的电子工业行业又变成了总体单位.

在统计推断中, 总体通常是指测量总体(或变量总体), 自然总体中的个体通常都具有多种属性, 人们把个体所具有某种共同属性的数值的整体称为一个测量总体. 例如, 要研究某企业某批次的生产的十万只灯泡的寿命, 该批次的十万只灯泡就构成一个自然总体, 而这十万只灯泡的寿命数据的数集就形成测量总体. 又如, 某厂家要调查消费者对该厂家最近生产的一批新产品的购买意向, 在这次调查中, 所有的消费者就构成一个自然总体, 而消费者的购买意向数据的集合就是一个测量总体. 可以这样说, 测量总体是依附于自然总体而存在的, 一个自然总体至少有一个甚至有许多个测量总体.

在统计推断中, 根据总体所包含的总体单位数目来划分, 总体还可以分为有限总体与无限总体. 如果组成总体的总体单位 (个体) 数量是有限个, 该总体就被称为有限总体; 否则就称为无限总体. 例如, 前面提到的十万只灯泡寿命组成的测量总体就是有限总体. 再例如, 如果想通过某种科学实验得出结论, 那么由所有的实验数据组成的总体就是无限总体. 这是因为在相同条件下, 科学实验可以无限次地进行下去, 因而各次实验数据就构成一个无限总体. 有限与无限总体的划分主要是为了判别在抽样中每次抽样是否独立. 对于无限总体, 每次抽取一个单位, 并不影响下一次的抽取结果, 因此每次抽取可以看成独立的. 对于有限总体, 抽取一个单位后, 总体元素会减少一个, 前一次的结果往往会影响第二次的抽样结果, 因此每次抽取是不独立的, 这些因素会影响抽样推断的结果.

样本(sample) 是统计推断中非常重要的概念, 统计推断的理论与方法都建立在样本之上, 而且统计实践研究现象的数据也总是由样本开始的. 所谓样本就是指是从总体中按随机原则抽取一部分总体单位的集合, 也称子样. 构成样本的个数的数目称为样本容量 (sample size). 一般地, 当样本容量大于 30 时, 称为大样本, 样本容量小于 30 时, 称为小样本. 从一个总体中随机抽取一定容量的样本, 可以有很多种样本构成的可能, 也可以从一个总体中抽取很多容量相同但个体不同的样本. 因此, 样本具有不唯一性, 除非样本就是总体本身.

2. 变量、参数与统计量

在统计推断中, 一般把表示现象某种属性或特征的概念称为变量(variable), 变量的具体表现 (或取值) 称为变量值 (数据). 例如, 商品销售额、受教育程度产品的质量等级等都是变量; 而 100 万、200 万, 初中、高中、大学本科、研究生, 一等品、二等品、三等品等都是变量值 (数据). 按照数据计量尺度的不同, 变量可以分为分类变量、顺序变量、数值型变量三种. 分类变量是说明事物类别的名称, 分类变量的观测结果体现为分类数据; 顺序变量是说明事物有序类别的名称, 其观测结果体现为顺序数据; 数值型变量是说明事物数字特征的名称, 其观测结果体现为数值型数据. 分类变量和顺序变量又可称为定性变量, 而数值型变量可称为定量变量.

按照变量取值的确定性划分, 变量分为确定性变量和随机变量. 确定性变量是指受必然性因素的作用, 各变量值呈现出上升或下降唯一方向性变动的变量, 如产品价格变量 (x) 受到销售量因素影响而呈现有规则变动; 随机变量是指受偶然性因素的作用, 变量值呈现出随机游走的混沌状态变动的变量, 如股票价格变量 (x) 受到股民投机欲望因素的影响而呈现无规则涨落.

按照数据的变化是否连续, 变量还可分为离散型变量和连续型变量. 离散型变量是指只能取整数值的变量, 即变量的变化是不连续的、间断的, 如人数、企业数、机器台数都是离散变量, 它们只能取整数. 在一定区间内可任意取值的变量称为连续型变量, 其数值是连续不断的, 相邻两个数值中作无限分割, 即可取无限个值. 例如, 生产零件的规格尺寸、人体测量的身高、体重、胸围等为连续变量, 其数值只能用测量或计量的方法取得.

参数是用来描述总体特征的概括性数字度量. 它是研究者想要了解的总体的某种特征值. 总体数据通常是不知道的, 因此参数是一个未知的常数. 统计研究者所关心的参数主要有总体均值、标准差、总体比例等. 在统计学中, 总体参数通常用希腊字母表示. 例如, 总体均值用 μ 来表示, 总体标准差用 σ 表示, 总体比例用 π 表示.

统计量是用来描述样本特征的概括性数字度量. 它是根据样本数据计算出来的一些量, 是样本的函数. 统计研究者所关心的样本统计量有样本均值、样本标准差、样本比例等, 样本统计量通常用小写英文字母表示. 例如, 样本均值用 $\bar{x}$ 表示, 样本标准差用 s 表示, 样本比例用 p 表示.

3.1.2 随机抽样概述

随机抽样(random sampling) 是指按照随机原则抽取样本的方法. 所谓随机原则, 就是指总体中的每一个单位在一次抽样过程中都有同等的机会 (相同的概率) 被抽取.

随机抽样的最大优点是在根据样本资料推断总体时, 可用概率的方式客观地测量推论结果的可靠程度, 从而使这种推论建立在科学的基础上.

如何科学地组织抽样调查是至关重要的, 常用的随机抽样方法主要包括简单随机抽样、分层抽样、等距抽样、整群抽样、多阶段抽样等.

1. 简单随机抽样

简单随机抽样(simple random sampling), 又称纯随机抽样, 它是按随机原则直接从总体 N 中抽取样本单位 n. 在抽样之前, 对总体不进行任何处理, 就是总体不加任何分组、划类、排队等, 完全随机地抽取样本单位.

简单随机抽样的特点是, 每个样本单位被抽中的概率相等, 样本的每个单位完全独立, 彼此之间无一定的关联性和排斥性. 简单随机抽样是其他各种抽样形式的基础.

简单随机抽样方法简便, 易于掌握, 但也有其局限性. 通常只是在总体单位之间差异程度较小和数目较少时, 才采用这种方法. 当总体单位数目很大, 离散程度也很大时, 相对抽取单位数较少时, 则不宜采用这种方法.

简单随机抽样的通常操作方法有抽签法与随机数表法, 这里不详细介绍.

简单随机抽样抽取样本单位的具体方法分重复抽样和不重复抽样两种.

(1) **重复抽样**(sampling without replacement).

又称重置抽样. 它是指按随机原则从全体中抽取一个样本单位后, 再放回原总体, 参加下一次抽取的方法抽取样本. 重复抽样的总体单位数始终保持不变, 每个总体单位都有被重复抽中的可能. 每次抽样总是在完全相同的条件下进行的, 每个单位每次被抽中的概率是一样的. 重复抽样的样本可能数为

$$m_{重} = N^n.$$

(2) **不重复抽样**(sampling with replacement).

又称不放回抽样. 它是指按随机原则从全部总体中抽取一个样本单位记录后,

不再放回原来的总体中, 在剩余的总体单位中进行下一次抽取的方法抽取样本. 按照这种方法, 全部总体单位数在不断减少, 每个总体单位不可能被重复抽中. 每次抽取的过程都不是相互独立的, 第一次的抽取结果会影响到下一次的取样, 每抽一次, 总体单位数就会减少一个, 因此每个单位每次被抽中或抽不中的概率是不一样的. 不重复抽样在不考虑样本单位的排列顺序时, 如从 10 个阿拉伯数字中随机抽取 3 个数字, 则抽取 3, 4, 6 和 6, 4, 3 是一样的, 作为一组样本, 这时, 不重复抽样的样本可能数目为

$$m_{不重} = C_N^n = \frac{N(N-1)(N-2)(N-3)\cdots(N-n+1)}{n!} = \frac{N!}{n!(N-n)!}.$$

在运用简单随机抽样的情形下, 样本平均数的计算与总体平均数的计算方法相同, 但样本方差 (记作 S^2) 与总体方差的计算方法是有区别的. 具体地说, 对于未分组的原始数据, 样本方差的计算公式为

$$S^2 = \frac{1}{n-1}\sum_{i=1}^{n}(x_i - \overline{x})^2,$$

式中, $\overline{x}$ 为样本平均数; n 为样本数据的个数; x_i 为样本中的第 i 个数据.

如果样本数据被分为 k 组, 样本方差的计算公式为

$$S^2 = \frac{\sum_{i=1}^{k}(M_i - \overline{x})^2 f_i}{\sum f_i - 1} = \frac{\sum_{i=1}^{k}(M_i - \overline{x})^2 f_i}{n-1},$$

式中, $\overline{x}$ 为样本平均数; n 为样本数据的个数; M_i 为各组的组中值; f_i 为各组变量值出现的频数.

评注 为什么样本方差由 $n-1$ 而不是样本容量 n 去除呢? 其原因可以从多方面解释. 从实际应用角度来看, 在抽样估计中, 当我们用样本方差 S_{n-1}^2 去估计总方差 σ^2 时, 它是 σ^2 的无偏估计量.

2. 分层抽样

分层抽样(reduced sampling), 也称为分类抽样或类型抽样. 它是指将总体各单位按照某个标志分成若干组, 然后在各组中采用简单随机抽样或机械抽样抽取样本单位的抽样方法. 例如, 在职工收支调查中, 先按国有单位、集体单位等经济类型分类, 然后在国有单位和集体单位内再按国民经济部门分为工业、商业、基建、交通等部门, 在国民经济各部门内又进一步分类, 再按照所需要研究的问题, 抽选样本单位, 在农业产量调查中, 可按地形条件的不同, 将调查单位分为平原、丘陵、山区三种类型, 然后抽取样本单位.

分层抽样实际上是分组法和抽样原理的结合. 通过分组, 把性质比较接近的各

个单位归入同一组内, 使各组内调查变量的标志值差异缩小, 从而减少抽样误差, 提高抽样结果的代表性. 特别是当总体各单位标志值差异悬殊时, 由于划分类型后, 缩小了各类型组内的方差. 另外, 在各类型组内, 都有一定的单位被选入样本, 这样可以取得较好的抽样效果, 能用较少的抽样单位数获得较精确的推断结果.

每个类型组应该抽取多少个样本单位, 是进行抽样前必须考虑的问题. 常用的有以下两种分配原则.

(1) 等额分配原则.

也就是在各类型组中分配同等单位数. 设总体共有 N 个单位, 划分为 k 个类型, 第 i 类型组中包括 N_i 单位, 若从总体中共抽取 n 个单位作样本, 第 i 类型组抽取的样本单位数用 n_i 表示, 则等额分配为

$$n_1 = n_2 = \cdots = n_k.$$

如果各个类型的单位数相等或差异不大, 用这种方法分配样本单位数较为合理, 且计算简便, 但在实践中这种情况并不多见.

(2) 等比例分配原则.

通常各类型的单位数 N_i 是不等的, 有时相差很大, 若采用等额分配原则, 将产生不合理的抽样偏差. 较妥善的方法则是采用等比例分配原则, 即按照总体单位数在各组之间的比例, 分配各组的抽样单位数, 即在各类型中抽取的样本单位数 n_i 占该类型组所有单位数 N_i 的比例相等, 即等同于样本单位总数 n 占总体单位数 N 的比例:

$$\frac{n_1}{N_1} = \frac{n_2}{N_2} = \frac{n_3}{N_3} = \cdots = \frac{n_k}{N_k} = \frac{n}{N}.$$

此时, 各类型组应该抽样本单位数为

$$n_i = \frac{n}{N} \times N_i = \frac{N_i}{N} \times n.$$

按照这一原则抽样, 考虑了各类型的权重, 不会产生人为的抽样偏差, 这在实际工作中被普遍采用. 下面就这种分配原则, 如何计算全样本平均的抽样方差作简单介绍.

分层抽样的各层的样本平均数为

$$\overline{x}_i = \frac{1}{n_i} \sum_{j=1}^{n_i} x_{ij} \ (i = 1, 2, \cdots, k);$$

全样本平均数为

$$\overline{x} = \frac{1}{N} \sum_{i=1}^{k} \overline{x}_i N_i.$$

如果各类型抽样单位数是按等比例分配的, 则因 $N_i/N = n_i/n$, 在计算综合样

本指标时, 也可以用 n_i 加权, 即

$$\overline{x} = \frac{\sum \overline{x}_i n_i}{\sum n_i},$$

即全样本平均数是各层样本平均数的加权平均数.

全样本平均数的方差是根据各类型方差加权综合求得的, 在有放回抽样时为

$$\sigma_{\overline{x}}^2 = \frac{1}{N^2} \sum_{i=1}^{k} N_i^2 \sigma_{\overline{x}_i}^2,$$

即

$$\sigma_{\overline{x}}^2 = \frac{1}{N^2} \sum_{i=1}^{k} \frac{N_i^2 \sigma_i^2}{n_i},$$

其中, $\sigma_{\overline{x}_i}^2$ 是第 i 层内样本平均数的方差. 因采用等比例分层抽样时有

$$N_i = \frac{N}{n} n_i,$$

于是上式可化简为

$$\sigma_{\overline{x}}^2 = \frac{1}{N^2} \sum_{i=1}^{k} \frac{N_i^2 \sigma_i^2}{n_i} = \frac{1}{N^2} \sum_{i=1}^{k} \frac{N^2 n_i \sigma_i^2}{n^2} = \frac{1}{n} \sum_{i=1}^{k} \frac{n_i \sigma_i^2}{n} = \frac{\sigma^2}{n},$$

其中, σ^2 是各层内方差 σ_i^2 的加权平均数.

全样本平均数的抽样方差在不放回抽样时为

$$\sigma_{\overline{x}}^2 = \frac{1}{N^2} \sum_{i=1}^{k} \frac{N_i^2 \sigma_i^2}{n_i} \left(1 - \frac{n_i}{N_i}\right).$$

在等比例分层抽样的情形下, 上式又可简化为

$$\sigma_{\overline{x}}^2 = \frac{\sigma^2}{n} \left(1 - \frac{n}{N}\right).$$

现举例说明分层抽样样本指标和抽样方差的估计方法.

例 3.1.1 设某农业区共有农村居民 3906 户, 分为粮食作物专业户、经济作物专业户和养殖专业户三种类型. 用不放回抽样的方式、按 5% 的等比例抽取样本户, 调查其平均收入, 所计算求得的样本指标见表 3.1.1, 试计算全样本平均数与全样本平均数的方差.

表 3.1.1 某地区农户收入指标

农户类型	总户数 N_i	抽样户数 n_i	每户平均收入 $\overline{x}_i$/万元	收入标准差 σ_i
粮食作物	2150	108	3.7	0.404
经济作物	1560	78	4.4	0.468
养殖	196	10	5.0	0.382
合计	3906	196	4.0448	

根据表 3.1.1 资料估计全区每户平均收入和总收入, 并计算其抽样方差和平均误差.

$$全样本平均数\overline{x} = \frac{\sum\limits_{i=1}^{k}\overline{x}_i n_i}{\sum\limits_{i=1}^{k}n_i} = \frac{108 \times 3.7 + 78 \times 4.4 + 10 \times 5.0}{196} = 4.0448(万元),$$

$$层内方差平均数\sigma^2 = \sum_{i=1}^{3}\frac{\sigma_i^2 n_i}{n} = \frac{0.404^2 \times 108 + 0.468^2 \times 78 + 0.382^2 \times 10}{196}$$

$$=0.1845(万元),$$

全样本平均数的抽样方差 (在不放回抽样时)

$$\sigma_{\overline{x}}^2 = \frac{\sigma^2}{n}\left(1 - \frac{n}{N}\right) = \frac{0.1845}{196} \times \left(1 - \frac{196}{3906}\right) = 0.0008894(万元).$$

3. 等距抽样

等距抽样(systematic sampling) 又称为机械抽样或系统抽样. 它是先将总体各单位按有关标志或无关标志进行排列, 再按照固定的顺序和间隔来抽取样本单位的一种抽样组织形式. 例如, 从拥有 6000 个元素的总体中抽取 100 个元素作为一个样本, 我们可以在 1~60 个内随机选取一个元素, 然后把这个元素的观察值包括在样本中, 再每隔 60 个元素选取一个元素并记录其观察值, 直到获得一个理想的样本容量. 例如, 在 1~60 选择 30, 则下一个元素是 90, 150······ 以此类推.

等距抽样是不重复抽样, 通常可以保证被抽取的单位在总体中均匀分布, 缩小各单位之间的差异程度, 提高样本的代表性. 等距抽样的一个主要优点是易于实施、工作量少, 另一个优点是样本在总体中的分布比较均匀, 故而抽样误差小于或至多等于简单随机抽样. 由于上述优点, 等距抽样成为实际中广泛应用的一种抽样方法. 但等距抽样也有其自身弱点, 它是以总体单位的无规律排列为前提的, 其存在的一个潜在问题是周期性, 当总体呈现周期性变化时会出现这种现象, 而且周期长度与我们采用等距抽样观察到的结果一样.

4. 整群抽样

整群抽样(cluster sampling) 是先将总体划分成若干个群体, 每个群体包括若干个元素, 然后从总体中随机抽取一部分群体, 并将抽取的群体中的所有元素构成总体的样本. 整群抽样与前三种抽样方法相比较, 它的最大特点就是抽样单位是群体, 而不是个体, 并且对被抽中的群体中的所有元素都要进行调查. 这里所说的群体,通常都是小群体, 可以是班级、生产班组、企业、居委会等. 例如, 某中学共有 20 个班级, 每个班级都有 50 名学生, 共有 1000 名学生. 先要抽取 200 名学生作为样本进行调查. 我们可以先采用简单随机抽样或系统抽样、分层抽样的方法抽取四个班级, 然后由这四个班级的全部学生构成调查样本.

采取整群抽样, 可以简化抽样的过程, 降低调查的成本. 首先, 在简单随机抽样、系统抽样和分层抽样中, 都要求有一份所有成员的名单, 即抽样框. 但是在实际的调查过程中, 这样的名单往往难以获得. 而整群抽样中抽样框的编制工作相对更加容易. 例如, 在上面的例子中, 如果采用前三种抽样方法, 需要获得 1000 名学生的名单, 而如果采用整群抽样的方法, 仅需要获得 20 个班级的名单即可. 其次, 整群抽样可以节省时间、人力和经费. 例如, 以某市的教职员工作为调查总体, 如果采用简单随机抽样的方法抽取 1000 名教职员工, 这 1000 名教职员工可能分布在许多不同的学校之中, 一一调查需要大量的人力和时间. 而如果采用整群抽样的方法, 对 10 个学校中的全体教职员工进行调查 (假设每个学校平均有 100 名员工), 则只需要在 10 个地方进行调查, 操作起来更加便利, 降低了调查的成本. 整群抽样虽然操作简便, 但是却因为所抽样本中的个体相对集中, 涉及面相对缩小, 其所获得的样本的代表性程度相对较低.

在运用整群抽样方法的情形下, 样本平均数与样本平均数的抽样方差的计算并不复杂, 下面给予介绍. 设总体的全部单位划分成 R 群, 每群包括 M 个单位, 现在从总体 R 群中随机抽取 r 群组成样本. 设 x_{ij} 代表总体中第 i 群第 j 个单位的标志值, 则第 i 群的样本平均数为

$$\overline{x}_i = \frac{1}{M} \sum_{j=1}^{M} x_{ij} \ (i = 1, 2, 3, \cdots, r),$$

全样本平均数为

$$\overline{x} = \frac{1}{rM} \sum_{i=1}^{r} \sum_{j=1}^{M} x_{ij} = \frac{1}{r} \sum_{i=1}^{r} \overline{x}_i,$$

式中, r 为抽取的群数; $\overline{x}_i$ 为第 i 群的样本平均数. 从上式中可以看出, 整群抽样实质上是将随机抽样公式中的群数代替总体单位数, 以各群的平均数代表总体各单位的标志值. 样本平均数的群间方差为

$$\sigma_{\overline{x}}^2 = \frac{1}{R} \sum (\overline{x}_i - \overline{x})^2,$$

式中, $\overline{x}_i$ 为总体的第 i 群的平均数; $\overline{x}$ 为总体的总平均数. 但实际上, 一般都用样本的群间方差 $\sigma_{\overline{x}}^2$ 来代替, 即

$$\sigma_{\overline{x}}^2 = \frac{1}{r} \sum (\overline{x}_i - \overline{x})^2,$$

式中, $\bar{x}_i$ 为抽样第 i 群的样本平均数; $\bar{x}$ 为抽样各群的全样本平均数.

整群抽样是按不放回的方式进行的, 其样本平均数的抽样方差为

$$\sigma_{\bar{x}}^2 = \frac{\delta_{\bar{x}}^2}{r}\left(\frac{R-r}{R-1}\right),$$

式中, R 为总体群数; r 为抽样群数; $\sigma_{\bar{x}}^2$ 为样本平均数的群间方差.

评注 将上式同简单随机抽样公式比较, 可见整群抽样的总体群数 R 相当于随机抽样的总体单位数 N, 样本群数 r 相当于样本单位数 n. 由于整群抽样的群数 R 一般不会很大, 所以在上式中不能以 R 来代替 $R-1$.

例 3.1.2 某工厂生产某种电灯泡, 在连续生产 720h 中, 每隔 24h 抽取 1h 的全部产品加以检查, 根据抽样资料计算结果, 灯泡平均使用寿命为 1200h, 群间方差为 60h, 试计算全样本平均数的抽样方差.

解 由题意知

$$\bar{x} = 1200\text{h}, \quad \delta^2 = 60\text{h}, \quad R = 720, \quad r = 30.$$

全样本平均数的抽样方差

$$\sigma_{\bar{x}}^2 = \frac{\delta^2}{r}\left(\frac{R-r}{R-1}\right) = \frac{60}{30}\times\left(\frac{720-30}{702-1}\right) = 2\times 0.9597 = 1.919(\text{h}).$$

5. 多阶段抽样

前面介绍的四种抽样组织形式都属于单阶段抽样. 所谓单阶段抽样是指经过一次抽选就可以直接确定样本单位的抽选方法. 在调查范围小、调查单位比较集中时通常采用这种方法. 但是在社会经济现象调查中, 如果总体很大, 包括的单位数很多, 分布又很广时, 就要采用多阶段抽样 (多级抽样) 的调查方法.

多阶段抽样(multistage sampling), 又称分段抽样或多级抽样. 就是把抽取样本单位的过程分为两个或多个阶段进行, 先从总体中抽选若干个大的样本单位, 即第一阶段单位, 然后从被抽中的若干大的单位中抽选较小的样本单位, 即第二阶段单位, 以此类推直到抽出最终的样本单位. 如果第二阶段抽取的单位就是最终样本单位, 这种抽样就是两阶段抽样, 如果第三阶段抽取的是最终样本单位, 则称为三阶段抽样. 例如, 我国的农业产量抽样调查, 一般采用的是五级抽样, 第一步从抽中的省中抽县 (全国的所有县均有被抽中的机会); 第二步从抽中的县中抽乡; 第三步从抽中的乡中抽村; 第四步从抽中的村中抽地块; 第五步从抽中的地块中抽取小面积的实测单位.

在运用多阶段抽样方法的情形下, 计算样本平均数的抽样方差稍微有点复杂, 这里不展开讨论.

3.1.3 随机抽样误差

1. 抽样误差概述

抽样误差是指样本指标与被它估计的总体相应指标之间的离差. 例如, 抽样平均数与总体平均数的绝对离差、抽样成数与总体成数的绝对离差等. 抽象调查的艺术就是体现在如何处理抽样误差. 在统计调查过程中, 产生统计误差的原因主要有两类.

(1) **登记性误差**. 它是指统计调查中进行的登记、过录、汇总、计算时出现的重复遗漏、瞒报、虚报、口径不一致等主、客观原因所导致的调查误差. 全面调查和非全面调查均会产生登记性误差. 该类误差只有通过提高调查技术人员的素质和严格执行统计法规来将其降低到最低限度.

(2) **代表性误差**. 它是指样本不能真正成为总体的缩影, 样本单位结构分布与总体单位结构分布不一致. 代表性误差又可以再细分为系统性误差和随机性误差.

(1) **系统性误差**. 它是指违反随机原则抽选样本单位而导致的偏差, 如经随机抽选的单位被主观放回若干个单位进行任意调换而产生人为的偏差.

(2) **随机性误差**. 它是指遵循随机原则抽选样本单位, 由于偶然性或随机性因素的影响, 使样本结构分布与总体结构分布不尽一致, 而导致的代表性的随机误差.

全面调查不存在代表性误差, 而重点调查和典型调查由于不要求推断总体, 所以通常也没有代表性误差. 严格意义上讲, 抽样调查的代表性, 既要求以样本作为一个整体来代表总体, 又要求每一个样本单位对相应类型组均具有代表性.

登记性误差和代表性误差中的系统性误差均属于统计调查的组织问题, 可以采取措施避免或将其降低到最低限度. 从理论上讲, 抽样误差是在没有登记性误差的前提下, 严格按照随机原则, 因为不同的随机样本得到的相应不同的估计量与总体参数未知真值之间的偏差. 所以, 抽样误差是专指代表性误差中的随机性误差.

从总体中抽取部分代表单位构成样本, 再利用样本指标推断总体指标, 就免不了存在抽样误差, 该误差是抽样调查固有的. 虽然由于随机性因素和部分代表因素使抽样误差无法避免, 但是可以运用大数定律加以计算, 确定其数量界限, 并通过抽样设计程序加以控制.

2. 抽样平均误差

抽样误差描述了样本指标与总体指标之间的离差绝对数, 在用样本指标估计相应的总体指标时, 它可以反映估计的准确程度. 但是由于抽样误差是随机变量, 具有取值的多样性和不确定性特点, 因而, 就不能以它的某一个样本的具体误差大小是不知道的, 这是由总体指标的未知性决定的, 所以应该用抽样平均误差来反映抽样误差的一般水平.

所谓**抽样平均误差**, 是指所有的样本指标与总体指标之间的平均离差, 也可以理解为所有可能出现的样本指标 (平均数或成数) 的标准差. 我们所说的抽样误差可以事先计算和控制, 就是针对抽样平均误差而言的. 抽样平均误差是用样本指标推断总体指标时, 计算抽样误差范围的基础. 纯随机抽样平均误差的定义关系式如下:

$$抽样平均误差 = \sqrt{\frac{\sum\left(各种样本统计量 - 期望值\right)^2}{所有可能的样本个数}},$$

上式表明了抽样平均误差的含义, 并不能作为计算公式. 原因如下.

(i) 在现实的抽样中, 只能取得一个样本, 不可能也没必要获得全部所有可能的样本, 所以抽样平均误差也不可能通过所有样本来直接计算.

(ii) 根据统计量的分布律可知: 统计量是以总体相应指标为期望值, 抽样平均误差实质上就是该统计量在其概率分布中的标准差.

抽样平均误差的计算与抽样方法有关, 下面针对抽样平均数与抽样成数, 分重复抽样与不重复抽样两种情形介绍抽样平均误差的计算公式.

(1) **抽样平均数的平均误差.**

(i) 在重复抽样的条件下总体方差已知, 样本平均数服从正态分布, 其抽样平均数的平均误差计算公式为

$$\mu_{\overline{x}} = \sqrt{\sigma^2/n} = \sigma/\sqrt{n},$$

式中, $\mu_{\overline{x}}$ 为抽样平均数的平均误差; $\sigma(\sigma^2)$ 为总体数量标志标准差 (方差); n 为样本容量.

评注 从上式中可以看出, 抽样平均数的平均误差就是抽样平均数的标准差. 抽样平均误差和总体标准差是成正比的, 与样本单位数的平方根成反比. 因此, 要想减少抽样平均误差以提高抽样指标的代表性, 只能增大样本单位数 n, 因为总体标准差是不能改变的.

(ii) 在不重复抽样的条件下, 抽样平均数的平均误差计算公式为

$$\mu_{\overline{x}} = \sqrt{\frac{\sigma^2}{n} \cdot \frac{(N-n)}{N-1}}.$$

评注 当总体单位数 N 很大时, 公式中的 $N-1$ 可以用 N 代替. 在实际计算时, 不重复抽样的抽样平均数的平均误差计算公式为

$$\mu_{\overline{x}} = \sqrt{\frac{\sigma^2}{n} \cdot \left(1 - \frac{n}{N}\right)}.$$

例 3.1.3 某大学有 6000 名学生, 从中随机抽取 10% 的学生, 调查学生每月生活费用支出情况. 调查结果显示, 学生平均每月生活费支出 500 元, 标准差 120 元. 试求学生平均每人每月生活费支出的抽样平均误差.

解

$$N = 6000, \quad n = 6000 \times 10\% = 600, \quad \overline{x} = 500, \quad \sigma = 120.$$

在重复抽样条件下, 学生平均每人每月生活费支出的抽样平均误差为

$$\mu_{\overline{x}} = \frac{\sigma}{\sqrt{n}} = \frac{120}{\sqrt{600}} = 4.90(\text{元}).$$

在不重复抽样条件下, 学生平均每人每月生活费支出的抽样平均误差为

$$\mu_{\overline{x}} = \frac{\sigma}{\sqrt{n}}\sqrt{1 - \frac{n}{N}} = \frac{120}{\sqrt{600}}\sqrt{1 - \frac{600}{6000}} = 4.65(\text{元}).$$

(2) 抽样成数的平均误差.

统计成数 (比例) 是一种结构相对数, 习惯上以 1 表示 "是", 以 "0" 表示 "非". p 为 1 的概率, $q = 1 - p$ 为 0 的概率. 成数的方差是 $p(1-p)$, 其特点为最大值是 $0.25(0.5 \times 0.5)$, 即当两种表现的总体单位各占一半时, 它的变异程度最大.

(i) 在重复抽样条件下, 其计算公式为

$$\mu_p = \sqrt{p(1-p)/n}.$$

(ii) 在不重复抽样条件下, 其计算公式为

$$\mu_p = \sqrt{\frac{p(1-p)}{n}\left(\frac{N-n}{N-1}\right)}.$$

当总体单位数 N 很大时, 上式中的 $N-1$ 可以用 N 代替. 在实际计算时, 不重复抽样的抽样平均数的平均误差可用下式计算:

$$\mu_p = \sqrt{\frac{p(1-p)}{n}\left(1 - \frac{n}{N}\right)},$$

式中, μ_p 为抽样成数的平均误差; $\sqrt{p(1-p)}$ 为总体是非标志标准差 (方差); n 为样本容量.

例 3.1.4 某玻璃器皿厂某日生产 15000 只印花玻璃杯, 现按重复抽样方式从中抽取 150 只进行质量检验, 结果有 144 只合格, 其余 6 只为不合格品, 试求这批印花玻璃杯合格率 (成数) 的抽样平均误差.

解

$$N = 15000, \quad n = 150, \quad p = 147/150 = 96\%.$$

(1) 按重复抽样的方式:

$$\mu_p = \sqrt{p(1-p)/n} = \sqrt{0.96 \times (1-0.96)/150} = 1.6\%.$$

(2) 若按不重复抽样的方式:

$$\mu_p = \sqrt{\frac{p(1-p)}{n}\left(\frac{N-n}{N-1}\right)} = \sqrt{\left(1 - \frac{150}{15000}\right) \times \frac{0.96 \times (1-0.96)}{150}} \approx 1.59\%.$$

评注　抽样平均误差公式中重复抽样和不重复抽样的区别在于:

不重复抽样和重复抽样相比, 多了一个修正系数 $1-n/N$, 但该系数总是小于 1 而大于 0, 因此, 不重复抽样误差总是小于重复抽样误差. 但当 N 很大时, n/N 就很小, $1-n/N$ 就接近于 1, 两者的误差几乎没有差别.

所以, 实际进行抽样调查时, 尽管采用不重复抽样方法, 仍可采用重复抽样公式计算抽样误差.

3. 影响抽样平均误差的因素

影响抽样平均误差的主要因素有以下四个方面.

(1) 总体各单位标志值的变异程度.

在其他条件不变的情况下, 抽样误差的大小与总体标志变异的程度成正比. 变异程度越大, 则抽样误差越大; 反之, 抽样误差就越小. 这是因为总体标志变异小时, 表明各单位的标志值之间的差异也小, 样本指标与总体指标之间的差异也就小. 如果总体各单位的标志值都相等, 即标志变异程度等于 0, 这时, 样本指标和总体指标的差异也就不存在了.

(2) 样本单位数的多少, 即样本容量的大小.

在其他条件不变的情况下, 所抽取的样本单位数越多, 则抽样误差越小; 反之, 抽样误差就越大, 即样本单位数与抽样误差成反方向变化. 例如, 抽样数目为 N, 则抽样调查变为了全面调查, 抽样误差就不存在了.

(3) 抽样方法.

抽样的方法不同, 抽样误差也不同, 一般说来, 在相同条件下, 重复抽样的抽样误差比不重复抽样的抽样误差要大些.

(4) 抽样的组织形式.

不同的抽样组织形式有不同的抽样误差. 因为抽样组织形式合理程度不同, 必然会产生不同的抽样效果. 一般来说, 类型抽样是由于将总体进行分组, 同组内各单位之间的差异比较小, 因而它的抽样误差要比简单随机抽样误差和等距抽样误差小; 而整群抽样的误差受抽样单位分布极不均匀的影响, 其误差是最大的; 等距抽样由于实行的是等距离抽样, 总体中被抽中的单位分布比较均匀, 因此其抽样误差较小.

了解影响抽样误差的因素, 对于控制和分析抽样误差十分重要. 在上述影响抽样误差的四个因素中, 标志变异程度是客观存在的因素, 是调查者无法控制的, 但样本单位数、抽样方法及抽样的组织形式却是调查者能够选择和控制的. 因此在实际工作中, 应当根据研究的目的和具体情况, 做好抽样设计和实施工作, 以获得经济有效的抽样效果.

3.1.4 抽样推断的数学基础

抽样推断是现代统计学最主要的组成部分, 借用美国著名数学史学家 M. 克莱因 (Morris Kline, 1908~1992) 的一句名言, *统计作为概率的女儿, 她的理论基础建立在概率论之上.* 随机变量的各种分布, 特别是正态分布 (包括由正态分布派生出来的各种分布)、大数定律与中心极限定理, 则是概率论的最核心部分. 这些内容的深入研究可以单独形成一门课程. 这里只能走马观花式地简单介绍其最基础的部分.

1. 正态分布

正态分布是各种随机变量分布最重要的一种, 这是因为不仅正态分布有着迷人的美妙理论, 而且更为重要的应用特别广泛. 实际上, 许多实际问题的数据都服从正态分布. 例如, SAT(学术能力评估测试) 分数、人的身高、汽车轮胎磨损期行驶的里程数、快餐厅汉堡包的大小、DVD 的有效使用时间等, 这些例子都服从正态分布.

(1) 一般正态分布.

正态分布是连续随机变量的概率分布的一种, 其概率分布是一种呈钟形的对称曲线 (图 3.1.1). 正态分布的主要特征如下:

(i) 集中性: 正态曲线的高峰位于正中央, 即平均数所在的位置.

(ii) 对称性: 正态曲线以平均数为中心, 左右对称, 曲线两端永远不与横轴相交.

(iii) 均匀变动性: 正态曲线是由平均数所在处开始的, 分别向左右两侧逐渐均匀下降.

(iv) 正态分布的平均数、众数、中位数是同一个数值.

正态分布有两个参数, 即平均数 μ 和标准差 σ, 就量 X 服从正态分布, 则记为 $X \sim N(\mu, \sigma^2)$. 正态分布是由平均数和标准差唯一决定的分布. 其中, 平均数 μ 决定正态曲线的中心位置, μ 越大, 曲线沿横轴越向右移动; μ 越小, 曲线沿横轴越向左移动. 标准差 σ 决定正态曲线的陡峭或扁平程度. σ 越小, 曲线越陡峭; σ 越大, 曲线越扁平. 因此, 有了 μ 与 σ, 就能把正态分布具体的形状确定下来.

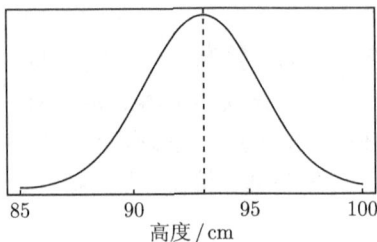

图 3.1.1

正态曲线与 x 轴之间的总面积 (概率) 等于 1. 所以, 曲线下 x 轴的任何两个定值 $(x_1 \sim x_2)$ 之间的面积, 等于介于这两个定值间面积占总面积的比值, 或者说等于 x 落于这个区间内的概率. 下面列出正态分布中最常见的几个区间及其相对应的面积或概率 (表 3.1.2).

表 3.1.2　正态分布中最常见的区间及其相对应的面积或概率

区间	面积或概率
$\mu \pm 1\sigma$	0.6827
$\mu \pm 2\sigma$	0.9545
$\mu \pm 3\sigma$	0.9973
$\mu \pm 1.96\sigma$	0.9500
$\mu \pm 2.33\sigma$	0.9800
$\mu \pm 2.58\sigma$	0.9900

评注　表 3.1.2 在统计推断中具有非常重要的地位, 表中前三行所表现的内容就是概率统计中所谓的 "3σ 原则", 也称 "68-95-99.7 原则".

正态分布堪称 "最美" 分布, 李继根等在其著作《概率与统计》中有下述赞誉语: "我游历过许多城市, 可以说各有千秋 —— 但是我最爱的, 仍然是: 罗马." 以经典美女奥黛丽·赫本 (Audrey Hepburn, 1939~1993) 在电影《罗马假日》中的这句经典台词来表达我们对正态分布的感受, 或许并不过分.

(2) 标准正态分布.

正态分布有两个参数: μ 与 σ. 每一对 μ 与 σ 都能确定一个正态分布. 正态分布中任意两点间的概率, 可以通过它的概率密度函数积分得出

$$y = f(x) = \frac{1}{\sigma\sqrt{2\pi}}e^{-\frac{(x-\mu)^2}{2\sigma^2}} \ (-\infty < x < \infty).$$

然而, 每次运用时都进行积分计算毕竟太麻烦了, 更何况还可能有人对积分运算并不熟悉. 于是, 统计学家专门编制了现成的正态分布表供使用者查找. 显然, 正态分布曲线的具体形状受单位量纲等的影响, 使得不同的正态分布曲线难以横向比较. 为消除量纲等的影响, 方便不同正态曲线之间的比较, 也使正态分布不随参数

μ 和 σ 之不同而变化, 可以把正态分布曲线变成标准正态分布曲线. 标准化分数的计算公式是

$$z = (x - \mu)/\sigma.$$

z 值称为 x 的标准分. 根据 z 值所得的分布称为标准正态分布. 它的概率密度为

$$f(z) = \frac{1}{\sqrt{2\pi}} e^{-z^2/2} \ (-\infty < z < \infty).$$

标准正态分布的 $\mu = 0$, $\sigma = 1$. 标准正态分布可看成一般正态分布的一个特例, 记作 $z \sim N(0,1)$. 任何一个正态变量 x 都可以通过标准化处理, 转换为标准正态分布 (图 3.1.2).

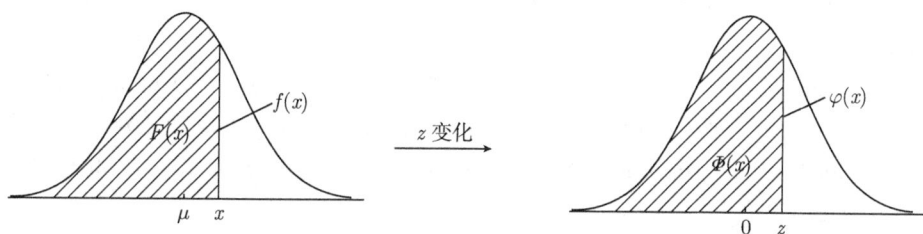

图 3.1.2

正态分布 $X \sim N(\mu, \sigma^2)$ 和标准正态分布 $Z \sim N(0,1)$ 面积之间的对应关系为:

当 $x = \mu + \sigma$ 时, $z = \dfrac{x - \mu}{\sigma} = \dfrac{\mu + \sigma - \mu}{\sigma} = 1$;

当 $x = \mu - \sigma$ 时, $z = \dfrac{x - \mu}{\sigma} = \dfrac{\mu - \sigma - \mu}{\sigma} = -1$;

当 $x = \mu + 2\sigma$ 时, $z = \dfrac{x - \mu}{\sigma} = \dfrac{\mu + 2\sigma - \mu}{\sigma} = 2$;

当 $x = \mu - 2\sigma$ 时, $z = \dfrac{x - \mu}{\sigma} = \dfrac{\mu - 2\sigma - \mu}{\sigma} = -2$.

例 3.1.5 设一个全国性的连锁快餐店柜台收银员的年收入符合均值为 14000 元, 标准差为 1500 元的正态分布.

(1) 一个收银员的收入是 16000 元, 其标准差是多少?

(2) 随机抽取一个员工, 其工资收入落在 14000 元至 16000 元之间的概率是多少?

(3) 随机抽取一个员工, 其工资收入高于 16000 元的概率是多少?

解 (1) $z = \dfrac{x - \mu}{\sigma} = \dfrac{16000 - 14000}{1500} = 1.333$;

(2) 查标准正态分布表, 1.333 对应的概率值是 0.9082, 所以 14000 元至 16000 元之间的概率值是

$$0.9082 - 0.5 = 0.4082;$$

(3) 随机抽取一个员工, 其工资收入高过 16000 元的概率是

$$1.0 - 0.9082 = 0.0918.$$

例 3.1.6(正态分布与成绩测试) 假设参加标准化智力测试的 1000 名学生的成绩分布服从正态分布. 如果分布的均值是 450, 标准差是 25. 试计算:

(1) 有多少人的成绩是落在 425 分和 475 分之间的?

(2) 有多少人的成绩是 500 分以上的?

解 (1) 如图 3.1.3 所示, 425 和 475 分别位于均值的下和上的一个标准差上. 按照 68-95-99.7 法则, 我们就可以知道有 68% 或 0.68 的学生成绩位于均值的一个标准差范围内, 也就是大概有 0.68×1000 = 680(个) 学生的成绩是在 425 分和 475 分之间.

(2) 如图 3.1.4 所示, 正态分布中有 95% 的分数落在均值 2 个标准差范围内, 这就意味着有 5% 或是 0.05 的可能性是在均值的 2 个标准差范围之外. 这样, 我们就有 0.05/2=0.025 的学生成绩是在 500 分以上, 也就是有 0.025 × 1000 = 25 个学生成绩在 500 分以上.

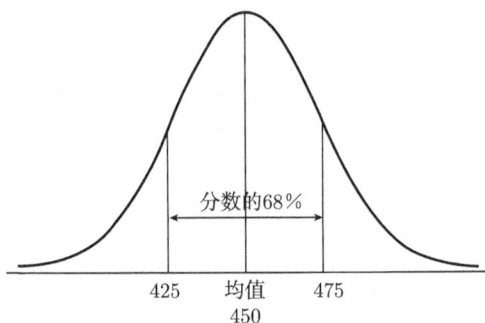

图 3.1.3

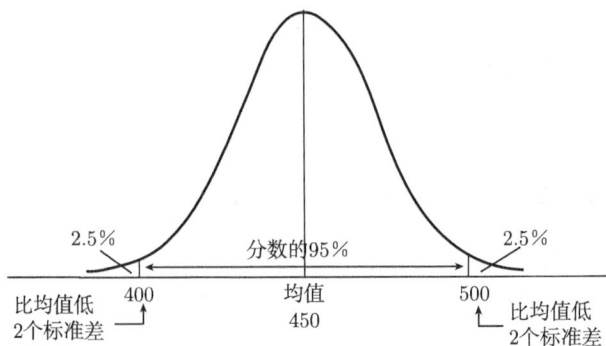

图 3.1.4

(3) 正态分布应用实例精选.

例 3.1.7(运用正态分布确定保修期)   为了扩大规模, 某厂商计划引进一种新 DVD 播放器, 在测试 DVD 时, 质量监控人员发现该播放器的平均播放时间是 3000h, 标准差是 500h. 假定一般购买者每天使用 DVD 4h, 如果厂商计划不超过 5% 的顾客在保修期内因为有问题而退还, 那么应该如何确定这个保修期的时间?

解   在解答这个问题时, 首先要将非标准正态分布问题转化为标准正态分布.

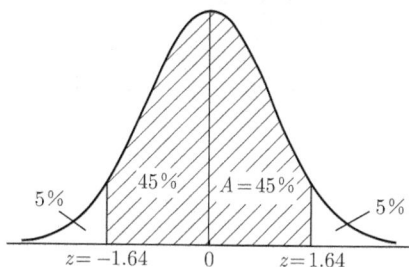

图 3.1.5

在图 3.1.5 中, 我们可以看到需要找到一个 z 值, 使至少 95% 的区域在这点范围之外. 观测到的值若在均值的左边则为负值. 我们利用对称性, 找到 z 值, 使得在这个值下包含了 95% 范围的区域. 但是标准正态分布表中给出的区域只有分布的上半部分. 然而, 这个并不算问题, 因为我们知道有了 50% 的区域落在均值以下. 因此, 问题就转化为找到 z 值, 使得有 45% 的区域落在均值和 z 值之间.

在标准正态分布表中, 我们查到当 $A = 0.045$ 时, 相对应的 $z = 1.64$. 相当于标准正态分布曲线下有 95% 的区域落在 $z = 1.64$ 下. 根据对称性, 我们也可以这么说, 有 95% 的值落在 $z = -1.64$ 之上.

同样将分布中的值代入公式 $z = \dfrac{x - \mu}{\sigma}$ 算得 z 值, 前面我们利用这个方程将原始值转化为 z 值, 现在利用该方程回答相反的问题.

例如, 当 $\mu = 3000$, $\sigma = 500$, $z = -1.64$ 时 x 为多少? 将数据代入公式得

$$-1.64 = \frac{x - 3000}{500}.$$

在求 x 时, 可以将方程两边同时乘以 500, 即

$$-1.64 \times 500 = \frac{x - 3000}{500} \times 500,$$

得到 $-820 = x - 3000$, 最后算出 $x = 2180$. 也就是说当超过 2180h, 产品出现问题的可能性有 95%.

已知购买者一天用 4h, 那么就有 $2180/4 = 545$ 天, 或是 $545/31 = 17.58$(个) 月 (每月按 31 天计). 因此, 如果厂商计划在保修期内有不超过 5% 的机器发生故障,

那么他只需将保修期大概定于 18 个月即可.

例 3.1.8(选拔性考试的分数线)   某企业公开招考 300 名职工, 其中正式工 280 名, 临时工 20 名; 报考人数是 1657 人, 考试满分是 400 分. 考试后得知, 考生总平均成绩 $\mu = 166$ 分, 360 分以上的考生有 31 人. 某考生分数为 254 分, 问他能否被录取为正式工?

解   设最低录取分数线为 x_1 分, 考生考试成绩为 X 分. 一般认为 X 服从正态分布. 由题知 $X \sim N(166, \sigma^2)$, 并且

$$P\{X > 360\} = \frac{31}{1657} \approx 0.0187,$$

因此

$$1 - \Phi\left(\frac{360 - 166}{\sigma}\right) \approx 0.0187,$$

即 $\Phi(194/\sigma) \approx 0.9813$, 取 $\alpha = 2(1 - 0.9813) = 0.0374$, 查标准正态分布表可得 $194/\sigma \approx 2.082$(查表时需使用线性内插法), 即 $\sigma \approx 93$. 再由题知

$$P\{\overline{X} > x_1\} = \frac{300}{1657} \approx 0.1811,$$

因此

$$1 - \Phi\left(\frac{x_1 - 166}{93}\right) \approx 0.1811,$$

即 $\Phi\left(\frac{x_1 - 166}{93}\right) \approx 0.8189$, 取 $\alpha = 2(1 - 0.8189) = 0.3622$, 查标准正态分布表可得

$$\frac{x_1 - 166}{93} \approx 0.911,$$

即 $x_1 \approx 251$. 也就是说, 最低分数线划在 251 分.

最后再考查该考生的排名. 由于

$$P\{X > 254\} = 1 - \Phi\left(\frac{254 - 166}{93}\right) = 1 - \Phi\left(\frac{88}{93}\right) \approx 0.1721.$$

所以考试成绩高于 254 分的考生大约有 $0.1721 \times 1657 \approx 285$ 人, 即考试成绩高于 254 分的考生大约有 285 人. 考虑到计算结果略微大于正式工人数的 280 名, 这说明该生被录取为正式工的可能性很小, 而被录取为临时工的可能性很大.

例 3.1.9(手推车上的患者和未被利用的资源)   曾经有一则关于一个患者被留在医院走廊推车上几个小时的新闻, 震惊了英国新闻媒体. 显然, 国民医疗服务制

度没有充分起到作用, 不恰当而且失败. 这时, 就算是一张通俗小报也能让你意识到这一点.

健康服务的供给很复杂, 因为事实上其需求是间歇性的, 不可预料的. 一次寒流或者流行性感冒会导致老年人住院人数大量增加. 尽管这些偶然事件发生的时间无法预料, 但它们随时会发生, 所以要预先做好准备. 让我们来分析一下, 假定一家医院有 1000 张病床. 长时间估计下来, 任意一天床位的平均需求量是 900 张, 标准差是 50. 现在, 假设 (不确定的) 日床位需求服从正态分布, 考察下列问题:

(1) 每年平均有多少天, 医院无法提供足够的床位?

(2) 每年平均有多少天, 医院床位占有率低于 90%?

对于问题 (1), 如果床位需求超过 1000 张, 那么这个需求就比均值大 2σ. 根据正态分布的性质, 我们得到与均值处的距离超过 2σ 的单个尾部面积是 0.02275, 故医院无法提供足够床位的天数为 365×0.02275, 最接近的整数天数是 8 天. 有时候多出来的患者可以安排到临近医院去, 不过如果所有当地医院都没有空床位了, 使用医院推车这类权宜之计就是必然的.

关于问题 (2), 由于床位的 90% 是 900, 这是平均需求量, 显然 50% 的天数, 即每年 183 天, 医院的资源没有被充分利用. 由于在某些职业条例中规定不能用解雇和聘用员工的方式来配合需求波动, 所以这时会出现系统的效率不高.

点评 这里所讨论的就是一个给波动的需求提供资源的问题. 如果需求是不变的, 那么资源就可以设计成正好匹配需求, 每个需求都会被满足, 资源也可以以最经济的方式提供. 所有的问题都只是关于优先权的问题. 床位增加到 1050, 无法提供足够床位的天数降到每两年 1 天, 同时会有每年 246 天医院的某些床位被闲置, 包括有些员工也闲置. 经营者有不同方法去尝试优化医院的效率, 在医院间转移患者可以让一家医院多出来的患者使用其他医院的闲置床位, 这在前面已经提到过了. 短期聘用临时医生也是一种可能方法, 不过临时医生要比长期医生费用高很多.

医院很有可能必须面对的实际问题比上面讲的还要糟糕, 需求会由于某些紧急事件突然猛增. 例如, 流行病暴发、火车碰撞或者恐怖袭击. 医院准备工作的细致程度也很重要, 例如, 提供重病特别护理非常昂贵且这类床位有限. 有些时候医院可能有其他空床位, 不过不是需要的类型.

我们在举例说明医院接待能力问题中所用的正态分布, 并不适用于描述极端且迅速波动的需求. 手推车上的患者的新闻非常值得报道, 然而对患者本身和他的家属来讲, 该情况的统计数据没有太大的价值. 然而, 这些新闻会被列入官方议程讨论, 那些没有直接卷入事件的人因此能够用一个客观的视角, 知道医院所面对的本质问题是如何提供服务. 在医疗系统中投入足够的资金可以将医院建得能满足每一个需求, 或者相反, 确保多余能力最小化, 即医院可以经济地运作, 不过两者不能兼

171

得. 也就是说, 这只是一个选择问题, 不关好坏.

2. 三个重要的小样本分布

在实际应用中, 由于受到人力、物力、财力等条件的限制, 往往不一定能获取到大样本. 同时, 总体的方差也往往是未知的, 要利用样本对总体指标进行推断, 这就需要寻找总体方差未知且应用小样本情况下的抽样分布. 这里仅对统计学中经常用到的三个重要小样本给出简明扼要的介绍.

(1) χ^2 分布.

1900 年生物统计学派的主将高尔顿的高徒卡尔·皮尔逊在研究曲线拟合的过程中, 重新发现了 χ^2(读作 "卡方") 分布. 之所以说重新发现, 是因为德国物理学家阿贝 (Abbe, 1840~1905) 早在 1863 年就首先提出了卡方分布, 后来 1875 年埃尔米特 (Hermert) 也独立地给出了类似的结果, 但遗憾的是, 他们都没有给出统计学带来什么影响.

χ^2 分布是一种抽样分布. 当我们对正态随机变量 X 随机地重复抽取 n 个数值, 将每一个 x 值变换成标准正态变量, 并对这 n 个新的变量分别取平方再求和之后, 就得到一个服从 χ^2 分布的统计变量, 即

$$\chi^2 = \frac{(x_1 - \mu)^2}{\sigma^2} + \frac{(x_2 - \mu)^2}{\sigma^2} + \cdots + \frac{(x_n - \mu)^2}{\sigma^2} = \sum_{i=1}^{n} \frac{(x_i - \mu)^2}{\sigma^2}.$$

χ^2 统计量不服从正态分布, 它有自己的分布, 被称为 χ^2 分布. χ^2 分布的自由度为 n, 简记作

$$\chi^2 = \sum_{i=1}^{n} \frac{(x_i - \mu)^2}{\sigma^2} \sim \chi^2(n).$$

实际上, χ^2 分布是一个以自由度 n 为参数的分布族, 自由度 n 决定了分布的形状, 对于不同的 n, 有不同的 χ^2 分布. χ^2 分布是一种非对称分布. 这一点与 t 分布和标准正态分布不同. 但是, χ^2 分布的这种非对称分布一般为正偏分布. 当自由度 n 达到相当大时, χ^2 分布就接近于正态分布.

我们这里有必要对自由度给予简单的解释. 历史上, 统计学家曾经对自由度这个概念的不同理解产生过激烈的争论. 从字面含义来看, 自由度是指一组数据中可以自由取值的个数. 当样本数据的个数 n 时, 若样本均值 $\bar{x}$ 确定后, 只有 $n-1$ 个数据可以自由取值, 其中必有一个数据不能自由取值. 例如, 假定样本有 3 个数值, 即 $x_1 = 2$, $x_2 = 4$, $x_3 = 9$, 则 $\bar{x} = 5$. 当 $\bar{x} = 5$ 确定后, x_1, x_2 和 x_3 只有两个数据可以自由取值, 另一个不能自由取值. 例如, $x_1 = 5$, $x_2 = 7$, 那么 x_3 必然取 3, 而不能取其他值.

χ^2 分布主要适用于对拟合优度检验和独立性检验, 以及对总体方差的估计和检验等.

(2) t 分布.

t 分布的早期理论工作由英国统计学家戈塞特在 1908 年开创. 在研究均值 μ 及方差 σ^2 都未知的正态总体时, 戈塞特发现此时的统计量 $\dfrac{\overline{x}-\mu}{S/\sqrt{n}}$(后来称为 t 统计量), 当 n 较大时, 近似服从标准正态分布, 但是当 n 很小时, 则与之有细微差别, 尤其是双尾概率, 差别更大. 由此他猜想存在另一种分布.

现在我们知道, 当总体方差未知时, 统计量

$$t = \frac{\overline{x}-\mu}{S/\sqrt{n}}(\text{其中}S\text{是样本方差})$$

是服从自由度为 $n-1$ 的 t 分布, 简记作

$$t = \frac{\overline{x}-\mu}{S/\sqrt{n}} \sim t(n-1).$$

t 分布是小样本分布, t 分布类似正态分布, 为一对称分布, 但一般情况下较标准正态分布平坦和分散. 当自由度增大时, t 分布也趋向于正态分布. 因此, 在总体方差未知但是大样本时, 即 n 较大时, $\dfrac{\overline{x}-\mu}{S/\sqrt{n}}$ 近似地服从标准正态分布.

不难推证, t 分布统计量可通过标准正态分布统计量 μ 与自由度为 $n-1$ 的 χ^2 统计量作商获得, 这里略. t 分布广泛应用于正态总体方差未知且小样本时的估计和检验.

(3) F 分布.

F 分布是以统计学家费希尔 (R.A.Fisher) 姓氏的第一个字母命名的. F 分布被定义为两个独立的 χ^2 分布被各自的自由度除以后的比率这一统计量的分布. 详细地说, 设 U 是服从自由度为 n_1 的 χ^2 分布的随机变量, 即 $U \sim \chi^2(n_1)$; V 是服从自由度 n_2 的 χ^2 分布的随机变量, 即 $V \sim \chi^2(n_2)$; 且 U 和 V 相互独立, 即 $F = \dfrac{U/n_1}{V/n_2}$, 称 F 服从自由度为 n_1 和 n_2 的 F 分布.

进一步, 在抽样中, 设总体 $X_1 \sim N(\mu_1, \sigma^2)$, $X_2 \sim N(\mu_2, \sigma^2)$, 分别从中抽取容量为 n_1 和 n_2 的样本, 则

$$\frac{\sum\limits_{i=1}^{n_1}(x_{1i}-\overline{x}_1)^2}{\sigma^2} = \frac{(n_1-1)s_1^2}{\sigma^2} \sim \chi^2(n_1-1),$$

$$\frac{\sum_{i=1}^{n_2}(x_{2i}-\overline{x}_2)^2}{\sigma^2}=\frac{(n_2-1)s_2^2}{\sigma^2}\sim\chi^2(n_2-1).$$

两个独立的 χ^2 分布分别除以自由度后相比得到 F 分布, 即

$$\frac{(n_1-1)s_1^2/\sigma^2}{(n_2-1)s_2^2/\sigma^2}=\frac{s_1^2}{s_2^2}\sim F(n_1-1,n_2-1).$$

F 分布实为正态分布总体下两个方差之比, 因此也称其为方差比分布. F 分布广泛应用于方差分析、回归分析和协方差分析等.

点评 三个小样本分布都比正态分布复杂, 它们都建立在正态分布的基础上. 更确切地说, 三个小样本分布最初都是从正态分布切入进行研究的. 正是它们的出现, 使得正态分布在概率论与数理统计中不再一枝独秀, 而且在概率统计的领域里, 三个小样本分布的确从正态分布那里抢走了半壁江山, 不过这对正态分布而言并非坏事. 诚如靳志辉博士在题为《正态分布的前世今生 (下)》的文章中所言, 如果说正态分布在 19 世纪是武则天, 那么进入 20 世纪就向慈禧太后学习, 垂帘听政去了. 或许换个角度看问题, 刚好印证了 "一个好汉三个帮" 那句古话, 正态分布若为孤家寡人, 则恐怕难以雄霸天下. 正是因为有了三个小样本分布作为开国先锋的好汉帮其开疆拓土, 正态分布才真正成为傲视群雄的君王. 由此可见, 统计学中没有正态分布还真是不行.

3. 大数定律与中心极限定理

随机事件的本质属性总是在大量的观察中才能觉察出来的. 要透过随机现象寻找其背后所隐藏的必然规律, 就必须进行大量的随机试验. 伴随着大量的独立重复随机试验, 随机变量序列便展现在人们的面前. 考察随机变量序列的变化趋势和极限分布, 成为揭示随机现象本质的重要手段. 大数定律与中心极限定理就是在这样的背景下诞生的, 这两个定理的深入研究对统计学及其应用领域都产生重大影响, 它们也是统计推断的最重要的理论基础. 下面予以简单介绍.

(1) 大数定律.

大数定律是指在随机试验中, 每次出现的结果不同, 但是大量重复试验出现的结果的平均值却几乎总是接近于某个确定的值. 其原因是, 在大量的观察试验中, 个别的、偶然的因素影响而产生的差异将会相互抵消, 从而使得现象的必然规律性显现出来. 例如, 观察个别或少数家庭的婴儿出生情况, 发现有的生男, 有的生女, 没有一定的规律性; 但通过大量的观察就会发现, 男婴和女婴占婴儿总数的比例均会趋于 50%.

人们在长期实践中发现, 事件发生的频率具有稳定性. 也就是说, 随着实验次数的增多, 事件发生的频率将稳定于一个确定的常数. 另外, 人们还从实践中认识

到大量测量值的算术平均值也具有稳定性, 即平均结果的稳定性. 这表明无论随机现象的个别结果如何, 或者它们在进行过程中的个别特征如何, 大量随机现象的平均结果实际上不受随机现象个别结果的影响, 并且几乎不再是随机的. 大数定律以数学形式表达并证明了在一定条件下大量重复出现的随机现象的统计规律性, 即频率的稳定性与平均结果的稳定性, 这就是大数定律的意义.

历史上第一个大数定律是伯努利 (Daniel Bernoulli, 1700~1782) 研究的, 继伯努利大数定律之后, 数学家发现了更一般的大数定律, 其中最著名的是辛钦大数定律、切比雪夫大数定律, 以及柯尔莫戈洛夫强大数定律. 这里简单介绍形式最简单的伯努利大数定律, 即关于频率趋向于概率的大数定律, 通俗解释如下:

设某试验中事件 A 出现的概率为 $p > 0$, 将此试验独立地重复 n 次, 其中事件 A 出现了 m 次, 那么当 $n \to \infty$ 时, 频率 $m/n \to p$. 换句话说, 当 n 充分大时, $m \approx np$.

大数定律也是频率学派的理论基础. 他们认为: 系统的总体功能, 可以在数据充分多的时候, 以平均的形式反映出来. 这种观念和研究问题的方法, 也是人类最古老的科学研究方法之一, 可以使一些暂时还没有用到的高深数学知识的学科, 在数据比较多时, 采用统计方法来发现一些规律性的东西, 从而使经验升华为科学. 大数定律应用最成功的地方应算是生物学. 由于生物学中关于细胞的实验数据一般比较多, 所以可以通过常规的统计方法发现众多的自然规律.

(2) 中心极限定理.

由于正态分布在统计学中具有特别重要的地位, 所以, 关于寻找极限分布函数为正态分布的普遍条件, 即在什么条件下随机变量将趋近于正态分布, 就成为人们非常关注的问题. 由此, 产生了有关此问题的定理, 即中心极限定理.

中心极限定理的最早研究始于 18 世纪. 1773 年, 棣莫弗 (De Moivre, 1667~1754) 首先从伯努利试验中偶然邂逅该定理. 此时, 它只是一粒普通的沙子, 两百多年来吸引了众多的数学家, 这个浑金璞玉的定理不断地被概率论学家精雕细琢, 逐渐地发展成为现代概率论的璀璨明珠. 中心极限定理无疑是概率论中的一个最重要的定理. 通俗地讲, 中心极限定理可以概括为

对于一个具有任意分布形式的总体, 其平均数 μ 和方差 σ^2 有限, 若从该总体抽取容量为 n 的样本, 则当样本容量很大时, 由于这些样本计算出的样本平均数 $\overline{x}$ 近似服从正态分布, 样本平均数的平均数 $\overline{\overline{x}}$ 以总体平均数 μ 为对称, 所以可以近似地认为 $\overline{\overline{x}} = \mu$.

在实际工作中, 运用抽样推断去认识研究对象时, 其总体分布不一定是正态分布, 但只要样本容量足够大, 其样本均值就趋向于正态分布, 从而可以进行抽样的各种估计和检验, 因而可以说, 中心极限定理在抽样推断中起着十分重要的作用.

那么, 在实际应用中, 究竟样本容量多大才能使样本均值趋向于正态分布呢?

这一方面取决于总体分布的形状和偏离正态分布的程度, 另一方面取决于统计量的性质. 大量的实践和模拟证明:

随着 n 的增大, 样本均值趋向于正态的速度是相当快的, 当 $n \geqslant 30$ 时, 均值就可以近似地服从正态分布.

大数定律与中心极限定理在推断统计中各司其职, 前者大多用于理论论证, 不便于处理具体问题; 后者主要用于估计随机事件的概率.

点评 "大道至简, 大美天成." 算术平均值

$$\overline{X} = \frac{X_1 + X_2 + \cdots + X_n}{n},$$

这个简单而朴素的式子中竟然隐藏着一个如此美丽的世界, 而掌管它的女神就是正态分布. 一花一世界, 一沙一天堂, 算术平均值这粒沙子和正态分布这朵花的背后, 折射出深邃而魅力无穷的宇宙之谜, 吸引了无数科学家终生为其献身. 正态分布借助于中心极限定理的威力, 成为推动现代统计学飞速发展的一个强大动力.

高尔顿对正态分布非常推崇与赞美, 1886 年他在人类学研究所的就职演讲中说过一段著名的话:

"我几乎不曾见过像误差呈正态分布这么美妙而激发人们无穷想象的宇宙秩序. 如果古希腊人知道这条曲线, 想必会给予人格化乃至神格化. 它以一种宁静无形的方式在最野性的混乱中实施严厉的统治. 暴民越多, 无政府状态越显现, 它就统治得越完美. 他是无理性世界中的最高法律. 当我们从混沌中抽取大量的样本, 并按大小加以排列整理时, 那么总是有一个始料不及的美妙规律潜伏在其中."

3.1.5 抽样分布概说

1. 抽样分布概述

如果我们能掌握总体分布, 就能掌握总体的信息. 但这往往比较困难. 一般我们只能从总体中随机抽取样本, 利用样本获取信息, 从而去推断总体. 当然, 若从总体中抽取一个样本容量为 n 的样本, 那么这个样本中所有单位的数据也是有差异的, 并且形成一个分布, 称为样本分布.

由于样本是从总体中抽取的, 其中就包括总体的一些信息, 所以, 样本分布也称为经验分布. 例如, 某地区全部职工的收入服从正态分布, 如果从该地区全部职工中随机抽取人数为 n 的职工为样本, 这 n 个职工的收入也存在一个分布, 即样本分布.

显然, 随机抽取的样本, 其分布一方面要受总体分布的制约及影响, 一般应与总体分布相近似. 例如, 由于高收入及特高收入的职工相对较少, 被抽中的概率相对较低, 所以随机抽中的职工中高收入者也相对较少. 另一方面, 由于样本的抽取

是随机的, 因而样本分布不可能与总体分布完全一致, 特别是当抽取的单位数即样本容量比较小时, 这种差别可能还比较大. 当然, 随着样本容量的增大, 样本的分布会逐渐接近总体分布.

我们按随机的原则从总体中抽取样本的目的, 是用样本指标估计总体指标, 如用样本平均数估计总体平均数、用样本比例估计总体比例、用样本方差估计总体方差等. 但由于样本是随机的, 所以样本平均数、比例、方差随样本不同而不同, 即样本指标是随机变量. 为了用样本指标估计总体指标, 我们需要研究样本指标围绕总体指标变动的规律性, 研究样本指标的分布, 即抽样分布.

所谓抽样分布, 是指抽取的总体单位数即样本容量 n 一定时, 从总体中按随机抽样的原则, 所有可能抽取的样本的指标的分布, 也称为样本统计量的概率分布. 与样本分布是经验分布不同, 抽样分布是一个理论分布. 直观地看, 如果总体单位数为 N, 抽取样本的容量为 n, 采用不重复抽样的方式, 就有 C_N^n(不考虑顺序) 或 P_N^n(考虑顺序) 种可能的样本, 每一个样本都可以计算一个样本的均值 x、样本比例 p 和样本方差 s^2, 这 C_N^n 个 x, p 或 s^2 所形成的分布就是抽样分布.

2. 样本均值 x 的抽样分布

均值是一个对总体进行描述的重要的度量指标, 要想知道总体的均值, 最常用的方法是从总体中抽取样本并根据样本来推断总体均值. 因而, 了解样本均值 x 的分布, 对于认识、把握总体均值非常重要. 要确定一个分布, 需要明确两个方面的问题, 一是弄清它的概率分布的形式, 二是要了解这一分布的一些主要特征.

关于样本均值 x 的抽样分布形式, 这与原有总体的分布及样本容量的大小有关:

(1) 若原总体分布是正态分布, 则不论样本容量大小, 样本均值 x 的抽样分布都服从正态分布.

(2) 若原总体分布是非正态分布, 当从总体中抽取的是一个大样本, 即一般认为 $n \geqslant 30$ 时, 由中心极限定理可知, 其样本均值 x 的抽样分布也近似服从正态分布. 当从总体中抽取的是小样本, 则样本均值 x 的抽样分布不是正态分布, 不能按正态分布去推断总体的均值.

关于样本均值 x 分布的主要数量特征, 我们主要讨论其数学期望值与方差. 抽样分布的这两个数量特征值不仅和原总体分布的均值和方差有关, 而且还与抽样方法是重复抽样还是不重复抽样有关.

(1) 样本均值 $\bar{x}$ 的抽样分布的数学期望比较简单, 可以证明, 无论是重复抽样还是不重复抽样, 其数学期望始终等于总体均值, 即 $E(\bar{x}) = u$, 其中 μ 是总体的均值.

(2) 样本均值 $\bar{x}$ 的抽样分布的方差与抽样的方式有关:

(i) 在重复抽样的条件下, 样本均值 $\overline{x}$ 的抽样分布的方差为总体方差的 $1/n$, 即

$$D(\overline{x}) = \sigma^2/n;$$

(ii) 若为不重复抽样, 则

$$D(\overline{x}) = \frac{\sigma^2}{n} \left(\frac{N-n}{N-1} \right),$$

其中 $\left(\dfrac{N-n}{N-1} \right)$ 称为有限总体不重复抽样的修正系数.

例 3.1.10 某企业从一批电子元件中随机抽取了 64 个元件以测试其使用寿命. 根据过去的经验, 该企业生产的该种电子元件的标准差为 320h, 要求计算样本平均寿命与总体均值相差 80h 以上的概率.

解 由于企业所生产的电子元件是大批量的, 抽样比例虽然很小但已经是大样本, 所以样本均值的抽样分布为正态分布, 其均值为 μ, 方差为 σ^2/n, 根据题意, 要求 $P(|x - \mu| > 80)$, 计算时可以将其分解为两个部分, 即

(1) $P(x > \mu + 80) = P\left(\dfrac{x - \mu}{\sqrt{\sigma^2/n}} > \dfrac{\mu + 80 - \mu}{\sqrt{320^2/64}} \right) = P(Z > 2);$

(2) $P(x < \mu - 80) = P\left(\dfrac{x - \mu}{\sqrt{\sigma^2/n}} < \dfrac{\mu - 80 - \mu}{\sqrt{320^2/64}} \right) = P(Z < -2).$

经过计算得到 $P(|z| > 2) = 0.0456$, 即样本平均寿命与总体均值相差 80h 以上的概率为 4.56%.

3. 样本比例 p 的抽样分布

在管理实践中, 有大量的需要掌握有关比例的问题, 如产品的次品率、合格率、电视的收视率等. 样本比例就是在 n 个样本单位中具有某种特征的单位所占的比例如下

$$p = \frac{1}{n} \sum_{i=1}^{n} x_i, \quad x_i = \begin{cases} 1, & \text{具有某种特征,} \\ 0, & \text{不具有某种特征.} \end{cases}$$

p 是一随机变量, 随着 n 的增大, p 近似正态分布. 下面分两种情形讨论.

(1) 若采用重复抽样, 其数学期望和方差分别为

$$E(p) = p, \quad D(p) = p(1-p)/n,$$

p 的抽样分布为

$$p \sim N(p, p(1-p)/n).$$

(2) 若采用不重复抽样, 其数学期望和方差分别为

$$E(p) = p, \quad D(p) = \frac{p(1-p)}{n}\left(\frac{N-n}{N-1}\right),$$

即

$$p \sim N\left(p, \frac{p(1-p)}{n}\left(\frac{N-n}{N-1}\right)\right).$$

例 3.1.11 某企业正常情况下生产产品的次品率为 8%, 设某批产品的批量较大, 随机抽取 100 个产品进行检验, 试求次品率为 $7\% \sim 9\%$ 的概率.

解 因 $n = 100$ 属于大样本, 故样本比例 p 近似服从正态分布. 同时由于抽样比例较小, 修正系数 $\frac{N-n}{N-1}$ 可以忽略. 因此 p 的标准差为

$$\sqrt{0.08 \times 0.92/100} = 0.0271,$$

这样

$$p(0.07 < p < 0.09) = p\left(\frac{0.07 - 0.08}{0.0271} < z < \frac{0.09 - 0.08}{0.0271}\right)$$

$$= p(-0.37 < z < 0.37) = 0.289.$$

故产品次品率为 $7\% \sim 9\%$ 的概率为 28.9%.

4. 正态分布总体的抽样分布定理

由于正态分布具有良好的性质, 在假设总体服从正态分布的条件下, 统计学中已经建立许多重要统计量的抽样分布的精彩结果, 这里用不加证明的方式, 介绍下述关于正态分布总体的抽样分布定理.

若总体 $X \sim N(\mu, \sigma^2)$, $X_1, X_2, \cdots, X_n$ 是来自 X 的简单随机样本, 而且

$$\overline{X} = (1/n)\sum_{i=1}^{n} X_i, \quad S^2 = [1/(n-1)]\sum_{i=1}^{n}(X_i - \overline{X})^2,$$

那么有

(1) $\overline{X}$ 和 S^2 相互独立;

(2) $\overline{X} \sim N(\mu, \sigma^2/n)$ 或 $\dfrac{\overline{X} - \mu}{[\sigma/\sqrt{n}]} \sim N(0,1)$;

(3) $(n-1)S^2/\sigma^2 \sim \chi^2(n-1)$(自由度为 $n-1$ 的 χ^2 分布);

(4) $\chi^2 = (1/\sigma^2)\sum_{i=1}^{n}(X_i - \mu)^2 \sim \chi^2(n)$;

(5) $\dfrac{\overline{X} - \mu}{[S/\sqrt{n}]} \sim t(n-1)$(自由度为 $n-1$ 的 t 分布).

这些重要结论在参数估计与假设检验中经常被引用.

3.2 参数估计

参数估计是统计推断的一项重要内容, 它是在随机抽样和抽样分布的基础上, 根据样本统计量来推断人们所关心的总体参数. 直白地说, 就是利用局部信息 (随机样本) 对统计总体数量特征 (通常是统计描述指标) 的具体数值进行猜测. 在统计学中将这种 "猜测" 称为参数估计. 更确切地说, 参数估计就是指用总体中抽取的样本来估计总体分布中包含的未知参数的一种统计方法.

3.2.1 参数估计典型案例

例 3.2.1(钢琴调音师数量) 芝加哥有多少位钢琴调音师? 这是出生于意大利的著名物理学家、诺贝尔奖得主费米 (Enrica Fermi, 1901~1954) 在美国芝加哥大学的课堂上提出的古怪问题.

费米与冯·诺依曼 (John von Neumann, 1903~1957) 等一样, 堪称天才级的科学大师. 他们都是为了逃避纳粹的迫害, 远渡重洋来到美国. 美国在很短时间内集聚了大量优秀人才, 有人说, 这是美国发战争财之外更大的一笔财富.

在生活中, 费米、冯·诺依曼或美国土生土长的大学数学竞赛高手、后来的著名物理学家、诺贝尔奖得主费曼 (Richard Feynman, 1918~1988) 都不是书呆子, 他们在为美国制造原子弹的曼哈顿工程等作出贡献之余, 也喜欢作点估算之类的初等数学小问题, 不料竟流传下来成为佳话. 而估算的重要依据, 就是平均数方法.

费米堪称估算大师. 1950 年的一天, 他在和人讨论外星人问题时, 突然冒出一句: "他们都在哪儿呢?" 这句话看似简单的问题, 就是著名的 "费米悖论". 有人认为外星人很多, 迟早有一天会发现, 而费米认为未必. 因为从理论上讲, 估计人类能用 100 万年的时间飞往银河系各个星球, 如果外星人足够多, 只要比人类早进化 100 万年 (与宇宙年龄相比这很正常), 现在就应来到地球了. 换言之, "费米悖论" 表明: 要么外星人的进化远早于人类, 他们已来到地球并隐藏于某处, 甚至因为火拼或内讧, 还未出发就已自取灭亡了; 或者外星人是不存在的, 至少迄今人类并未发现任何有关外星人存在的蛛丝马迹. 在银河系中外星文明最乐观的估计是 10^9 种, 而最悲观的估计是 10^{-7} 种! 目前新观点认为 100 种左右, 比较倾向于悲观, 这或许也是考虑到费米悖论的影响.

目前看来发现外星人还是遥遥无期, 相比之下, 费米估算芝加哥调音师的例子更为有名, 因为与实际数据相符. 费米的论据是: 芝加哥有 300 万人口, 如果每个家庭平均有 4 口人, 三分之一的家庭有钢琴, 那么该市共有 25 万架钢琴. 每架钢琴过 5 年必须调一次音, 每年就有 5 万架钢琴需要调音. 如果每位调音师每天平均能调 4 架钢琴, 每年平均工作 250 天, 1 年里总共给 1000 架钢琴调音. 那么, 芝加哥市应该有 50 位调音师. 这个答案不一定精确. 实际情形可能低到只有 25 位调音师, 也可能高到有 100 多位. 然而, 用电话号码簿加以验证, 调音师的人数正好是那么多.

费米的故事告诉我们, 在解决某些实际估计问题时, 我们可以提出假设, 然后估算出相当近似的答案. 由于错误的估计往往相互补偿, 其计算结果将趋向于正确的数字. 这是平均数在起作用. 在任何一个问题上, 我们的主观假设可能过高或过低, 但由于平均数的原因, 错误往往就会互相抵消了.

例 3.2.2(统计学中的盐) 这个例子来自印度著名统计学者 C. R. 劳在其名著《统计与真理》中所讲述的一个精彩故事. 1947 年印度刚独立, 德里就发生了一些公共暴乱. 一个少数民族团体中的大多数人避难到被称为红色堡垒的地方, 这是一个被保护的区域. 少部分人逃到另一个地区的修姆因庙里, 这个庙临近一个古建筑物. 政府有责任提供食物给这些避免者. 这个任务委托给了承包商, 由于没有任何关于避难者人数的信息, 政府被迫接受和付出承包商所提出的为避难者所购买的各种日用品和生活保证品的账单. 政府的这项开支看起来非常大, 因而有人建议让统计学家 (他们能估算) 帮助求出红色城堡中避难者的正确人数.

在当时的混乱条件下, 这个问题看起来很困难. 另一个复杂的情形是, 政府所请的统计学家是属于多数派团体的 (与避难者所属团体对立), 因而如果要应用统计技术估计避难者的人数而要求进入红色城堡, 这些统计专家的安全没有保证. 摆在统计学家面前的问题为:

在没有任何避难者人数的先验信息、没有任何机会直接了解那个地区人口密度的情形下, 同时在不能使用任何已知的用于估计或人口统计调查中的抽样技术条件下, 来估计一个给定地区的人口数量.

专家不得不想出一个办法来解决这个问题. 无论是统计学或是统计学家的失误, 政府都是可以容忍的. 不管怎样, 统计学家接受了承包商交给政府的账单, 这些账单记载了提供给避难者的不同的生活用品, 如所购入的米、豆类和盐. 如何利用这些资料呢?

假设全体避难者一天所需要的米、豆类和盐的总量分别为 R, P, S. 由消费调查可得, 每人每天所需要这些食物的量分别设为 r, p, s. 因而 $R/r, P/p, S/s$, 提供了一个集团中相同人数的平均估计量, 也就是说, 这三个值无论哪一个均是等价有效的. 专家利用承包商提出的 R, P, S 计算了这些值, 发现 S/s 最小, 而表示大米的 R/r 最大. 与盐相比, 商品中最贵的大米的量有可能被夸大了 (当时在印度盐的价格非常低, 因而不会夸大盐的用量). 因此, 统计学家提出估计值 S/s 为红色城堡中避难者的人数. 对所提出的这种方法的验证是用同样的方法独立地估计了修姆因庙里的避难者人数 (这里的人数要少得多), 得到了很好的近似值.

这个基于用盐量的估计方法思想来自印度知名经济学家森古普塔 (J. M. Sengupta), 他长期在印度统计研究所工作, 这里他运用了一个非惯例而且是很巧妙的估计方法, 这个方法的背后是对统计的推理或定量的思考, 或许也可以说包含了一种艺术成分. 由统计学家所给出的这种估计值对政府作出行政管理决策非常有用. 这也提高了统计学的威信, 从那以后, 统计学受到政府的大力支持. 可以说, 这个估计方法对统计学的发展作出了很大的贡献.

例 3.2.3(民意调查)　常常听到人们议论民意调查不可靠, 然而人们又自觉或不自觉地参考民意调查所给出的结果. 不管怎么说, 民意调查在现代社会越来越受到重视却是不争的事实. 其实, 欲了解一群人的意见而避免询问其中的每一个个体, 民意调查便是人们所必须掌握的唯一统计工具. 民意调查支持度大是否意味着真实情形的支持度也大? 这要涉及统计学中的参数估计理论, 并非三言两语就能解释清楚. 下面将通过真实的案例给出初步解释.

2008 年 6 月 11 日中新网的一则新闻的标题是 "*美大选: 奥巴马民意支持率稳定领先麦凯恩*". 新闻中说, 盖洛普民意测验中心 10 日公布的最新民调显示, 目前奥巴马的全国支持度为 48%, 麦凯恩为 41%. 这是盖洛普自 3 月中开始进行这项民意调查以来, 奥巴马领先麦凯恩的最大差距. 这项民意调查是于 6 月 7 日至 9 日在全国抽样访问 2633 位登记选民, 抽样误差 ±2%. 这则新闻报道严格地说不太 "规范", 应该说置信水平 95% 的抽样误差 ±2%. 调查 2633 人的这个置信水平 93% 的抽样误差 ±2% 是利用正态分布的知识计算出来的, 具体过程这里省略.

奥巴马的支持度为 48%, 麦凯恩为 41%. 这两个数是根据 2633 位登记选民的样本计算出来的. 因而严格地说, 这两个数是他们两人在全部登记选民中的支持度的估计.

根据 2633 位登记选民的样本计算得到的奥巴马支持度的估计 48%, 大于麦凯恩支持度的估计 41%, 能否就可以说在全部美国登记选民中奥巴马的支持度大于麦凯恩的支持度? 可能由于估计有误差, 因而支持度估计大的候选人其支持度不一定也大. 回答这个问题的一个较为可行且简单的方法是, 同时构造奥巴马支持度与麦凯恩支持度的置信区间, 给出参数区间计, 例如, 考察置信水平为 95% 的区间估计, 然后看这两个区间有没有重叠的部分. 倘若没有重叠的部分则认为他们的支持度有差别; 反之则认为他们有相同的支持度. 由 2% 的抽样误差可推得有 46% ∼ 50% 的人支持奥巴马, 而有 39% ∼ 43% 的人支持麦凯恩. 区间 (46%, 50%) 与 (39%, 43%) 没有重叠的部分, 所以中新网的这则新闻说 "*奥巴马以超出抽样误差范围领先麦凯恩*".

所谓 "超出抽样误差范围", 指的是两位候选人的支持度估计的差 7%(= 48% −

41%) 超过了抽样误差正负 2 个百分点的 2 倍 (4%). 同时构造两个候选人的区间估计, 看这两个区间有没有重叠的部分, 这相当于说:

对同一次民意调查而言, 只要支持度估计的差比两倍的抽样误差大, 我们就说他们的支持度有差别, 其中一人的支持度比另一人大.

同时构造两个候选人的估计区间, 用来解决支持度的估计大的候选人是否支持度也有大的问题, 这是区间估计的一个应用. 严格地说, 这个方法有一个问题值得商榷探讨. 奥巴马支持度的置信水平 95% 的区间估计为 (46%,50%), 意思是说奥巴马支持度在 46% 与 50% 之间的可信程度为 95%, 麦凯恩运动度的置信水平 95% 的区间估计为 (39%,43%), 意思是说麦凯恩支持度在 39% 与 43% 之间的可信程度为 95%. 同时构造奥巴马支持度与麦凯恩支持度的区间估计, 意味着奥巴马支持度在 46% 与 50% 之间, 并且麦凯恩支持度在 39% 与 43% 之间, 那么合在一起的可信程度难道仍然为 95%? 事实上, 合在一起之后的可信程度究竟是多少很难说. 俗话说, 三个臭皮匠顶一个诸葛亮, 合在一起解决问题的可能性比一个人解决问题的可能性增大了很多. 倘若这三个臭皮匠闹内讧互相拆台, 则合在一起解决问题的可能性就比一个人解决问题的可能性减小了很多. 合在一起究竟是变大、变小, 还是保持不变的问题比较复杂.

幸运的是, 对于我们所讨论的同一次民意调查支持度的估计大的候选人支持度是否也大的问题, 只要支持度估计的差比抽样误差的两倍大, 就认为他们的支持度有区别:

对同一次民意调查的两位候选人的支持度进行比较的时候, 如果他们支持度估计的差超过了概率的 95% 的抽样误差的两倍, 那么我们就说支持度估计大的那个候选人的支持度也大. 当然, 这句话出错的概率还有 5%.

例 3.2.4(质量控制)   在工业生产领域内运用统计参数的区间估计方法去控制产品质量等, 或者可以说是参数估计最富有效益的应用.

美国 AT&T 电话公司为了改进通信线路质量, 设计了一些复杂的用以连接电话线和中转机的开关元件块, 因此它需要一些有效的方法以保证这些块的生产质量, 其中重要的一步是怎样控制元件块上近 2000 个开关接头的焊接质量. 所有这些焊接工作都是用一台大型的流水线焊接机来完成. 这台机器的性能常常是焊接工序好或坏的直接保证. 一旦它的运行速度、焊接温度或别的因素出了问题, 就会在电话机和元件块上造成双重伤害. AT&T 公司于是对这台焊接机进行了严密的控制, 一旦发现问题立即采取行动.

这种控制机器质量的办法便是用了统计方法. 为此让工作人员每小时对焊接情况小心地做五次记录, 记录的办法是用数字表示质量, 以 100 分记 AT&T 公司认可的质量标准, 较低的分数表示劣质, 较高的分数表示优质. 这五个质量分数的抽样平均值被画到一张图中, 这张图称为过程控制图. 图 3.2.1(a) 上的点便是 20h 生产质量的抽样估计.

必须指出, 任何工业过程都会出现一些偶然因素, 因此便产生了一些可变性, 有时过多关注这些小变化往往是不必要的. 过程控制图将有助于我们去区别什么是通常的自然可变性, 什么是机器问题造成的额外可变性. 如果出现了非正常的变化, 就得立即寻找原因.

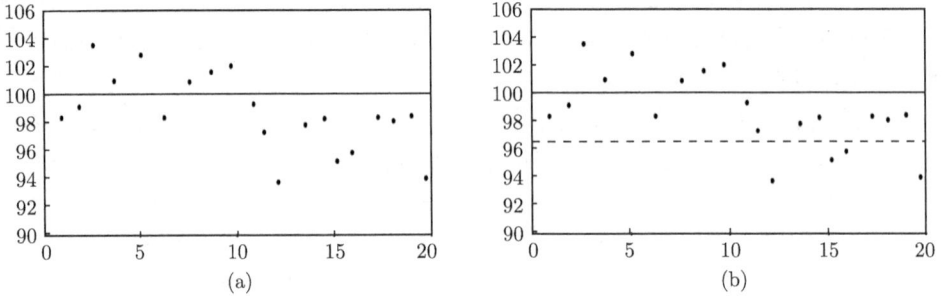

图 3.2.1

过程控制图实际上是一张分数 —— 时间的坐标图 (图 3.2.1), 将点将记录下的质量分数画在这张图上, 我们就可以看出什么时候有些点落在法定控制范围以外, 或者说什么点与前面的点明显分离开来了. 碰到这种情况, 专家便要发出有关质量问题的警告. 图 3.2.1 上有一条表示质量标准分数 100 的中心线, 这条中心线是鉴别质量的重要标志.

如果机器运行正常, 那么元件块的质量指标常符合正态分布. 现在我们设想在一个长期生产运行过程中, 分布的平均值是 100, 它的标准差是 4. 用点画出五次观测值的平均值 $\bar{x}$, 我们希望看到的 $\bar{x}$ 的变化范围是什么呢? 由前面的讨论知道, 由于在大数量抽样时 $\bar{x}$ 的分布本身也是正态的, 并以 100 为平均值, 以

$$\sigma/\sqrt{n} = 4/\sqrt{5} = 1.79$$

为标准差. 于是依据正态分布的 68-95-99.7 规则, 所有值将有 95% 落在平均值的两个标准差的范围内, 即落在

$$100 - (2) \times (1.79) = 96.42$$

和

$$100 + (2) \times (1.79) = 103.58$$

之间. 也就是说, 只要工业过程无干扰地运行, 则当我们进行多次抽样时, 只有 5% 的 $\bar{x}$ 的值落在这个区间之外. 特别地, 所有的 $\bar{x}$ 值中只有 2.5%(即 5% 的一半) 小于 96.42.

图 3.2.1(b) 便是由图 (a) 得来的过程控制图, 其中的虚线表示的是警戒线, 也是质量控制的限度, 指出我们应在什么时候采取行动. 图 3.2.1 实际上说明生产过程已经出了问题:

第 12, 15, 16 和 20 次抽样均值的点落在警戒线以下, 此外, 最后 11 个均值全部落在中心线之下.

而在一个长期运行的过程里, 应当只有一半的均值位于中心线之下. 这说明整个过程中大约从第 9 个或第 10 个抽样开始质量在走下坡路, 特别地, 从第 12 个抽样起, 真正发生了质量上的问题, 需要立即进行检查.

评注 假定一个工业过程在运行未受干扰的情况下是一个以 μ 为均值、以 σ 为标准差的正态分布. 为了监督这个过程, 在一个正常范围内作一个幅度为 n 的抽样. 所谓此过程的一个 $\bar{x}$ 控制, 即一个抽样均值和时间的坐标图, 由一条 μ 处的实中心线和两条在 $\mu - 2\sigma/\sqrt{n}$ 处和 $\mu + 2\sigma/\sqrt{n}$ 处的虚的控制极限线组成. 这种过程控制的主要动机不是区分过程中例外与非例外的可变性; 而是利用 $\bar{x}$ 的正态抽样分布和 68-95-99.7 规则来确定非例外可变性的范围. 这种过程质量控制方法可广泛地应用于许多工业生产过程.

3.2.2 参数的点估计

点估计也称定值估计, 它是用抽样得到的样本指标数值作为总体参数估计值的一种推断方法. 如果随机抽取的部分职工的平均工资 $\bar{x}$ 直接作为全部职工平均工资的估计值, 用抽取的部分学生的考试及格率直接作为全部学生考试的及格率, 用抽取的部分产品的合格率直接作为全部产品合格率的估计值等.

要理解点估计, 必须明确估计量和估计值的概念. 对总体参数进行估计的相应的样本统计量称为估计量, 例如, 样本平均数是总体平均数的估计量、样本方差是总体方差 (或总体标准差) 的估计量、样本比率是总体比率的估计量.

点估计的优点是原理直观、计算方便, 在实际工作中经常被采用. 由于样本是随机抽取的, 一个被抽中的具体的样本得到的估计值很可能不同于另一个 (或另一次) 样本的估计值, 也很可能不同于总体参数的真值. 点估计的缺陷是没有办法给出估计的可靠性, 也无法确定点估计值与总体参数真值接近的程度, 因为一个点估计量的可靠性是由其抽样分布的标准误差来衡量的. 因此, 我们对总体参数真值进行估计时, 往往不能完全依赖于一个点估计值, 而应围绕点估计值构造出总体参数的一个区间, 即下面将要介绍的区间估计.

点估计方法要求我们适当选择一个统计量作为未知参数的估计量, 然而, 对于同一个总体的同一个未知参数, 可能有几个不同的估计量. 我们自然要问, 同一参数的不同估计量中哪个好? 哪个差呢? 为此, 就必须讨论评价估计量优劣的标准. 一般来说, 作为优良的估计量应符合无偏性、有效性、一致性、充分性四个标准, 这里不展开论述.

在统计推断中, 常用的点估计的方法有矩估计法、顺序统计量法、最大似然法与最小二乘法, 我们这里仅简单介绍前面三种方法, 最小二乘法在相关分析与回归分析中再介绍.

1. 矩估计法

对总体参数进行估计, 最容易想到的方法就是矩估计法. 它是用样本的矩去估计总体的矩, 从而获得有关参数的估计量. 矩估计法是由卡尔•皮尔逊于 1894 年正式提出, 其理论依据是大数定律.

例如, 由大数定律可知当样本容量 n 充分大后, 样本均值 $\overline{X} = \dfrac{1}{n}\sum\limits_{i=1}^{n} X_i$ 趋于总体的数学期望 $E(X)$; 样本二阶中心矩

$$B_2 = \frac{1}{n}\sum_{i=1}^{n}(X_i - \overline{X})^2$$

趋于总体的方差 $D(X)$. 故可以用样本的均值来估计总体的数学期望, 用样本二阶中心矩来估计总体的方差.

样本矩通常包括样本 k 阶原点矩与样本 k 阶中心矩:

(1) 样本 k 阶原点矩 $A_k = \dfrac{1}{n}\sum\limits_{i=1}^{n} x_i^k (k = 1, 2, \cdots)$;

(2) 样本 k 阶中心矩 $B_k = \dfrac{1}{n}\sum\limits_{i=1}^{n}(X_i - \overline{X})^k (k = 1, 2, \cdots)$.

矩估计法其实是一种统计估计的思想方法, 基本思想是用样本矩估计相应的总体矩. 其方法是将待估参数表示成总体各阶矩 (包括原点矩和中心矩) 的某个已知函数, 再将函数中的各阶总体矩换成相应的样本矩就可得到待估计参数的矩估计量. 所以只要能将待估计参数表示成总体各阶矩的某个已知函数, 就能用矩估计法, 如果待估计参数不能表示成总体矩的函数, 就不能用矩估计法. 按照矩估计法, 只要能将待估计参数表示成总体各阶矩的某个已知函数, 就能得到待估计参数的矩估计量, 有时候同一个待估计参数可以表示成总体矩的不同函数, 这时就可以得到同一待估计参数的不同矩估计量.

例 3.2.5 已知某种灯泡的寿命 $X \sim N(\mu, \sigma^2)$, 其中 μ, σ^2 都是未知的, 今随机抽取 4 只灯泡, 测得寿命 (单位: h) 为

$$1502, \quad 1453, \quad 1367, \quad 1650,$$

试估计 μ 和 σ.

解 因为 μ 是全体灯泡的平均寿命, $\overline{X}$ 为样本的平均寿命, 很自然地会想到用 $\overline{X}$ 去估计 μ; 同理用 s 去估计 σ. 由于

$$\overline{X} = \frac{1}{4}(1502 + 1453 + 1367 + 1650) = 1493,$$

$$s^2 = [(1502 - 1493)^2 + (1453 - 1493)^2 + (1367 - 1493)^2$$
$$+ (1650 - 1493)^2]/(4 - 1) = 14069,$$

$$s = 118.61.$$

故 μ 及 σ 估计值分别为 1493h 和 118.61h.

评注 矩估计法简便、直观, 比较常用. 但是也有其局限性: 首先, 对连续变量来说, 它要求总体的 k 阶原点矩存在, 若不存在则无法估计; 其次, 矩估计法不能充分地利用估计时已掌握的有关总体分布形式的信息.

2. 顺序统计量法

所谓顺序统计量法, 即用样本中位数 M_e 或样本极差 R 来估计总体的数学期望 (平均值) 或样本的均方差 σ 的方法.

当样本数据中含有极端数值时, 样本中位数比样本平均数更适用于作为总体平均数的估计值. 在总体 X 为连续型随机变量, 而且概率曲线对称的情形下, 为方便起见, 也常用样本中位数 M_e 来估计总体数学期望 μ, 即 $\hat{\mu} = M_e$.

样本极差 R 本身就是衡量总体离散程度的一个尺度, 由于其计算很简单, 所以在需要估计正态分布总体均方差 σ 时, 可使用样本极差 R 来估计 σ, $\hat{\sigma}$ 和 R 有下列关系

$$\hat{\sigma} = \frac{1}{d_n}R,$$

其中 d_n 可近似地表示为

$$\frac{1}{d_n} \approx \frac{1}{n}\sqrt{n - \frac{1}{2}} \ (2 \leqslant n \leqslant 10).$$

用样本极差 R 来估计 σ, 其缺点是不如用 s 可靠 $(n > 2)$, 当 n 越大, 两者可靠程度差别越大, 当 $n > 10$ 时, 如果要用 R 来估计 σ, 可将数据分成若干个数相等的组 (如 5 个一组) 求出各组数据的极差, 然后用这些样本极差的平均值 $\overline{R}$ 作为上述公式中的 R(此时 d_n 为 d_5), 即得 σ 的估计 $\hat{\sigma}$.

运用顺序统计量法估计总体参数, 尽管有些粗糙, 然而把顺序统计量法与矩估计法结合起来运用, 或作适当引申, 有时候会产生出奇制胜的效果. 下面举例说明.

例 3.2.6 大家知道, 第二次世界大战期间德国的装甲集群厉害无比, 因为其指挥官是臭名昭著的古德里安 (H. W. Guderian, 1888~1954). 正是这位 "闪电战之

父" 指挥的坦克军穿越阿登山区, 绕过马奇诺防线, 以闪电战迅速占领了法国. 他的坦克军推进得如此之快, 以至于他口出狂言: "我没有时间俘虏你们. 放在武器从道路上滚开, 免得挡路." 如果不是希特勒 (Hitler, 1889~1945) 犯了个大错, 几十万英法联军就会全军覆没于敦刻尔克. 要感谢上帝让希特勒犯了个大错, 要不然, 在后来最著名的 "库尔斯克坦克大会战" 中, 如果还是古德里安指挥, 那战场上那些累累残骸中, 恐怕更多的是原苏联军队的 T-34 坦克, 而不是德军的 "虎" 式坦克. 但还是那句话, 历史不能假设!

德国到底生产了多少辆坦克? 这个问题在第二次世界大战中可是要了很多人的命. 在动用了各种情报收集手段后, 盟军发现缴获的每辆坦克都有一个独特的序列号, 而且它们都是连续编号的. 盟军请数学家据此创造了一个数学模型, 结果所估计出的数目非常准确, 与真实生产速度仅仅差了一辆! 下面, 我们将用初等数学的方法推导出盟军用于估计的数学模型. 首先介绍相关的其他估计方法.

方法 1 为简单起见, 坦克编号是按自然顺序 1 开始排列. 观察到的 n 辆坦克的编号依小到大依次排列成

$$y_1 < y_2 < \cdots < y_n.$$

设该样本数列的中位数为 y_e, 假设坦克的最大编号为 N, 最小的编号为 1, 运用顺序统计量法, y_e 即为总体的 M_e, 于是有

$$(N+1)/2 = M_e,$$

此时有 $N = 2M_e - 1$. 这里运用了顺序统计量方法作估计.

方法 2 将顺序统计量法与矩估计法的思想结合起来可产生出一种称为 "平均差距法" 的新的估计方法, 详述如下.

假设前 n 辆编号之间的平均差距, 可以代表样本编号最大的 y_n 与坦克最大编号之间的差距, 那么有

$$
\begin{aligned}
N &= y_n + 平均差距 \\
&= y_n + \frac{(y_1 - 1) + (y_2 - (y_1 + 1)) + \cdots + (y_n - (y_{n-1} + 1))}{n} \\
&= \left(\frac{n+1}{n}\right) y_n - 1.
\end{aligned}
$$

评注 这里与盟军所给出的数学估计模型仅少一辆.

方法 3 为论述方便起见, 接下来的几种方法要把观察到的编号 y_i 换成小数 x_i 进行考察. 例如, 把 $y_i = 03402$ 看成小数 $x_i = 0.03402$, 这样把每辆坦克的编号都对应于区间 $(0,1)$ 中的一个小数, 坦克最大编号记作 $\theta = 0.N$. 问题就转化求如

何由 n 个小数组成的数据

$$x_1 < x_2 < \cdots < x_n$$

对参数 θ 作出估计.

由于观测的随机性, 可认为 $x_1, x_2, \cdots, x_n$ 在区间 $(0, \theta)$ 内 "均匀" 地分布着, 所以可用它们的平均值

$$\overline{x} = (x_1 + x_2 + \cdots + x_n)/n,$$

估计区间 $(0, \theta)$ 的中点 $\theta/2$, 从而可用

$$2\overline{x} = 2(x_1 + x_2 + \cdots + x_n)/n$$

作为 θ 的估计值.

方法 4　$x_1, x_2, \cdots, x_n$ 把区间 $(0, \theta)$ 分成了 $n+1$ 个小区间, 当 $x_1, x_2, \cdots, x_n$ 在 $(0, \theta)$ 内 "均匀" 分布时, 每个小区间长度相差不大, 它们都和 $\theta/(n+1)$ 近似. 于是可以用某一区间的长度, 例如, 最左边小区间 $(0, x_1)$ 的长度 x_1 估计 $\theta/(n+1)$, 即用 $\theta = (n+1)x_1$ 估计 θ 的值.

评注　自然也可以用左边第二个小区间的长度的 $(n+1)$ 倍来估计 θ, 一般地, 用 $x_1, x_2, \cdots, x_n$ 中在数轴上任意相邻两点间的距离的 $(n+1)$ 倍来估计 θ. 但这些小区间并不是真正相等, 当 n 很大时, 这些长度的 $(n+1)$ 倍可能相差很大. 因此, 人们又想到了另一个办法.

方法 5　$x_1, x_2, \cdots, x_n$ 把 $(0, \theta)$ 分成的 $n+1$ 个小区间长度并不完全相等, 无论选择哪一个小区间来估计 $\theta/(n+1)$ 都不够 "精确". 为此考虑它们的 "平均" 长度. 由于 x_n 是左边 n 个小区间长度之和, 用 x_n/n 来估计每个小区间的长 $\theta/(n+1)$, 即用 $(n+1)x_n/n$ 估计 θ 的值.

评注　实际上, 大家还可以想出更多的估计方法, 这里不再展开. 当时盟军就是运用方法 5 所给出的数学模型作估计的. 通过不太复杂的数学计算, 居然能准确地估计出德国军队坦克的辆数, 统计估计的作用真是匪夷所思!

3. 最大似然法

最大似然法是由著名英国统计学家 R. A. 费希尔于 20 世纪初提出来的, 其理论依据是实际推断原理. 实际推断原理建立在这样一种直观想法的基础上:

假定一个随机试验有若干个可能的结果 $\omega_1, \omega_2, \cdots$, 如果在一次试验后出现了结果 ω_1, 那么, 一般认为试验条件对 "结果 ω_1 出现" 有利, 即这个试验中 "出现 ω_1" 的概率 (站在试验前的立场上考察) 最大.

为了有助于通俗易懂地理解最大似然法, 先看一个日常生活中的简单例子. 某位青年学生与一位年长猎人一起外出打猎, 一只野兔从前方窜出, 只听一声枪响, 野

兔应声倒下. 该如何推测这一发命中的子弹是谁打的? 我们很自然地会想, 只发一枪便打中, 由于猎人命中的概率一般大于这位学生命中的概率. 于是我们就估计这一枪是猎人射中的.

再举一个初等概率的例子. 一个箱子里放着黑、白两种球共 10 只, 已知这两种颜色球的数目之比为 $1:9$, 但不知道究竟哪一种颜色的球多. 设黑球所占的比例为 p. 易知 p 仅可能取 0.1 与 0.9 这两个值. 现在采用有放回抽样的方法随机地摸了两个球, 结果发现都是黑球. 自然你会推测 $p = 0.9$, 即认为箱子内放有 9 只黑球与 1 只白球. 原因很简单, 因为当 $p = 0.1$ 时, 出现上述试验结果的概率为 $0.1 \times 0.1 = 0.01$, 而当 $p = 0.9$ 时, 出现上述试验结果的概率为 $0.9 \times 0.9 = 0.81 > 0.01$. 换句话说, "$p = 0.9$" 这一试验结果条件对上述试验结果的出现比较有利.

上述两个简单的例子就体现了最大似然法的基本思想.

一般地, 设总体 X 的分布率或概率密度函数为 $f(x; \theta_1, \theta_2, \cdots, \theta_k)$, 其中 $\theta_1, \theta_2, \cdots, \theta_k$ 为 k 个未知待估参数, 又设 $(x_1, x_2, \cdots, x_n)$ 为样本观察值. 若记

$$L(\theta_1, \theta_2, \cdots, \theta_k) = \prod_{i=1}^{n} f(x_i; \theta_1, \theta_2, \cdots, \theta_k),$$

则称 $L(\theta_1, \theta_2, \cdots, \theta_k)$ 为似然函数. 若存在

$$\hat{\theta}_1(x_1, x_2, \cdots, x_n), \hat{\theta}_2(x_1, x_2, \cdots, x_n), \cdots, \hat{\theta}_k(x_1, x_2, \cdots, x_n),$$

使得

$$L(\hat{\theta}_1, \hat{\theta}_2, \cdots, \hat{\theta}_k) = \max_{\theta_1, \cdots, \theta_k} L(\theta_1, \theta_2, \cdots, \theta_k),$$

则称 $\hat{\theta}_1, \hat{\theta}_2, \cdots, \hat{\theta}_k$ 分别为 $\theta_1, \theta_2, \cdots, \theta_k$ 的最大似然估计值, 而称

$$\hat{\theta}_1(X_1, X_2, \cdots, X_n), \hat{\theta}_2(X_1, X_2, \cdots, X_n), \cdots, \hat{\theta}_k(X_1, X_2, \cdots, X_n)$$

为最大似然估计量.

下面通过两个具体例子对最大似然估计法的应用给予说明.

例 3.2.7 设 $X_1, X_2, \cdots, X_n$ 为来自总体 X 的样本, 总体 X 的概率分布为

X	1	2	3
p	θ^2	$2\theta(1-\theta)$	$(1-\theta)^2$

其中 $< \theta < 1$, $X_1, X_2, \cdots, X_n$ 中出现 1, 2 的次数分别为 n_1, n_2. 试求:

(1) 未知参数 θ 的矩估计;

(2) 未知参数 θ 的最大似然估计;

(3) 当样本值为 $(1, 1, 2, 1, 3, 2)$ 时的最大似然估计值和矩估计值.

解 (1) 求参数 θ 的矩估计量. 总体 X 的数学期望为

$$EX = \theta^2 + 4\theta(1-\theta) + 3(1-\theta)^2 = 3 - 2\theta.$$

令 $EX = \overline{X}$, 可得 θ 的矩估计量

$$\hat{\theta}^2 = (3 - \overline{X})/2.$$

(2) 求参数 θ 的最大似然估计量. 样本 $X_1, X_2, \cdots, X_n$ 中 1, 2 和 3 出现的次数分别为 n_1, n_2 和 $n - n_1 - n_2$, 故似然函数为

$$L(\theta) = \theta^{2n_1}\left[2\theta(1-\theta)^{n_2}(1-\theta)^{2(n-n_1-n_2)}\right] = 2^{n_2}\theta^{2n_1+n_2}(1-\theta)^{2n-2n_1-n_2},$$

两边取对数得

$$\ln L(\theta) = 2^{n_2} + (2n_1 + n_2)\ln(1-\theta),$$

两关于 θ 求导, 再令

$$\frac{\mathrm{d}\ln L(\theta)}{\mathrm{d}\theta} = \frac{2n_1 + n_2}{\theta} - \frac{2n - 2n_1 - n_2}{1-\theta} = 0.$$

解得 $\hat{\theta}_1 = \dfrac{2n_1 + n_2}{2n}$.

(3) 对于样本值 $(1, 1, 2, 1, 3, 2)$, 由上面得到的一般公式, 可得最大似然估计值为

$$\hat{\theta}_1 = \frac{2n_1 + n_2}{2n} = \frac{2 \times 3 + 2}{12} = \frac{2}{3};$$

矩估计值为

$$\hat{\theta}_2 = \frac{1}{2}(3 - \overline{X}) = \frac{3}{2} - \frac{5}{6} = \frac{2}{3}.$$

例 3.2.8 某水产养殖场两年前在人工湖中混养了黑、白两种鱼. 现在需要对黑、白鱼数目的比例进行估计. 不妨设湖中有黑鱼 a 条, 白鱼数为 $b = ka$(其中 k 为待估计参数). 为使抽取的样本为简单随机样本, 我们从湖中有放回地捕鱼 n 条 (即任捕一条, 记下其颜色后放回湖中, 任其自由游动. 稍后再捕第二条, 重复前一过程), 得样本 $(X_1, X_2, \cdots, X_n)$, 各 X_i 相互独立, 且均与 X 同分布. 已知在这 n 次抽样中, 捕得 m 条黑鱼. 试以此抽样结果运用矩估计法和最大似然估计法对 k 作出估计.

解 由题设, 随机变量 X 取值与概率分布如下:

$$X = \begin{cases} 1, & \text{若是黑鱼}, \\ 0, & \text{若是白鱼}, \end{cases}$$

$$P(X = 1) = \frac{a}{a + ka} = \frac{1}{1 + k},$$

$$P(X = 0) = 1 - P(X = 1) = \frac{k}{1 + k}.$$

(1) (矩估计法) 令 $\overline{X} = E(X) = \dfrac{1}{1 + k}$, 可得

$$\hat{k}_{矩} = \frac{1}{\overline{X}} - 1.$$

由具体抽样结果及 X 的观测值知 $\overline{X} = m/n$, 故 k 的矩估计值为

$$\hat{k}_{矩} = \frac{n}{m} - 1.$$

(2) (最大似然估计法)X_i 的分布为

$$P(X_i = x_i) = \left(\frac{k}{1 + k}\right)^{1 - x_i} \left(\frac{1}{1 + k}\right)^{x_i}, \quad x_i = 0, 1.$$

于是似然函数为

$$L(k; x_1, x_2, \cdots, x_n) = \left(\frac{k}{1 + k}\right)^{n - \sum\limits_{i=1}^{n} x_i} \left(\frac{1}{1 + k}\right)^{\sum\limits_{i=1}^{n} x_i} = \frac{k^{n - m}}{(1 + k)^n}.$$

两边取对数得

$$\ln L(k; x_1, x_2, \cdots, x_n) = (n - m) \ln k - n \ln(1 + k).$$

两边关于 k 求导, 并令

$$\frac{\mathrm{d} \ln L(k; x_1, x_2, \cdots, x_n)}{\mathrm{d}k} = \frac{n - m}{k} - \frac{n}{1 + k} = 0.$$

由此解得 k 的最大似然估计为

$$\hat{k}_{\mathrm{MLE}} = \frac{n}{m} - 1.$$

例 3.2.8 虽简单, 但它是一个应用十分广泛的统计模型, 可以用它来估计生物资源的数量.

3.2.3 参数的区间估计

区间估计是在点估计的基础上给出总体参数估计的一个区间, 该区间通常是由样本估计量的值, 即点估计值加减估计误差得到的. 更明确地说, 所谓区间估计, 就

是估计总体参数的区间范围, 并在求给出区间估计成立的概率值. 设 $\hat{\theta}_1$ 和 $\hat{\theta}_2$ 是两个统计量 $(\hat{\theta}_1 < \hat{\theta}_2)$, 分别作为总体参数 θ 区间估计的下限和上限, 则要求成立

$$P\left(\hat{\theta}_1 \leqslant \theta \leqslant \hat{\theta}_2\right) = 1 - \alpha,$$

式中, $\alpha(0 < \alpha < 1)$ 是区间估计的显著性水平, 其取值大小由实际问题确定, 通常人们取 $1\%, 5\%$ 和 10%; 称 $1 - \alpha$ 为置信度; $\left[\hat{\theta}_1, \hat{\theta}_2\right]$ 为置信度为 $1 - \alpha$ 的 θ 的置信区间.

区间估计的特点是, 给出总体参数的一个估计区间, 总体参数恰好落在该区间内的概率不要求达到 1, 而是适当放低要求, 即减去一个小概率的显著性水平, 也就是说, 达到 $1 - \alpha$ 就行了.

从经典统计学的角度看, 总体参数虽然未知, 但却是确定的值, 它没有随机性, 因而不存在是否会落在某个区间的问题; 相反地, 区间 $\left[\hat{\theta}_1, \hat{\theta}_2\right]$ 却是随机的, 这里的关系式

$$P\left(\hat{\theta}_1 \leqslant \theta \leqslant \hat{\theta}_2\right) = 1 - \alpha$$

可解释为随机区间 $\left[\hat{\theta}_1, \hat{\theta}_2\right]$ 以概率 $1 - \alpha$ 包含参数 θ 的真值 (而不能说成 θ 以 $1 - \alpha$ 的概率落入随机区间 $\left[\hat{\theta}_1, \hat{\theta}_2\right]$). 实际上, 还可以更直观地这样解释:

如果抽取 100 个样本, 作 100 个置信区间, 那么将有 $100(1 - \alpha)$ 个区间包含总体参数 θ 的真值, 而平均有 100α 个区间不包含参数真值 α.

置信区间表达了区间估计的准确性 (或精确性), 置信度表达了区间估计的可靠性, 它是区间估计的可靠概率. 而显著性水平表达了区间估计的不可靠概率. 例如, $\alpha = 0.01$ 或 1%, 是说所估计的置信区间平均每 100 次有 1 次会产生错误, 即所估计的置信区间并不包含总体参数.

很清楚, 在进行区间估计时, 必须同时考虑置信度和置信区间长度两个方面. 置信度定得越大 (即估计的可靠性越大), 则置信区间相应也越大 (即估计准确性越小). 通常衡量一个置信区间优劣的标准, 是在给定置信水平 $1 - \alpha$ 之下, 置信区间的长度应尽可能小. 当然, 可靠性和准确性要结合具体问题、具体要求全面考虑.

1. 总体均值的区间估计

(1) 总体方差 σ^2 已知时总体均值 μ 的置信区间.

当 $X \sim N(\mu, \sigma^2)$ 时, 可以证明抽自该总体的简单随机样本 $X_1, X_2, \cdots, X_n$ 的样本均值服从数学期望为 μ、方差为 σ^2/n 的正态分布, 即 $\overline{X} \sim N(\mu, \sigma^2/n)$. 当总体方差 σ^2 已知时, 建立置信区间所用的统计量是 z 统计量

$$z = \frac{\overline{X} - \mu}{\sigma/\sqrt{n}} \sim N(0, 1).$$

根据前面置信区间的定义, 对于给定的显著性水平 α, 可以构造均值 μ 的置信区间如下:

$$P\{-z_{\alpha/2} \leqslant z \leqslant z_{\alpha/2}\} = 1 - \alpha,$$

即

$$P\left\{-z_{\alpha/2} \leqslant \frac{\overline{X} - \mu}{\sigma/\sqrt{n}} \leqslant z_{\alpha/2}\right\} = 1 - \alpha.$$

从而有

$$P\left\{\overline{X} - z_{\alpha/2}\frac{\sigma}{\sqrt{n}} \leqslant z \leqslant \overline{X} + z_{\alpha/2}\frac{\sigma}{\sqrt{n}}\right\} = 1 - \alpha,$$

即在给定显著性水平 α 下, 总体均值 μ 在 $1 - \alpha$ 的置信水平下的置信区间为

$$\left[\overline{X} - z_{\alpha/2}\frac{\sigma}{\sqrt{n}}, \overline{X} + z_{\alpha/2}\frac{\sigma}{\sqrt{n}}\right],$$

其中, 临界值 $z_{\alpha/2}$ 为标准正态分布的上侧 $\alpha/2$ 分位数, 它可以通过查正态分布表得到.

例 3.2.9 某企业生产一批电子元件, 为测量估计该批产品的平均耐用时间, 从该批产品中采用重复抽样的方法抽取了 250 个元件, 测量并计算出样本的平均耐用时间为 6500h. 已知该企业生产的电子元件服从正态分布, 总体标准差为 150h, 现要求以 95% 为置信度, 构造该批电子元件的平均耐用时间的置信区间.

解 本题中, 已知总体数据服从正态分布, 总体方差已知, 置信度为 95% 时, 置信区间由

$$\overline{X} \pm z_{\alpha/2}\frac{\sigma}{\sqrt{n}} = 6500 \pm 1.96 \times \frac{150}{\sqrt{250}} = 6500 \pm 18.6$$

确定. 由此可知, 该批电子元件的耐用时间为 $6481.4 \sim 6518.6$h.

(2) **总体方差** σ^2 **未知时总体均值** μ **的置信区间.**

当总体服从正态分布, 但总体方差 σ^2 未知时, 而且在小样本 $(n < 30)$ 条件下, 要用样本方差 S_{n-1}^2 代替 σ^2 来建立置信区间. 这时, 新的统计量

$$t = \frac{\overline{X} - \mu}{S_{n-1}/\sqrt{n}}$$

不再服从标准正态分布, 而是服从自由度为 $n - 1$ 的 t 分布. 此时, 要利用 t 统计量来构造总体均值 μ 的置信区间:

$$\left[\overline{X} - t_{\alpha/2}\frac{S_{n-1}}{\sqrt{n}}, \overline{X} + t_{\alpha/2}\frac{S_{n-1}}{\sqrt{n}}\right],$$

其中, 临界值 $t_{\alpha/2}$ 为 t 分布的上侧 $\alpha/2$ 分位数, 在给定显著水平 α 及自由度时, 可查 t 分布表获得.

例 3.2.10　某电子元件厂要估计新型产品的平均使用寿命, 在生产线上随机抽取了 9 个元件并进行了测试, 取得了下面的数据 (单位: h):

$$5100, \quad 5100, \quad 5400, \quad 5260, \quad 5400, \quad 5100, \quad 5320, \quad 5180, \quad 4940.$$

假设产品使用寿命服从正态分布, 要求以 95% 的置信估计这种新产品的平均使用寿命的置信区间.

解　根据题目的已知信息得知, 虽然总体服从正态分布, 但总体方差 σ^2 未知, $n = 9$ 为小样本. 宜运用 t 统计量估计. 经计算可得: 样本均值 $\overline{X} = 5200$, 样本标准差 $S = 156.5$. 在置信度 95% 的要求下, $t_{\alpha/2}(9-1) = 2.306$, 则置信区间 (单位: h) 为

$$\left[\overline{X} - t_{\alpha/2} \frac{S}{\sqrt{n}}, \ \overline{X} + t_{\alpha/2} \frac{S}{\sqrt{n}} \right]$$

$$= \left[5200 - 2.306 \times \frac{156.5}{9}, \ 5200 + 2.306 \times \frac{156.5}{9} \right] = [5079, 5320].$$

2. 总体成数的区间估计

在实践中, 有许多情况要对总体成数进行估计. 例如, 通过样本合格品率估计总体的合格品率; 通过样本的支持率估计总体的支持率, 等等, 这些都属于成数的估计问题. 以下用 P 表示总体成数; p 表示样本成数. 对总体成数进行估计, 就是用 p 去估计 P.

(1) 一个总体成数的置信区间.

我们可以证明, 在大样本下, 若 $np > 5$, $n(1-p) > 5$, 则可以把成数 (二项分布) 问题转化为正态分布问题近似地去求解, 即有

$$p \text{近似服从} N(P, P(1-P)/n),$$

也就是说, 样本成数 p 近似服从期望值 P, 方差为 $P(1-P)/n$ 的正态分布. 因而, 可以用 z 统计量

$$z = \frac{p - P}{\sqrt{P(1-P)/n}} \sim N(0, 1)$$

来构造总体成数 P 的置信区间.

在估计 P 时, 由于 P 未知, 因此上述 z 统计量中用样本成数 p 代替 P 计算估计量的标准误差. 在 $1 - \alpha$ 的置信水平下, 总体成数 P 的置信区间为

$$\left[p - z_{\alpha/2} \sqrt{p(1-p)/n}, p + z_{\alpha/2} \sqrt{p(1-p)/n} \right].$$

例 3.2.11 某企业在一项关于寻找职工流动原因的研究中, 研究者从该企业离职职工的总体中随机抽取了 200 人组成一个样本. 在对他们进行访问时, 有 140 人说他们离开该企业是由于同他们的管理人员不能融洽相处. 试求基于这种原因而离开该企业的人员的真正比例构成 95% 的置信区间.

解 已知 $n = 200$, $p = 0.7$, $np = 140 > 5$, $n(1-p) = 60 > 5$.

当 $\alpha = 0.05$ 时, $z_{\alpha/2} = 1.96$, 有

$$\left[p - z_{\alpha/2}\sqrt{p(1-p)/n},\ p + z_{\alpha/2}\sqrt{p(1-p)/n} \right]$$
$$= \left[0.7 - 1.96\sqrt{0.7 \times 0.3/200},\ 0.7 + 1.96\sqrt{0.7 \times 0.3/200} \right]$$
$$= [0.636,\ 0.764].$$

由此可见, 该企业职工由于同他们的管理人员不能融洽相处而离开的比例为 $63.6\% \sim 76.4\%$.

(2) **两个总体成数之差的置信区间.**

在社会经济问题的研究中, 我们常常需要对两个总体成数之差进行了解. 例如, 对两大企业、两个社会经济团体的某个经济指标的比例进行比较等.

设两个总体的成数分别为 P_1 和 P_2, 为了估计 $P_1 - P_2$, 分别从两个总体中各随机抽取容量为 n_1 和 n_2 的两个随机样本, 并计算两个样本中的成数 p_1 和 p_2. 这样就可以按通常的方式构造一个区间估计值. 可以证明, 当 n_1 和 n_2 都很大, 而且总体成数不太接近 0 或 1 时, $p_1 - p_2$ 的抽样分布近似服从正态分布, 且

$$\mu = P_1 - P_2, \quad \sigma = \sqrt{P_1(1-P_1)/n_1 + P_2(1-P_2)/n_2},$$

从而 $P_1 - P_2$ 的置信度为 $1 - \alpha$ 的置信区间由

$$(p_1 - p_2) \pm z_{\alpha/2}\sqrt{P_1(1-P_1)/n_1 + P_2(1-P_2)/n_2}$$

确定. 但由于 P_1, P_2 均未知, 故上述区间中的 P_1 和 P_2 需要用 p_1 和 p_2 代替, 此时, $p_1 - p_2$ 的置信度为 $1 - \alpha$ 的近似置信区间由

$$(p_1 - p_2) \pm z_{\alpha/2}\sqrt{P_1(1-P_1)/n_1 + P_2(1-P_2)/n_2}$$

确定.

例 3.2.12 为了分析新职工和老职工在生产产品质量方面的差异, 分别在新职工和老职工中随机抽取了 200 件产品和 220 件产品, 经检测得到新职工产品的非优等品率为 15%, 而老职工产品的非优等品率为 3%, 试在 95% 的置信度下, 估计新老职工产品质量差异的置信区间.

解 根据已知条件: $n_1 = 200$, $n_2 = 220$; $p_1 = 15\%$, $p_2 = 3\%$; 置信度 95% 时, $z_{\alpha/2} = 1.96$.

两个总体比例之差的置信区间由

$$(p_1 - p_2) \pm z_{\alpha/2}\sqrt{P_1(1-P_1)/n_1 + P_2(1-P_2)/n_2}$$
$$=(0.15 - 0.03) \pm 1.96 \pm \sqrt{0.15 \times 0.85/200 + 0.03 \times 0.97/220}$$
$$=0.12 \pm 0.053$$

确定, 由此可得新老职工产品非优等品率之差的 95% 的置信区间是 $(6.7\%, 17.3\%)$, 说明老职工生产的产品质量明显好于新职工生产的产品质量.

3.2.4 样本容量的确定

实践中, 要进行总体参数的估计, 首先要解决抽取多少样本的问题. 如果使用一个比需要大的样本, 就会产生浪费; 反之, 如果样本太小, 又会使估计的误差太大或置信度太低.

样本容量的大小主要取决于两个方面:

(1) 精度有多高, 就是希望估计值与真值接近到什么程度, 即想构造多宽的区间;

(2) 置信度要多大, 即想要多大的可靠程度.

1. 估计总体均值时样本容量的确定

总体均值的置信区间由样本均值和估计误差两部分组成. 在重复抽样或无限总体抽样条件下, 估计误差为 $\Delta = z_{\alpha/2}\sigma/\sqrt{n}$, $z_{\alpha/2}$ 的值和样本量 n 共同确定了估计误差的大小, 一旦确定置信度 $1-\alpha$, $z_{\alpha/2}$ 的值也就确定了. 对于给定的 $z_{\alpha/2}$ 的值和总体标准差 σ, 可以确定任一允许的估计误差所需的样本容量, 其计算公式是

$$n = z_{\alpha/2}^2 \sigma^2 / \Delta^2.$$

从上式中可以看到必要的样本容量 n 与允许误差、可靠性系数、总体标准差有以下关系:

(1) 总体方差越大, 必要的样本容量 n 越大, 即必要样本容量 n 与总体方差成正比.

(2) 必要的样本容量 n 反比例于允许误差 Δ^2, 即在给定置信水平下, 允许误差越大, 样本容量就越小; 允许误差越小, 样本容量就越大.

(3) 必要的样本容量 n 与可靠性系数成正比. 也就是说, 要求的可靠程度越高, 样本容量就应该越大; 要求的可靠程度越低, 样本容量就应该越小.

例 3.2.13 欲估计某校大学本科毕业生毕业后的起薪水平, 打算进行一次随机抽样调查. 现根据过去经验得知起薪水平的标准差大约为 600 元, 要求在 95% 的置信水平下进行估计, 且允许误差不超过 200 元, 试确定样本容量.

解 根据已知条件, 知 $\sigma = 600$ 元, $\Delta = 200$ 元, $z_{\alpha/2} = 1.96$, 利用样本容量的计算公式:

$$n = z_{\alpha/2}^2 \frac{\sigma^2}{\Delta^2} = 1.96^2 \times \frac{600^2}{200^2} \approx 35,$$

即应至少随机抽取 35 人进行调查.

评注 上述样本容量的确定是在重复抽样的条件下. 当我们采用不重复抽样时:

$$\Delta = z_{\alpha/2} \frac{\sigma}{\sqrt{n}} \sqrt{\frac{N-n}{N-1}},$$

从而得到的样本容量为

$$n = \frac{N z_{\alpha/2}^2 \sigma^2}{(N-1)\Delta^2 + z_{\alpha/2}^2 \sigma^2}.$$

例 3.2.13 中, 若已知该校某年毕业生人数 2000 人, 采用不重复抽样, 则应抽取的人数为

$$n = \frac{N z_{\alpha/2}^2 \sigma^2}{(N-1)\Delta^2 + z_{\alpha/2}^2 \sigma^2} = \frac{2000 \times 1.96^2 \times 600^2}{(2000-1) \times 200^2 + 1.96^2 \times 600^2} = 34,$$

即采用不重复抽样时, 应至少随机抽取 34 人进行调查.

2. 估计总体比例时样本容量的确定

在重复抽样或无限总体抽样条件下, 总体比例置信区间的估计误差为

$$\Delta = z_{\alpha/2} \sqrt{P(1-P)/n}.$$

可以看到, $z_{\alpha/2}$、总体比例 P 和样本量共同决定了估计误差的大小. 由于总体比例是固定的, 所以, 估计误差由样本量来确定, 样本量越大, 估计误差越小, 估计的精度越好. 从估计误差的角度, 可以推导出估计总体比例时所需要的样本容量, 其计算公式为

$$n = (z_{\alpha/2})^2 p(1-p)/\Delta^2.$$

确定样本容量时, 如果总体比例 P 未知时, 可以用类似的样本比例来代替, 也可以用试调查的结果, 即选择一个初始样本, 以该样本的比例作为 P 的估计值. 当 P 无法知道时, 也可以取使 $P(1-P)$ 达到最大值的 P, 即 $P = 0.5$.

例 3.2.14 一家市场调研公司想估计某地区有彩色电视机的家庭所占的比例. 该公司希望对 ρ 的估计误差不超过 0.05, 要求可靠程度为 95%, 应取多大容量的样本? 没有可以利用的 P 估计量.

解 对于服从二项分布的随机变量, 当 $P = 0.5$ 时, 其方差达到最大值. 因此, 在无法得到 P 值时, 可以用 $P = 0.5$ 计算. 这样得出的必要样本容量虽然可能比实际需要的容量大一些, 但是可以充分保证有足够高的置信水平和尽可能小的置信区间.

已知 $\alpha = 0.05$, $z_{\alpha/2} = 1.96$, $\Delta = 0.05$. 由于 P 的估计值未知, 我们可以采用 $P = 0.5$, 计算必要的样本容量

$$n = z_{\alpha/2}^2 \frac{P(1-P)}{\Delta^2} \approx \frac{(1.96)^2(0.5)(1-0.5)}{(0.05)^2} = 385.$$

故为了以 95% 的置信度, 保证估计误差不超过 0.05, 应取 385 户进行调查.

3.3 假设检验

本节简单介绍假设检验的基本原理及其思想方法、总体平均数与总体比率的假设检验理论及其应用、假设检验与区间估计的关系, 最后简单介绍 P-值检验方法.

3.3.1 假设检验概述

1. 何谓假设检验?

不妨先阅读一则题为 "路边苦李" 的传统故事:

我国古代魏晋时期有一神童, 名叫王戎. 一天, 王戎与村里的孩子跑到村外去玩. 大家边走边说笑, 不知不觉已经来到了离村子很远的地方了. 有个孩子说: "我现在又累又渴, 秋天果子多, 若能碰到野果子就好了." 经这孩子一提醒, 大家都感到累了、渴了、饿了. 于是, 他们放慢了脚步, 将目光集中在道路两旁的各种树上. 只有王戎一个人发愣地说: "这里不可能会有好吃的果子的, 我们还是回去吧." 不过, 孩子们根本不理会王戎的话, 他们还是不停地向前走着. 忽然, 他们发现前面不远的路边, 长着一棵李子树, 树上长满了鲜润的李子, 诱人极了.

孩子们等不及跑到李子树下, 争着爬上树去. 只有王戎在后面慢慢走着, 来到李子树前, 他既不捡掉在地上的李子, 也不爬上树去摘李子. "上来嘛, 你傻站着干什么嘛?" 孩子们在树上兴奋地招呼他. 王戎摇摇头说: "我不上去, 这树上的李子全是苦的."

此时, 只见树上和地上的孩子都大口吃着李子. "哇!" 大家不约而同地吐了出来. "真的, 真的太苦了! 王戎, 你吃过吗, 你怎么知道这些李子是苦的?" 孩子们连

声问道. 王戎不慌不忙地说: "你们想想看, 这棵李子树就长在路旁, 每天来来往往的行人很多. 如果树上结的李子不是苦的, 那不是早就该被人摘光了吗?" 孩子们听了王戎的话, 信服地点点头, 沮丧地扔掉手里和吐掉了嘴里的李子.

在这个故事中, 王戎推理论证的思想方法就是数学中经常运用的反证法的思想. 王戎从假设 "李子是甜的能吃" 出发, 由 "树在路边" 推出 "李子早就被过路人摘完了", 与 "树上还有许多李子" 的事实矛盾. 矛盾产生的根源就在于原假设 "李子是甜的能吃" 是错的, 从而得出 "李子不是甜的, 是苦的", 即 "路边苦李" 的结论. 其实, 这就是统计假设检验的基本思想.

假设检验是统计推断的另一项重要组成部分, 它是参数估计的延续, 是对参数估计在统计上的验证与补充. 更直白地说, 如果参数估计是 "猜测", 那么假设检验就是对这种猜测是否是靠谱进行 "判断". 更详细地说, 假设检验首先对考察总体的分布形式或总体的某些未知参数事先作出某些假设, 然后根据检验对象构造合适的检验统计量并经过数理统计分析, 确定在假设下该检验统计量的抽样分布; 在给定的显著性水平下, 从抽样分布中得出鉴别对原先假设的拒绝域和接受域的临界值; 之后由所抽取的样本资料计算样本统计量, 并将样本统计量与临界统计量进行比较, 从而对所提出的原假设作出统计判断: 是接受还是拒绝原假设, 也就是从样本中所蕴涵的信息对总体情况进行判断.

假设检验的基本思想是依据概率论中的小概率原理, 应用概率反证法 (不同于数学中的反证法), 通过观察样本出现的事件是否属于小概率事件来判别关于总体假设的真伪. 所谓小概率原理, 就是认为小概率发生的随机事件在一次试验中几乎不可能发生; 如果真的发生了, 那么关于这个事件的说法 (即假设) 就值得怀疑. 例如, 厂商声称, 他们厂的产品合格率很高, 可以达到 99.9%, 如果厂商所讲的是真的, 即他们厂的产品合格率的确是 99.9%, 根据小概率原理, 随机抽取 1 件产品就是次品的情况几乎不可能发生. 但是, 如果这种情况确实发生了, 随机抽取的 1 件产品就是次品, 那么我们就有理由拒绝厂商的说法, 不认为他们的产品合格率能够达到 99.9%, 或者说其次品率不只 0.1%. 这就是概率反证法的典型应用.

当然, 在假设检验中应用概率反证法具有概率的性质, 它只是认为小概率事件几乎不可能发生, 而非绝对不可能发生. 发生的概率虽然很小, 但也不是完全没有可能. 因此, 应用概率反证法得出某种结果带有一定的风险. 例如, 随机抽取 1 件产品是次品的概率很小, 但也存在 0.1% 的可能性, 而当我们拒绝厂商的说法时, 存在着 0.1% 的犯错误的可能性.

2. 如何确定原假设和备择假设?

在假设检验中, 首先需要提出两种假设, 即原假设和备择假设.

通常将研究者通过检验希望予以反对的假设称为原假设(null hypothesis), 是被检验的假设或称零假设, 用 H_0 表示; 而将研究者通过检验希望支持的假设称为 **备择假设**(alternative hypothesis), 或称为研究假设, 用 H_1 表示, 它是在原假设被拒绝时予以支持的假设.

原假设认为总体参数没有变化或变量之间没有关系, 而备择假设认为总体参数发生了变化或变量之间有某种关系, 两者是一个对立的完备事件组. 备择假设通常是用于支持研究者的看法, 比较清楚, 容易确定, 所以在建立假设时, 通常是先确定备择假设, 然后再确定原假设, 只要与备择假设对立即可.

现在举一个简单的例子. 假设要检验一批新进口的薄钢板是否符合平均厚度为 5mm 的规定. 那么就是假设这批货 (总体) 的平均厚度 (μ) 是 5mm. 然后从这批货中按随机抽样的方法抽取样本并计算样本的平均厚度, 以此来检验所做假设的正确性. 这个需要被检验、被证实的原假设可记为 $H_0 : \mu = 5\text{mm}$, 即原假设为总体平均厚度等于 5mm. 其备择假设就是 $H_1 : \mu \neq 5\text{mm}$, 即这批货平均厚度不等于 5mm. 就对总体平均数的假设而言有三种情况:

$$H_0 : \mu = \mu_0; \quad H_1 : \mu \neq \mu_0.$$

$$H_0 : \mu \geqslant \mu_0; \quad H_1 : \mu < \mu_0.$$

$$H_0 : \mu \leqslant \mu_0; \quad H_1 : \mu > \mu_0.$$

在假设检验问题中, 区分零假设和备择假设是非常重要的. 由于零假设是作为检验的前提而提出来的, 因此, 零假设通常应该是受到保护的, 没有充足的证据是不能被拒绝的. 而备择假设只有当零假设被拒绝后, 才能被接受, 这就决定了零假设与备择假设不是处于对等的地位.

或者可以反过来说, 备择假设可能是我们真正感兴趣的, 接受备择假设可能意味着得到有某种特别意义的结论, 或意味着采取某种重要决断. 因此对备择假设应持慎重态度, 没有充足的证据不能轻易接受.

例如, 假定某厂家过去的声誉很好, 现在要对它生产的一批产品进行质量检测, 以判定这批产品是否合格. 由于这个厂家过去的声誉很好, 如果没有充足的证据就轻易地断定这批产品不合格, 可能对厂家和商家两方都没有好处. 所以, 在这种情形下应设零假设为 "这批产品合格", 只有在抽样检测中抽到相当多的次品时才能拒绝这个假设.

又如, 要检验一种新的药品是否优于原来的药品, 如果原来的药品已经长期使用并被证明是有效的, 那么一种并不特别有效的新药投放市场不仅不会给患者带来多少好处, 反而可能造成一些不良效果, 如未发现的副作用及患者的抉择困难等. 因此, 在进行临床试验时通常取零假设为: "新药不优于旧药," 相应的备择假设是

"新药优于旧药". 只有当试验结果提供充分的证据证明新药的效果显著地优于旧药时, 才能拒绝零假设, 接受备择假设, 即接受新药.

因此, 在实际问题中, 若要决定新提出的方法 (新材料、新工艺、新配方等) 是否比原方法好, 则在为此而进行的假设检验中, 往往将原方法没有比新方法差取作零假设 H_0, 而将新方法优于原方法取为备择假设 H_1.

如果我们只提出一个假设, 且统计检验的目的仅仅是为了判别这个假设是否成立, 而并不同时研究其他假设, 此时直接取假设为零假设 H_0 即可.

后面将有实例说明交换零假设与备择假设可能会得出截然相反的检验结论.

3. 在假设检验中会犯哪两种类型的错误?

假设检验是根据小概率原理来判断的, 因此, 有可能会判断错误. 因为在原假设为真的情况下, 有些 (只是很少) 样本统计量的估计值会落入小概率的拒绝域内, 而按决策规则就要加以拒绝. 另外, 在原假设非真的情况下, 也有可能有一些统计量的估计值落入接受域的范围之内而没有充分的理由拒绝原假设. 因此, 可以把这些情况归结为两类错误.

当原假设为正确时拒绝原假设, 所犯的错误称为第一类错误 (type I error), 又称弃真错误或假阳性错误. 犯第一类错误的概率通常记为 α; 当原假设为错误时没有拒绝原假设, 所犯的错误称为第二类错误 (type II error), 简称纳伪错误或假阴性错误, 犯第二类错误的概率通常记为 β. 假设检验中的结论及其后果有以下 4 种情况, 见表 3.3.1.

表 3.3.1　假设检验的结论与后果

决策结果	实际情况	
	H_0 正确	H_0 不正确
未拒绝 H_0	正确决策	第二类错误 β
拒绝 H_0	第一类错误 α	正确决策

需要注意的是, 只有当原假设被拒绝时, 才会犯第一类错误; 只有当原假设未拒绝时, 才会犯第二类错误. 因此, 可以不犯第一类错误或不犯第二类错误, 但难以保证两类错误都不犯. 两类错误就像一个跷跷板, 此起彼伏. 研究者自然希望犯两类错误的概率都尽可能小, 但实际上难以做到, 要使 α 和 β 同时减小的唯一办法是增加样本容量. 但样本容量的增加又会受许多因素的限制, 所以人们只能在两类错误的发生概率之间进行平衡, 以使 α 与 β 控制在能够接受的范围内.

至于假设检验中先控制哪类错误, 一般来说, 发生哪一类错误的后果更为严重, 就应该首要控制哪类错误发生的概率. 由于犯第一类错误的概率是可以由研究者控制的, 而且后果相对更严重 (如法官判案一例中, 第一类错误意味着将无罪人判为有罪, 使好人蒙冤), 所以在假设检验中, 人们往往先控制第一类错误的发生概率.

4. 何谓显著性检验和显著性水平?

在统计假设的检验中, 由于样本的随机性, 使得犯两类错误是不可避免的. 由上面的例子我们看到, 想求出犯第二类错误的概率 β, 需要知道 H_0 不真时参数的真实取值以及相应统计量的概率分布, 只有对简单的假设及总体服从常见分布的情况, β 才可以较容易地求得; 但对于备择假设是复合假设 (如 $H_1 : \mu > \mu_1$, $H_1 : \mu \neq \mu_1$ 等) 的情况, β 一般是未知参数的函数, 由于相应统计量的分布一般很难求得, 因而一般很难得到 β 的明确的表达式. 但是对于犯第一类错误的概率 α, 可通过适当选择检验的拒绝域来进行调整. 因此, 在实际应用中, 当样本容量给定时, 我们一般只是对犯第一类错误的概率加以控制, 使它小于或等于事先给定的水平 α_0, 我们称此水平为显著性水平. 这种只对犯第一类错误的概率加以控制, 而不考虑犯第二类错误的概率的统计检验问题, 我们称为显著性检验问题.

检验的结果是接受零假设还是接受备择假设与检验的显著水平 α_0(通常仍记为 α) 有关. 如果 α 取很小, 则拒绝域也会较小, 其产生的后果是零假设 H_0 难以被拒绝. 因此, 限制显著水平的原则体现了 "保护零假设" 的原则, 显著水平 α 的值越小, 对零假设的 "保护" 程度就越大. 反之, α 的值越大, 对零假设的 "保护" 程度就越小. 一般说来, 应 "保护" 零假设, 不能轻易否定, 所以一般控制 α 的值不宜过大, 通常取 $\alpha = 0.05, 0.01$ 等.

但在实际应用中, 应视实际问题的背景和要求以及错误地拒绝或接受 H_0 造成的不利影响等情况而定, 同时应注意到在样本容量给定时, 当 α 较大时, 犯 "弃真" 错误的概率就较大, 当 α 较小时, 犯 "纳伪" 错误的概率就较大. 总之, 当 α 很小时, 若 H_0 仍被拒绝, 则就相信 H_0 确实不真; 当 α 很小而 H_0 被接受时, 则只是承认在所给水平下拒绝 H_0 的理由尚不充分, 而非表示我们确实相信 H_0.

5. 如何选择检验统计量? 如何确定拒绝域?

假设检验是依据样本信息给出拒绝或不拒绝原假设的结论的, 根据样本观测结果计算得到的, 并据以对原假设和备择假设作出决策的某个样本统计量, 称为检验统计量 (test statistic).

检验统计量实际上是总体参数的点估计量 (如样本均值 $\bar{x}$ 就是总体均值 μ 的一个点估计量), 但点估计量并不能直接作为检验的统计量, 必须将其标准化, 才能用于度量它与原假设的参数值之间的差异程度. 标准化检验统计量(standardized test statistic) 反映了点估计量 (如样本均值) 与假设的总体参数 (如假设的总体均值) 相比差多少个标准差. 对于总体均值和总体比例的检验, 标准化的检验统计量

可表示为

$$标准化检验统计量 = \frac{点估计量 - 假设值}{点估计量的抽样标准差}.$$

检验统计量是一个随机变量, 随着样本观测结果的不同它的具体数值也是不同的, 但只要已知一组特定的样本观测结果, 检验统计量的值也就唯一确定了. 假设检验的基本原理就是根据检验统计量建立一个准则, 依据这个准则和计算得到的检验统计量值, 研究者就可以决定是否拒绝原假设. 但统计量的哪些值将导致拒绝原假设而倾向于备择假设, 这就需要找出能够拒绝原假设的统计量的所有可能取值, 这些取值的集合则称为拒绝域.

要理解拒绝域的概念, 我们还要知道临界值的概念. 根据给定的显著性水平确定的拒绝域的边界值, 称为临界值 (critical value). 在给定显著性水平 α 后, 可通过查相应的统计分布表得到具体的临界值. 临界值在原假设为真的情况下将抽样所有可能结果组成的样本空间划分为两部分: 一部分为超出了一定界限, 表示当原假设为真时小概率事件的出现, 如果利用样本观测结果计算出来的检验统计量的具体数值落在了这一区域内, 我们将拒绝原假设, 拒绝域 (rejection region) 就是由显著性水平 α 和相应的临界值所围成的区域, 否则就不拒绝原假设.

在给定显著性水平 α 条件下, 拒绝域和临界值可用图 3.3.1 来表示.

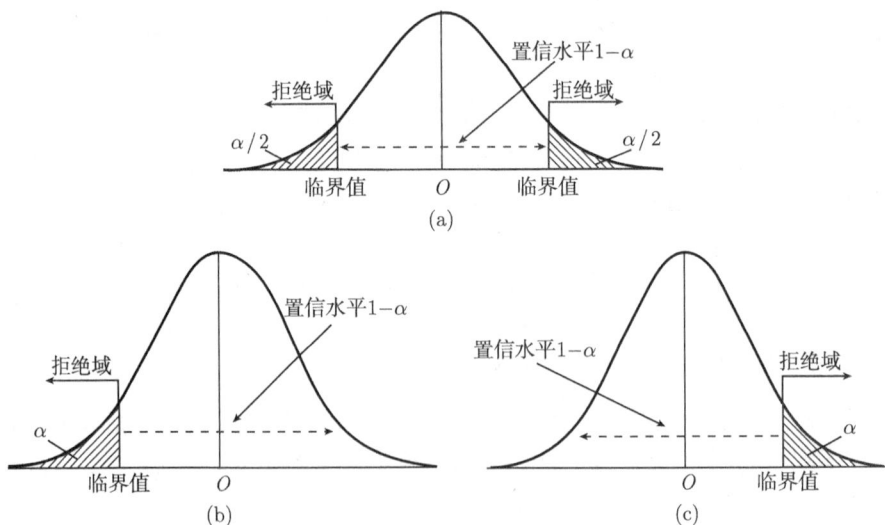

图 3.3.1 拒绝域和临界值

拒绝域的大小与人们事先选定的显著性水平有一定的关系. 将检验统计量的值与临界值进行比较, 就可作出拒绝或不拒绝原假设的决策. 拒绝域的位置则取决于检验是单侧检验还是双侧检验. 双侧检验的拒绝域在抽样分布的两侧 (所以称为双侧检验), 如图 3.3.1(a) 所示; 而单侧检验中, 如果备择假设具有符号 "<", 拒绝域位于抽样分布的左侧, 故称为左侧检验, 如图 3.3.1(b) 所示; 如果备择假设具有符号 ">", 拒绝域位于抽样分布的右侧, 故称为右侧检验, 如图 3.3.2(c) 所示.

从图 3.3.1 可以得出利用统计量进行检验时的决策准则:

(1) 双侧检验: | 统计量的值 | > 临界值, 拒绝原假设.

(2) 左侧检验: 统计量的值 < − 临界值, 拒绝原假设.

(3) 右侧检验: 统计量的值 > 临界值, 拒绝原假设.

专题介绍 陪审团如何判定被告是否有罪?

生活中存在大量的非统计应用的假设检验, 一个众所周知的例子就是对罪犯的审讯. 当一个人被告为罪犯时, 他将面临审讯. 原告提出控诉后, 陪审团必须根据证据作出决策. 事实上, 陪审团就进行了假设检验.

这里有两个要被证明的假设. 第一个称为原假设, 以 H_0 表示: 被告无罪; 第二个假设称为备择假设, 以 H_1 表示: 被告有罪. 当然, 陪审团不知道哪个假设是正确的, 他们根据控方与辩方所提供的证据作出判断. 这里只有两种可能的结果: 判定被告有罪或无罪释放. 在统计应用中, 判定被告有罪就相当于拒绝原假设, 而判定被告无罪也就相当于不能拒绝原假设.

应当注意, 我们并不能接受原假设. 在罪犯审判中, 接受原假设意味着发现被告无罪. 在司法系统中, 并不允许这样的判定. 当我们进行假设检验时, 存在两种可能的错误. 第一类错误就是一个无罪的人被判定有罪. 而当一个有罪的被告被判定无罪时, 第二类错误就发生了. 任何尝试减少某一类错误的方法都会使另外一类错误发生的概率增加. 在司法系统中, 第一类错误被认为是更加严重的. 这样, 我们的司法系统的构建就要求第一类错误发生的概率要很小. 要达到这样的结果, 往往会对起诉证据进行限制 (原告必须证明罪犯有罪, 而被告则不需要证明什么), 同时要求陪审团只在具有 "远非想象的证据" 时才能判定被告有罪. 在缺少大量证据的情况下, 尽管有一些犯罪证明, 陪审团也必须判定其无罪.

这样的安排必然使有罪的人被判无罪的概率比较大. 美国最高法院法官奥利弗·温德尔·霍姆斯 (Oliver Wendell Holmes) 曾经用下面一段话描述了第一类错误发生的概率与第二类错误发生概率之间的关系. 他说, "判定 100 个有罪的人无罪, 要比判 1 个无罪的人有罪好得多". 在霍姆斯看来, 发生第一类错误的概率应该是第二类错误的 1/100.

3.3.2 总体均值的检验

我们已经知道, 在假设检验中, 正确构造检验统计量十分重要, 由于检验的参数不同, 检验统计量的构造方法则有所不同. 构造什么样的统计量受到总体分布状态、样本容量、总体方差是否已知这几个因素的影响. 用于总体均值和比例的检验

统计量主要有 z 统计量和 t 统计量. 根据中心极限定理可知, 无论总体服从何种分布, 当样本容量足够大时 (一般为 $n \geqslant 30$), 样本均值 $\overline{x}$ 的抽样分布近似服从正态分布, 即可采用 z 统计量检验, 如果样本容量小于 30, 则需根据总体方差是否已知决定采用 z 统计量或 t 统计量. 可见, 样本容量的大小是构造统计量的重要因素, 我们分别来考察大小样本情况下, 假设检验的具体应用.

1. 大样本总体均值的检验

根据抽样分布的知识, 在大样本情况下, 样本均值 $\overline{x}$ 渐近服从均值为 μ, 标准差为 $\sigma/\sqrt{n}$ 的正态分布. 将样本均值 $\overline{x}$ 经过标准化后即可得到检验的统计量. 可以证明, 样本均值经标准化后服从标准正态分布, 因而采用正态分布的 z 检验统计量. 设假设的总体均值为 μ_0, 当总体方差 σ^2 已知时, 总体均值检验的统计量为

$$z = \frac{\overline{x} - \mu_0}{\sigma/\sqrt{n}}.$$

当总体方差 σ^2 未知时, 可以用样本方差 s^2 来代替总体方差, 此时总体均值检验的 z 统计量为

$$z = \frac{\overline{x} - \mu_0}{s/\sqrt{n}}.$$

对于双侧检验, 在给定的显著性水平 α 下, 当 $|z| > z_{\alpha/2}$, 拒绝原假设, 否则不拒绝原假设.

例 3.3.1 某汽车生产厂商称其某种型号汽车的排放量指标的平均水平低于 20 个单位. 在抽查了 30 台汽车之后, 得到下面的指标:

$$18.0, 20.7, 18.9, 20.7, 21.4, 18.3, 22.8, 24.2, 24.4, \cdots, 22.1.$$

该样本均值为 21.13, 标准差为 2.1, 现想在 0.01 的显著性水平下, 确认能否由此认为该指标均值超过 20?

解 首先确定原假设和备择假设:

$$H_0: \mu \leqslant 20, \quad H_1: \mu > 20.$$

由于抽取的是大样本, 根据中心极限定理, 样本均值近似服从正态分布, 总体方差未知, 可用样本方差代替, 故可以计算 z 检验统计量:

$$z = \frac{\overline{X} - \mu_0}{S/\sqrt{n}} = \frac{21.13 - 20}{2.1/\sqrt{30}} = 2.94.$$

显著性水平 0.01 时, 查正态分布表, 得到临界值 $z_{0.01} = 2.326$.

由于 $z = 2.94 > z_{0.01} = 2.326$, 落在拒绝域范围内, 故拒绝原假设, 可以认为该型号汽车的排放量指标高于 20 个单位.

例 3.3.2 某种袋装食品采用自动生产线包装, 每袋的重量标准为 250g, 标准差为 5g, 为检验生产线工作是否正常, 质检人员在一批产品中随机抽取了 40 袋食品进行检验, 测得每袋的平均重量为 253g, 取显著性水平 $\alpha = 0.05$, 检验该生产线包装的袋装食品重量是否正常.

解 此问题关心的是重量是否合格, 超过或不足 250g 均不符合要求, 因而属于双侧检验, 提出的原假设和备择假设为

$$H_0 : \mu = 250, \quad H_1 : \mu \neq 250.$$

由于是大样本, 总体方差已知, 故可计算 z 检验统计量:

$$z = \frac{\overline{X} - \mu_0}{\sigma/\sqrt{n}} = \frac{253 - 250}{5/\sqrt{40}} = 3.79.$$

查正态分布表得: $\alpha = 0.05$ 时, $z_{0.05/2} = 1.96$.

因 $z = 3.79 > z_{0.05/2} = 1.96$, 故拒绝原假设, 也就是认为袋装食品的重量不符合标准要求.

2. 小样本总体均值的检验方法

在小样本情况下, 检验统计量的选择与总体是否服从正态分布、总体方差是否已知有着密切联系. 如果无法确定总体是否服从正态分布, 可以考虑将样本容量增大到 30 以上, 然后按大样本的方法进行检验. 当然也可以考虑使用本书以外的其他检验方法, 如非参数符号检验法, 有关非参数检验的内容请参考相关书籍, 而后再依照总体方差是否已知来选择合适的检验统计量.

当已知总体服从正态分布且总体方差 σ^2 已知时, 即使是在小样本情况下, 大样本检验用的 z 检验统计量仍然服从标准正态分布, 因而仍可用 z 检验统计量对总体均值进行检验, 检验的程度与大样本时完全相同. 这里着重介绍小样本情形下总体方差未知时总体均值的检验方法.

对于小样本, 当总体方差 σ^2 未知时, 需要用样本方差 s^2 代替总体方差 σ^2, 此时式

$$z = \frac{\overline{x} - \mu_0}{\sigma/\sqrt{n}}.$$

给出的检验统计量不再服从标准正态分布, 而是服从自由度为 $(n-1)$ 的 t 分布. 因此需要采用 t 分布来检验总体均值, 通常称为 t 检验. t 检验的统计量为

$$t = \frac{\overline{x} - \mu_0}{s/\sqrt{n}}$$

若采用临界值法决策, 拒绝域分别为: 双侧检验时 $|t| > t_{\alpha/2}(n-1)$; 左侧检验时 $t < -t_\alpha(n-1)$; 右侧检验时 $t > t_\alpha(n-1)$.

例 3.3.3 某种零件的长度服从正态分布, 质量要求长度为 120mm, 总体标准差为 5mm, 为检验生产工作是否正常, 质检人员在一批零件中随机抽取了 10 件产品进行了测量, 测量结果为

$$122, \quad 108, \quad 120, \quad 118, \quad 119, \quad 124, \quad 113, \quad 122, \quad 120, \quad 123.$$

现要在显著性水平 $\alpha = 0.05$ 条件下, 检验零件的生产线工作是否正常.

解 根据题意确定原假设和备择假设:

$$H_0 : \mu = 120, \quad H_1 : \mu \neq 120.$$

根据样本数据计算结果得到样本平均数 $\overline{X} = 118.9$.

总体服从正态分布, 且总体方差已知为 5mm, 故可以计算服从标准正态分布的 z 检验统计量:

$$z = \frac{\overline{X} - \mu_0}{\sigma/\sqrt{n}} = \frac{118.9 - 120}{5/\sqrt{10}} = -0.6957,$$

当 $\alpha = 0.05$ 时, $z_{0.05/2} = 1.96$.

由于 $|z| = 0.6957 < z_{0.05/2} = 1.96$, 故不拒绝原假设, 样本提供的证据还不足以推翻原假设, 应认为生产线工作正常.

例 3.3.4 设某饮料灌装机所灌装的饮料容量近似服从正态分布 $N(\mu, 15^2)$, 用随机抽取 9 杯饮料计算的平均容量 $\bar{x}$ 来做周期性检查. 如果 $\bar{x}$ 落于区间 $(191, 209)$ 内, 就认为 $\mu = 200\text{mL}$, 此机器工作正常; 否则认为该机器工作不正常.

(1) 当 $\mu = 200\text{mL}$ 时, 计算犯第一类错误的概率 α;

(2) 当 $\mu = 215\text{mL}$ 时, 计算犯第二类错误的概率 β.

解 记 $n = 9, \mu_0 = 200$, 这是在已知 $\sigma = 15$ 条件下检验假设

$$H_0 : \mu = \mu_0, \quad H_1 : \mu \neq \mu_0$$

的问题. 故采用 z 检验法, 统计量选取为 $z = \dfrac{\overline{X} - \mu_0}{\sigma/\sqrt{n}}$. 依照题知 H_0 接受域为

$$I = \left\{ \frac{191 - 200}{15\sqrt{9}} < z < \frac{209 - 200}{15\sqrt{9}} \right\} = \left\{ -\frac{9}{5} < z < \frac{9}{5} \right\},$$

拒绝域为 $W = \{|z| \geqslant 9/5\}$.

(1) 当 $\mu = 200$ 时, $z \sim N(0, 1)$, 犯第一类错误的概率为

$$\alpha = P\{拒绝 H_0 | H_0 为真\} = 1 - P\{接受 H_0 | H_0 为真\}$$

$$= 1 - P\left\{ -\frac{9}{5} < z < \frac{9}{5} \right\} = 1 - [\Phi(1.8) - \Phi(-1.8)]$$

$$=2\left[1-\varPhi(1.8)\right]\approx 2(1-0.9641)=0.0718.$$

(2) 当 $\mu=215$ 时, $z^{*}=\dfrac{\overline{X}-215}{15/\sqrt{9}}\sim N(0,1)$, 犯第二类错误的概率为

$$\beta=P\left\{接受H_0|\mu=215\right\}=P\left\{191<\overline{X}<209|\mu=215\right\}$$

$$=P\left\{\dfrac{191-215}{15/\sqrt{9}}<z^{*}<\dfrac{209-215}{15/\sqrt{9}}\right\}$$

$$=\varPhi(-1.2)-\varPhi(-4.8)=1-\varPhi(1.2)$$

$$\approx 1-0.8849=0.1151.$$

例 3.3.5 某厂方断言该厂生产的小型电动机在正常负载条件下平均电流不会超过 0.8A, 随机抽取该型号电动机 16 台, 发现其平均电流为 0.92A, 而由该样本求出的标准差是 0.32A, 假定这种电动机的工作电流 X 服从正态分布, 并取显著水平 $\alpha=0.05$, 问根据这一抽样结果, 能否否定厂方断言?

解 本题假定了 $X\sim N(\mu,\sigma^2)$, σ^2 未知. 厂方的断言是 $p\leqslant 0.8$, 如果以此为零假设, 则得假设检验问题:

$$H_0:\ \mu\leqslant 0.8;\quad H_1:\ \mu>0.8.$$

此时, 样本容量 $n=16$, $\overline{x}=0.92$, $s_n=0.32$, $\alpha=0.05$. 由 t 检验法知, 此问题的拒绝域为

$$\overline{X}>0.8+\dfrac{0.32}{\sqrt{16}}t_{0.05}(16-1)=0.8+\dfrac{0.32}{4}\times 1.753\approx 0.94.$$

由于 $\overline{x}=0.92<0.94$, 所以不应当拒绝零假设 H_0, 也就是说, 在所给数据和检验水平下, 没有充分理由否定厂方的断言.

现在如果把厂方所断言的对立面 (即 $\mu>0.8$) 作为零假设, 则得假设检验问题:

$$H_0:\mu>0.8;\quad H_1:\mu\leqslant 0.8.$$

由 t 检验法, 此时的拒绝域为

$$\overline{X}\leqslant 0.8-\dfrac{0.32}{\sqrt{16}}t_{0.05}(15)=0.66.$$

因为观测值 $\overline{x}=0.92>0.66$, 所以应当接受零假设, 即接受厂方断言的对立面.

我们看到, 随着问题提法的不同 (把哪一个断言作为零假设的不同), 得出了截然相反的结论. 这一点可能使一些对统计思想不甚了解的人感到迷惑不解.

点评 正如前面所指出的, 这里有个着眼点不同的问题. 当把 "厂方断言正确" 作为零假设时, 我们是根据该厂以往的表现和信誉, 对其断言已有了较大的信任, 只有很不利于它的观察结果才能改变我们的看法, 因而一般难以拒绝这个断言. 反之, 当把 "厂方断言不正确" 作为零假设时, 我们一开始就对该厂的产品抱怀疑态度, 只有很有利于该厂的结果, 才能改变我们的看法. 因此在所得观察数据并非决定性地偏于一方时, 我们的着眼点决定了所得的结论.

再打一个通俗的比喻: 某人是嫌疑犯, 有些不利于他的证据, 但并非是起决定性作用的. 若我们要求 "只有决定性的不利于他的证据才能判他有罪", 则他将被判为无罪. 反之, 若要 "只有决定性的有利于他的证据才能判他无罪", 则他将被判有罪. 在这里, 也是着眼点的不同决定了看法. 这类事情在日常生活中比比皆是, 原本不足为奇.

3. 总体方差已知的两个总体均值之差的检验

对总体方差已知的正态总体, 若进行两个总体的平均数的大小或之差的双侧检验, 有

$$H_0: \mu_1 = \mu_2, \quad H_1: \mu_1 \neq \mu_2.$$

若进行单侧检验, 有

$$H_0: \mu_1 \leqslant \mu_2, \quad H_1: \mu_1 > \mu_2,$$

或

$$H_0: \mu_1 \geqslant \mu_2, \quad H_1: \mu_1 < \mu_2.$$

检验统计量为

$$z = \frac{(x_1 - x_2) - (\mu_1 - \mu_2)}{\sqrt{\sigma_1^2/n_1 + \sigma_2^2/n_2}}.$$

统计量 z 服从标准正态分布.

例 3.3.6 人造卫星上的某仪器更新, 要求新仪器外形长度与原仪器外形长度相同, 故希望仪器采用的新元件长度尺寸的均值保持在原有水平. 原仪器的元件长度均值为 5.289cm, 标准差为 0.001cm. 现测量了 9 个新元件的长度, 数据如下 (单位: cm):

5.281, 5.286, 5.287, 5.279, 5.285, 5.275, 5.282, 5.287, 5.278.

设元件的长度 $X \sim N(\mu, \sigma^2)$, 问新元件长度均值与原仪器元件长度均值有无显著差别? (取 $\sigma = 0.05$)

解 记 $\mu_0 = 5.289$, 选择原假设和备择假设依次为

$$H_0 : \mu = \mu_0, \quad H_1 : \mu \neq \mu_0.$$

由于 $\sigma^2 = 0.001^2$, 故选择统计量

$$z = \frac{\overline{X} - \mu_0}{\sigma/\sqrt{n}} \sim N(0, 1).$$

经计算 $\overline{x} = 5.282$, $|z| = \left| \dfrac{\overline{x} - \mu_0}{\sigma/\sqrt{n}} \right| = \left| \dfrac{5.282 - 5.280}{0.01/\sqrt{9}} \right| = 2.1$. 查表得 $z_{\alpha/2} =$ $z_{0.025} = 1.96$, 由 $2.1 > 1.96$ 可知应拒绝 H_0, 即认为新元件长度均值与原仪器元件长度均值有显著差别.

4. 方差未知但相等的两个正态总体均值之差检验

当两个总体方差虽然未知但相等时, 对两个正态分布总体平均数之差的检验统计量可取

$$t = \frac{(\overline{x}_1 - \overline{x}_2) - (\mu_1 - \mu_2)}{\sqrt{s_p^2/n_1 + s_p^2/n_2}},$$

其中, $s_p^2 = \dfrac{(n_1 - 1)s_1^2 + (n_2 - 1)s_2^2}{n_1 + n_2 - 2}$ 是两个总体公共方差的估计值.

例 3.3.7 某地区高考负责人想知道能不能说某年来自南方中学考生的平均成绩比来自北方中学考生的平均成绩高. 已知总体服从正态分布且方差大致相同, 由抽样获得如下资料: 南方中学考生: $n_1 = 17$, $\overline{x} = 545$, $s_1 = 50$; 北方中学考生: $n_2 = 15$, $\overline{x} = 495$, $s_2 = 55$.

解 建立假设

$$H_0 : \mu_1 - \mu_2 \leqslant 0, \quad H_1 : \mu_1 - \mu_2 > 0.$$

在两个总体都服从正态分布且方差相等的情况下, 适当的检验统计量为

$$t = \frac{(\overline{x}_1 - \overline{x}_2) - 0}{\sqrt{s_p^2/n_1 + s_p^2/n_2}}.$$

以上统计量服从 $n_1 + n_2 - 2$ 的 t 分布.

$$s_p^2 = \frac{(7-1) \times 50^2 + (15-1) \times 55^2}{17 + 15 - 2} = 2745,$$

$$t = \frac{(545 - 495) - 0}{\sqrt{2745/17 + 2745/15}} = 2.69.$$

本题为右侧检验. $t_\alpha(n_1+n_2-2) = t_{0.05}(30) = 1.70$, 由于 $t > t_\alpha$, 即 $2.69 > 1.70$, 故拒绝 H_0 而接受 H_1, 即某地区高考负责人能说某年来自南方中学考生的平均成绩比来自北方中学考生的平均成绩高.

3.3.3 总体比例的假设检验

总体比例, 也称总体成数. 它是指是非变量总体中具有某种相同特征的个体所占的比例, 这些特征既可以是数值型的, 也可以是品质型的. 通常用字母 π 表示总体比例, 用 p 表示样本比例. 总体比例的检验与上面介绍的总体均值检验基本上是相同的, 区别只在于参数和检验统计量的形式不同. 所以总体均值检验的整个程序都可以作为总体比例检验的参考, 甚至有很多内容可以完全 "照搬". 由于小样本情形下总体比例检验十分复杂, 本节将只考虑大样本情形下的总体比例检验.

1. 单个总体比例的检验

我们已经知道, 当 n 很大, nP 和 $n(1-P)$ 两者都大于 5 时, 二项分布可以用正态分布来逼近. 在 $n/N \leqslant 0.05$ 情形下, 关于单个总体的总体比率假设的检验统计量为

$$z = \frac{p-P}{\sqrt{P(1-P)/n}},$$

其中 P 是假设的概率, $Q = 1-P$, 而 p 则是样本概率, 这个检验统计量近似服从标准正态分布. 如果 n 相对于 N 很大时, 就要用有限总体修正系数 $\sqrt{(N-n)/(N-1)}$ 进行修正.

当然, 也有人用 p 代替 P, 即

$$z = \frac{p-P}{\sqrt{p(1-p)/n}}.$$

这两种方法提供的统计量的值是近似相等的.

例 3.3.8 某企业的产品畅销于国内市场. 根据以往调查, 购买该产品的顾客有 50% 是 40 岁以上的男子. 该企业负责人关心这个比例是否发生了变化 (不论增加还是减少). 于是, 该企业委托了一家咨询机构进行调查, 这家咨询机构从众多的购买者中随机抽选了 400 名进行调查, 结果有 210 名为 40 岁以上的男子. 该厂负责人希望在显著性水平 $\alpha = 0.05$ 下检验 "50% 的顾客是 40 岁以上的男子" 这个假设.

解 由本例题意可知, 这是双侧检验. 建立假设:

$$H_0: P = 50\%, \quad H_1: P \neq 50\%.$$

由于样本容量 $n = 400 > 30$, 且 $P = 400 \times 50\% = 200$, $n(1-P) = 200$, 皆大于 5, 所以可以使用正态分布进行检验. $p = 210/400 = 0.525$. 其检验统计量的数值为

$$z = \frac{p - P}{\sqrt{P(1-P)/n}} = \frac{0.525 - 0.5}{\sqrt{0.5(1-0.5)/400}} = 1,$$

$\alpha = 0.05$, $\pm z_{\alpha/2} = \pm 1.96$. 本例 $z < z_{\alpha/2}$, 即 $1 < 1.96$, 故接受 H_0, 从而该厂负责人可得到如下结论: 购买这种产品的顾客中 40 岁以上的男子所占比例与假设的概率 50% 没有显著的差异.

例 3.3.9 某校去年新生中女生的比例为 40%, 在今年招收的新生中, 随机抽取 100 名进行调查, 发现女生为 49 名. 问今年招收的新生中女生比例是否有所上升?

解 首先建立虚无假设 (用 H_0 表示) 和研究假设 (用 H_1 表示), 即有

$$H_0 : p_0 \leqslant 0.40, \quad H_1 : p_0 > 0.40.$$

选择显著性水平 $\alpha = 0.05$, 查正态分布表得 $z_{0.05} = 1.65$.
然后根据样本数据计算统计值, 得

$$z = \frac{p - p_0}{\sqrt{p_0(1-p_0)/n}} = \frac{0.49 - 0.40}{\sqrt{0.40(1-0.40)/100}} = \frac{0.09}{0.049} \approx 1.84.$$

由于 $|z| = 1.48 > z_{0.05} = 1.65$, 所以拒绝虚无假设, 接受研究假设, 即从总体上说, 今年招收的新生中女生比例比去年有所上升.

例 3.3.10 某会计部门负责人发现开出去的发票中有大量笔误, 而且相信在这些开出去的发票中, 至少包含一个错误的发票占 20% 以上. 在一个由 400 张发票构成的随机样本中, 发现至少包含一个错误的发票有 100 张. 这些数据是否支持这位负责人的看法 ($\alpha = 0.05$)?

解 可建立假设

$$H_0 : P \leqslant 0.20, \quad H_1 : P > 0.20.$$

由于样本容量 $n = 100$, 足够大, 且 nP 和 $n(1-P)$ 皆大于 5, 故可用正态分布近似. $p = 100/400 = 0.25$. 其检验统计量的数值为

$$z = \frac{p - P}{\sqrt{P(1-P)/n}} = \frac{0.25 - 0.20}{\sqrt{0.20 \times (1-0.20)/400}} = 2.5.$$

由于这是右侧检验, $\alpha = 0.05$, $z_\alpha = z_{0.05} = 1.645$, $z > z_\alpha$, 即 $2.5 > 1.645$, 故拒绝原假设 H_0 而接受 H_1, 即这些数据支持了这位负责人的看法.

2. 两个总体比例之差的检验

实际中经常要检验两个总体中具有某一特征单位数的比例之差是否满足某一条件. 此时需要用到两个总体比例之差的检验. 设两个总体都服从二项分布, 两个总体中具有某一特征单位数的比例分别为 P_1, P_2. 从两个总体中分别抽出样本容量为 n_1, n_2 的两个样本, 样本比例分别用 p_1, p_2 表示.

(1) 检验两个总体比例之差为零的假设.

设所要检验的问题的原假设为

$$H_0 : P_1 - P_2 = 0 \ (或 P_1 - P_2 \leqslant 0, P_1 - P_2 \geqslant 0).$$

在原假设成立时, 可以得到两个样本合并后得到的比例估计量,

$$p = \frac{x_1 + x_2}{n_1 + n_2} = \frac{p_1 n_1 + p_2 n_2}{n_1 + n_2},$$

其中 x_1, x_2 分别表示两个样本中具有该特征的单位数.

在大样本条件下, 可以构造 z 统计量进行检验.

$$z = \frac{p_1 - p_2}{\sqrt{p(1-p)(1/n_1 + 1/n_2)}} \sim N(0,1).$$

例 3.3.11 A, B 两家公司属于同一行业, 在一项关于员工是愿意增加基本工资, 还是愿意增加特定福利费的调查中. 分别从 A, B 两公司中抽取 $n_1 = 150$, $n_2 = 200$ 的简单随机样本, 在 A 公司的样本中有 75 人愿意增加基本工资, 在 B 公司的样本中有 103 人愿意增加基本工资. 已知每个公司抽取的样本容量占员工总数的比例都不超过 5%. 试在显著性水平 $\alpha = 0.05$ 下检验这两家公司中愿意增加基本工资的员工所占的比例是否有显著差异?

解 检验这两家公司中愿意增加基本工资的员工所占的比例是否有显著差异, 即检验两个总体比例是否相等. 于是可以建立如下假设 $H_0 : \pi_1 = \pi_2$, $H_1 : \pi_1 \neq \pi_2$,

$$p_1 = 75/150 = 0.5, \quad p_2 = 103/200 = 0.515,$$

$$p = \frac{x_1 + x_2}{n_1 + n_2} = \frac{75 + 103}{150 + 200} = 0.509.$$

由于 n_1, n_2 都较大, 可以用 z 统计量进行检验.

$$z = \frac{p_1 - p_2}{\sqrt{p(1-p)(1/n_1 + 1/n_2)}} = \frac{0.5 - 0.515}{\sqrt{0.509 \times (1/150 + 1/200)}} = -0.278.$$

对于显著性水平 $\alpha = 0.05$, $z_{\alpha/2} = 1.96$, 由于 $|z| < z_{\alpha/2}$, 从而接受原假设, 即认为这两家公司中愿意增加基本工资的员工所占的比例没有显著差异.

(2) 检验两个总体比例之差不为零的假设.

设所要检验的问题的原假设为

$$H_0 : \pi_1 - \pi_2 = \delta \ (\text{或} \pi_1 - \pi_2 \leqslant \delta, \pi_1 - \pi_2 \geqslant \delta),$$

其中 δ 是不等于零的常数.

在大样本条件下, 依旧构造 z 统计量进行检验, 但此时 z 统计量的形式稍有变化.

$$z = \frac{(p_1 - p_2) - (P_1 - P_2)}{\sqrt{p_1(1-p_1)/n_1 + p_2(1-p_2)/n_2}} \sim N(0, 1).$$

例 3.3.12 某公司后勤部门预测员工对公司餐厅伙食的满意度, 男员工的比例至少超过女员工 10%. 现随机抽取 150 名男员工和 150 名女员工进行调查, 发现对公司餐厅伙食持满意态度的男员工有 68 名, 女员工有 54 名. 已知抽取的样本容量占男女员工总数的比例都不超过 5%. 试在 $\alpha = 0.05$ 的显著性水平下检验后勤部门的预测是否准确?

解 设男员工和女员工中持满意态度的比例分别为 π_1, π_2, 依题意, 提出假设:

$$H_0 : \pi_1 - \pi_2 \geqslant 10\%, \quad H_1 : \pi_1 - \pi_2 < 10\%,$$

$$n_1 - n_2 = 150, \quad p_1 = 68/150 = 0.45, \quad p_2 = 54/150 = 0.36, \quad \delta = 10\%,$$

由于 n_1, n_2 都较大, 可以用 z 统计量进行检验.

$$\begin{aligned}
z &= \frac{(p_1 - p_2) - \delta}{\sqrt{p_1(1-p_1)/n_1 + p_2(1-p_2)/n_2}} \\
&= \frac{0.45 - 0.36 - 0.1}{\sqrt{0.45 \times (1 - 0.45)/150 + 0.36 \times (1 - 0.36)/150}} \\
&= -0.177.
\end{aligned}$$

对于显著性水平 $\alpha = 0.05$, $z_\alpha = 1.645$, 由于 $z > -z_{\alpha/2}$, 从而接受原假设, 即认为检验后勤部门的预测是准确的.

3.3.4 假设检验与区间估计的关系

假设检验和区间估计是两种重要的统计推断形式, 初看起来, 二者似乎完全不同, 实际上有一定的联系. 当然, 其结果在解释上也有些差别. 下面举例说明.

1. 利用假设检验可建立区间估计, 反之亦然

这里以正态分布总体期望值的检验和区间估计问题为例给予说明. 设 X_1, $X_2, \cdots, X_n$ 为取自正态分布总体 $N(\mu, \sigma^2)$ 的简单随机样本, 方差 σ^2 未知, 要检验假设

$$H_0 : \mu = \mu_0, \quad H_1 : \mu \neq \mu_0.$$

记 $\overline{X} = \dfrac{1}{n} \sum\limits_{i=1}^{n} X_i, S_n^2 = \dfrac{1}{n-1} \sum\limits_{i=1}^{n} (X_i - \overline{X})^2$. 已知对给定的显著水平 α, 利用 t 检验可得接受域为

$$|\overline{X} - \mu_0| < \frac{S_n}{\sqrt{n}} t_{\alpha/2}(n-1), \qquad \text{①}$$

或改写为

$$\overline{X} - \frac{S_n}{\sqrt{n}} t_{\alpha/2}(n-1) < \mu_0 < \overline{X} + \frac{S_n}{\sqrt{n}} t_{\alpha/2}(n-1). \qquad \text{②}$$

进一步将 μ_0 改写为 μ, 此结果正是正态总体在方差未知时关于均值参数 μ 的置信度为 $1 - \alpha$ 的置信区间 (或区间估计).

反之, 我们先得到在此情况下 μ 的置信度为 $1 - \alpha$ 的区间估计

$$\overline{X} - \frac{S_n}{\sqrt{n}} t_{\alpha/2}(n-1) < \mu < \overline{X} + \frac{S_n}{\sqrt{n}} t_{\alpha/2}(n-1), \qquad \text{③}$$

则将其中的 μ 改为 μ_0, 便可将式③改写为式①的形式, 即得到此情况下关于 $H_0 : \mu = \mu_0$ 的一个接受域, 且显著水平为 α.

这种对应关系在许多其他问题中也存在, 如关于一个或两个正态分布总体的参数的一些假设检验和区间估计问题. 当然, 并非在任何时候, 这样做都行得通. 例 3.3.12 之所以行得通, 其关键在于当把式①写为 μ_0 的不等式时, 正好有一个区间的形式②, 若这一点不成立 (在有些问题中确不成立), 则这种对应关系就无法建立.

2. 假设检验和区间估计的结果在解释上有差别

仍以例 3.3.12 来说明这个问题. 假设我们要同时在显著水平 α 下检验假设 $H_0 : \mu = 0, H_1 : \mu \neq 0$ 及其求 μ 的置信度为 $1 - \alpha$ 的区间估计, 对不同的样本观测值, 以下四种情况均可能出现:

(1) 接受 H_0, 区间估计为 $(-0.01, 0.02)$;

(2) 接受 H_0, 区间估计为 $(-10, 15)$;

(3) 拒绝 H_0, 区间估计为 $(10, 20)$;

(4) 拒绝 H_0, 区间估计为 $(0.001, 0.002)$.

对于 (1), 按假设检验法, 应接受 $\mu = 0$; 按区间估计法, μ 能取的值均很接近于 0, 这两者的解释是一致的.

对于 (2), 按假设检验, 应接受 $\mu = 0$; 按区间估计, 这个区间包含 0, 即 0 是 μ 的一个可能的值, 在这一点上与假设检验的结论一致. 但细看该区间, μ 最大可取到接近于 15 的值, 最小可取到接近于 -10 的值, 这中间哪个值都可能. 因此, 从区间估计的角度看, 实在没有多大把握认为 μ 能在 0 的附近.

对于 (3), 假设检验认为拒绝 $\mu = 0$, 根据区间估计, 该区间不包含 0, 即 0 不被认为是 μ 的可能取值, 而且区间的左端点为 10, 和 0 相差甚远. 故认为 $\mu \neq 0$ 很有理由, 这时区间估计的结论加强了假设检验的结论.

对于 (4), 假设检验认为拒绝 $\mu = 0$, 虽然估计的区间中不含 0 点, 但整个区间均在 0 的附近, 实质上可以认为 μ 就是 0, 这样区间估计的解释便与假设检验的结果有点不同了.

由此也可看出, 统计上的结论一定要注意其实质含义, 如只停留在表面上, 就有可能被引入歧途.

3.3.5　p-值检验

对于传统的显著性假设检验, 检验的结果只有两个, 即接受 H_0 或拒绝 H_0. 而作出各结论的根据有多大, 则往往不易清楚地显示出来. 例如, 某地区企业主管部门想了解生产同一产品的甲、乙两厂的产品质量谁优谁劣, 该部门委托统计工作者检验假设 H_0: 甲厂的产品质量不优于乙厂. 当主管部门被告知检验结果是接受 H_0 时, 他只知道作出的结论是甲厂的产品质量不优于乙厂, 但作出该结论的依据有多大, 不可能有一个数量上的概念. 这是假设检验这种统计推断形式的一个缺点, 此缺点可以通过引入所谓的 p-值检验予以克服.

设想一个简单的检验问题: 对于正态分布总体 $N(0,1)$, 给定 α, 检验假设

$$H_0 : \mu = 0, \quad H_1 : \mu \neq 0.$$

设 $X_1, X_2, \cdots, X_n$ 为来自该总体的样本, 按照传统的显著性检验, 拒绝域的形式为

$$|\overline{X}| \geqslant c = \frac{1}{\sqrt{n}} z_{\alpha/2},$$

即我们给出了一个临界值 c, 当样本均值的观测值的绝对值大于该临界值时, 则拒绝 H_0, 否则接受 H_0. 然而, 这未能反映出作出相应结论的依据有多大.

我们看到, 若 $|\overline{X}|$ 越大, 则作出拒绝 H_0 的理由就越充分, 如果抽样结果求得 $\overline{X} = b$, 它与假设值 $\mu = 0$ 有偏差 $|b|$, 那么在 H_0 为真时达到这么大或更大的偏离的可能性有多大, 若此可能性很小, 那么认为 $\mu = 0$ 的根据较充分.

反之, 若这种可能性很小, 则在 $\mu = 0$ 之下得到如此大的一个偏差实属罕见, 因而认为 $\mu = 0$ 的根据就很不充分. 因此, 概率

$$p = P\left(|\overline{X}| \geqslant |b| \big| H_0\right)$$

的大小便反映了接受假设 $H_0: \mu = 0$ 的依据是否充分. 当 p 比给定的显著水平 α 还要小时, 我们就没有理由认为 $\mu = 0$, 从而拒绝零假设 $H_0: \mu = 0$.

若求出了概率 p, 我们不但能通过它与 α 的大小关系作出拒绝或接受 H_0 的结论, 还可由 p 的大小反映作出这种结论的理由是否充分. 这个概率我们便称为相应检验的 p-值.

以上述例子来说, 设 $n = 16$, 若观测到 $\overline{x} = 0.48$, 则 p-值为

$$p = P(|\overline{X}| \geqslant 0.48 | H_0)$$
$$= P(|\sqrt{16}\,\overline{X}| \geqslant 1.92 | H_0)$$
$$= P(|z| \geqslant 1.92) = 0.0548,$$

其中 z 表示服从 $N(0,1)$ 的随机变量 (注意当 H_0 为真时, 总体服从分布 $N(0,1)$), 故

$$\sqrt{16}\,\overline{X} \sim N(0,1).$$

若观测到 $\overline{x} = 0.12$, 则 p-值为

$$p = P(|\overline{X}| \geqslant 0.12 | H_0),$$

$$P(|z| \geqslant 0.48) = 0.6312.$$

虽然在这两种情况下均有 $p > \alpha = 0.05$, 即均不能拒绝 $H_0: \mu = 0$, 但在后一情况下作出接受 H_0 的依据要比在前一情况下更充分. 这显然是符合常识的, 因为观测到 $\overline{x} = 0.12$ 要比观测到 $\overline{x} = 0.48$ 更容易让人们接受 $\mu = 0$ 的假设.

将上述情况加以推广, 可给出检验的 p-值的一般定义如下: 概括地说, 对于假设 H_0 对 H_1, 检验的 p-值是当 H_0 成立时, 检验统计量取其观测值或更有利于备择假设 H_1 的值的概率, 具体地, 若检验统计量为 T, 通过样本求得的观测值为 t_0, 则

(1) 若大的 T 值更有利于接受 H_1, 即拒绝域形式为 $T \geqslant c$, 则检验的 p-值为

$$p = P(T \geqslant t_0 | H_0).$$

(2) 若小的 T 值更有利于接受 H_1, 即拒绝域形式为 $T \leqslant c$, 则检验的 p-值为

$$p = P(T \leqslant t_0 | H_0).$$

(3) 若大的 $|T|$ 值更有利于接受 H_1, 即拒绝域形式为 $|T| \geqslant c$, 则检验的 p-值为

$$p = P(|T| \geqslant |t_0| | H_0).$$

若求得检验的 p-值, 则检验准则恒为

$$\begin{cases} 若 p < \alpha, & 则拒绝 H_0, \\ 若 p \geqslant \alpha, & 则接受 H_0. \end{cases}$$

由概率的单调性可知, 利用 p-值作出的结论与利用临界值所作出的结论是一致的.

以 (3) 为例, 因为 c 满足 $P(|T| \geqslant c|H_0) = \alpha$, 所以由概率的单调性可知,

$$p = P(|T| \geqslant |t_0||H_0) < \alpha$$

的充要条件是 $|t_0| \geqslant c$. 利用 p-值, 我们可更进一步了解作出拒绝或接受 H_0 的理由的充分程度.

最后需指出的是, 在现代统计应用中, 由于利用了计算机的强大功能, 计算各种常用分布的概率值已是一件十分容易的事情, 所以显著性检验问题一般不再通过查分布函数表来求其临界值, 而是通过给出检验的 p-值得出检验的结论.

3.4　χ^2 检验与方差分析

本节简单介绍 χ^2 检验与方差分析的基本思想方法, 以及总体方差的区间估计方法.

3.4.1　χ^2 检验

在市场调查及社会、经济和管理等领域的热点问题研究中, 经常会碰到不可计量的定性变量, 如顾客对某种商品的包装喜好、观众对电视节目的喜好、产品的合格与不合格等, 这些变量因受多方面影响而呈现出多样性. 对这些定性指标的基本分析方法是按照它的变动范围进行分类, 调查机构依照某种设计方案发放问卷, 从收回的问卷中可统计出各种属性的计数结果, 如喜欢某种商品包装设计的人数, 我们已经知道, 这种数据称为频数. 由此可以计算出不同分类的频数分布, 为深入分析这些定性资料奠定基础. 本节的目的是介绍与统计描述有所不同的分析定性资料的统计分析方法, 主要内容包括定性数据的列联表分析和 χ^2 检验在实际统计问题中的应用.

1. 多项分布的 χ^2 检验

在二项分布试验中, 每次试验的可能结果只有两个: 成功和失败. 现在将二项分布进行扩展, 即在每次试验中可能出现的结果多于两个, 对于实验结果多于两个的概率分布一般称其为多项分布. 多项分布试验的结果虽然有多个, 但每次有且仅有一个结果发生, 并且在每次进行相互独立的试验时, 每种可能出现结果的概率都

应保持不变. 例如, 企业按规模大小可以分为大型企业、中型企业和小型企业三种. 我们在对企业进行研究时, 如果每次调查是随机进行的, 而且在大型企业、中型企业和小型企业每次出现的概率都相等, 那么, 像这样的分布就是多项式分布. 类似的问题还有, 当我们对居民收入进行研究时, 居民收入可以按高低分为高收入、中等收入和低收入三种. 对国民经济进行研究时, 国民经济也可分为农业、采掘业、制造业、建筑业等多个行业. 在对上述的多项分布进行研究时, 一般需要使用 χ^2 统计量进行检验, 这种检验也相应地被称为 χ^2 检验.

统计学中的 χ^2 检验与总体参数的显著性假设检验的程序基本相同. 通常, χ^2 检验包括以下四个步骤:

(1) 给出原假设 (H_0) 与备择假设 (H_1);

(2) 建立 χ^2 统计量, 并确定自由度, 计算 χ^2 统计量的值;

(3) 根据自由度与给定的显著性水平 α, 从 χ^2 分布表中查出 χ^2 的临界值 χ_α^2;

(4) 对 χ^2 与 χ_α^2 进行比较. 若 $\chi^2 < \chi_\alpha^2$, 则接受原假设; 若 $\chi^2 > \chi_\alpha^2$, 则拒绝原假设.

多项分布的 χ^2 检验, 也称数据适合性检验. 该检验的理论依据就是英国统计学家卡尔·皮尔逊于 1900 年建立的下述著名定理.

设总体中的每个个体属于且只属于 $A_1, A_2, \cdots, A_k, k$ 个类之一. 总体中属于 k 个类的比例为 $p_1, p_2, \cdots, p_k$. 现从总体中随机抽查 n 个, 其中属于 A_i 类有 n_i 个 $(i = 1, 2, \cdots, k)$, $e(n_i) = np_i$ 为期望频数. 定义统计量

$$\chi^2 = \sum_{i=1}^{k} \frac{[n_i - e(n_i)]^2}{e(n_i)},$$

则当 n 充分大时, χ^2 统计量遵从自由度为 $k - 1$ 的 χ^2 分布.

这里一般要求 n 应较大, 使得每一类中的期望值个数不少于 5. 如果某个类内的期望频数小于 5, 那么可将相邻的若干类进行合并, 直至合并的类的期望频数大于 5 为止. 由皮尔逊定理知, 当 n 充分大时, $\chi^2 \sim \chi^2(k - 1)$.

例 3.4.1 某大型超市在去年全年饮料的销售中, A_1, A_2, A_3 三种饮料的销售比例分别是 58%, 33% 和 9%. 今年 A_3 品牌的厂家在进行了一系列的促销活动后, 要求超市提供更多的货架位置以摆放更多的 A_3 品牌饮料. 为此超市对 A_3 品牌促销活动后销售的 270 瓶饮料进行了统计分类, 统计结果如下: A_1 种 150 瓶, A_2 种 85 瓶, A_3 种 35 瓶. 给定显著性水平 $\alpha = 0.05$, 根据这样的数据, 超市能否判断销售比例发生了变化?

解 本例中要检验的是个多项分布. 顾客在购买每一瓶饮料时都相当于做一次试验, 每次试验都有三种可能的结果: 购买 A_1 品牌, 购买 A_2 品牌或是购买 A_3 品牌. 以 p_1, p_2, p_3 分别代表 A_1, A_2, A_3 三个品牌的销售比例. 现在要检验的就是

p_1, p_2, p_3 是否发生了改变. 对此问题, 可以建立如下假设:

$$H_0 : p_1 = 0.58, \quad p_2 = 0.33, \quad p_3 = 0.09;$$

$$H_1 : 销售比例不是 \ p_1 = 0.58, \quad p_2 = 0.33, \quad p_3 = 0.09.$$

现在来分析在 270 瓶的销售中, A_1, A_2, A_3 的销售比例是否与原假设相符. 我们可先按原假设计算出 270 瓶中各品牌期望的销售数量 (表 3.4.1), 再由 χ^2 统计量. 计算 χ^2 值, 计算过程列入表 3.4.1.

表 3.4.1　χ^2 统计量的计算过程表

品牌	原假设 (H_0)	实际频数 n_i	期望频数 $e(n_i)$	$(n_i - e(n_i))^2$	$(n_i - e(n_i))^2/e(n_i)$
A_1	0.58	150	156.6	43.56	0.278
A_2	0.33	85	89.1	16.81	0.189
A_3	0.09	35	24.3	114.49	4.711
合计	1.00	270	270	—	5.178

在例 3.4.1 中, 自由度 $v = k - 1 = 3 - 1 = 2$, 查 χ^2 分布表得 $\chi^2_{0.05}(2) = 5.991$, 由表 3.4.1 可知 $\chi^2 = 5.178 < \chi^2_{0.05}(2) = 5.991$, 落在接受域内. 因此, 接受 H_0, 拒绝 H_1, 即 A_3 品牌进行促销活动并没有使销售比例发生明显改变, 由此超市可以拒绝 A_3 品牌提出的更多货架促销的要求.

评注　χ^2 检验只适用于频数检验, 而不适用于比率的检验. 例如, 在例 3.4.1 中, 如果超市实际销售的数量是 2700 瓶而不是 270 瓶, 而销售比例仍然保持不变, 即 A_1 种 1500 瓶, A_2 种 850 瓶, A_3 种 350 瓶. 下面在 $\alpha = 0.05$ 的显著性水平下, 检验与例 3.4.1 相同的假设.

$$H_0 : p_1 = 0.58, \quad p_2 = 0.33, \quad p_3 = 0.09;$$

$$H_1 : 销售比例不是 p_1 = 0.58, \quad p_2 = 0.33, \quad p_3 = 0.09.$$

下面将计算 χ^2 统计量的过程列入表 3.4.2 中.

表 3.4.2　χ^2 统计量的计算过程表

品牌	原假设 (H_0)	实际频数 n_i	期望频数 $e(n_i)$	$(n_i - e(n_i))^2$	$(n_i - e(n_i))^2/e(n_i)$
A_1	0.58	1500	1566	4356	2.782
A_2	0.33	850	891	1681	1.887
A_3	0.09	350	243	11449	47.115
合计	1.00	2700	2700	—	51.784

从表 3.4.2 中可以看到

$$\chi^2 = \sum_{i=1}^{k} \frac{(n_i - e(n_i))^2}{e(n_i)} = 51.784.$$

因为 $\chi^2 = 51.784 > 5.991 = \chi^2_{0.05}(2)$, 落在拒绝域. 所以拒绝 H_0, 接受 H_1, 即超市销售三种品牌饮料的比例已经发生明显变化.

通过上述的比较可以看出, 虽然两种情况下的销售比例没有改变, 但是 χ^2 检验的结果却截然相反. 其主要原因是各类别的频数发生了较大的变化, 导致结果相反.

2. 独立性的 χ^2 检验

χ^2 检验还可用于检验两个变量间的独立性. 所谓独立性, 就是两个变量之间互不相关. 一个变量的取值不影响另一个变量的取值, 这类问题的研究在实践中很有用途. 例如, 饮料商想知道不同年龄的人是否偏好不同口味的饮料, 饮料商人关心年龄这个变量与不同口味这个变量是否独立; 再如, 质检员想研究生产不合格产品的数量与一个人工作时间长短是否相关; 社会工作者分析父辈职业是否会影响子女的职业, 等等. 对上述这类问题进行检验, 就被称为独立性检验.

前述类似的问题都可以用列联表表示. 所谓列联表 (contingeneytable) 就是一个行列交叉的表格. 将研究的两个变量, 一个变量按类分行排列, 另一个变量按类分列排列, 行列交叉处是同属于两个变量不同类的数据. 这样的表格就称为列联表, 见表 3.4.3.

列联表 3.4.3 表示研究 A, B 两个变量, A 变量有 c 类, B 变量有 r 类. 通常用 i 表示行, 用 j 表示列, 则 $i = 1, 2, \cdots, r$; $j = 1, 2, \cdots, c$. n_{ij} 表示第 i 行和第 j 列的频数, n 表示总的频数, 也就是样本容量.

表 3.4.3　列联表

		变量 A				合计
		A_1	A_2	$\cdots$	A_c	
变	B_1	n_{11}	n_{12}	$\cdots$	n_{1c}	$n_1.$
量	B_2	n_{21}	n_{22}	$\cdots$	n_{2c}	$n_2.$
B	$\vdots$	$\vdots$	$\vdots$	$\vdots$	$\vdots$	$\vdots$
	B_r	n_{r1}	n_{r2}	$\cdots$	n_{rc}	$n_r.$
合计		$n_{.1}$	$n_{.2}$	$\cdots$	$n_{.c}$	n

在列联表 3.4.3 中, 频数 n_{ij} 是指实际频数. 为了检验两个变量是否独立, 还需要计算每一个行列的期望频数. 由概率论的基础知识可知, 如果事件 A 与事件 B 相互独立, 那么有

$$P(A \cap B) = P(A) \times P(B).$$

根据这个原理, 现在作如下假设:

$$H_0 : 两个变量相互独立;$$

$$H_1: 两个变量不独立,$$

如果 H_0 为真, 那么第 i 行的 B_i 与第 j 列的 A_j 的期望概率就应等于 $P(B_i) \times P(A_j)$. 用 $P(A_j) = n_{.j}/n$, $P(B_i) = n_{i.}/n$ 分别代替 $P(A_j)$ 和 $P(B_i)$. 故在 H_0 为真时, 第 i 行第 j 列的期望概率为

$$P(A_j \cap B_i) = \frac{n_{.j}}{n} \times \frac{n_{i.}}{n}.$$

用样本容量 n 分别乘以不同行列的期望概率, 就可以得到期望频数 e_{ij}. 第 i 行第 j 列的期望频数为

$$e_{ij} = n \times \frac{n_{i.}}{n} \times \frac{n_{.j}}{n} = \frac{n_{i.}n_{.j}}{n},$$

即

$$e_{ij} = \frac{第 i 行频数合计 \times 第 j 列频数合计}{样本容量}.$$

最后将实际频数 n_{ij} 与期望频数 e_{ij} 进行比较, 判断方法与多项分布 χ^2 检验时类似, 即构造 χ^2 统计量

$$\chi^2 = \sum_{i=1}^{r} \sum_{j=1}^{c} \frac{(n_{ij} - e_{ij})^2}{e_{ij}},$$

从理论上可以证明, 该 χ^2 统计量服从自由度为 $(r-1)(c-1)$ 的 χ^2 分布, 这里略. 当 $\chi^2 < \chi_\alpha^2[(r-1)(c-1)]$ 时, 接受 H_0, 拒绝 H_1; 而当 $\chi^2 > \chi_\alpha^2[(r-1)(c-1)]$ 时, 拒绝 H_0, 接受 H_1.

例 3.4.2 某研究机构欲对个人收入与学历关系进行研究. 为此将收入分为三个水平: 高收入、中等收入、低收入; 将学历分为三个层次: 高中及以下、大学、研究生.

现有一个由 500 人组成的调查资料表 (表 3.4.4), 试在 $\alpha = 0.01$ 下, 检验收入与学历是否有关系.

表 3.4.4 调查资料表

收入水平	最后学历			合计
	高中及以下	大学	研究生	
高收入	25	21	10	56
中等收入	82	88	30	200
低收入	223	16	5	244
合计	330	125	45	500

解 本例将检验收入与学历这两个变量是否有关系, 即检验独立性问题. 根据题意建立假设

$$H_0: 收入与学历无关(独立);$$

H_1：收入与学历有关系(不独立).

例 3.4.2 中行与列的数相等, $r = c = 3$ 是个 3×3 的列联表, 所以需要计算 9 个期望频数值. 根据表 3.4.3 中数据, 利用上述分析中提到的期望频数, 计算每一行列的期望频数. 例如,

$$e_{11} = \frac{n_{1.} \times n_{.1}}{n} = \frac{56 \times 330}{500} = 36.96,$$

$$e_{12} = \frac{n_{1.} \times n_{.2}}{n} = \frac{56 \times 125}{500} = 14.$$

依此类推, 可算出所有期望频数. 现将所有的期望频数与实际频数列入表 3.4.5 中 (括号中为期望频数).

表 3.4.5 经计算的调查资料表

收入水平	最后学历			合计
	高中及以下	大学	研究生	
高收入	25(36.96)	21(14)	10(5.04)	56
中等收入	82(132)	88(50)	30(18)	200
低收入	223(161.04)	16(61)	5(21.96)	244
合计	330	125	45	500

表 3.4.5 中的期望频数都大于 5, 不用合并行或列. 所以, 可以直接根据上述分析中提出的 χ^2 统计量计算 χ^2 值:

$$\chi^2 = \frac{(25 - 36.96)^2}{36.96} + \frac{(21 - 14)^2}{14} + \frac{(10 - 5.04)^2}{5.04} + \frac{(82 - 132)^2}{132} + \frac{(88 - 50)^2}{50}$$

$$+ \frac{(30 - 18)^2}{18} + \frac{(223 - 161.04)^2}{161.04} + \frac{(16 - 61)^2}{61} + \frac{(5 - 21.96)^2}{21.96}$$

$$\approx 3.87 + 3.5 + 4.88 + 18.94 + 28.88 + 8 + 23.84 + 33.2 + 13.1$$

$$= 138.21.$$

这里的自由度 $v = (r - 1)(c - 1) = (3 - 1) \times (3 - 1) = 4$, 已知 $\alpha = 0.01$, 查 χ^2 分布表, 得 $\chi^2_{0.01}(4) = 12.277$.

因为 $\chi^2 = 138.21 > 12.277 = \chi^2_{0.01}(4)$, 落在拒绝域. 所以拒绝 H_0, 接受 H_1, 即收入与学历是有关系的 (不独立).

备注 不难验证 2×2 列联表中的 χ^2 值, 可以用下式简单算出:

$$\chi^2 = \frac{n(n_{11}n_{22} - n_{12}n_{21})^2}{n_{1.}n_{2.}n_{.1}n_{.2}}.$$

对于 2×2 列联表, χ^2 统计量的自由度 $v = (2-1) \times (2-1) = 1$, 其临界值较小, χ^2 检验往往高估变量之间的关系. 这时最好使用 (yates) 的连续修正方法, 计算检验值, 即

$$\chi^2 = \sum_{i=1}^{2} \sum_{j=1}^{2} \frac{(|n_{ij} - e_{ij}| - 0.5)^2}{e_{ij}},$$

式中, 在每一个实际频数与期望频数绝对偏差之后再减 0.5.

列联表还可用于一致性的 χ^2 检验, 检验方法完全类似, 这里不再介绍.

3. 拟合优度的 χ^2 检验

用 χ^2 检验进行列联表分析是定性数据分析的一个强有力工具. 实际上, χ^2 检验也可用于总体的分布检验.

用 χ^2 检验进行总体的分布检验, 关键是将总体的取值进行分类. 其基本思想如下.

把所考察对象的取值域分成 K 组, 观察样本数据在各组中出现的频数 O_1, $O_2, \cdots, O_k$. 在原假设 (H_0) 下, 我们可以得到每一组中的预期频数 $E_1, E_2, \cdots, E_k$. 显然, 观察频数 O_i 与预期频数 E_i 之间一般是有差异的. 但是, 若 H_0 为真, 则这种差异并不显著; 若 H_0 不真, 则这种差异就显著. 基于这种想法, 使用统计量:

$$\chi^2 = \sum_{i=1}^{k} \left[\frac{(O_i - E_i)^2}{E_i} \right]$$

作为检验假设与实际拟合优度的尺度.

从理论上也可以证明, 若样本容量充分大 $(n \geqslant 50)$, 则上述 χ^2 统计量近似于服从自由度为 $k - r - 1$ 的 χ^2 分布, 其中, r 是被估计参数的个数.

例 3.4.3 设有 220 名研究生入学考试的某学科成绩经整理见表 3.4.6. 试问在显著水平 $\alpha = 0.05$ 的条件下, 该学科成绩是否服从正态分布?

表 3.4.6　某学科考试成绩统计表

按成绩分组	70 分以下	70~80 分	80~90 分	90~100 分	100~110 分
学生人数	1	3	9	18	35
按成绩分组	110~120 分	120~130 分	130~140 分	140~150 分	
学生人数	75	57	20	2	

解 根据题意

H_0: 该学科成绩服从正态分布;

H_1: 该学科成绩不服从正态分布.

首先, 根据样本数据对总体未知参数 μ 和 σ 进行估计. 由表 3.4.6 中的数据可以得到: $\overline{X} = 114.45$, $S = 13.77$, 即假设的总体为 $X \sim N(114.45, 13.77^2)$.

由这个假设总体, 可以计算出已分好的各区间的临界值. 然后, 根据临界值查标准正态分布表, 得到各区间的期望概率, 用样本容量乘以各期望概率就可得出各区间的期望频数.

$$z = \frac{70 - 114.45}{13.77} = -3.23; \quad z = \frac{80 - 114.45}{13.77} = -2.50.$$

查正态分布表, 得到 3.23 对应的概率是 0.4994, 2.50 对应的是 0.4938. 所以两个概率之差即为 70 ~ 80 的概率值为 $0.4994 - 0.4938 = 0.0056$, 如图 3.4.1 所示.

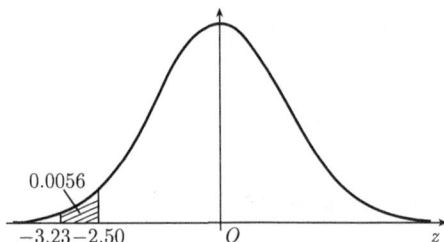

图 3.4.1

然后, 用样本容量乘以期望概率得到 $220 \times 0.0056 = 1.232$, 即为在 70 ~ 80 内的期望频数. 其他区间也类似计算, 计算过程见表 3.4.7.

表 3.4.7 χ^2 统计量的计算过程表

成绩分组	学生人数 n_i	区间概率 p_i	期望频数 $e_i = np_i$	$(n_i - e_i)^2 / e_i$
70 以下	1	0.0006	0.132	
70~80	3	0.0056	1.232	2.735
80~90	9	0.0313	6.886	
70~80	18	0.1094	24.068	1.530
70~80	35	0.2276	50.072	4.537
70~80	75	0.2809	61.798	2. 820
70~80	57	0.2154	47.388	1. 950
70~80	20	0.0978	21.516	0.107
70~80	2	0.0265	5.83	2.516
合计	220	—	218.922	16.195

由于前两类的期望频数为小于 5, 故将其合并到第 3 类中.

这时类别数为 $K = 7$. 由表 3.4.5 可知, $\chi^2 = 16.195$. 在本例中, χ^2 分布的自由度 $v = 7 - 2 - 1 = 4$. 查 χ^2 分布表, 得 $\chi^2_{0.05}(4) = 9.488$.

因为 $\chi^2 = 16.195 > 9.488 = \chi^2_{0.05}(4)$, 落在拒绝域. 所以拒绝 H_0, 接受 H_1, 即该学科考试成绩不服从正态分布.

3.4.2 方差分析

历史聚焦 英国统计学家费希尔于 1923 年提出方差分析, 并于 1924 年在加拿大多伦多举行的国际统计学会大会上, 作了题为《关于一个引出若干周知统计量的误差函数的分析》的报告, 正式提出了方差分析, 也是第一篇出现 "方差分析表" 的论文.

方差分析 (analysis of variance, ANOVA) 是检验多个总体 (三个以上) 的均值是否相等的一种统计的假设检验方法. 方差分析建立在以下基本假设上.

每个总体都服从正态分布, 且各总体的方差 σ^2 相同, 各个观测值相互独立.

1. 方差分析概述

首先通过一个具体的实例作为引例, 简要地说明什么是方差分析, 方差分析具体解决什么问题.

例 3.4.4 某饮料生产企业研制出一种新型饮料. 饮料的颜色共有四种, 分别为橘黄色、粉色、绿色和无色 (透明). 这四种饮料的营养含量、味道、价格、包装等可能影响销售量的因素全部相同. 现从地理位置相似、经营规模相仿的五家超市上收集了前一时期该饮料的销售情况 (表 3.4.8).

表 3.4.8 四种颜色饮料的不同销售量

超市 (j)	按饮料颜色不同分组 A				总和
	无色 (A_1)	粉色 (A_2)	橘黄色 (A_3)	绿色 (A_4)	
1	26.5	31.2	27.9	30.8	
2	28.7	28.3	25.1	29.6	
3	25.1	30.8	28.5	32.4	
4	29.1	27.9	24.1	31.7	
5	27.2	29.6	26.5	32.8	
合计	136.6	147.8	132.2	157.3	573.9
平均数	27.32	29. 56	26.44	31.46	28.7

试判断饮料颜色不同是否对销售量产生显著的影响.

如果把每一种不同颜色下的销售量看成一个总体, 则表 3.4.8 中各列数据可看成来自 4 个不同总体的样本值. 要检验饮料的颜色对销售量是否有影响, 也就是检验四种颜色饮料的平均销售量是否相同. 设 μ_1 为无色饮料的平均销售量, μ_2 为粉色饮料的平均销售量, μ_3 为橘黄色饮料的平均销售量, μ_4 为绿色饮料的平均销售量, 该题也就是检验下面的假设:

$$H_0 : \mu_1 = \mu_2 = \mu_3 = \mu_4,$$

$$H_1 : \mu_1, \mu_2, \mu_3, \mu_4 \text{不全相等}.$$

检验上述假设所采用的方法就是方差分析.

在方差分析中, 我们将要考察的指标称为观察变量, 影响观察变量的条件称为因素, 又称因子, 通常用 $A, B, C, \cdots$ 表示. 因素可以分为两类: 一类是人可以控制的因素, 称为可控因素; 另一类是人很难控制的, 称为随机因素. 例 3.4.4 中, 施肥方法就是一个可控因素, 而测量误差、气象条件等则一般是难以控制的. 若某个因素 A 有 r 个不同状态, 就称它有 r 个水平, 用 $A_1, A_2, \cdots, A_r$ 表示.

方差分析就是要分析可控因素的不同水平是否对观察变量产生了显著影响. 方差分析中, 仅考虑一个因素的变动称为单因素方差分析; 考虑两个或两个以上因素的变动则称为多因素方差分析. 多因素方差分析中, 若各因素之间相互独立, 称为无交互作用; 如果各因素间相互影响, 则称为有交互作用. 交互作用也是影响观察变量的一个因素, 必须纳入方差分析. 这里仅介绍单因素方差分析.

2. 单因素方差分析数据结构

单因素方差分析 (one-way ANOVA), 用来分析某一个可控因素的不同水平是否给观察变量造成显著差异和变动, 或者说检验其各个水平分组下的均值是否来自同一总体. 在表 3.4.8 中, 假定其他条件完全相同, 仅考虑饮料颜色不同对销售量有无显著影响.

为使分析标准化, 将例 3.4.4 的方法一般化. 现设检验因素 A 取 r 个水平, 记作 $A_1, A_2, \cdots, A_r$. 在 A_i 水平下作了 n 次重复试验 (这里每个水平所作的试验重复次数可以不同), A_i 水平下第 j 次试验结果的观测值为 $x_{ij}(i = 1, 2, \cdots, r; j = 1, 2, \cdots, n)$, $x_{ij} \sim N(\mu_i, \sigma_i^2)$, 单因素 r 个水平数据结构表见表 3.4.9.

表 3.4.9　单因素 r 个水平数据结构表

试验次数	因素水平				合计
	A_1	A_2	$\cdots$	A_r	
1	x_{11}	x_{21}	$\cdots$	x_{r1}	—
2	x_{12}	x_{22}	$\cdots$	x_{r2}	—
$\vdots$	$\vdots$	$\vdots$		$\vdots$	$\vdots$
j	x_{1j}	x_{2j}	$\cdots$	x_{rj}	—
$\vdots$	$\vdots$	$\vdots$		$\vdots$	$\vdots$
n	x_{1n}	x_{2n}	$\cdots$	x_{rn}	—
合计	$x_{1.}$	$x_{2.}$	$\cdots$	$x_{r.}$	$x_{..}$
均值	$\overline{x}_1$	$\overline{x}_2$	$\cdots$	$\overline{x}_r$	$\overline{x}$

其中 $x_{i.} = \sum\limits_{j=1}^{n} x_{ij}$, $x_{..} = \sum\limits_{i=1}^{r}\sum\limits_{j=1}^{n} x_{ij}$, $\overline{x}_{i.} = \dfrac{x_{i.}}{n}$, $\overline{x} = \dfrac{x_{..}}{nr}(i = 1, 2, \cdots, r; j = 1, 2, \cdots, n)$.

3. 单因素方差分析的基本原理

表 3.4.9 的每一列的观测值都是在完全相同条件下的试验结果, 是来自同一个总体的样本值, 故同一水平各观测值之间的差异应为随机因素导致的随机误差. 如果因素 A 的各水平对观察变量没有影响, 各列的观测值均来自同一个总体, 那么各列的平均值 $\overline{x}_i$ 应基本相等, 若有差异也是随机误差. 反之, 如果因素 A 不同水平对观察变量有影响, 各列的观测值就是来自不同的总体, 各列的平均值之间则会有显著的差异. 此时的差异, 不能再由随机误差完全解释, 而有充分理由判断主要是因素 A 的不同水平导致的系统误差.

方差分析解决问题的基本思想就是:

从所有观察值的总变异中, 分离出系统误差和随机误差, 并用数量表示.

在一定意义下比较系统误差和随机误差, 两者差别不大, 说明因素水平的不同对试验结果影响不大; 如果两个相差较大, 且统计误差大得多, 说明因素水平的不同对试验结果有显著影响.

在方差分析中, 差异的大小以离差平方和来衡量. 所有观察值的总变异程度用总离差平方和反映, 记作 SST(sum of squares for total):

$$SST = \sum_i \sum_j (x_{ij} - \overline{x})^2 = \sum_i \sum_j \left[(x_{ij} - \overline{x}_{i\cdot}) + (x_{i\cdot} - \overline{x}) \right]^2$$
$$= \sum_i \sum_j (x_{ij} - \overline{x}_{i\cdot})^2 + \sum_i \sum_j (\overline{x}_{i\cdot} - \overline{x})^2 + 2 \sum_i \sum_j (x_{ij} - \overline{x}_{i\cdot})(\overline{x}_{i\cdot} - \overline{x}),$$

上式中, 交叉项之和为零, 即

$$\sum_i \sum_j (x_{ij} - \overline{x}_{i\cdot})(\overline{x}_{i\cdot} - \overline{x}) = \sum_i (\overline{x}_{i\cdot} - \overline{x}) \sum_j (x_{ij} - \overline{x}_{i\cdot}) = \sum_i (\overline{x}_{i\cdot} - \overline{x}) \times 0 = 0.$$

这个总变异被分解为两项, 一项是各组间的离差平方和, 记作 SSA(sum of squares among group). 它既包括因素 A 的作用 (如果这个作用存在), 也包括随机误差:

$$SSA = \sum_i \sum_j (x_{i\cdot} - \overline{x})^2.$$

一项为各组内的离差平方和, 记作 SSE(sum of squares for error), 完全是随机因素导致的随机误差:

$$SSE = \sum_i \sum_j (x_{ij} - \overline{x}_{i\cdot})^2.$$

因此, 我们得到总离差平方和的分解式:

$$SST = SSA + SSE.$$

显然, 上述离差的分解公式和理论上误差的来源分解之间存在着如下的对应关系:

总变差 ＝ 因素不同水平导致系统误差 ＋ 随机因素导致的随机误差

$$\downarrow \qquad \swarrow \quad \swarrow$$

总离差平方和 ＝ 组间离差平方和 ＋ 组内离差平方和.

4. 检验统计量的设置

前面我们已经知道, 检验因素作用的显著性, 实质上就是检验以下假设:

$$H_0 : \mu_1 = \mu_2 = \cdots = \mu_r,$$

$$H_1 : \mu_1, \mu_2, \cdots, \mu_r \text{不全相等}.$$

原假设是否为真, 关键是看 SSA 和 SSE 两者间的相对比较, 即

$$F = \frac{\text{SSA}}{\text{SSE}}.$$

但考虑到 SSA 与 SSE 的构造, 其大小与参加求和的项数有关, 显然项数越多 SSE 越大, 比值不具有可比性. 因此, 在 F 检验统计量的分子、分母上都除以各自的自由度.

SSA 是因素 A 在不同水平上的均值 $\overline{x}_{i\cdot}$ 变化而产生的离差平方和, 由于 r 个均值并不是独立的, 它们必须满足约束条件:

$$\sum_i (\overline{x}_{i\cdot} - \overline{x}) = 0.$$

因此失去一个自由度, 它的自由度是 $r-1$.

SSE 是由 x_{ij} 在各个水平 A_i 上围绕其均值 $\overline{x}_{i\cdot}$ 波动产生的, 它们必须满足约束条件:

$$\sum_j (\overline{x}_{ij} - \overline{x}_{i\cdot}) = 0.$$

一共有 r 个条件, 因而失去 r 个自由度, 所以 SSE 的自由度是 $nr - r$.

SST 是 nr 个 x_{ij} 围绕 $\overline{x}$ 波动引起的, 但这 nr 个变量必须满足一个约束条件:

$$\sum_i \sum_j (\overline{x}_{ij} - \overline{x}) = 0,$$

所有自由度都是 $nr - 1$.

SST, SSA 与 SSE 的自由度满足如下关系:

$$nr - 1 = (r - 1) + (nr - r).$$

由此, 改进后的检验统计量为

$$F = \frac{\text{SSA}/(r-1)}{\text{SSE}/(nr-r)} = \frac{\text{MSA}}{\text{MSE}} \sim F(r-1, nr-r),$$

这里, MSA 称为组间均方差 (mean squares among group), MSE 称为组内均方差 (mean squares for error).

5. 制作方差分析表

在实际应用中, 常把上述计算相关结果列成表格, 称为方差分析表, 表 3.4.10 就是单因素方差分析表.

表 3.4.10 单因素方差分析表

差异来源	SS	自由度 (df)	MS	F	F_α
组间	SSA	$r - 1$	MSA	$F = \dfrac{\text{MSA}}{\text{MSE}}$	$F_\alpha(r-1, nr-r)$
组内	SSE	$nr - r$	MSE		
总计	SST	$nr - 1$			

6. 统计决策

显而易见, 在 H_0 成立时, 各列平均数之间没有系统误差, 纯属随机误差, 则 MSA 和 MSE 大致相等, F 值应接近于 1. 如果原假设不成立, 即各列平均数之间除随机误差外, 还有系统误差, 则 MSA$\geqslant$MSE, F 值也远大于 1, 并且各组间的不一致程度越强, F 值越大, 说明因素 A 的影响越显著. 因此, 检验的拒绝域在右侧.

对于给定的显著性水平 α, 查 F 分布表得临界值 $F_\alpha(r-1, nr-r)$, 当 $F > F_\alpha$ 时, 拒绝原假设, 接受备择假设, 认为所检验因素对观测变量有显著影响; 当 $F < F_\alpha$ 时, 接受原假设, 认为没有理由说明所检验因素对观测变量有显著影响.

7. 实例运用

试用方差分析程度求解例 3.4.4.

解 (1) 计算离差平方和与均方差.

$$\text{SST} = \sum\sum (x_{ij} - \overline{x})^2 = (26.5 - 28.695)^2 + (28.7 - 28.695)^2 + \cdots$$
$$+ (32.8 - 28.695)^2 = 115.9295,$$

$$\text{SSA} = \sum 5(\overline{x}_i - \overline{x})^2 = 76.8455,$$

$$\mathrm{SSE} = \sum (x_{ij} - \overline{x}_i)^2 = 39.084,$$
$$\mathrm{MSA} = \frac{\mathrm{SSA}}{r-1} = 25.6152,$$
$$\mathrm{MSE} = \frac{\mathrm{SSE}}{nr-r} = 2.4428.$$

(2) 计算检验统计量

$$F = \frac{\mathrm{MSA}}{\mathrm{MSE}} = \frac{25.6152}{2.4428} = 10.486.$$

(3) 作出统计决策.

在例 3.4.4 中, 颜色有 4 种, 即 $r = 4$, SSA 的自由度为 $r - 1 = 4 - 1 = 3$; 每一种颜色的饮料都调查了 5 个超市, 即 $n = 5$, SSE 的自由度为 $nr - r = 5 \times 4 - 4 = 16$, SST 的自由度为 $nr - 1 = 5 \times 4 - 1 = 19$. 在 $\alpha = 0.005$ 的显著水平上, 查阅 F 分布表, 得临界值 $F_{0.00}(3, 16) = 3.24$. 由上述计算结果可知 $F = 10.486 > 3.224$, F 值落在拒绝域里. 因此, 否定原假设, 即 $\mu_1, \mu_2, \mu_3, \mu_4$ 不全相等, 颜色对饮料的销售量产生了显著影响.

3.4.3 方差估计

这里仅对一个总体的总体方差的区间估计给予通俗易懂的说明, 更多的内容可参阅有关参考文献.

在生活与生产实践中, 人们时常需对作为衡量变量偏离总体平均数尺度的方差进行估计. 例如, 一批电子元件的平均使用寿命虽然符合要求, 但如果它们寿命差异很大 (方差很大), 那么这些产品的质量还是存在问题.

总体方差 σ^2 通常是未知的, 必须通过样本对其作出估计. 一般情况下, 可根据统计量 $(n-1)s^2/\sigma^2$ 来求得 σ^2 的置信区间.

在概率统计中已经证明, 在正态分布总体下, 统计量 $(n-1)s^2/\sigma^2$ 近似服从自由度为 $n-1$ 的 χ^2 分布, 记作 $\chi^2(n-1)$.

为了构造 σ^2 的 $100(1-\alpha)\%$ 置信区间, 我们首先要求出 $(n-1)s^2/\sigma^2$ 的置信区间. 我们可从 χ^2 分布表中选出两个 χ^2 临界值, 使得较小的值的左边和较大的值的右边分布曲线下的面积都是 $\alpha/2$. 若将这两个 χ^2 值分别记作 $\chi^2_{\alpha/2}$ 和 $\chi^2_{1-\alpha/2}$, 则 $(n-1)s^2/\sigma^2$ 的 $100(1-\alpha)\%$ 的置信区间可表示为

$$\chi^2_{1-\alpha/2} < \frac{(n-1)s^2}{\sigma^2} < \chi^2_{\alpha/2}.$$

通过不等式变换可得

$$\frac{(n-1)s^2}{\chi^2_{\alpha/2}} < \sigma^2 < \frac{(n-1)s^2}{\chi^2_{1-\alpha/2}},$$

上式就是 σ^2 的 $100(1-\alpha)\%$ 置信区间. 对上式的每一项开根号, 就得出 σ 即总体标准差的 $100(1-\alpha)\%$ 置信区间:

$$\sqrt{(n-1)s^2/\chi^2_{\alpha/2}} < \sigma < \sqrt{(n-1)s^2/\chi^2_{1-\alpha/2}}.$$

例 3.4.5 某厂管理人员需要知道完成某项工作所需的时间, 为此他抽选了一个由 31 个观察值所组成的随机样本. 如果从样本数据算出的方差为 0.3h, 应如何构造 σ^2, σ 的 95% 的置信区间, 构造置信区间时作了何种假定?

解 已知 $s^2 = 0.3$, $\alpha = 0.05$, 自由度 $= n - 1 = 31 - 1 = 30$.

查自由度为 30 的 χ^2 分布表得

$$\chi^2_{\alpha/2}(30) = \chi^2_{0.025}(30) = 46.949,$$

$$\chi^2_{1-\alpha/2}(30) = \chi^2_{0.975}(3) = 16.791.$$

代入上述估计公式得

$$\frac{(31-1) \times 0.3}{46.949} < \sigma^2 < \frac{(31-1) \times 0.3}{16.791},$$

即 $0.1916 < \sigma^2 < 0.5360$.

从而, 我们有 95% 的把握说 σ^2 落在 $0.1916 \sim 0.5360$ 内, 其总体标准差的置信区间为

$$0.4377 < \sigma < 0.7321.$$

构造以上置信区间时, 我们已经假定了被抽样的总体服从或近似服从正态分布 (大样本).

3.5 相关分析与回归分析

相关与回归 (correlation and regression) 分析发展至今已有 200 多年的历史, 它们是研究具有不确定关系的变量之间数量关系的一种有效且方便的工具, 应用范围十分广泛, 尤其是在经济领域中得到了广泛应用. 现代经济学中影响最大的一门独立科学是计量经济学, 诺贝尔经济学奖获得者萨缪尔森 (Samuelson, 1905~2009) 曾这样评价计量经济学: 第二次世界大战后的经济学是计量经济学的时代, 而回归分析是计量经济学的基本计量方法, 其理论也成为计量经济学的重要理论支柱.

本节简单介绍相关分析与回归分析的基础知识及其简单应用.

3.5.1 相关分析概述

在生产和经营活动中, 经常要对变量之间的关系进行分析. 例如, 在企业生产中, 要对影响生产成本的各种因素进行分析, 以达到控制成本的目的; 在商业活动中, 分析广告费支出与销售量之间的关系, 进而通过广告费支出决策来提升销售业绩; 在农业生产中, 需要研究农作物产量与施肥量之间的关系, 以分析施肥量对产量的影响, 进而确定合理的施肥量, 等等. 人们在实践中发现, 变量之间的关系形态可分为两种类型, 即函数关系和相关关系. 当一个或几个变量取一定的值时, 另一个变量有确定值与之相对应, 我们称这种关系为确定性的函数关系. 下述是解释函数关系的三个具体例子:

(1) 某种商品的销售额 (y) 与销售量 (x) 之间的关系可表示为 $y = px$(其中 p 为单价).

(2) 圆的面积 (S) 与半径 (r) 之间的关系可表示为 $S = \pi r^2$.

(3) 企业的原材料消耗 (y) 消耗与产量 (x_1)、单位产量消耗 (x_2)、原材料价格 (x_3) 之间的关系可表示为 $y = x_1 x_2 x_3$.

当一个或几个相互联系的变量取一定数值时, 与之相对应的另一变量的值虽然不确定, 但它仍按某种规律在一定的范围内变化. 这种变量之间客观存在的不严格、不确定的数量依存关系称为相关关系 (correlation). 下述是解释相关关系的几个具体例子.

(1) 成本的高低与利润的多少有密切关系, 但某一确定的成本与相对应的利润却不是唯一确定的依存关系, 这是因为影响利润的因素除了成本, 还有价格、供求关系、消费偏好等因素, 以及其他偶然因素的影响.

(2) 生育率与人均国内生产总值的关系也属于典型的相关关系: 人均国内生产总值高的国家, 生育率往往较低, 但两者没有唯一确定的依存关系, 这是因为除了经济因素, 生育水平还受教育水平、城市化水平, 以及不易测量的民族风俗、宗教和其他随机因素的共同影响.

(3) 粮食产量与施肥量之间有着密切关系, 在一定范围内, 施肥量越多, 粮食产量就越高, 但是粮食产量并不完全取定于施肥量, 因为降雨量、土壤质量、田间管理水平等也会影响粮食产量.

(4) 医生的工作年限与处方错误率有着密切的关系, 一般说来, 工作年限短的医生开错处方的可能性比工作年限长的医生要大, 但有的工作年限短的医生, 因业务能力强或细心等原因, 开错处方的可能性反而比有些工作年限长的医生要小. 实际上, 不论工作年限长或短都有可能开错处方, 因此这两者之间并不存在确定的关系.

此外还有储蓄额与居民收入、广告费支出与商品销售额、工业产值与用电之间等都属于这种非严格依存的相关关系.

具有相关关系的某些现象有可能表现为因果关系, 即某一或若干变量的变化是引起另一变量变化的原因, 它是可以控制、给定的值, 将其称为自变量; 如上述例子中的成本、人均国内生产总体、工作年限、施肥量等都是自变量; 另一个变量的变化是自变量变化的结果, 它是不确定的一组值或某种分布, 我们将其称为因变量, 如上面的利润、生育率、处方开错率、粮食产量等都是因变量. 当变量之间存在前因后果的关系时, 自变量和因变量的确定较为容易.

然而, 具有相关关系的现象并不都表现为前因后果关系, 如生产费用和生产量、商品的供求与价格等, 当变量之间互为因果时, 则要根据研究目的来确定哪个是因变量, 哪个是自变量. 通常对于任意两个变量间的相关关系, 可以用下面的形式来表示

$$y = f(x) + \varepsilon,$$

式中, ε 为随机误差项, 用于反映自变量以外随机因素的影响.

必须注意, 相关关系不能通过单个现象来反映其规律性, 必须通过大量观察以消除偶然因素对因变量的影响.

相关分析主要是分析现象之间是否存在相关关系, 以及相关关系的方向、形式和关系的密切程度. 具体来说, 相关分析的主要内容有以下三个方面.

(1) 确定现象之间有无关系, 这是相关分析的起点, 只有存在相互依存关系, 才有必要进行进一步的分析.

(2) 确定相关关系的表现形式, 只有判明了现象之间的相关关系的具体表现形式, 才能运用相应的回归分析方法去解决. 例如, 如果把曲线相关误认为是直线相关, 按直线相关来分析, 便会出现认识上的偏差, 导致错误的结论.

(3) 测定相关关系的密切程度. 现象之间的相关关系是一种不严格的数量关系, 因此, 给人的感觉是松散的. 相关分析就是要从这种松散的数量关系中, 判定其相关关系的程度.

在进行相关分析时, 首先需要对变量之间关系的形态进行规定. 如果它们是线性关系, 就可以利用相关系数来测度两个变量之间的关系强度. 其次再对相关系数进行显著性检验, 以判断样本所代表的关系能否代表两个变量总体上的关系.

虽然相关关系不同于函数关系, 但是两者之间有着密切的联系, 具体体现在以下两个方面.

(1) 有些函数关系往往因为有观察或测量误差以及各种随机因素干扰等原因, 在实际中常常通过相关关系表现出来;

(2) 在研究相关关系时, 其数量间的规律性了解得越深刻, 则相关关系越有可能转化为函数关系或借助函数关系来表现.

3.5.2　相关系数的测定与检验

1. 相关系数的测定

要判断现象之间有无相关关系, 首先是定性分析, 然后是定量分析. 定性分析是依据研究者的理论知识、专业知识和实践经验, 对客观现象之间是否存在相关关系, 以及由何种相关关系作出判断. 定性判断可借助相关表或散点图等辅助工具进行 (这里略). 只有在定性分析的基础上, 才能进一步从数量上判断现象之间相关的方向、形态及大致的密切程度. 定性分析是相关分析的重要前提.

定量分析的主要数学工具是相关系数. 相关系数(correlation coefficient) 是用以反映变量之间相关关系密切程度的统计量. 作为在直线相关条件下, 用于测定两个变量之间相关关系密切程度的第一个相关系数计算公式是由著名的统计学家卡尔·皮尔逊设计的, 因此又称皮尔逊相关系数. 计算公式为

$$r = \frac{\sigma_{xy}}{\sigma_x \sigma_y} = \frac{n\sum xy - \sum x \sum y}{\sqrt{n\sum x^2 - \left(\sum x\right)^2}\sqrt{n\sum y^2 - \left(\sum y\right)^2}} = \frac{\overline{xy} - \overline{x}\,\overline{y}}{\sigma_x \sigma_y},$$

式中, $\sigma_{xy} = \frac{1}{n}\sum (x-\overline{x})(y-\overline{y})$ 是 xy 的协方差; $\sigma_x = \sqrt{\frac{1}{n}\sum (x-\overline{x})^2}$ 是变量 x 的标准差; $\sigma_y = \sqrt{\frac{1}{n}\sum (y-\overline{y})^2}$ 是变量 y 的标准差.

相关系数具有下述性质:

(1) 当 $|r| \leqslant 1$ 时, 即相关系数是介于 -1 到 $+1$ 之间的实数.

(2) 当 $|r| = 1$ 时, 变量 x 与 y 为完全线性相关, 即变量 x 与 y 之间存在着确切的函数关系.

(3) 当 $0 < |r| < 1$ 时, 表明变量 x 与 y 之间存在着一定的线性相关关系. $|r|$ 的数值越接近于 1, 说明 x 与 y 之间线性相关程度越高; $|r|$ 的数值越接近于 0, 说明 x 与 y 之间线性相关程度越低.

(4) 当 $r > 0$ 时, 说明 x 与 y 为正相关; 当 $r < 0$ 时, 表明 x 与 y 为负相关.

(5) 当 $r = 0$ 时, 表明 x 与 y 之间不存在线性相关关系, 即 x 与 y 之间不相关或者曲线相关.

2. 相关系数的检验

一般地, 要计算总体的相关系数是有困难的, 因为总体常常是未知数, 通常是根据样本资料计算样本相关系数 (r). 由同一总体产生的不同的可能样本, 其相关系数数值也不同, 这说明样本相关系数是一个随机变量. 所以, 有必要讨论如何应用样本相关系数检验和估计总体相关系数.

总体相关系数 (ρ) 的检验有 t 检验和 z 检验两种方法.

(1) t 检验.

假设样本来自一个正态总体, 若其 $\rho = 0$, 则样本统计量

$$t = \frac{r - \rho}{\sigma(r)} = \frac{r - 0}{\sigma(r)} = \frac{r}{\sigma(r)} \sim t(n-2),$$

其中 $\sigma(r)$ 为样本相关系数的标准差, 且

$$\sigma(r) = \sqrt{\frac{1 - r^2}{n - 2}}, \quad t = \frac{r}{\sigma(r)} = \frac{r\sqrt{n-2}}{\sqrt{1 - r^2}}.$$

例 3.5.1 某财务软件公司在全国有许多代理商, 为研究它的财务软件产品的广告投入与销售额的关系, 统计人员随机选择 10 家代理商进行观察, 收集到年广告费投入和月均销售额的数据, 并编制成相关表 3.5.1.

表 3.5.1 年广告费用与月均销售额相关表

年广告费投入	12.5	15.3	23.2	26.4	33.5	34.4	39.4	45.2	55.4	60.9
月均销售额	21.2	23.9	32.9	34.1	42.5	43.2	49	52.8	59.4	63.5

试计算相关系数, 并检验年广告费投入与月均销售额之间的相关系数是否显著 $(\alpha = 0.05)$.

解 根据表 3.5.1 的数据可求得

$$r = \frac{n \sum xy - \sum x \sum y}{\sqrt{n \sum x^2 - \left(\sum x\right)^2}\sqrt{n \sum y^2 - \left(\sum y\right)^2}}$$

$$= \frac{10 \times 16679.09 - 346.2 \times 422.5}{\sqrt{10 \times 14304.52 - 346.2^2}\sqrt{10 \times 19687.81 - 422.5^2}}$$

$$= 0.9942.$$

接着提出假设: $H_0 : \rho = 0; H_1 : \rho \neq 0$.

计算检验的统计量, 得

$$t = |r|\sqrt{\frac{n-2}{1-r^2}} = |0.9942|\sqrt{\frac{10-2}{1-0.9942^2}} = 26.109.$$

根据显著性水平 $\alpha = 0.005$ 和自由度 $n - 2 = 10 - 2 = 8$, 查 t 分布表得

$$t_{\alpha/2}(n-2) = t_{0.005}(8) = 2.7515.$$

由于 $t = 26.109 > t_{\alpha/2}(n-2) = 2.7515$, 所以拒绝原假设 H_0, 说明年广告费投入与月均销售额之间存在着显著的正线性相关关系.

(2) z 检验.

当 $\rho \neq 0$ 且 n 很小时, r 的分布呈偏态, 与正态曲线相差较大. 为使 r 分布接近正态分布, 费希尔在 1921 年提出把 r 转换为 z, 即

$$z_r = \ln\sqrt{\frac{1+r}{1-r}} = \frac{1}{2}\ln\left(\frac{1+r}{1-r}\right).$$

统计学中已有研究表明, 不论 ρ 为何值, n 取值多少, z_r 逼近标准差为 $\sigma(z_r) = 1/\sqrt{n-3}$ 的正态分布, 而

$$z = \frac{z_r - z_\rho}{1/\sqrt{n-3}} = (z_r - z_\rho)\sqrt{n-3}$$

服从标准正态分布, 其中,

$$z_\rho = \frac{1}{2}\ln\left(\frac{1+\rho}{1-\rho}\right).$$

因此, 可按 z 检验总体相关系数是否等于某一特定数值 (ρ_0).

例 3.5.2 设从全及总体中抽取样本容量 $n = 20$, $r = 0.9104$, 试检验 r 与 $\rho = 0.96739$ 之间是否有显著差异 $(\alpha = 0.1)$.

解 $H_0 : \rho = 0.96739$, $H_1 : \rho \neq 0.96739$.

经过变换

$$z_r = \frac{1}{2}\ln\frac{1+r}{1-r} = \frac{1}{2}\ln\frac{1+0.9104}{1-0.9104} = 1.53,$$

$$z_\rho = \frac{1}{2}\ln\frac{1+\rho}{1-\rho} = \frac{1}{2}\ln\frac{1+0.96739}{1-0.96739} = 2.05.$$

应用正态分布 z 检验

$$z = \frac{z_r - z_\rho}{1/\sqrt{n-3}} = \frac{1.53 - 2.05}{1/\sqrt{20-3}} = -2.144.$$

显著性水平为 0.1, 作双尾检验,

$$z_{\alpha/2} = z_{0.05} = 1.645,$$

$z = -2.144 \notin (-1.645, 1.645)$, 不落在接受域内, 故应该拒绝 H_0, 这就是说, 我们可以认为总体相关系数与 0.96739 有显著差异.

专题介绍 等级相关分析

对于分类数据、顺序数据, 还可以计算等级相关系数进行等级相关分析. 等级相关分析的主要统计工具是等级相关系数. 所谓等级相关系数, 就是指把数据

转换成等级, 测定等级之间的相关程度. 等级相关系数的主要形式有斯皮尔曼 (C. Spearman, 1863∼1945) 相关系数和肯德尔 (Maurice George Kendall, 1907∼1983) 和谐系数两种.

3. 斯皮尔曼相关系数

著名统计学家斯皮尔曼推导出了等级差数法. 因此, 利用该方法计算等级相关数列的相关指标就被命名为斯皮尔曼等级相关系数 (r_s), 其计算公式为

$$r_s = 1 - \frac{6\sum D^2}{n(n^2-1)},$$

式中, n 表示等级的项数或样本容量; D 表示等级差, 即 $D = x$ 等级 $-y$ 等级.

4. 肯德尔和谐系数

肯德尔和谐系数由英国统计学家肯德尔提出. 肯德尔和谐系数 (r_k) 适用于测定多列等级变量的相关程度, 其基本公式为

$$r_k = \frac{\sum (R_i - \overline{R})^2}{k^2(n^3-n)/12},$$

式中, r_k, R_i, $\overline{R}$, k, n 分别表示肯德尔和谐系数、某等级数列的等级和、多列等级数列等级和的平均数、等级变量数目或评价者数目、被评价对象数目.

肯德尔和谐系数基于这么一种思想: 当 k 个评价者对多件事物进行等级评定时, 如果他们的意见完全一致, 则 n 个分别为 $k, 2k, 3k, \cdots, nk$.

$$\overline{R} = \frac{1}{n}\sum R_i = \frac{1}{2}k(n+1),$$

$$\sum(R_i-\overline{R})^2 = k^2\left[\frac{1}{6}n(n+1)(2n+1) - \frac{1}{4}n(n+1)^2\right]$$
$$= \frac{1}{12}k^2(n^3-n).$$

此时的 r_k 为 1; 如果他们的意见完全不一致, 则

$$\sum(R_i-\overline{R})^2 = k^2\left[\frac{1}{6}n(n+1)(2n+1) - \frac{1}{4}n(n+1)^2\right] = 0.$$

此时的 r_k 为 0; 如果他们的意见不完全一致, 则

$$\sum(R_i-\overline{R})^2 = k^2\left[\frac{1}{6}n(n+1)(2n+1) - \frac{1}{4}n(n+1)^2\right] \neq 0.$$

因此, 肯德尔和谐系数的取值为 $0 \leqslant r_k \leqslant 1$. 一个不为 0 的 r_k 仅表明了相关程度, 至于相关方向还需要从实际资料中分析而定.

关于这两个系数在实际问题中的应用, 这里不展开讨论, 可参见施金龙著的《应用统计学》及夏新南著的《新概念统计学》.

3.5.3 统计相关误用陷阱

我们已经知道, 相关关系和因果关系是两个完全不同的概念. 然而, 在实际应用中, 常常被广泛混淆, 从而导致各种各样的统计相关误用陷阱. 不了解统计常识的人们, 常常会把两个并不相互依存的量互相联系起来, 由此导致产生统计相关误用陷阱. 发生这种联系的一种常见方式就是由于两个量的变化都是由第三个量所引发的. 以下举若干实例说明.

(1) 第二次世界大战时期, 美军在诺曼底登陆与德国法西斯决一死战, 伤亡惨重. 为减少伤亡, 有人建议官兵都要带上钢盔. 于是, 军火商生产了大批钢盔运往前线, 结果伤亡数字不是下降、反而上升了. 一个军官的解释是, 戴上钢盔使得士兵的行动迟缓, 可事实是, 战争日趋白热化, 要是那个时候不戴钢盔, 死亡人数还会更多.

(2) 有统计数据显示, 看电视会延年益寿. 事实上, 富国的电视机比穷国的多, 富人看电视的时间和机会也比较多, 而富国的医疗条件比较好. 因此, 造成了看电视与寿命具有直接相关性的假象.

(3) 有统计数据显示, 随着大气层中二氧化碳的增长, 会导致肥胖人群也有增多. 原因是汽车的普及, 汽车的尾气导致大气层中二氧化碳量的增长, 另外, 人们有了车就懒得多走, 锻炼身体的时间减少, 因此胖子也就越来越多了.

(4) 有统计数据显示, 在某个国家的不同地区, 每一千人中的死亡率和该地区每一千对配偶的离婚率之间, 存在一个小的负向相关关系, 即更多离婚, 更少死亡. 而第三个量, 即不同地区的年龄分布, 可再次对此给出解释. 与年轻夫妇相比, 老年夫妇是更少离婚和更多死亡. 事实上, 因为离婚是一个让人伤感和压抑的经历, 所以离婚更有可能导致死亡, 因而, 现实与上述误导的关系完全相反.

(5) 有统计数据显示, 在铀矿工作的工人居然与其他人的寿命相当, 有时甚至更长! 难道统计结果表明在铀矿工作对身体无害么? 当然不是! 其实, 统计数据本身并没有说谎, 铀矿工人的寿命真的不比普通人低, 难就难在我们如何拨开数据的外表, 从中挖掘出正确的信息. 事实上, 只有那些身强体壮的人才会去铀矿工作, 他们的寿命本来就长一些. 正是因为去了铀矿工作, 才把他们的寿命拉低到了平均水平. 这种现象常常被称为 "健康工作效应".

(6) 有统计数据表明, 冰淇淋销量增加, 鲨鱼食人事件也会同时增加. 但这并不意味着, 把冰淇淋销售点全部取缔了, 就能减少人被鲨鱼吃掉的概率. 真实的情况则是, 这两个变量同时增加只不过是因为夏天来了.

(7) 有统计数据显示, 足球队的获胜率, 竟然与队员的球袜长度成正比. 难道把队员的球袜都换长一些, 就能增加进球数了吗? 显然不是. 数据背后真正的因果关系是, 球队的获胜率和队员的球袜长度都与队员的身高呈正相关, 这导致了获胜率与球袜长度之间表现出虚假的相关性.

此外, 因果关系颠倒, 或者其他混杂因素使得因果关系变得非常复杂和含糊, 可视作统计伪相关的变异. 这种情况在现实中很普遍, 这里仅举几个简单的例子.

(1) 有统计数据显示, 去救火的消防员越多, 火灾损失越大. 初次听到这样的结论, 想必大家的反映都一样: 这怎么可能呢? 仔细想想你就明白了: 正因为火灾损失大, 才会有很多人去救火. 因果关系弄颠倒了. 数据只能显示两件事情有相关性, 但并不能告诉你它们内部的逻辑关系.

(2) 新希伯利德群的土著相信虱子有益于身体健康, 因为根据他们数百年的观察经验, 身体好的人都有虱子, 只有生病的人身上没有. 于是他们由此推论: 虱子使人健康, 每个人都该有一些. 这种推论显然有问题, 但是他们却深信不疑. 后来经过一些有经验的人仔细研究之后, 发现在新希伯利德地方差不多每个人都长虱子, 可是人生病发烧的时候, 因为体温太高, 虱子们便乔迁它去, 另觅住宅. 正是因为生病, 身子才没有虱子, 因果关系颠倒了.

(3) 一个人所拥有的学历 (理学学士、硕士或者工商管理硕士、哲学博士) 和这个人的起薪之间的关系, 只有考虑到不同类型的老板, 这个混杂因素才有可能说清楚. 与从事工程的本科生和硕士生相比, 哲学博士更可能接受较低薪水的学术机构工作, 因而更高的学历会引致较低的起薪, 而高学历本身并不会让某人的薪水变得更低.

(4) 毫无疑问, 吸烟是引起癌症、肺病和心脏病的一个最重要的原因, 但是生活方式、环境等与癌症、肺病和心脏病有关的混杂因素却在一定程度上将这个事实掩盖了好多年.

3.5.4 回归分析概说

历史聚焦 "回归" 一词是英国统计学家 F. Galton 在研究父亲身高和他们成年儿子身高关系时提出的. 从大量的父亲身高和其成年独立儿子身高数据的散点图中, F. Galton 天才地发现了一条贯穿其中的直线, 它能够描述父亲身高和其成年儿子身高之间的关系, 并可用于预测某身高父亲其成年儿子的平均身高. 他的研究发现, 如果父亲的身高很高, 那么他的成年儿子也会较高, 但不会像他父亲那么高; 如果父亲的身高很矮, 那么他的成年儿子也会较矮, 但不会像他父亲那么矮. 他们会趋向于子辈身高的平均值. F. Galton 将这种现象称为 "回归", 将那条贯穿于数据点中的线称为 "回归线". 后来, 人们借用 "回归" 这个名词, 将研究事物之间统计关系的数量分析方法称为回归分析.

1. 回归分析概述

回归分析是一种应用于许多领域的广泛的数量分析方法, 它用于分析事物之间的回归关系. 回归关系, 也称广义的相关关系, 它是指变量之间存在的主从关系或因果关系. 回归分析侧重考察变量之间的数量变化规律, 并通过回归方程的形式描述和反映这种关系, 帮助人们准确把握变量受其他一个或多个变量影响的程度, 进而为控制和预测提供科学依据.

回归分析的核心目的是找到回归线, 涉及如何找回归线, 如何描述回归线, 回归线是否可用于预测等问题. 回归分析过程一般有下述五个步骤.

(1) 确定回归方程中的解释变量和被解释变量. 由于回归分析用于分析一个事物是如何随其他事物的变化而变化的, 因此回归分析的第一步应确定哪个事物是需要被解释的, 即哪个变量是被解释变量, 称其为因变量(dependent variable), 用 y 表示; 哪些事物是用于解释其他变量的, 即哪些变量是解释变量, 称其为自变量(independent variable), 用 x 表示. 回归分析正是要建立 y 关于 x 的回归方程, 并在给定 x 的条件下, 通过回归方程预测 y 的平均值. 这点是有别于相关分析的. 父亲身高关于成年儿子身高的回归分析与成年儿子身高关于父亲身高的回归分析是完全不同的.

(2) 确定回归模型. 根据函数拟合方式, 通过观察散点图确定应通过哪种数学模型来描述回归线. 如果被解释变量和解释变量之间存在线性关系, 则应进行线性回归分析, 建立线性回归模型; 如果被解释变量和解释变量之间存在非线性关系, 则应进行非线性回归分析, 建立非线性回归模型.

(3) 建立回归方程. 根据收集到的样本数据以及 (2) 中所确定的回归模型, 在一定的统计似合准则下估计出模型的各个参数, 得到一个回归方程.

(4) 对回归方程进行各种检验. 前面已经提到, 由于回归方程是在样本数据基础上得到的, 回归方程是否真实地反映了总体之间的统计关系以及回归方程能否用于预测等都需要进行检验.

(5) 利用回归方程进行预测. 建立回归方程的目的之一是根据回归方程对事物的未来发展趋势进行控制和预测.

相关链接　"奥林匹克魔咒" 的真相

大家明白, 只有在预选赛上创造出优异成绩的选手才能够代表国家出战奥运会, 但在奥运赛场上, 运动员却往往发挥失常以致最终抱憾收场. 这样的状况想必在每届的奥运会上都会出现. 这就是均值回归的典型事例, 是体育结果的随机性所导致的现象.

体育结果往往不完全由实力决定. 就连 100m 赛跑这样单纯的竞技项目, 每届大赛的最佳成绩都不一样. 如果将这个被随机性所决定的因素称为竞技状态, 那么那些碰巧在预选赛上取得佳绩的人之中, 有很大一部分是发挥出了他本人的最佳竞技状态.

但是, 仅凭最佳竞技状态下取得的成绩去预测正式比赛的结果, 无异于期待 "奇迹连续发生 2 次". 像这样的选手在正式比赛中, 有可能发挥平庸甚至发挥失常. 与再次超常发挥取得奇迹一般的好成绩相比, 出现 "均值回归" 的可能性更大. 当然与之相反的情况是, 即便在正式比赛之前发挥失常的选手, 也有可能出现 "正式比赛时发挥更好" 的均值回归现象.

被称为 "奥林匹克魔咒" 的现象背后, 也许有很多情况只用 "均值回归" 就可以解释. 所以运动员们所追求的是调整身心状态, "尽可能地减少随机性", 以及 "不会被随机性所左右的压倒性的实力".

2. 相关分析与回归分析的关系

广义的相关分析包含回归分析, 回归分析可视作相关分析的继续和发展. 而从狭义的相关视角来说, 相关分析是回归分析的基础和前提. 相关分析需要依靠回归分析来表现变量之间数量相关的具体形式, 而回归分析则需要依靠相关分析来表现变量之间数量变化的相关程度. 只有当变量之间存在高度相关时, 进行回归分析寻求其相关的具体形式才有意义. 如果在没有对变量之间是否相关, 以及相关方向和程度作出正确判断之前, 就进行回归分析, 很容易造成 "虚假回归". 与此同时, 相关分析只研究变量之间相关的方向和程度, 不能推断变量之间相互关系的具体形式, 也无法从一个变量的变化来推测另一个变量的变化情况. 因此, 在具体应用过程中, 只有把相关分析和回归分析结合起来, 才能达到研究和分析的目的.

相关分析以计算相关系数为中心, 回归分析以建立回归方程为中心. 两者的区别主要体现在以下三个方面.

(1) 在相关分析中涉及的变量不存在自变量和因变量的划分问题, 变量之间的关系是对等的; 而在回归分析中, 则必须根据研究对象的性质和研究分析的目的, 对变量进行自变量和因变量的划分. 因此在回归分析中变量之间的关系是不对等的.

(2) 在相关分析中所有的变量都必须是随机变量; 而在回归分析中, 自变量是给定的, 因变量才是随机的, 即将自变量的给定值代入回归方程后, 所得到的因变量的估计值不是唯一确定的, 而会表现出一定的随机波动性.

(3) 相关分析主要是通过一个统计量即相关系数来反映变量之间相关程度的大小, 由于变量之间是对等的, 因此, 相关系数是唯一确定的; 而在回归分析中, 对于互为因果的两个变量 (如人的身高与体重、商品的价格与需求量), 则有可能存在两个回归方程.

需要说明的是, 变量之间是否存在 "真实相关", 是由变量之间的内在联系所决定的. 相关分析和回归分析只是定量分析的手段, 通过相关分析和回归分析, 虽然可以从数量上反映变量之间的联系形式及其密切程度, 但是无法准确判断变量之间内在联系的存在与否, 也无法判断变量之间的因果关系. 因此, 在具体应用过程中, 一定要始终注意把定性分析和定量分析结合起来, 在准确定性分析的基础上展开定量分析.

3. 一元线性回归模型

在回归分析中, 若只涉及一个自变量, 则称其为一元回归; 若因变量 y 与自变量 x 之间为线性关系时称其为一元线性回归 (simple linear regression).

对一元线性回归的两个变量来说, 可以用一个线性方程来描述它们之间的关系. 描述因变量 y(随机变量) 如何依赖于自变量 x 和误差项 ε 的方程, 称为回归模型 (regression model). 对于只涉及一个自变量的一元线性回归模型可表示为

$$y = \beta_0 + \beta_1 x + \varepsilon,$$

在上述一元线性回归模型中, y 是 x 的线性函数 ($\beta_0 + \beta_1 x$ 部分) 加上误差项 ε. $\beta_0 + \beta_1 x$ 反映了由于 x 的变化而引起的 y 的线性变化; ε 是被称为误差项的随机变量, 它反映了除 x 和 y 之间的线性关系之外的随机因素对 y 的影响, 是不能由 x 和 y 之间的线性关系所解释的变异性. 式中的 β_0 和 β_1 为模型的两个待定参数.

一元线性回线模型是建立在以下几个主要假定基础之上.

(1) 因变量 y 与自变量 x 之间具有线性关系.

(2) 在重复抽样中, 自变量 x 的取值是固定的及假定 x 是非随机的.

(3) 误差项 ε 是一个期望值为 0 的随机变量, 即 $E(\varepsilon) = 0$. 对于一个给定的 x 值, y 的期望值为 $E(y) = \beta_0 + \beta_1 x$.

(4) 对于所有的 x 值, ε 的方差 σ^2 都相同.

(5) 误差项 ε 是一个服从正态分布的随机变量, 且相互独立, 即 $\varepsilon \sim N(0, \sigma^2)$.

后面的三个假定都是关于误差项 ε 的, 分别被称为随机误差项的正态性, 方差齐性和独立性. 根据回归模型中的上述假定, ε 的数学期望值等于 0. 因此, y 的数学期望值

$$E(y) = \beta_0 + \beta_1 x,$$

也就是说, y 的期望值是 x 的线性函数. 描述因变量 y 的期望值如何依赖于自变量 x 的方程, 称为回归方程 (regression equation). 一元线性回归方程式为

$$E(y) = \beta_0 + \beta_1 x.$$

一元线性回归方程的图示表现为一条直线, 因此也被称为直线回归方程. 式中 β_0 是回归直线在 y 轴上的截距, 是当 $x = 0$ 时 y 的期望值, 从数学意义上来理解,

它表示在没有自变量 x 的影响时, 其他各因素对因变量 y 的平均影响; β_1 是直线的斜率, 也称为回归系数, 它表示当 x 每变动一个单位时, y 的平均变动量.

在已知回归方程中的参数 β_0 和 β_1 的情况下, 对于一个给定的 x 值, 利用上述一元线性回归方程可计算出 y 的期望值. 但总体回归参数 β_0 和 β_1 是未知的, 我们只能通过样本数据去估计它们, 用样本统计量 $\hat{\beta}_0$ 和 $\hat{\beta}_1$ 代替回归方程中的未知参数 β_0 和 β_1, 这时就得到了估计的回归方程. 根据样本数据求出回归方程的估计式, 被称为估计的回归方程 (estimated regression equation). 对于一元线性回归, 估计的回归方程为

$$\hat{y} = \hat{\beta}_0 + \hat{\beta}_1 x,$$

式中, $\hat{\beta}_0$ 是估计的回归直线在 y 轴上的截距, $\hat{\beta}_1$ 是直线的斜率, 它表示对于一个给定的 x 值, $\hat{y}$ 是 y 的估计值. $\hat{\beta}_1$ 也是 x 每变动一个单位时, y 的平均变动值.

评注 一元线性回归模型虽然简单, 但通过一元线性回归模型的建立过程, 我们可以了解现代统计分析及其回归分析方法的基本思想, 以及它在实际问题研究中的应用原理.

4. 回归参数估计的最小二乘法

回归分析的目的之一是通过自变量的变化来预测因变量的变动结果, 为达到此目的, 建立回归方程后, 还要确定回归方程的两个待定参数 $\hat{\beta}_0$ 和 $\hat{\beta}_1$, 一元线性回归方程中的特定参数是根据观察资料得出来的, 常使用的方法是普通最小二乘法 (ordinary least squares).

人们通常把观测值 y_i 与它的拟合值 $\hat{y}_i$ 之差 e_i 称为残差, 它是随机项 ε_i 的估计值. 记为

$$e_i = y_i - \hat{y}_i = y_i - \hat{\beta}_0 - \hat{\beta}_1 x_i.$$

最小二乘准则就是使全部观测值的残差平方和为最小, 即

$$Q_{\min} = \sum e_i^2 = \sum (y_i - \hat{\beta}_0 - \hat{\beta}_1 x)^2.$$

由微积分中的多元极值原理知, 要使 Q 达到最小, 必要条件是

Q 对 $\hat{\beta}_0$ 和 $\hat{\beta}_1$ 的一阶偏导数等于零, 二阶偏导数大于零.

依据必要条件, $\hat{\beta}_0$ 和 $\hat{\beta}_1$ 应满足下列方程组:

$$\begin{cases} \dfrac{\partial Q}{\partial \hat{\beta}_0} = -2 \sum_{i=1}^{n} (y_i - \hat{\beta}_0 - \hat{\beta}_1 x_i) = 0, \\ \dfrac{\partial Q}{\partial \hat{\beta}_1} = -2 \sum_{i=1}^{n} (y_i - \hat{\beta}_0 - \hat{\beta}_1 x_i) x_i = 0. \end{cases}$$

经整理后得正规方程组:

$$\begin{cases} \sum_{i=1}^{n} y_i = n\hat{\beta}_0 + \hat{\beta}_1 \sum_{i=1}^{n} x_i, \\ \sum_{i=1}^{n} x_i y = \hat{\beta}_0 \sum_{i=1}^{n} x_i + \hat{\beta}_1 \sum_{i=1}^{n} x_i^2, \end{cases}$$

解之, 得

$$\begin{cases} \hat{\beta}_1 = \dfrac{n\sum_{i=1}^{n} x_i y_i - \sum_{i=1}^{n} x_i \sum_{i=1}^{n} y_i}{n\sum_{i=1}^{n} x_i^2 - \left(\sum_{i=1}^{n} x_i\right)^2} = \dfrac{\sum_{i=1}^{n}(x_i - \overline{x})(y_i - \overline{y})}{\sum_{i=1}^{n}(x_i - \overline{x})^2}, \\ \hat{\beta}_0 = \overline{y} - \hat{\beta}_1 \overline{x}, \end{cases}$$

式中, $\overline{y} = \dfrac{1}{n}\sum_{i=1}^{n} y_i$; $\overline{x} = \dfrac{1}{n}\sum_{i=1}^{n} x_i$, 说明回归直线 $\hat{y}_i = \hat{\beta}_0 + \hat{\beta}_1 x_i$ 通过平均数这个点 $(\overline{x}, \overline{y})$.

上述 $\hat{\beta}_0$ 和 $\hat{\beta}_1$ 称为最小二乘估计量 (ordinary least square estimator). 上述方法就是普通最小平方法 (ordinary least square, OLS).

评注 上述计算 $\hat{\beta}_0$ 和 $\hat{\beta}_1$ 的公式也可用由二次函数求极值的初等数学方法 (配方) 获得.

例 3.5.3 根据例 3.5.1 的数据, 求月均销售额对年广告费投入的一元线性回归方程.

解 把数据代入最小二乘估计量公式得

$$\begin{cases} \hat{\beta}_1 = \dfrac{10 \times 16679.09 - 346.2 \times 422.5}{10 \times 14304.52 - (346.2)^2} = 0.884896, \\ \hat{\beta}_0 = 42.25 - 0.884896 \times 34.62 = 11.61, \end{cases}$$

即月均销售额对年广告费投入的估计方程为

$$\hat{y} = 11.61 + 0.884896x.$$

将 x_i 的各个取值代入上述估计方程, 可以得到月均销售额的各个估计值 $\hat{y}_i$.

回归系数 $\hat{\beta}_1 = 0.884896$ 表示, 年广告费投入每增加 1 万元, 月均销售额平均增加 0.884896 万元. 本例中 $\hat{\beta}_0 = 11.61$, 表示在没有年广告费投入的情况下, 月均销售额可维持在 11.61 万元的水平上.

在回归分析中, 对截距 $\hat{\beta}_0$ 常常不能赋予任何真实意义, 因为在有些分析中 $\hat{\beta}_0$ 值为一个负数, 这就很难解释其现实意义. 所以在回归分析中, 对截距 $\hat{\beta}_0$ 通常不作实际意义上的解释.

历史聚焦 1801 年, 意大利天文学家朱赛普·皮亚齐 (Giuseppe Piazzi, 1746~ 1826) 发现了第一颗小行星谷神星. 经过 40 天的跟踪观测后, 由于谷神星运行至太阳背后, 使得皮亚齐失去了谷神星的位置. 随后全世界的科学家利用皮亚齐的观测数据开始寻找谷神星, 但是根据大多数人计算的结果来寻找谷神星都没有结果. 时年 24 岁的高斯也计算了谷神星的轨道. 奥地利天文学家海因希·奥尔伯斯根据高斯计算出来的轨道重新发现了谷神星.

高斯使用的最小二乘法的方法于 1800 年发表在其著作《天体运动论》中, 1829 年, 高斯又提供了最小二乘法的优化效果强于其他方法的证明. 发明这个方法的动因, 是天文学和测地学上处理数据的需要, 以后这个方法渗入统计数据分析的领域, 对统计学的发展产生了重大的影响. 统计史家对此评价很高, 有的认为最小二乘法之于数理统计学, 犹如微积分之于数学, 有的学者称最小二乘法是 19 世纪统计学的 "中心主题".

法国科学家勒让德 (1752~1833) 于 1805 年第一个用书面形式公开发表 "最小二乘法", 但因不为世人所知而默默无闻. 勒让德与高斯两人曾为谁最早创立最小二乘法原理发生过争执.

3.5.5 回归方程的统计检验

1. 回归直线的拟合优度检验

回归直线 $\hat{y}_i = \hat{\beta}_0 + \hat{\beta}_1 x_i$ 可用来估计或预测因变量 y 的取值. 但估计或预测的精度如何, 将取决于回归直线对观测数据的拟合程度. 可以想象, 如果各观测数据的散点都落在这一直线上, 那么这条直线就是对数据的完全拟合, 该直线充分代表了各个点, 此时用 x 来估计 y 是没有误差的. 各个观测值越是紧密围绕直线, 说明直线对观测数据的拟合程度越好, 反之则越差. 回归直线与各观测点的接近程度称为回归直线对数据的拟合优度 (goodness of fit). 为说明直线的拟合优度, 需要计算判定系数与估计标准误差.

(1) 判定系数.

判定系数是对估计的回归方程拟合优度的度量. 为说明它的含义, 需要对因变量 y 的取值的变差进行研究.

因变量 y 的取值是不同的, y 取值的这种变动称为变差. 变差的产生来自于两个方面:

(i) 由于自变量 x 的取值不同造成的;

(ii) 除 x 以外的其他因素 (如 x 对 y 的非线性影响、测量误差等) 的影响.

对一个具体的观测值来说, 变差的大小可以用实际观测值 y 与其均值 $\bar{y}$ 之差 $(y - \bar{y})$ 来表示. n 次观察值的总变差可由这些变差的平方和来表示, 称为总平方和

(total sum of squares), 记为 SST, 即

$$\text{SST} = \sum (y_i - \overline{y})^2.$$

从图 3.5.1 中可以看出, 每个观测点的变差都可分解为

$$y - \overline{y} = (y - \hat{y}) + (\hat{y} - \overline{y}).$$

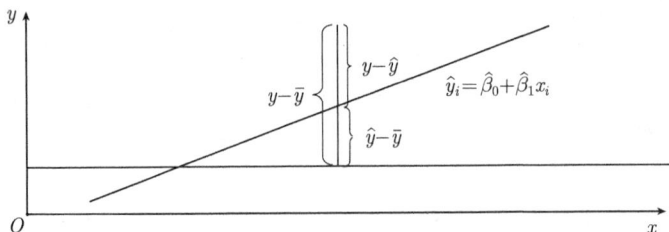

图 3.5.1　变差分解图

将上式两边平方, 并对所有 n 个点求和, 有

$$\sum (y_i - \overline{y})^2 = \sum (y_i - \hat{y}_i)^2 + \sum (\hat{y}_i - \overline{y})^2 + 2 \sum (y_i - \hat{y}_i)(\hat{y}_i - \overline{y}).$$

不难证明:

$$\sum (y_i - \hat{y}_i)(\hat{y}_i - \overline{y}) = 0.$$

于是有

$$\sum (y_i - \overline{y})^2 = \sum (y_i - \hat{y}_i)^2 + \sum (\hat{y}_i - \overline{y})^2.$$

这样, 总平方和 SST 可分解为回归平方和与残差平方和两部分:

(i) $\sum (\hat{y}_i - \overline{y})^2$ 是回归值 $\hat{y}_i$ 与均值 $\overline{y}$ 的变差平方和. 根据估计的回归方程, 估计值 $\hat{y}_i = \hat{\beta}_0 + \hat{\beta}_1 x_i$, 因此可以把 $(\hat{y}_i - \overline{y})$ 看成自由变量 x 的变化引起的 y 的变化, 而其平方和 $\sum (\hat{y}_i - \overline{y})^2$ 则反映了 y 的总变差中由于 x 和 y 之间线性关系引起的 y 的变化部分, 它是可以由回归直线来解释的 y_i 的变差部分, 称为回归平方和 (sum square of regression), 记为 SSR.

(ii) $\sum (y_i - \hat{y}_i)^2$ 是各实际观测点值与回归值的残差 $(y_i - \hat{y}_i)$ 平方和, 它是除了 x 对 y 的线性影响之外的其他因素对 y 变差的作用, 是不能由回归直线来解释的 y_i 的变差部分, 称为残差平方和或误差平方和 (sum square of error), 记为 SSE. 上述 3 个平方和的关系为

$$总平方和(\text{SST}) = 回归平方和(\text{SSR}) + 残差平方和(\text{SSE}).$$

从图 3.5.1 中可以直观地看出, 回归直线拟合的好坏取决于 SSR 及 SSE 的大小, 或者说取决于 SSR 占 SST 的比例大小. 各观测点越靠近直线, SSR 与 SSE 的比值越大, 表示直线拟合得越好.

回归平方和占总平方和的比例, 称其为判定系数 (coefficient of determination), 记为 R^2:

$$R^2 = \frac{\text{SSR}}{\text{SST}} = \frac{\sum (y_i - \hat{y}_i)^2}{\sum (y_i - \overline{y})^2}.$$

不难发现, R^2 就是相关系数 r 的平方. 判定系数 R^2 测度了回归直线对观测数据的拟合程度. 它有如下两种极端情况:

(i) 若所有观测点都落在直线上, 那么残差平方和 SSE $= 0$, $R^2 = 1$, 拟合是完全的;

(ii) 若 y 的变化与 x 无关, 则 x 完全无助于解释 y 的变差, 此时 $\hat{y} = \overline{y}$, 而 $R^2 = 0$.

易见, R^2 的取值是 $[0,1]$. R^2 越接近 1, 表明 SSR 和 SST 的比例越大, 回归直线与各观测点越接近, 可用 x 的变化来解释 y 值变差的部分就越多, 回归直线的拟合程度就越好; 反之, R^2 越接近 0, 回归直线的拟合程度就越差.

例 3.5.4 根据例 3.5.1 的数据, 计算年广告费对月均销售额回归的判定素数, 并解释其意义.

解 对所给数据进行计算 (过程略) 可得

$$总平方和 \text{SST} = 1837.185,$$

$$回归平方和 \text{SSR} = 1815.93,$$

$$残差平方和 \text{SSE} = 21.255.$$

于是有

$$R^2 = \frac{\text{SSR}}{\text{SST}} = \frac{1815.93}{1837.185} = 0.9884 = 98.84\%.$$

其实也可以由相关系数平方求得, 即

$$R^2 = (r)^2 = (0.994184)^2 = 0.9884 = 98.84\%.$$

现对例 3.5.4 判定系数的实际意义作简单的解释: 在月均销售额取值的变差中, 有 98.84% 可以由广告费用与月均销售额之间的线性关系来解释, 也可以说, 在月均销售额取值的变动中, 有 98.84% 是由年广告费用所决定的. 这样看来, 月均销售额取值的差异几乎都是由年广告费用决定的, 可见月均销售额与年广告费用之间有很强的线性关系.

(2) 估计标准误差.

如前所述, 判定系数可以用于度量回归直线的拟合程度, 相关系数也可以起到类似的作用, 而残差平方和则可以说明实际观测值与回归估计值之间的差异程度. 对于一个变量的诸多观测值, 我们可以用标准差来测度各观测值在其平均数周围的分散程度. 与之类似的一个量可以用来测度各实际观测点在直线周围的分布状况, 这个量就是估计的标准误差, 也称为估计量的标准差或标准误差. 均方残差 (mean squared error, MSE) 的平方根, 称为**估计量的标准误差**(standard error of estimate), 或简称为**标准误**, 用 s_e 来表示. 估计标准误差是对各观测点在直线周围分散程度的一个度量值, 它是对误差项 ε 的标准差 σ 的估计. 其计算公式为

$$s_e = \sqrt{\frac{\sum (y_i - \hat{y}_i)^2}{n-2}} = \sqrt{\frac{\text{SSE}}{n-2}} = \sqrt{\text{MSE}}.$$

从上式容易看出, 估计标准误差是残差平方和 SSE 除以它的自由度 $n-2$ 之后的平方根.

估计标准误差 s_e 可以看成在排除了 x 对 y 的线性影响后, y 随机波动大小的一个估计量. 从估计标准误差的实际意义看, 它反映了用估计的回归方程预测因变量 y 时的预测误差大小. 若各观测点越靠近直线, 那么 s_e 就越小, 回归直线对各观测点的代表性就越好, 而根据估计的回归方程进行的预测也就越准确.

例 3.5.5 根据例 3.5.1 的有关数据, 计算年广告费对月均销售额回归的估计标准误差, 并解释其意义.

解 在例 3.5.4 已求得 SSE $= 21.2554$. 于是有

$$s_e = \sqrt{\frac{\text{SSE}}{n-2}} = \sqrt{\frac{21.2554}{10-2}} = 1.6300(\text{万元}),$$

这说明根据年广告费对月均销售额进行估计与预测时, 平均的估计误差为 1.6300 万元.

评注 回归估计标准差与第 2 章中介绍的标准差的计算原理是一致的, 两者都是反映平均差异程度和表明代表性的统计量. 一般标准差反映的是各变量值与其平均数的平均差异程度, 表明其平均数对各变量值的代表性强弱; 回归标准误差反映的是因变量各实际值与其估计值之间的平均差异程度, 表明其估计值对各实际值的代表性强弱, 其值越小, 估计值 (或回归方程) 的代表性越强, 用回归方程估计或预测的结果越准确.

2. **显著性检验**

在根据样本数据拟合回归方程时, 我们曾假定变量 x 与 y 之间存在着线性关系, 即 $y = \beta_0 + \beta_1 x + \varepsilon$, 并假定误差项 ε 满足正态性、方差齐性和独立性的要求. 但这些假定是否成立, 需要通过检验后才能得出结论.

回归分析中的显著性检验主要包括线性关系的显著性检验与回归系数的显著性检验.

(1) 线性关系的显著性检验.

线性关系的检验又称为 F 检验, 检验自变量 x 和因变量 y 之间的线性关系是否显著, 或者说, 它们之间能否用一个线性模型 $y = \beta_0 + \beta_1 x + \varepsilon$ 来表示. 线性关系的检验是以方差分析为基础的, 检验的方法是将回归方差与剩余方差进行比较, 构造 F 统计量. 根据总离差平方和的分解公式:

$$\mathrm{SST} = \mathrm{SSR} + \mathrm{SSE}.$$

对 SSR/SSE 的比值来说, 其值越大, 即自变量 x 对因变量 y 的解释程度越高, 可以认为总体存在线性关系. 因此, 利用回归平方与剩余平方的比值可以对总体线性关系进行推断. 每个平方和都有一个自由度同它相联系, 将 SSR 除以其相应的自由度 (自变量的个数 k, 一元线性回归中, 回归平方和的自由度为 1) 后的结果称为均方回归, 记为 MSR; 将 SSE 除以其相应的自由度 (为 $n-k-1$, 一元线性回归中, 残差平方和的自由度为 $n-2$) 后的结果称为均方残差, 记为 MSE.

如果原假设成立 ($H_0 : \beta_1 = 0$, 两个变量之间的线性关系不显著), 此时, 比值 MSR/MSE 的抽样分布服从分子自由度为 1、分母自由度为 $n-2$ 的 F 分布, 即

$$F = \frac{\mathrm{SSR}/1}{\mathrm{SSE}/(n-2)} = \frac{\mathrm{MSR}}{\mathrm{MSE}} \sim F(1, n-2).$$

所以当原假设 $H_0 : \beta_1 = 0$ 时成立时, MSR/MSE 的值很小; 但如果原假设 $H_0 : \beta_1 = 0$ 不成立, MSR/MSE 的值将变得无穷大, 因此, 较大的 MSR/MSE 将导致拒绝原假设 H_0, 此时就可以断定变量 x 与 y 之间存在着显著的线性关系. 一元线性关系检验的具体步骤如下所述.

(i) 提出原假设:

$$H_0 : \beta_1 = 0, \quad \text{两个变量之间的线性关系不显著.}$$

(ii) 构造检验统计量 F 并由样本数据计算其值:

$$F = \frac{\mathrm{SSR}/1}{\mathrm{SSE}/(n-2)} = \frac{\mathrm{MSR}}{\mathrm{MSE}}.$$

(iii) 进行决策. 确定显著性水平 α, 并根据分子自由度 $\mathrm{df}_1 = 1$ 和分母自由度 $\mathrm{df}_2 = n-2$ 查 F 分布表, 找到相应的临界值 F_α. 当 $F > F_\alpha$ 时, 拒绝 H_0, 表明两个变量之间的线性关系是显著的; 当 $F < F_\alpha$ 时, 不拒绝 H_0, 没有证据表明两个变量之间的线性关系显著. 当然也可以根据回归分析表中给出的 P 值直接进行决策.

例 3.5.6 根据例 3.5.1 的有关结果, 检验年广告费对月均销售额之间线性关系的显著性 ($\alpha = 0.05$).

解 计算检验统计量 F:

$$F = \frac{\text{SSR}/1}{\text{SSE}/(n-2)} = \frac{1815.93/1}{21.26/8} = \frac{1815.93}{2.6575} = 683.32.$$

根据显著性水平 $\alpha = 0.05$, 分子自由度 $\text{df}_1 = 1$ 和分母自由度 $\text{df}_2 = 10 - 2 = 8$ 查 F 分布表, 找到相应的临界值 $F_\alpha = 5.318$. 由于 $F > F_\alpha$, 拒绝 $H_0(\beta_1 = 0)$, 表明年广告费与月均销售额之间的线性关系是显著的.

(2) 回归系数的显著性检验.

回归系数的显著性检验也就是要检验自变量对因变量的影响是否显著的问题. 在一元线性回归模型 $y = \beta_0 + \beta_1 x + \varepsilon$ 中, 若回归系数 $\beta_1 = 0$, 回归线性表现为一条水平线, 说明因变量 y 的取值不依赖于自变量 x, 也就是两个变量之间不存在线性关系. 若回归系数 $\beta_1 \neq 0$, 也不能肯定就得出两个变量之间存在线性关系的结论, 还要看这种关系是否具有统计意义上的显著性. 所以, 回归系数的显著性检验就是检验回归系数 β_1 是否等于 0. 为检验参数的显著性, 可构造 t 检验统计量, 服从自由度为 $(n-2)$ 的 t 分布:

$$t = \frac{\hat{\beta}_1 - \beta_1}{s_{\hat{\beta}_1}} \sim t(n-2),$$

其中, $s_{\hat{\beta}_1}$ 表示回归系数估计值 $\hat{\beta}_1$ 的标准误差

$$s_{\hat{\beta}_1} = t\sqrt{\frac{\sum (y - \hat{y})^2}{(n-2)\sum (x - \overline{x})^2}} = \sqrt{\frac{\text{SSE}}{(n-2)\sum (x - \overline{x})^2}}.$$

在原假设为真的情况下, $\beta_1 = 0$, 所以, t 检验统计量也可写作 $t = \beta_1/s_{\hat{\beta}_1}$.

例 3.5.7 根据例 3.5.1 的数据, 检验回归系数的显著性 $(\alpha = 0.05)$.

解 计算检验的统计量 t 的公式为

$$t = \frac{\hat{\beta}_1}{s_{\hat{\beta}_1}} = \frac{0.884896}{0.033848} = 26.14322.$$

根据给定显著性水平 $\alpha = 0.05$, 自由度 $= n - 2 = 10 - 2 = 8$ 查 t 分布表, 得

$$t_{\alpha/2} = t_{0.05} = 2.306.$$

由于 $t = 26.14322 > t_{0.05} = 2.306$, 拒绝原假设 H_0. 这说明年广告费用是影响月均销售额的一个显著性因素.

3.5.6 回归方程的应用

建立回归模型的主要目的是为了应用, 而预测或控制是回归模型最重要的应用. 在回归模型经过各种检验并表明符合预定的要求后, 就可以利用它来完成这一目的了.

所谓预测(prediet) 是指通过自变量 x 的取值来预测因变量 y 的取值. 例如, 根据前面建立的年广告费用与月均销售额的回归方程, 给出一个年广告费用的数值, 就可以得到月均销售额的一个预测值, 后面将详细阐述这一问题.

控制(control) 相当于预测的反问题, 它是根据一个想要的 y 值, 求得所要求的 x 值. 例如, 在控制通货膨胀问题中, 我们希望全国零售物价指数增长在 10% 以内, 研究近年的经济增长度时, 希望经济增长能保持为 8% $\sim$ 10% 等问题. 控制问题的应用要求因变量与自变量之间有因果关系, 经常用于工业生产的质量控制中, 在经济问题中, 经济变量有强的相关性, 形成一个综合整体, 仅控制回归方程的一个或几个变量, 而忽视了回归方程以外的其他变量, 往往达不到预期效果. 论述控制建立在区间估计的基础上, 稍微有点复杂, 我们不详细介绍.

接下来, 我们主要介绍根据一元线性回归方程进行估计和预测的方法, 其中包括点估计和区间估计.

1. 点估计

点估计分为两种: 一种是平均值的点估计, 另一种是个别值的点估计. 利用回归方程, 对于 x 的一个固定值 x_0, 推算出 y 的平均值的一个估计值 $E(y_0)$, 就是平均值的点估计; 如果对于 x 的一个特定值 x_0, 推算出 y 的一个个别值的估计值 $\hat{y}_0$, 则属于个别值的点估计.

对于例 3.5.1 资料中, 得到一元线性回归方程为

$$\hat{y} = 11.61 + 0.884896x.$$

当我们要对年广告费用为 50 万元所有代理商月均销售额的平均值估计时, 就是平均值的点估计. 由估计的回归方程, 得

$$E(y_0) = 11.61 + 0.884896 \times 50 = 55.8548(\text{万元}).$$

对于 x 的一个特定值 x_0, 通过估计的回归方程, 求出 y 的一个个别值的估计值 $\hat{y}_0$, 称为个别值的点估计. 例如, 我们只想知道年广告费用为 45.2 万元的那个代理商的月均销售额是多少时, 就是计算个别值的点估计. 由估计的回归方程, 得

$$\hat{y} = 11.61 + 0.884896 \times 45.2 = 51.6073(\text{万元}),$$

即年广告费用为 45.2 万元的那个代理商的月均销售额估计值为 51.6073 万元.

2. 区间估计

对于预测问题, 除了知道点估计的预测值, 人们还希望知道预测的精度, 因为点估计不能给出与估计有关的任何准确信息. 例如, 研究产量与制造费用的关系, 可建立回归方程 $\hat{y} = \hat{\beta}_0 + \hat{\beta}_1 x$, 当已知产量 $x = x_0$ 时, 要预测制造费用, 即计算出点估计值 $\hat{y}_0$, 而仅知道这一数值意义不大, 我们往往更希望能给出一个预测值的变动范围, 即进行区间估计. 而这一预测值范围比只给 $\hat{y}_0$ 更可信. 这个问题也就是对于给定的显著水平 α, 找一个区间 (T_1, T_2), 使对应于某特定的 x_0 的实际值 y_0 以 $1 - \alpha$ 的置信概率被区间 (T_1, T_2) 所包含.

区间估计同样有两种类型: 一是置信区间估计, 它是对 x 的一个给定值 x_0, 求出因变量的平均值的估计区间, 这一区间称为置信区间 (confidence interval); 二是预测区间估计, 它是对 x 的一个给定值 x_0, 求出因变量的一个个别值的估计区间, 这一区间称为预测区间 (prediction interval).

(1) 因变量平均值的置信区间估计.

对 x 的一个给定值 x_0, 求出因变量 y 的平均值的区间估计, 称为置信区间估计 (confidence interval estimate).

假如给定 x_0 为自变量 x 的一个值; $E(y_0)$ 为给定 x_0 时因变量 y 的平均值或期望值, 即若 $x = x_0$, 则 $\hat{y}_0 = \hat{\beta}_0 + \hat{\beta}_1 x_0$ 为 $E(y_0)$ 估计值.

通常情况下, 不能要求估计值 $\hat{y}_0$ 精确地等于 $E(y_0)$. 如果要想用 $\hat{y}_0$ 推断 $E(y_0)$, 在给定 x_0 的小样本的情况下, 可以构造 t 统计量 (服从自由度为 $n - 2$ 的 t 分布):

$$t = \frac{y_0 - \hat{y}_0}{\sqrt{\dfrac{1}{n} + (x_0 - \overline{x})^2 \Big/ \sum_{i=1}^{n} (x_i - \overline{x})^2}} \sim t(n - 2).$$

$E(y_0)$ 在 $1 - \alpha$ 置信水平下的预测区间可由

$$\hat{y}_0 \pm t_{\alpha/2} s_e \sqrt{1 + \frac{1}{n} + (x_0 - \overline{x})^2 \Big/ \sum_{i=1}^{n} (x_i - \overline{x})^2}$$

确定. 进一步, 在给定 x_0 的大样本的情况下, 上述构造的 t 统计量将成为标准正态统计量 (也把 t 换 z), 详细说明略.

(2) y 的个别值的预测区间估计.

给定 x 的一个特定值 x_0, 求出 y 的一个个别值的区间估计, 称为预测区间估计 (prediction interval estimate). 例如, 如果不是想估计年广告费用为 50 万元时所有代理商的月均销售额, 而只想估计年广告费用为 55.4 万元的那个代理商的月均销售额的区间, 则将这个区间称为预测区间. 同理, 在给定 x_0 在小样本的情况下,

可以构造 t 统计量, 服从自由度为 $n-2$ 的 t 分布:

$$t = \frac{y_0 - \hat{y}_0}{s_{\mathrm{e}}\sqrt{1 + \dfrac{1}{n} + (x_0 - \overline{x})^2 \Big/ \displaystyle\sum_{i=1}^{n}(x_i - \overline{x})^2}} \sim t(n-2).$$

$E(y_0)$ 在 $1-\alpha$ 置信水平下的预测区间可由

$$\hat{y}_0 \pm t_{\alpha/2} s_{\mathrm{e}} \sqrt{1 + \dfrac{1}{n} + (x_0 - \overline{x})^2 \Big/ \sum_{i=1}^{n}(x_i - \overline{x})^2}$$

确定, 与 (1) 相同, 在给定 x_0 的大样本的情况下, 把上述构造的 t 统计量中的 t 换作 z, 就成为标准正态统计量, 详略.

评注 从上述区间预测公式中可看出, 对于给定的显著水平 α, 样本容量 n 越大, $\sum_{i=1}^{n}(x_i - \overline{x})^2$ 就越大, x_0 越靠近 $\overline{x}$, 则置信区间长度就越短, 此时的预测精度就越高. 所以, 为了提高预测精度, 样本容量 n 应越大越好, 所给定的 x_0 不能偏离 $\overline{x}$ 太大. 当 $x_0 = \overline{x}$ 时, 预测结果精度最高; 当 $|x_0 - \overline{x}|$ 很大时, 预测效果就差.

例 3.5.8 根据例 3.5.1 所求得的估计方程, 求解下述问题:

(1) 给定 $x_0 = 50$, 构建 95% 置信水平条件下月均销售额的置信区间;

(2) 构建 95% 置信水平条件下年广告费用为 45.2 万元的那个代理商月均销售额的预测区间.

解 (1) 通过计算结果可知, $n=10$, $s_{\mathrm{e}} = 1.6300$, 查 t 分布表得

$$t_{\alpha/2}(n-2) = t_{0.025}(10-2) = 2.306.$$

当年广告费用为 50 万元时, 月均销售额的点估计值为

$$E(y_0) = 11.61 + 0.884896 \times 50 = 55.8545,$$

于是由以上置信区间估计公式得 $E(y_0)$ 的置信区间可由

$$55.8545 \pm 2.306 \times 1.6300 \times \sqrt{\frac{1}{10} + \frac{(50-34.62)^2}{2319.087}} = 55.8545 \pm 1.689$$

确定, 即 $54.1655 \leqslant E(y_0) \leqslant 57.5435$. 表明当年广告费用为 50 万元时, 月均销售额的平均值在 54.1655 万元到 57.5435 万元之间.

(2) 当年广告费用为 45.2 万元时, 月均销售额的点估计值为

$$\hat{y} = 11.61 + 0.884896 \times 45.2 = 51.6073(万元).$$

参照月均销售额 95% 的预测区间可由

$$51.6073 \pm 2.306 \times 1.6300 \times \sqrt{1 + \frac{1}{10} + \frac{(45.2 - 34.62)^2}{2319.087}} = 51.6073 \pm 4.0279$$

确定, 即 $47.5794 \leqslant \hat{y}_0 \leqslant 55.6352$, 即年广告费用为 45.2 万元的那个代理商, 其月均销售额的预测区间在 47.5794 万元到 55.6352 万元之间.

专题介绍 预测孩子成年后身高

高尔顿和皮尔逊所建立的父亲身高与其成年儿子身高的回归模型的进一步研究可发现, 概率 95% 的误差为 9.51cm, 孩子成年后身高可由预测公式

成年儿子身高(cm) $= 85.67 + 0.516 \times$ 父亲身高(cm) ± 9.51cm.

预测这里的 9.51cm 的误差并不小. 举例说, 某父亲身高 170cm, 根据这个回归模型我们预测其成年儿子的身高为 $85.67 + 0.516 \times 170 = 173.39$(cm), 上下误差不超过 9.51cm, 概率为 95%. 这也就是说, 身高 179cm 的父亲, 其成年儿子身高的置信水平 (概率) 为 95% 的预测区间为

$$173.39 \pm 9.51, \quad 即 (173.39 - 9.51, 173.39 + 9.51) = (163.88, 182.9).$$

将身高 170cm 的父亲的成年儿子身高估计在 163.88cm 和 182.9cm 之间, 这个区间的长度达到 19.02cm, 其范围太大了.

由此看来, 为了预测成年儿子的身高, 仅知道其父亲的身高是不够的, 可能还需要知道其他更多的信息, 如其母亲身高, 或其祖父、祖母、外祖父、外祖母等的身高等. 显然, 为预测成年儿子的身高, 除了父亲的身高, 母亲的身高是另一个重要的依据. 我国湖北省体育科学研究所提出的根据父母亲身高计算其成年儿子和女儿身高的公式分别为

儿子身高 $= 56.699 + 0.419 \times$ 父亲身高(cm) $+ 0.265 \times$ 母亲身高(cm) ± 3cm,

女儿身高 $= 40.089 + 0.306 \times$ 父亲身高(cm) $+ 0.431 \times$ 母亲身高(cm) ± 3cm.

通常将 3cm 理解为概率为 95% 的预测误差. 根据父母亲身高预测成年孩子的身高, 上下波动 3cm, 预测区间的长度为 6cm, 它的精度比仅根据父亲身高的预测提高了很多. 后一组预测身高的公式被称为二元线性回归模型, 这里不详细介绍.

3.5.7 简单非线性回归模型

在许多实际问题中, 变量之间的关系并不都是线性的. 通常我们会碰到被解释变量与解释变量之间呈现某种非线性关系的现象. 例如, 对于两个变量 x 和 y, 若

被解释变量 y 随解释变量 x 的取值的不同而变化, 并且呈现出某种曲线形态时, 我们称两者之间存在非线性关系, 这时应采用适当的曲线来描述两者之间的关系.

在只涉及一个解释变量时, 称两个变量之间的回归分析为一元非线性回归; 若涉及多个解释变量的回归分析, 我们将其称为多元非线性回归分析.

在进行非线性回归分析时, 有相当多的回归方程是可以通过简单的变量变换, 转换为线性模型. 这时, 便可将非线性回归问题转化为线性回归问题进行参数的估计、模型的拟合和分析. 将这类回归称为可线性化的非线性回归. 这里仅介绍几种常见的可线性化的非线性回归模型.

1. 双曲线 (倒数) 模型

若变量 y 随 x 的增加而增加, 最初增加很快, 以后逐渐变慢并趋于稳定, 则可以选择双曲线 (倒数) 模型, 其回归方程为

$$y = \beta_0 + \beta_1 \frac{1}{x}.$$

该回归方程线性化的方程很简单, 只需令 $x^* = 1/x$, 就可将曲线模型转化为线性模型, 对此模型的线性化方法是

$$y = \beta_0 + \beta_1 x^*.$$

评注 与此类似地可线性化逻辑斯蒂 (Logistie) 曲线 $y = \dfrac{1}{a + be^{-x}}$ 模型, 只需令

$$y^* = 1/y, \quad x^* = e^{-x},$$

则有 $y^* = a + bx^*$.

2. 指数曲线模型

当自变量作等差的增加或减少时, 因变量随之作等比的增加或减少, 则两变量之间关系为指数函数关系, 即随着 x 的变动, y 以大致相同的速度增加或减少时, 两变量之间关系可用指数曲线模型来描述, 其回归方程为

$$y = ab^x,$$

式中, a 和 b 为待定参数, 若 $b > 1$, 则增长率随着自变量的增加而增加; 反之, $b < 1$, 则增长率随着自变量的增加而降低.

对指数曲线回归方程两边取自然对数, 得

$$\lg y = \lg a + x \lg b.$$

令 $y^* = \lg y$, $\beta_0 = \lg a$, $\beta_1 = \lg b$, 则可得到简单线性模型

$$y^* = \beta_0 + \beta x.$$

代入给定数据, 即可求出 β_0 和 β_1 的值. 由于 $\beta_0 = \lg a$, $\beta_1 = \lg b$, 所以可对 β_0 和 β_1 分别求反对数, 即可得到指数曲线模型的参数 a 和 b.

评注 类似地可线性化幂函数曲线模型. 若变量 x 与 y 都接近等比变化, 即其环比分别接近于一个常数, 可配置幂函数 (power) 曲线, 其方程为

$$y = ax^b.$$

该模型的线性化方法就是将模型两端取对数, 得

$$\lg y = \lg a + b \lg x.$$

然后, 令 $y^* = \lg y$, $x^* = \ln x$, $\beta_0 = \lg a$, $\beta_1 = b$, 则得一元线性回归模型:

$$y^* = \beta_0 + \beta_1 x^*.$$

3. 多项式函数模型

对于多项式 $y = \beta_0 + \beta_1 x + \beta_2 x^2 + \cdots + \beta_k x^k$ 函数模型, 只需令

$$z_1 = x, z_2 = x^2, \cdots, z_k = x^k,$$

则原模型可化为线性形式

$$y = \beta_0 + \beta_1 z_1 + \beta_2 z_2 + \cdots + \beta_k z_k.$$

此即可利用多元线性回归分析的方法处理 (略). 这类模型广泛地用于生产和成本函数. 例如, 总成本函数可表示为

$$y_i = \beta_0 + \beta_1 x_i + \beta_2 x_i^2 + \beta_3 x_i^3,$$

其中, y 表示总成本, x 表示产出.

4. 双对数函数模型

把函数形式为 $\ln y = \beta_0 + \beta_1 \ln x$ 的函数模型称其为双对数函数模型, 对于这类函数模型, 如果令 $y^* = \ln y$, $x^* = \ln x$, 那么原模型可化为标准线性模型

$$y^* = \beta_0 + \beta_1 x^*.$$

变换后的模型不仅参数是线性的, 而且变换后的解释变量也是线性的.

在实际工作中, 双对数模型的应用非常广泛. 其原因在于, 由于回归线性是一条直线 (y 和 x 都是对数形式), 所以, 它的斜率 ($\hat{\beta}_1$) 为一常数. 对于这个模型其斜率度量了 y 关于 x 的弹性 (系数), 因为

$$\beta_1 = \frac{\mathrm{d}y^*}{\mathrm{d}x^*} = \frac{\mathrm{d}(\ln y)}{\mathrm{d}(\ln x)} = \frac{\Delta y/y}{\Delta x/x} = E.$$

所以, 弹性为一常数. 它表示 x 变动 1%, y 变动了 $\beta_1\%$. 由于这个特殊的性质, 双对数模型又称为不变弹性模型.

弹性 (如需求函数中的价格弹性、收入弹性, 生产函数中的资金弹性、劳动力弹性等) 是经济分析中的重要指标, 如果所研究的经济现象能用双对数模型来描述, 则参数估计后就可以直接利用回归系数进行弹性分析. 当社会经济为量观测值的对数散点图近似成一条直线时, 就可以用双对数模型来描述或拟合. 详细内容这里不展开讨论.

5. 半对数函数模型

把函数形式为 $\ln y = \beta_0 + \beta_1 x$ (对数–线性模型) 或 $y = \beta_0 + \beta_1 \ln x$ (线性–对数模型) 的函数模型, 称为半对数模型.

对于对数–线性模型 $\ln y = \beta_0 + \beta_1 x$, 令 $y^* = \ln y$, 有

$$\beta_1 = \frac{\mathrm{d}y^*}{\mathrm{d}x} = \frac{\mathrm{d}(\ln y)}{\mathrm{d}x} = \frac{\Delta y/y}{\Delta x},$$

$$\Delta y/y = \beta_1 \Delta x.$$

它表示 x 变动一个单位, y 将变动 $\hat{\beta}_1\%$ 的百分比, 即 y 的相对变动百分比等于 β_1 乘以 x 的绝对变化量.

对于线性一对数模型 $y = \beta_0 + \beta_1 \ln x$, 令 $x^* = \ln x$, 有

$$\beta_1 = \frac{\mathrm{d}y^*}{\mathrm{d}x^*} = \frac{\mathrm{d}(\ln y)}{\mathrm{d}(\ln x)} = \frac{\Delta y/y}{\Delta x/x},$$

$$\Delta y = \beta_1 \Delta x/x,$$

它表示 x 变动 1%, y 将变动 β_1 个单位的绝对量. 即 y 的绝对变化量等于 β_1 乘以 x 的相对变化量.

半对数模型通常用于测度经济变量的增长率, 如测定人口增长率、劳动力增长率、货币供应量增长率、GDP 增长率、商品需求量增长率、进出口贸易增长率等, 所以半对数模型又称为增长模型. 这方面更多的内容, 可参阅计量经济学方面的相关文献.

参 考 文 献

保罗士. 2006. 教育: 数学无知者眼中的迷惘世界. 柳柏濂, 译. 上海: 上海教育出版社

保罗斯. 2009. 数学家读报. 黄平亮, 译. 长沙: 湖南科学技术出版社

陈希孺. 2000. 数理统计学简史. 长沙: 湖南教育出版社

陈晓兰, 马玉林. 2013. 概率论与数理统计. 北京: 经济科学出版社

出袁岩. 2012. 统计实务. 上海: 立信会计出版社

达莱尔·哈夫. 2002. 统计陷阱. 廖颖林, 译. 上海: 上海财经大学出版社

戴维·迈尔斯. 2006. 社会心理学. 候玉波, 乐国安, 张智勇, 等译. 北京: 人民邮电出版社

董春雨. 2000. 物理学 —— 理性的旋律. 长沙: 湖南师范大学出版社

杜耀刚. 2013. 数理文化. 北京: 电子工业出版社

方洲. 2004. 中学生学好数学课必知的 500 个数学奥秘. 北京: 华语数学出版社

弗里曼. 2010. 统计模型: 理论与实践. 吴喜之, 译. 北京: 机械工业出版社

顾沛. 2008. 数学文化. 北京: 高等教育出版社

顾森. 2012. 思考的乐趣. Matrix 67 数学笔记. 北京: 人民邮电出版社

管宇. 2013. 生活中的数学模型. 杭州: 浙江大学出版社

国家统计局. 2011. 中国统计热点问题解读. 北京: 中国统计出版社

哈里·亨德森. 2011. 数学 —— 描绘自然与社会的有力模式. 王正科, 赵华, 译. 上海: 上海科
　　学技术出版社

韩雪涛. 2007. 从惊讶到思考: 数学悖论奇景. 长沙: 湖南科学技术出版社

韩媛媛, 刘维奇. 2014. 一本书读懂经济指标. 北京: 人民邮电出版社

汉拿根. 2011. 统计学. 陈宋生, 朱丽, 译. 北京: 经济管理出版社

何晓群. 2012. 现代统计分析方法与应用. 北京: 中国人民大学出版社

胡卫中. 2014. 应用统计. 杭州: 浙江大学出版社

黄良文. 2012. 统计学. 北京: 中国统计出版社

惠伦. 2013. 赤裸裸的统计学. 曹槟, 译. 北京: 中信出版社

蒋剑辉. 2012. 指数创新与应用研究. 杭州: 浙江工商大学出版社

靳志辉. 2013. 正态分布的前世今生 (下). 数学文化 (香港), 14(2): 54—62

郡山彬, 泉译正隆. 2005. 轻松解读数学奥秘: 概率统计超入门. 刘金华, 译. 上海: 上海世界图书出版社

柯尔. 2002. 数学与头脑相遇的地方. 丘宏义, 译. 长春: 长春出版社

柯惠新, 黄京华, 沈浩. 1992. 调查研究中的统计分析法. 北京: 北京广播学院出版社

克莱因 M. 2004. 西方文化中的数学. 张祖贵, 译. 上海: 复旦大学出版社

克莱因 M. 2004. 现代世界中的数学. 齐民友, 等译. 上海: 上海教育出版社

克里利. 2012. 影响数学发展的 20 个大问题. 王耀扬, 译. 北京: 人民邮电出版社

劳 C G. 2004. 统计与真理. 北京: 科学出版社

雷功炎. 2008. 数学模型八讲: 模型、模式与文化. 北京: 北京大学出版社

李继根. 2013. 概率与统计. 上海: 华东师范大学出版社

李维. 2010. 数学沿思录: 古今数学思想的发展与演变. 黄征, 译. 北京: 人民邮电出版社

列纳德·蒙洛迪诺. 2010. 醉汉的脚步. 郭斯羽, 译. 长沙: 湖南科学技术出版社

林筱文. 2011. 管理统计学. 北京: 中国金融出版社

卢小君. 2011. 社会调查与统计应用. 大连: 大连理工大学出版社

马立平, 刘娟. 2011. 应用统计学. 北京: 首都经济贸易大学出版社

梅长林, 王宁. 2001. 概率论和数理统计学习与提高. 西安: 西安交通大学出版社

皮纳德. 2011. 身边的数学. 误润衡, 张杰, 刘喜波, 等译. 北京: 机械工业出版社

朴灵美. 2012. 数学维生素. 郑炳男, 译. 北京: 现代出版社

齐定祥, 凌成树, 刘悦. 2012. 应用统计学. 北京: 北京师范大学出版社

琼斯. 2011. 谁说图表不会说谎. 马立彬, 李东博, 译. 海口: 南方出版社

任谨慎, 敬试, 冯有前. 2012. 概率论与数理统计二十讲. 北京: 北京师范大学出版社

萨尔金德. 2011. 爱上统计学. 史玲玲, 译. 重庆: 重庆大学出版社

萨维奇. 2011. 平均值缺陷. 北京: 东方出版社

尚文艳, 翟宏杰, 李菊艳. 2012. 试验设计与统计方法. 武汉: 华中科技大学出版社

盛立人, 胡卫群, 肖箭, 等. 2006. 社会科学中的数学. 北京: 科学出版社

施金龙, 吕洁. 2012. 应用统计学. 南京: 南京大学出版社

史宁中, 陶剑, 秦德生, 等. 2010. 中学概率与微积分研究. 北京: 高等教育出版社

斯蒂格勒. 2014. 统计探源: 统计概念与方法的历史. 李金昌, 等译. 杭州: 浙江大学出版社

斯坦因. 2012. 求命的数学. 徐彬, 郭红梅, 译. 长沙: 湖南科学技术出版社

唐尼. 2013. 统计思维: 程序员数学之概率统计. 张建, 陈钢, 译. 北京: 人民邮电出版社

田廷彦. 2013. 诡谲数学. 上海: 上海辞书出版社

王静龙, 梁小筠, 王黎明. 2012. 数据、模型与决策简明教程. 上海: 复旦大学出版社

王幼军. 2007. 拉普拉斯统计理论的历史研究. 上海: 上海交通大学出版社

王梓坤. 2005. 随机过程与今日数学. 北京: 北京师范大学出版社

魏平, 王宁. 2010. 概率统计辅导书. 西安: 西安交通大学出版社

吴喜之. 2013. 统计学: 从数据到结论. 北京: 中国统计出版社

伍天森, 2010. 人人都来掷骰子: 日常生活中的概率与统计. 王继廷, 译. 上海: 上海科技教育
    出版社

西内启. 2013. 看穿一切数字的统计学. 朱悦玮, 译. 北京: 中信出版社

夏南新. 1999. 新概念统计学. 北京: 中国财政经济出版社

徐静霞. 2012. 统计学原理与实务. 北京: 中国农业大学出版社

薛有才. 2010. 数学文化. 北京: 机械工业出版社

杨鑫慧. 2012. 统计学原理与技能训练. 上海: 上海财经大学出版社

于世良, 田静, 时涛, 等. 2010. 应用统计学. 长春: 吉林大学出版社

约翰·塔巴克. 2007. 概率论和统计学 —— 不确定性的科学. 杨静, 译. 北京: 商务印书馆

曾五一. 2011. 统计学. 北京: 中国金融出版社

张丹. 2006. 统计与概率. 北京: 高等教育出版社

张润楚. 2010. 数理统计学. 北京: 科学出版社

张饴慈, 焦宝聪, 都长清, 等. 2001. 大学文科数学. 北京: 科学出版社

赵小平. 2002. 现代数学大观. 上海: 华东师范大学出版社

赵彦晖. 2013. 数理统计. 北京: 科学出版社

郑德如. 2011. 统计学. 上海: 立信会计出版社

郑卫东. 2013. 社会统计学讲义. 北京: 北京大学出版社

中国统计学会. 2011. 无处不在的统计. 北京: 中国统计出版社

中国统计学会. 2013. 无处不在的统计 (三). 北京: 中国统计出版社

中央电视台《百家讲坛》栏目组. 2006. 相识数学. 北京: 中国人民大学出版社

朱洪文. 2004. 应用统计. 北京: 高等教育出版社